C U N I B E R T I

C U N I B

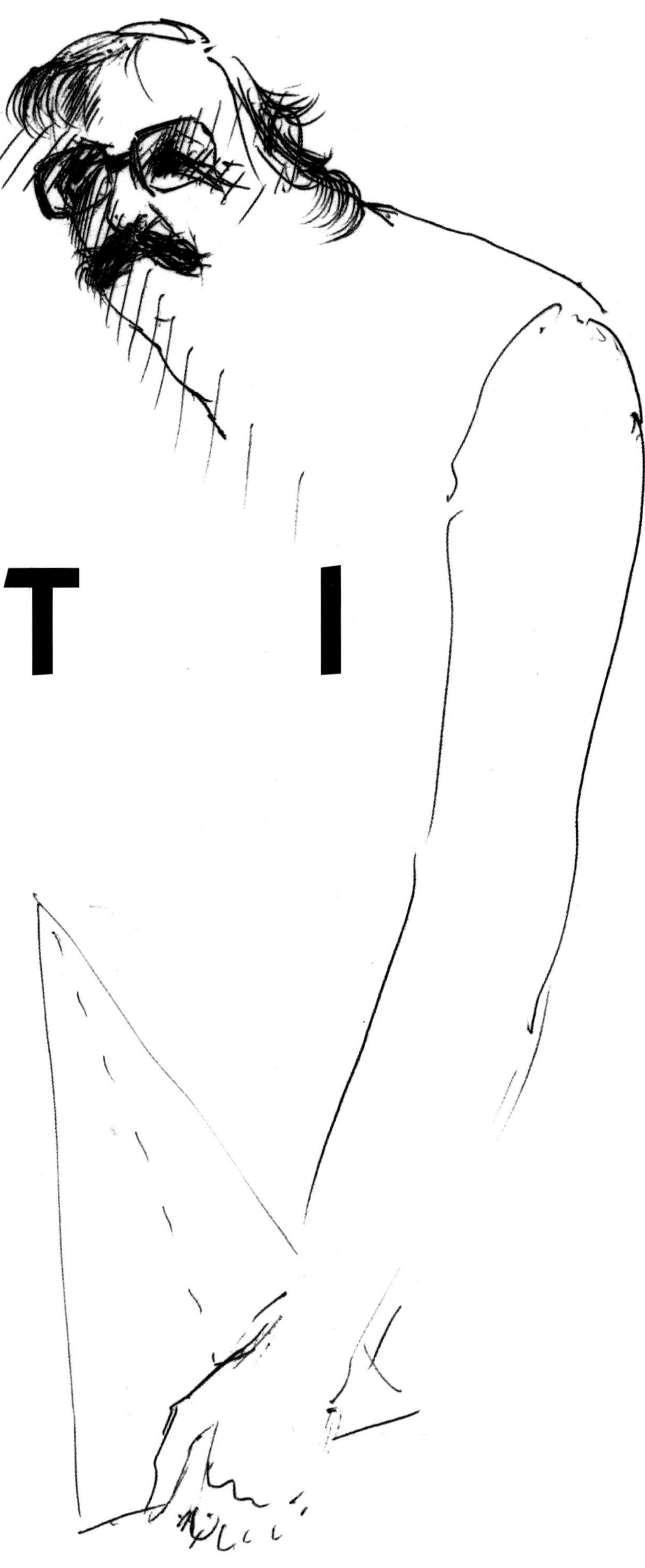

E R T I

a cura di/edited by
Claudio Cerritelli
Dario Trento

CHARTA

Progetto grafico/Design
Gabriele Nason

Coordinamento redazionale
Editorial Coordination
Emanuela Belloni
Elena Carotti

Redazione/Editing
Giorgia Kapatsoris
Charles Gute

Traduzioni/Translations
Judith Mundell
Derek Allen (p. 52)

Copy e Ufficio stampa
Copywriting and Press Office
Silvia Palombi Arte&Mostre, Milano

Grafica Web e promozione on-line
Web Design and On-line Promotion
Barbara Bonacina

Copertina/Cover
Gli alberi 1.2.3.4. sul crinale P - P', 1981

Referenze fotografiche/Photo credits
Pirro Cuniberti
Marco Ravenna
Peter Shälchli

ISBN 88-8158-467-0

Edizioni Charta
via della Moscova, 27
20121 Milano
Tel. +39-026598098/026598200
Fax +39-026598577
e-mail: edcharta@tin.it
www.chartaartbooks.it

Printed in Italy

Sotto l'Alto Patronato
della Presidenza della Repubblica

Pirro Cuniberti

Museo Archeologico, Bologna
15 novembre 2003-30 gennaio 2004
November 15, 2003- January 30, 2004

Casa del Mantegna, Mantova
1 settembre-31 ottobre 2004
September 1- October 31, 2004

Comitato Mostre Pirro Cuniberti

Graziano Campanini
Barbara Cuniberti
Massimo Maracci

Il Comitato promuove, organizza e coordina la mostra e il catalogo nella sede di Bologna e nelle altre città in Italia e all'estero/The Comitato promotes, organizes and coordinates the exhibition and the catalogue in Bologna and in other cities in Italy and abroad.

Mostra a cura di/Curators
Claudio Cerritelli
Dario Trento

Comitato d'onore/Honorary Committee

Giorgio Guazzaloca
Sindaco di Bologna

Vasco Errani
Presidente Regione Emilia-Romagna

Vittorio Prodi
Presidente della Provincia di Bologna

Maurizio Fontanili
Presidente Provincia di Mantova

Marina Deserti
Assessore alla Cultura Comune di Bologna

Marco Barbieri
Assessore alla Cultura Regione Emilia-Romagna

Marco Macciantelli
Assessore alla Cultura Provincia di Bologna

Roberto Pedrazzoli
Assessore alla Cultura della Provincia di Mantova

Pier Ugo Calzolari
Magnifico Rettore Università di Bologna

Roberto Grandi
Prorettore Relazioni Internazionali

Jadranka Bentini
Sovrintendente ai Beni Storico-artistici e demoetnoantropologici per le province di Bologna, Ferrara, Forlì-Cesena, Ravenna, Rimini

Fabio Roversi Monaco
Presidente Fondazione Cassa di Risparmio di Bologna

Angelo Varni
Presidente Consorzio Università-Città

Vittorio Mascalchi
Direttore Accademia delle Belle Arti di Bologna

Comitato scientifico/Scientific Committee

Bruno Bandini
Achille Bonito Oliva
Pier Giovanni Castagnoli
Claudio Cerritelli
Giovanni Cattabiani
Fabrizio D'Amico
Valerio Dehò
Andrea Emiliani
Franco Farina
Walter Guadagnini
Maria Perosino
Claudio Spadoni
Dario Trento
Peter Weiermair

Comitato tecnico/Technical Committee

Graziano Campanini
Comitato Mostre Pirro Cuniberti

Cheti Corsini
Gabinetto del Sindaco Comune di Bologna

Giordano Gasparini
Direttore della Biblioteca Sala Borsa

Cristiana Morigi Govi
Direttrice del Museo civico Archeolgico

Marco Tamarri
Responsabile Ufficio Cultura Provincia di Bologna

Peter Weiermair
Direttore Galleria d'Arte Moderna di Bologna

Ufficio stampa/Press Office
Beatrice Spagnoli

Film
Odino Artioli - Regia

Progetto allestimento/ Exhibition Design
Mauro Bellei

Realizzazione allestimento/Installation
Allexpo srl, Unit

Ringraziamo inoltre per la loro preziosa collaborazione/We would also like to thank the following for their invaluable contribution
Maria Elena Barbieri, Giorgio Bianchini, Enrico Biondi, Roberto Biondini, Raffaello Bolognesi, Maria Lorenza Canova, Cosetta Cavalli, Simona Di Giovannantonio, Adolfo Ganzerla, Luigi Grobberio, Cinzia Leoni, Maurizio Lionetti, Licia Morandi, Andrea Orlandi, Marialuigia Paliani, Francesca Parisini, Marzia Rossi, Moira Sbravati, Sara Straccioli, Angela Tassinari, Antoine Tiphine

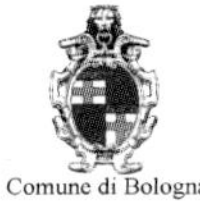

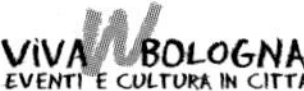

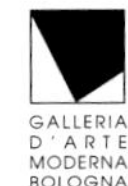

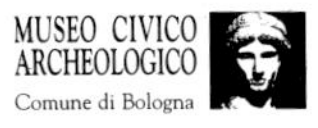

CON IL PATROCINIO DELLA

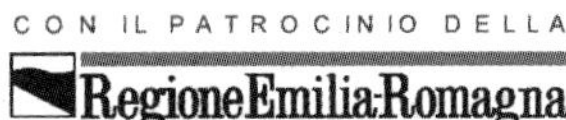

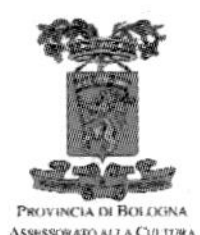

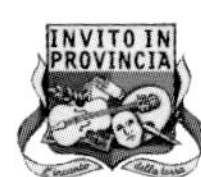

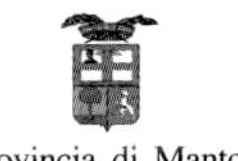

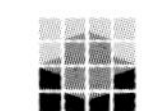

Casa del Mantegna

Si ringraziano per il generoso contributo
We would like to thank for their generous backing

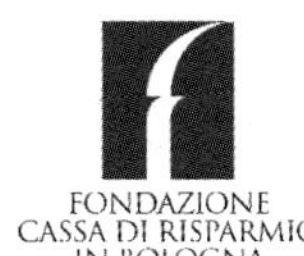

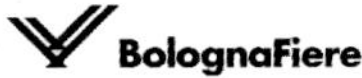

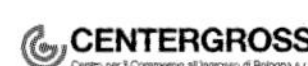

Quando mi sono trovato per la prima volta di fronte alle opere di Pirro Cuniberti (più di dieci anni fa, visitando il suo studio), avrei potuto scambiarlo per un artista svizzero, ma anche, notando la sua arguzia linguistica e la poesia delle sue immagini su carta o su tavola, per un austriaco. Si potrebbe pensare a un Paul Klee, o al suo allievo Feininger o ancora, in tempi più recenti, a Saul Steinberg, mentre in Italia si potrebbe fare un paragone con Melotti e i suoi oggetti e disegni: in effetti Pirro tiene proprio un oggetto di Melotti nella sua stanza da letto, accanto a uno strumento musicale azionato dal vento, proveniente da Bali.

Prendendo le mosse dall'arte informale, movimento di portata internazionale che si inserisce in una più generale tendenza antifigurativa, Cuniberti approda ben presto ai suoi racconti figurativi e al gioco dei segni, a quel suo inconfondibile linguaggio visivo, che ha mantenuto e sviluppato fino a oggi. A dispetto delle spiccate qualità pittoriche dei lavori su carta o su tavola di masonite, Cuniberti è, essenzialmente, un disegnatore, un "maestro dei segni".

Non dobbiamo dimenticare che gli anni Sessanta e Settanta sono il periodo in cui l'arte si interroga sui propri principi, analizza il proprio linguaggio e intraprende un processo di purificazione che abbraccia tutti i linguaggi artistici, da quello dei segni a quello del corpo. A questo processo analitico Cuniberti ha contribuito con l'invenzione di semplici narrazioni visive costruite su segni grafici elementari, e con la tensione fra titolo e opera, che investe i segni del senso veicolato dai titoli poetici. Nel suo personale teatro d'immagini, Cuniberti mette in scena una grande varietà di paesaggi, popolati da esseri volanti, farfalle, persone...

Cuniberti realizza un mondo ideale, all'insegna di un gusto affabulatorio privato e intimo, laddove il tratto personale trova forse riscontro in una tendenza generale dell'arte bolognese.

When I found myself for the first time in front of Pirro Cuniberti's works (more than ten years ago, on a visit to his studio), I might have mistaken him for a Swiss artist or, noting his linguistic wit and the poetry of his images on paper or on panels, for an Austrian. One might be reminded of Paul Klee, or his pupil Feininger, or again, in more recent times, Saul Stein berg. In Italy a comparison could be made with Melotti and his objects and drawings: actually Pirro keeps an object of Melotti in his bedroom, next to a musical instrument played by the wind, which came from Bali.

Starting with Art Informel, a movement of international scope that is part of a more general anti-representational trend, Cuniberti very soon came to his figurative tales and sign play—that unmistakable visual language that he has nurtured and embellished right up to the present day. Despite the pronounced pictorial quality of his works on paper or paintings on masonite, Cuniberti is essentially a draftsman, a "master of signs."

We mustn't forget that the 1960s and 1970s were the period in which art questioned its principals, analyzed its forms and embarked on a process of purification that embraced all artistic idioms, from signifiers to the body. Cuniberti contributed to this analytical process with the invention of simple narratives constructed on elementary graphic strokes, and with the tension between title and work, which invests the strokes with the meaning conveyed by the poetic titles. In his personal theater of images, Cuniberti stages a great variety of landscapes, populated by winged creatures, butterflies, people...

Cuniberti creates an ideal, fictitious, secret and familiar world, whose singularity perhaps finds a match in a general trend in Bolognese art.

Peter Weiermair
Direttore/Director
Galleria d'Arte Moderna, Bologna

Sommario / Contents

Cuniberti nella pittura italiana del secondo dopoguerra

Dario Trento

Due giorni dopo la caduta del fascismo e la deriva dello Stato italiano Pier Achille (Pirro) Cuniberti ha compiuto vent'anni: non c'è fatto più lampante per collocare la prospettiva di una formazione. Il tempo cruciale per la sua preparazione l'artista lo ha consumato a espletare gli obblighi di cittadino di uno Stato che, tra l'altro, non si mostrava nel frattempo granché all'altezza dei suoi compiti.

La storia di Cuniberti pittore deve partire necessariamente dalla lunga attesa consumata prima di partire. Non si è trattato solo di impedimenti esterni. La titubanza a inforcare direttamente la strada della pittura fa capolino anche prima della lunga interruzione della guerra. Non a caso, dopo la scuola dell'obbligo, il giovane bolognese non passa subito a una scuola d'arte, ma parte prima da ragioneria. Ora nessuno può dubitare della vocazione naturale di Cuniberti per la pittura, ma da subito è evidente in lui un pudore ad avvicinarla, tenero e delicato timore di non essere all'altezza.

Un simile comportamento non è inedito nelle biografie degli artisti. Mi ricorda, per esempio, la passione del giovane Poussin per il viaggio a Roma, frustrata per due volte prima di realizzarsi: " ... stimolato dal suo continuo desiderio di venire a Roma, si pose in viaggio e pervenne sino a Fiorenza, donde, senza passare più avanti, per alcuno accidente ritornò in Francia. Appresso qualche anno, trovandosi egli in Lione, s'incamminò di nuovo a Roma, ma pure questa seconda volta fu impedito da un mercante con un nuovo arresto, e fu costretto a pagare tutti li denari apparecchiati al viaggio ... Intraprese egli la terza volta il viaggio di Roma, e vi giunse finalmente la primavera dell'anno 1624"[1]. Per Poussin Roma doveva diventare non il luogo dell'aggiornamento, ma della sua arte e della sua vita.

La titubanza di Cuniberti nell'orientare la sua vita si è protratta a lungo. Alla fine della guerra, dopo il completamento dell'Accademia di Belle Arti, gli inizi dell'artista sono in sordina. Partecipa ad alcune mostre goliardiche con i suoi coetanei tra il 1947 e il 1949, raccoglie qualche attenzione, ma non emerge. Più esattamente: non spinge il lavoro perché emerga, si mantiene in uno stato di attesa. Non c'entra l'impreparazione: Cuniberti ha partecipato fervidamente all'aggiornamento della sua generazione, ha visto la Biennale del 1948 (dove ha scoperto Klee), ha partecipato ai dibattiti attorno alla mostra bolognese del 1948, dove si agitava lo scontro per l'arte italiana tra astrattismo e realismo (e dove ha fatto capolino l'intuizione aurorale di Francesco Arcangeli di una possibile terza via, prima avvisaglia dell'informale), si è confrontato con gli artisti bolognesi più vivaci del momento: Sergio Vacchi, Sergio Romiti, Vasco Bendini, Duilio Barnabè.

Però da un certo momento in poi non espone più il suo lavoro. Produce moltissimo in privato, disegna soprattutto, ma distrugge gran parte di ciò che fa. Nel frattempo è attivo in altri campi, la pubblicità, il lavoro di grafico e ben presto comincia a insegnare all'Istituto d'arte. È completamente immerso in lavori di arte applicata, dove si fa stimare per professionalità e affidabilità; ma in un momento vivacissimo per la sua generazione non è attivo come artista.

In questa mostra sono proposti alcuni lavori di quegli anni, alcuni disegni a mio avviso molto belli, i fiori stilizzati e seghettati, reazione immediata alla visione di Klee, alcuni animali, insetti giganti e torpidi ricostruiti come strani meccanismi semoventi, una periferia industriale guardata come spazio caotico da mettere a fuoco, l'abitacolo di una corriera come nuovo paesaggio domestico. Anche un quadro a olio contemporaneo ci potrebbe parlare di problemi affini: un tetto di antenne, scorcio di paesaggio moderno che cerca la sua cifra linguistica dal punto di vista delle nuove dinamiche che lo producono. Sono poche prove, ma tutte concordemente parlano di un Cuniberti consapevole di uno scarto provocato dalla modernità e in cerca di un linguaggio per tradurla tecnicamente. L'artista ha più volte ricordato che in questo momento lo interessava Vieira Da Silva con la sua geometria piana e i tasselli di luce che trascrivono con trama moderna e prensile il paesaggio comunicativo della visione metropolitana moderna.

Intanto però, a lato della vita di Cuniberti, nello spazio bolognese e italiano dell'arte, le cose si agitano. La sua generazione, dopo aver passato la sbornia picassiana del dopoguerra, nel 1954 è partecipe del trapasso che muta completamente il quadro. Ad accendere la scintilla è Francesco Arcangeli di ritorno dalla Biennale di quell'anno, con l'intuizione che un gruppo d'artisti stia aprendo una via inedita nell'esperienza della natura. In

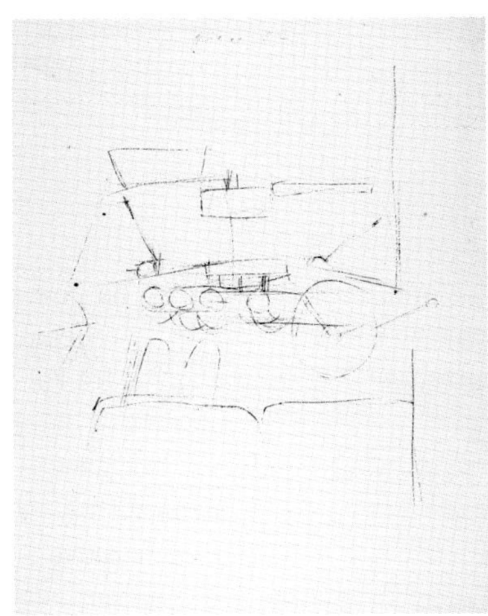

Posto di guida, 1954
biro su carta/ballpoint pen on paper,
cm 28x22

pochi mesi la pittura informale deflagra in tutta Italia: 1954-1956. Da tutta questa vicenda Cuniberti è assente. È informato, assiste da amico personale alle realizzazioni di Vacchi, Romiti, Bendini, Pulga, Ferrari e di altri artisti presentati a Bologna da Arcangeli, ma non entra in scena. Si sente concentrato altrove. Il paesaggio di antenne datato 1956 dice chiaramente che fino a quel momento la zona d'interesse dell'artista è la città e non la natura e che egli cerca una lingua cristallina che interagisca con le dinamiche di questa.

Nel 1956 emergono i primi segni di esaurimento dell' "ultimo naturalismo". La fronda ad Arcangeli comincia tra i sodali del critico con la defezione di Vacchi. Il pittore ha vissuto la repressione al tentativo di democrazia socialista in Ungheria come un attacco ai valori dell'Occidente, e ha reagito spostando la dinamica del suo agire dalle matrici esistenziali alle radici formali della civiltà europea e occidentale. Assieme a un compagno di strada bolognese, Franco Lodoli, egli stila un appassionato manifesto ideologico della sua presa di posizione[2] che trova nella critica d'arte italiana larghi consensi.

Contemporaneamente Lodoli cerca un riscontro della nuova situazione organizzando nel 1957 la mostra *14+2*, una presentazione della giovane ricerca bolognese dove figura anche Cuniberti. È il primo tentativo di avviare a Bologna una lettura della situazione successiva alla crisi dell'ultimo naturalismo. Fatto curioso: subito dopo cade la prima personale di Cuniberti che è presentata, invece, da Francesco Arcangeli. Per il critico il momento è difficile perché il distacco di Vacchi dalla sua battaglia culturale coinvolge una delle ricerche per le quali si era speso con più partecipazione. L'eco dello scontro in corso si legge nel testo di presentazione a Cuniberti. Nella lettura del lavoro di un artista che non aveva partecipato alla vicenda informale il critico ribadisce le sue convinzioni anche perché deve misurarsi con un lavoro che improvvisamente ora, quando tutto sembra finire, mostra di abbracciarle nella sostanza. La trama attenta e nervosa di Cuniberti, intenta fino a quel momento a captare le nervature della modernità, si è sfaldata in un pulviscolo impalpabile che apre su un silenzioso franamento interiore. La crisi d'Ungheria ha lavorato anche su Cuniberti, ma con esiti opposti. Ha risolto una lunga crisi di vocazione facendogli trovare le ragioni per abbracciare l'avventura della pittura non come radicamento a un ordine salvifico, ma come accettazione dell'azzardo.

Ora è curioso che, inaugurando con il suo testo critico la storia di Cuniberti pittore, Arcangeli si serva di pensieri che sta elaborando per la grande impresa del libro su Giorgio Morandi. Alle ragioni della defezione di Vacchi il critico oppone quelle del suo percorso personale, maturato sull'esempio dell'artista che considera modello per l'arte italiana del secolo, un "riserbo" e una "selezione di immagini" che "raccolgono qualche cosa degli strati morali d'una piccola borghesia antiretorica, capace di vincere cose praticamente ben più forti entro quella grande area di compenso che può essere l'arte"[3].

È noto che Morandi ha rifiutato la lettura critica di Arcangeli, ma qui è solo il caso di ricordare come l'osservazione del critico bolognese, che legge così correttamente il peso giocato dall'arte di Morandi nella storia italiana del Novecento, è altrettanto vera per la vicenda complessiva di Cuniberti. Nell'atteggiamento morale e nella totale fiducia nelle armi dell'arte sta il legame profondo tra Cuniberti e Morandi, base specifica della civiltà artistica bolognese del Novecento, che all'arte ha dato un contributo cospicuo e originale.

Dal 1957 la produzione pittorica di Cuniberti si fa frenetica. Dal laboratorio dell'artista escono disegni, tempere, pastelli e tele a getto continuo, dando vita a un universo agitato e polimorfo. Registrazioni dell'intimità, prima di tutto, paesaggi dolci e tesi o teste assorte e allarmate. Ma anche (e soprattutto) impuntature ed estroflessioni: teste connotate come uomini o donne, angeli, badesse, personaggi ... cani. Le figure fuoriescono dall'impasto dei colori attraverso l'accentuazione di alcuni tratti, o la connotazione di un tono, e si definiscono all'improvviso come tipi, attori risvegliati alla scena in quel momento, animati da irresistibile carica energetica. Nel procedere l'artista si abbandona all'estro e alla velocità come strumenti di prensilità su emozioni e percezioni.

Dopo l'evento felice della nascita di questo variegato universo, verso il 1963-1964 si assiste a una fase di assestamento. Da cellule, gli attori evolvono in organismi connotati e complessi. Sono abitatori di un paese vitale che assomiglia a quello in cui l'artista si trova contemporaneamente a vivere, l'Italia degli anni Sessanta. Una forte accelerazione dello sviluppo industriale svuota le campagne e ingolfa le città. Nuove periferie circondano le città storiche, il paese viene attraversato dalle autostrade, le strade si riempiono di automobili. Il pittore che aveva vent'anni a ridosso dell'8 settembre, a quaranta incontra una realtà che certo non aveva previsto. Per la storia che ha alle spalle, il suo sguardo non può essere quello entusiasta di Schifano, Angeli, Festa e Uncini, i giovani romani che vedono arrivare un paradiso artificiale della tecnica; non è neanche quello dissacratorio, e comunque entusiasta, dei giovani bolognesi Mascalchi e Pozzati: è più affine a quello dei suoi coetanei registi della commedia all'italiana, reazione agrodolce, sguardo caustico sulle comicità provocate dai cambiamenti, che si mescola alla nostalgia di un mondo povero ma umanamente solidale che andava inesorabilmente a morire.

La commedia che prende forma sui fogli e nelle tele di Cuniberti mette in scena *Persuasori* che spingono a forza i contenuti prefabbricati nei cervelli dei cittadini, mediatori impegnati a contrattare lotti di terreno e un candido *Adamo* – uomo comune in cappello e giacca – vittima designata dei nuovi attori della storia. Come nel cinema coevo, la rappresentazione del pittore, che già aveva trovato partecipi letture di Renato Barili, Andrea Emiliani ed Enrico Crispolti, trova la sua formulazione definitiva in un apologo distribuito in nove disegni che due critici bolognesi, Giovanni Maria Accame e Pietro Bonfiglioli, decifrano in due letture parallele e reciprocamente integrantesi nel 1965[4].

Per un decennio un artista curioso e infaticabile imbastisce una narrazione umoristica e morale insieme del trasformarsi tecnologico della città; una città moderna non plasmata dalle macchine, materie e superfici della nuova tecnologia (né dagli scatti veloci e definitivi come il delitto dei mezzi di ripresa tecnica delle immagini) ma dagli impulsi vitali che reagiscono all'esistenza, provando passi e spazi di sopravvivenza. Un clangore di segni e pigmenti viene sbrigliato come apparecchio di ripresa del tutto particolare, strumento più interessato al calore e all'energia che alla luce, e che punta a tracciare una mappa vitalistica dello spazio, fatta di punti alternati di attrazione e di pericolo.

Come ha ricordato Roberto Longhi, il 1964 ha registrato in contemporanea l'arrivo dei pop americani alla Biennale di Venezia e la morte di Morandi a Bologna. Una cesura epocale non poteva essere segnata in modo più netto. Gli effetti si sono visti immediatamente nella stessa Bologna con l'avvio della sperimentazione dadaista di Vasco Bendini (un artista della generazione di Cuniberti) e del giovane Pier Paolo Calzolari. Le vicende della nuova avanguardia a Bologna sono concentrate in un luogo: Palazzo Bentivoglio; sono fatti che Cuniberti ha seguito, ma ai quali non ha voluto partecipare. A impedirgli l'adesione all'azzeramento materialistico della neoavanguardia erano le pulsioni vitalistiche che avevano governato i suoi due decenni di pittura. Tuttavia, con l'avanzare delle ricerche della generazione degli anni Sessanta, l'artista sente prosciugare le sue sonde. Tra il 1966 e il 1968 egli realizza disegni e dipinti disossati, raggelati, amari. In essi i profili sono netti, i pigmenti crudi, le connessioni taglienti, le luci livide. L'artista confessa il malessere e l'insoddisfazione di quel momento. Ancora adesso, di fronte a quelle tele, ricorda quanto gli siano state amare. Eppure esse contengono le prime concrezioni dei segni e delle materie della sua stagione centrale. Quei colori lividi, quelle forme petrose sono l'incubazione di una nuova vita possibile per la pittura.

L'artista interroga gli strumenti del paesaggio e della natura morta a prima vista per celebrare il loro funerale e di fatto ne avvia una trasmutazione. Lo spazio e la natura dei segni cambiano di connotati. Il sapore di metafisica che aleggia in quegli esercizi è infatti sintomo di un trapasso epistemologico. I pani di sasso che a prima vista ricordano quelli di De Chirico sono forse più vicini a certi quadri respingenti di Picabia, gli stessi che sarebbero stati guardati anni dopo dai giovani della Transavanguardia. Anche quelle tele di Cuniberti denunciano un azzeramento, la perdita di ogni supporto pulsionale e il faticoso avvio di esplorazione di una terra incognita.

Il luogo in cui l'artista fa cadere le sue verifiche è completamente disumanizzato, come un laboratorio scientifico. Non si percepisce più la vita corale della città, la gente osservata e seguita con empatia, o il mondo interiore. Vi si sostituisce un terreno estraneo in cui i significati sono elaborati autonomamente, come in provetta. È la procedura fondamentale avviata dalle avanguardie di inizio secolo e tornata a larga diffusione con le neoavanguardie di metà anni Cinquanta.

Con la deumanizzazione realizzata tra il 1966 e il 1968 Cuniberti dà avvio inconsapevole all'esperienza autonoma dei segni: è l'inizio timido di un processo che solo per successivi scarti e cambi di pelle lo porterà al risultato esplicito. Tra gli artisti della sua generazione in questa condizione non è solo. Intanto va ricordato che dopo le sperimentazioni proseguite dal new-dada fino agli estremi della performance, Bendini è tornato a concentrarsi su una rinnovata pratica della pittura. C'è però un artista che conosce da vicino le modalità della crisi di Cuniberti, il marchigiano Nanni Valentini. Emerso a fama internazionale nelle ricerche della ceramica nel dopoguera, a un certo punto, per superare la ricezione settoriale del suo lavoro, abbandonando il ruolo riconosciuto ha avviato una lunga sperimentazione affidata soprattutto al disegno. Come Cuniberti, Valentini capisce gli scarti e gli azzeramenti introdotti dalle ricerche d'avanguardia, ma è convinto di dover conservare, nel suo agire personale, i valori linguistici della tradizione di provenienza, l'arte italiana di inizio Novecento[5].

Conservazione e inveramento dei valori di una tradizione nell'attualità, ecco l'identico obiettivo di Valentini e Cuniberti nell'ambito delle ricerche italiane tra il 1967 e il 1974.

Le tele ossificate di Cuniberti del 1968 sono state un primo passo. Dopo il depuramento dei segni, l'artista prova a tornare sui motivi conosciuti. Ci viene così incontro una breve stagione sperimentale dai curiosi connotati: dei personaggi di prima non è rimasta che l'intelaiatura, con poche appendici o addentellati a indicare arti e attributi. Siamo piombati in una specie di universo parallelo ridotto a segni filiformi e colori traslucidi all'anilina. Procedendo, di mese in mese la metamorfosi si fa più evidente. I fondi delle composizioni restano bianchi, ma il loro spazio si elettrizza, si fa campo di forza. Appena viene ad abitarli il segno, in qualsiasi materia si presenti, qualsiasi forma prenda, subito diventa elemento di una architettura. Quando poi si mette in relazione con il successivo già produce struttura, costruzione. Ma la struttura ora si riduce a relazioni interne allo spazio figurativo e si nutre della vitalità dei segni generati per abitarlo. Il processo si genera attraverso una sorta di moto animistico perché a dare energia ai segni, a farli galleggiare sul foglio e muovere come onde o volare, è l'introduzione nella composizione di occhi fatti di due punti o di ali che fremono vorticosamente, o anche solo da un bruco fatto strisciare pigramente. La scena metafisica di Cuniberti si anima dall'interno e riprende energia, un'energia non più ricevuta o registrata, ma autogenerata.

Quella che con la memoria del suo passato d'artista e le proiezioni del desiderio Cuniberti ha vissuto giorno per giorno come una crisi, di fatto è stata una rifondazione. Destino raro per un uomo già avanti nella sua vicenda personale e culturale. Eppure a Cuniberti e ad alcuni altri della sua generazione è toccata questa sorte di una nuova, intera, piena stagione di esperienza, in un tempo storico nuovo e complesso che stava per aprirsi. È un fenomeno raro nelle arti figurative, na non inedito. In Italia c'è il caso di Licini che in tutte le fasi della sua pittura non ha mai smesso di esser giovane (allo stesso modo di Carol Rama ai giorni nostri), ma anche di Fontana che arriva alla formulazione spazialista sulla soglia dei cinquant'anni.

Per i pochi della generazione di Cuniberti, nati negli anni Venti, e che hanno avuto la fortuna di una ripartenza dalla metà degli anni Settanta, resistere e rilanciare è stato particolarmente difficile perché i passaggi

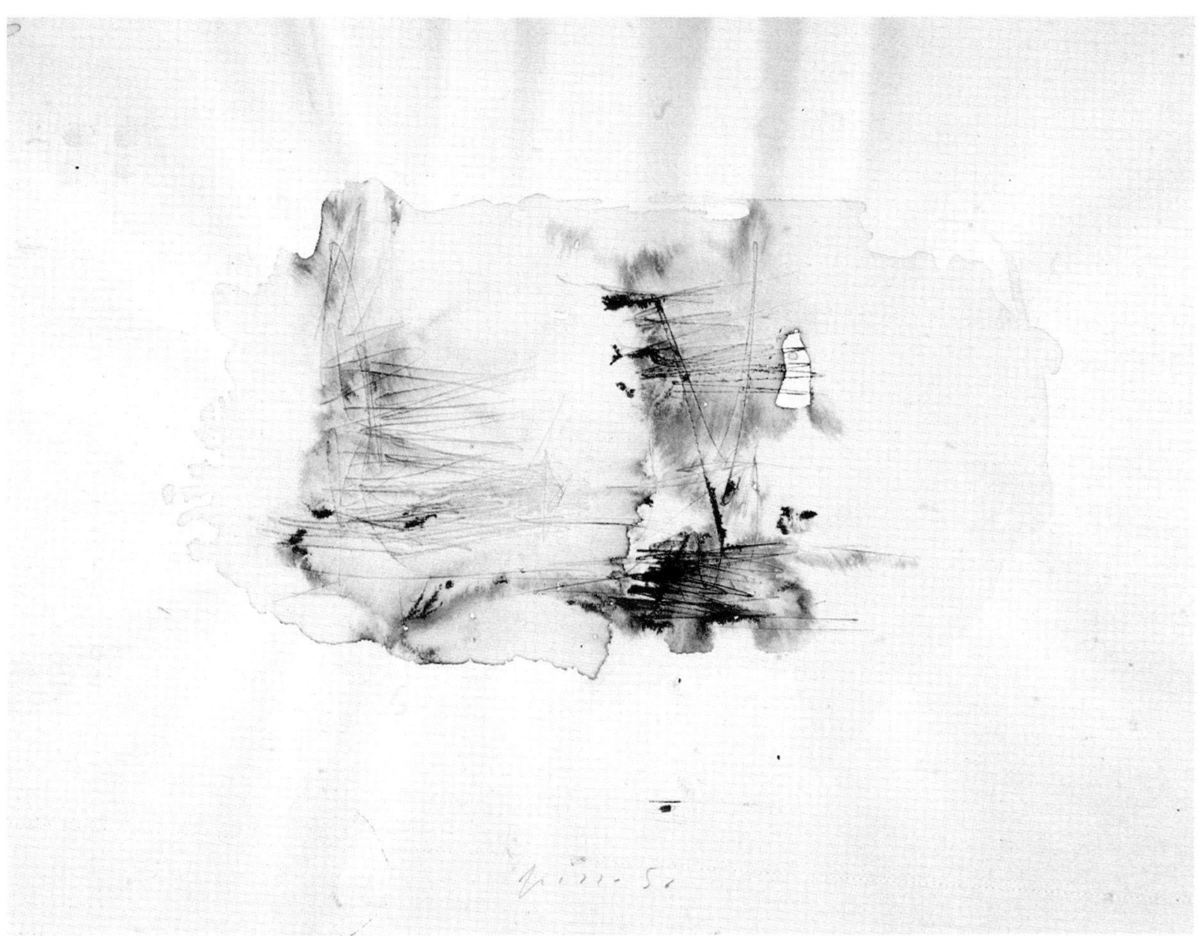

Senza titolo, 1956
tempera, china su carta/tempera, India ink on paper, cm 21,4x26,7

cruciali della loro vita non sono stati connotati da incominciamenti, ma da crisi e crolli: a vent'anni quello del loro Paese e all'inizio degli anni Sessanta quello della loro generazione nello spazio dell'arte. Sulla soglia dei cinquant'anni nelle strutture dell'arte essi potevano risultare come dei sopravvissuti. E invece. 1974, la laboriosa gestazione di un campo semantico, un alfabeto e una vita molecolare dei segni sotto la cifra animista, nel disegno di Cuniberti approda a un risultato straordinario: genera organismi, spazi, architetture, paesaggi. Morfologicamente si presentano come disegni, più esattamente sono operazioni plurilinguistiche condotte su supporto cartaceo, di fatto la nascita di una autonoma, inedita e completa cifra di pittura. Cuniberti ha coronato con quei lavori il suo sogno di pittura.

Nello stesso anno Nanni Valentini stira e compone a muro fogli sottilissimi di terracotta, fragranti come pane, segnati da impronte minime che aprono su un ventaglio sconfinato di implicazioni. Anche qui una struttura inedita apre un nuovo campo e al suo interno un alfabeto di segni genera un inatteso spazio vitale. Ben presto il foglio croccante di terracotta sarà fermentato dalle forze generatrici dell'acqua, dell'aria e del fuoco e produrrà teste, labirinti, vortici, paesi. Una fioritura parallela nel tempo e nei modi a quella di Cuniberti, purtroppo improvvisamente interrotta a metà anni Ottanta.

Ma sempre al 1974 risale la svolta e la soluzione della crisi che il torinese Piero Ruggeri si trascinava da qualche anno nel ritorno panico e totale dentro la natura espresso dai *Roveti*[6].

Per questi tre artisti è come se nel 1974 dietro al muro gelido dell'azzeramento tecnologico improvvisamente si aprisse una fessura che introduceva a un mondo sconosciuto e atteso. Valentini, Cuniberti e Ruggeri sono stati tra i primi a percepire la fine di una stagione e a sperimentare la felicità di una nuova espansione possibile.

È una svolta che sentono anche artisti della stessa generazione di Cuniberti, impegnati fino a quel momento sul versante dei linguaggi d'avanguardia. Dal 1975 Dadamaino abbandona i processi di definizione plastica e analitica del linguaggio riprendendo in mano "carta e colori" per tracciare prima le tele dell'*Inconscio tecnologico* (1975-1976) e poi, da un esercizio automatico, i segni identificati come pulsazioni elementari dell'

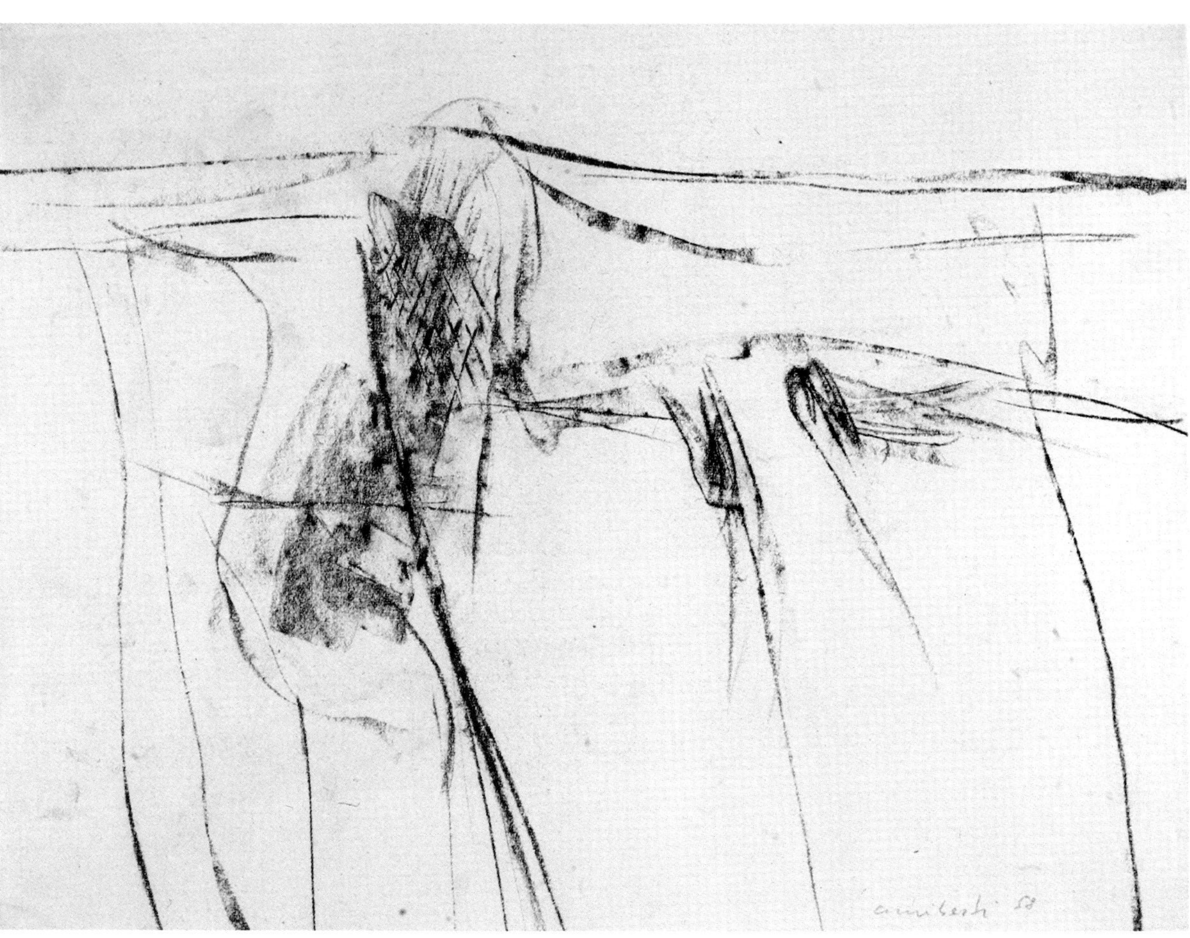

Senza titolo, 1958
creta su carta/chalk on paper, cm 22x28

Alfabeto della mente (1978) e dei *Fatti della vita* (1978-1979). Anche qui un campo significante nuovo e un nuovo alfabeto per una inedita esperienza della soggettività[7].

Dal 1975 Mario Nigro comincia a introdurre *Licenze cromatiche* nelle strutture stabili della sua pittura. Poi, progressivamente, i fondi dei suoi dipinti cominciano a vibrare di velature e striature e le pennellate, con cui percorre le tele come sentieri o piste, tradiscono l'impronta della mano e il respiro della sua soggettività. Nigro reagisce con disagio a un percorso che progressivamente mette allo scoperto la sua individualità, ma negli anni che seguono la sua pennellata sfrangiata e striata traccia un percorso luminoso e panico di materia-luce.[8]

Infine nel 1976 Alberto Burri – artista di una generazione precedente che dal 1950 aveva proceduto sistematicamente con un'operatività fatta dai materiali e dalle loro forze di trasformazione – nella riservatezza dello studio riprende i linguaggi e i procedimenti tradizionali della tempera per produrre composizioni che daranno poi avvio alla sua ultima stagione di pittura[9].

Di lì a poco si sarebbe cominciato a parlare di postmoderno e in effetti il 1974 segna una delle periodiche onde di riflusso della modernità. Nessuno di questi moti di assestamento è destinato a interromperne il cammino, anzi sono essi stessi strumento del suo rilancio. Le svolte operate tra il 1974 e il 1976 da artisti italiani come Burri, Nigro, Dadamaino, e Cuniberti, Valentini e Ruggeri, sono registrazioni essenziali di questa mutazione. Negli stessi anni Sandro Chia, un artista poco più che ventenne formatosi nei procedimenti più radicali del concettualismo, stilava un protocollo lucido e impertinente di approdo al disegno e alla pittura come regressione inevitabile a una nuova costruzione di soggettività[10]. Di lì a poco su questa curva vedremo approdare altri coetanei dell'artista, Clemente, Cucchi, Paladino, ma separatamente anche Mainolfi, e più tardi, a Bologna, Manai. Il procedere di più generazioni, da Burri ai giovani, si salda in una presa di direzione concorrente.

I disegni realizzati da Cuniberti dal 1974 al 1979 tracciano un'esperienza compiuta, la nascita di un universo nuovo. Lo scarto che segnano rispetto ai precedenti sta nel fatto che non fissano più una singola azione o uno stato unitario, ma una pluralità compresente di stati e azioni. Il tratto netto della grafite o della china non si intreccia più con le matite colorate, il pastello, o quant'altro, ma esalta la sua autonomia a contatto e in reazione con la materia differente degli altri strumenti messi in opera. Il processo del disegnare viene in questo modo aperto e offerto nella sua processualità. Non, però, sotto forma di scomposizione analitica dei procedimenti linguistici (secondo una linea di ricerca diffusa in quel momento), né come dimostrazione teatralizzata del processo (in ragione delle permanenze metafisiche presenti lungo tutto il secolo), ma secondo una dinamica diversa che cattura e fissa le scintille dell'intuizione allo stato nascente, quando sono ancora baluginii o atomi. In questa dimamica ogni singolo segno appare autonomo come un corpo astrale, calato in una griglia visiva di cui si danno i confini netti e di tutte le componenti si percepiscono le energie interne e le forze di attrazione e repulsione, come in un segmento di volta celeste. Ciò che rimane straordinario è che negli spazi vuoti dei fogli abbiamo la sensazione di poter entrare e circolare, per osservare i fenomeni da altri punti di vista, e soprattutto per misurare le dinamiche e individuare le forze generatrici.

I fogli di Cuniberti sono perciò intelaiature, architetture di disegni, macchine generative. A costruirle è un soggetto che non si ausculta più sulla soglia dell'emozione o nella cassa di risonanza interiore, ma in un momento precedente e aurorale, lo stato nascente del sentire. Una condizione germinale, giocosa e gioiosa si combina con una soggettività fatta di atomi di energia, materia, spazio e luce, a formare organismi primari energetici.

L'esperienza della soggettività innervata nel lavoro di Cuniberti dal 1974 al 1979 la ritroviamo attiva nelle modalità operative degli artisti prima ricordati, nelle *Licenze cromatiche* di Nigro, nell'*Alfabeto della mente* e nei *Fatti della vita* di Dadamaino, nella trama compressa ed energetica di Ruggeri a partire dai *Roveti* e soprattutto nella fioritura combinata di materia e segno di Valentini, dal *Muro* (1974) a *La terra e i segni* (1978), al *Portale* (1978-1979), ai *28 giorni della luna* (1979-1980), così vicini strutturalmente, energeticamente ed emozionalmente ai lavori contemporanei di Cuniberti[11].

La materia nuova dei disegni di Cuniberti nel 1976 viene rilevata da Pier Giovanni Castagnoli nel suo primo incontro con l'opera dell'artista, quando segnala "un parallelo tripudio di segni, ognuno presente con la propria carica di significato alla massima valenza". Concentrando poi l'attenzione sulla serie dei "musei di segni", egli osserva: "Sugli esili piedistalli stanno non sculture, non oggetti, ma puri segni, 'diversi' da ciò che ognuno si attenderebbe di vedere: segni misteriosi, pertanto, ma tutti, non c'è dubbio, di una stessa natura, tutti dinamici, e certo dialoganti tra loro, tutti insieme presenti nello stesso 'luogo', tutti riuniti in un omogeneo sistema".

A partire da Castagnoli, in pochi anni si avvicina all'artista un nuovo gruppo di critici che rivolge al suo lavoro un'attenzione crescente e partecipe. Nel frattempo, dal 1979, il lavoro di Cuniberti conosce la svolta decisiva. La trama dei disegni autogeneranti trova nella masonite il supporto adeguato per fissarsi in una inedita esperienza di pittura. Negli anni precedenti l'artista aveva provato alcuni trasferimenti delle nuove invenzioni su tela, ma con risultati insoddisfacenti. Il supporto tradizionale impastava le materie differenti producendo un appiattimento emotivo, come succede in parte nel pur bellissimo *Quattro* del 1977, in mostra, capolavoro concettuale dell'artista. Diversamente, la masonite ha offerto alle materie e ai segni dell'artista una superficie capace di resistere a ogni forma di pressione e velocità di segno e all'impatto di ogni materia salvaguardando le differenze, anzi esaltandole. La pittura su masonite di Cuniberti, analogamente a quanto riscontriamo in alcune esperienze dell'arte antica come la pittura su tavola o l'affresco, esalta la definizione dei segni, la brillantezza e la luminosità cristallina del colore. Quello che conta, però, è che la tecnica personale messa a punto da Cuniberti funziona straordinariamente al servizio delle sue esigenze espressive.

Sulla parte liscia del nuovo supporto l'artista stende un velo di tempera bianca, diluita se vuole ottenere una base calda, o compatta per lavorare su un fondo freddo. A quel punto tutto può accadere nel laboratorio dell'artista. Bastano tre rettangoli tracciati in prospettiva con un velo di acquerello e sei segni a china stesi col rapidografo a comporre una *Natura morta con tre piani e sette segni inutili* (1979). O un piano grigio di acquerello in basso, uno delineato a matita (con sfumature ai bordi tirate col dito) e una nuvola incombente e petulante in alto, fatta di tempera a corpo, alcuni tratti di pastello nero a secco e alcune velature di acquerello grigio ai bordi, per creare una quinta inquieta e movimentata, che ancora una volta fa da piano di posa teatrale a una natura morta di segni neri e rossi. Alla fine l'artista decodifica l'evento col titolo: *La mia geometria è malata* (1979).

A partire da queste prove ancora concettuali la vicenda delle masoniti si dipana per più di vent'anni, definendo un'esperienza compiuta di pittura che è una risposta autonoma e completa all'età nuova dell'arte aperta negli anni Ottanta.

La qualità del nuovo raggiungimento di Cuniberti è stata percepita da subito. Nel 1980, per la personale alla Galleria Trimarchi, Castagnoli indaga il meccanismo inventivo dell'artista notando nei suoi lavori in azione "il principio che vuole che ogni immagine, ogni osservazione, ogni racconto passi entro la pagina in sottile artificio o, se si preferisce, in 'artificiosa invenzione'. Che così può ben essere detta quella che accanto alla 'figura' mette in vista il procedimento che l'ha costruita e dietro ad ogni movimento fa intravedere il congegno che l'aziona". Nella stessa occasione Cerritelli ha osservato: "Cuniberti non è interessato né a concettualizzare il reale né a recitarlo, ma ad inventare luoghi di sospensione, punti di incontro e di allontanamento, tramiti per sostituire al meccanismo delle apparizioni una dinamica dell'immaginazione; e per essa invertire l'esperienza formalistica del quotidiano con la penetrazione fantastica delle barriere".

Per la mostra al Palazzo dei Diamanti di Ferrara nel 1981 Fossati ha messo a fuoco ulteriormente il meccanismo generativo della nuova pittura osservando come, con i procedimenti, l'artista cerchi di inserirsi "dentro il dipingere per restare sospeso tra il di qua (naturalistico per dirla alla buona) e l'aldilà (delle intenzioni, concettuali o meno)", arrivando a produrre "un rituale della pittura in cui i singoli frammenti che sono deposti sul tavolo del pittore sono esorcismi".

Gli anni in cui vengono offerte queste osservazioni conoscono grandi rumori e rivolgimenti sulla scena dell'arte. In Italia una nuova generazione si impone dopo la stagione delle ricerche di arte povera, minimalismo e concettualismo. In particolare un gruppo di artisti, riunito e accompagnato da un critico della generazione precedente, Achille Bonito Oliva, si presenta con una proposta provocatoria in chiave sia di produzione che di lettura critica. Abbiamo visto nel caso specifico di Sandro Chia come anche l'uscita teatrale di una nuova pittura fatta di maschere, ricalchi, caricature, e anche di scoperto lirismo, nascesse da una meditata maturazione. La vicenda della Transavanguardia ha segnato uno scarto netto di discontinuità sulla scena italiana e si è collegata a fatti analoghi tedeschi e americani segnando un cambiamento di prospettiva nella percezione storica, nella coscienza dell'agire, nella consapevolezza del ruolo e delle possibilità del soggetto. È un fenomeno sostanziale e complesso che ha visto analoghi sviluppi nella letteratura e nella filosofia arrivando a lambire perfino l'epistemologia della scienza.

Per il percorso biografico e stilistico che abbiamo visto, Cuniberti ha viaggiato in stretta analogia con questa vicenda producendone uno sviluppo che continua almeno fino al 1985 per prolungarsi, sempre nella produzione delle masoniti, fino al 1997 e oltre, come questa mostra documenta. La vicenda formale delle masoniti meriterebbe una lettura apposita, a partire dai procedimenti tecnici che la caratterizzano. Perché essa prima di tutto, e squisitamente, è evento pittorico completo. Lo possiamo riscontrare, infatti, osservando dove vanno subito a parare i giochi di segni e piani e la "geometria malata" dell'artista a partire dal 1979. Già nello stesso anno finiscono per comporre paesaggi fatti di velature acquerellate quasi monocrome (grigioazzurre), accostate con precisione e descritte da numeri, lettere, punti e rilievi: immagini che ricordano illustrazioni di atlanti ottocenteschi o vecchie insegne. L'anno dopo la struttura si complica, riceve interventi di matite colorate, pastelli e tempera data a corpo, ad aprire la scena, complicarla prospetticamente e inserirla in una luce cristallina. Immediatamente dopo è il cielo che nella scena si addensa di materie e interventi, popolandosi di pennellate striate di tempera nera e bianca a formare nubi oscure e tempeste di graffi o di interventi di matita colorata sul pigmento ancora bagnato, a formare scrosci di pioggia e lampi. Nel frattempo il riquadro di questa metereologia variabile ha introdotto nelle tavolette il paradigma minimo del quadro: tra il 1983 e il 1985 l'artista lavora a svilupparlo in ogni direzione possibile, nell'articolazione di velature leggere e luminose che rifanno le trasparenze dell'acquerello e della pittura su vetro, o nell'addensamento delle tempere e delle materie coprenti, che rimandano a una pittura di costruzione e accumulo. Tra i due opposti stanno infinite vie intermedie. Da metà anni Ottanta il gioco delle invenzioni tecniche si fa sempre più complesso. Si impone, per esempio, uno schema che vede il quadro ritagliato all'interno della tavoletta fatto di una velatura molto annacquata di pigmento nero, che si deposita formando una trama diffusa e vibrante di microscopici puntini. Su di essa l'artista agisce, in fasi diverse dell'asciugatura, con interventi di matite colorate che aprono sulla velatura solchi e lacerazioni e accendono luci intime dall'interno. Ad asciugatura avvenuta intervengono le aggiunte a corpo a introdurre case, parapetti e profili ai bordi, e insetti, segni, impuntature, correzioni e riequilibri sul velo trasparente. Arriviamo così alle strutture complesse di fine anni Ottanta e Novanta, dove gli intrecci tecnici dell'artista si fanno sempre più azzardati e sapienti, la sua tavolozza variata, il gioco dei segni contrastato e dilatato. Salvo poi, a partire dal 1996 circa, lentamente e gradualmente rallentare e semplificarsi, tornare quasi alla semplicità di strutture e al monocromatismo della fase iniziale, farsi riassorbire nelle strutture e nelle pratiche del disegno.

Un'avventura così ricca e complessa è stata raccontata nella sua dimensione ideativa, emozionale e fanta-

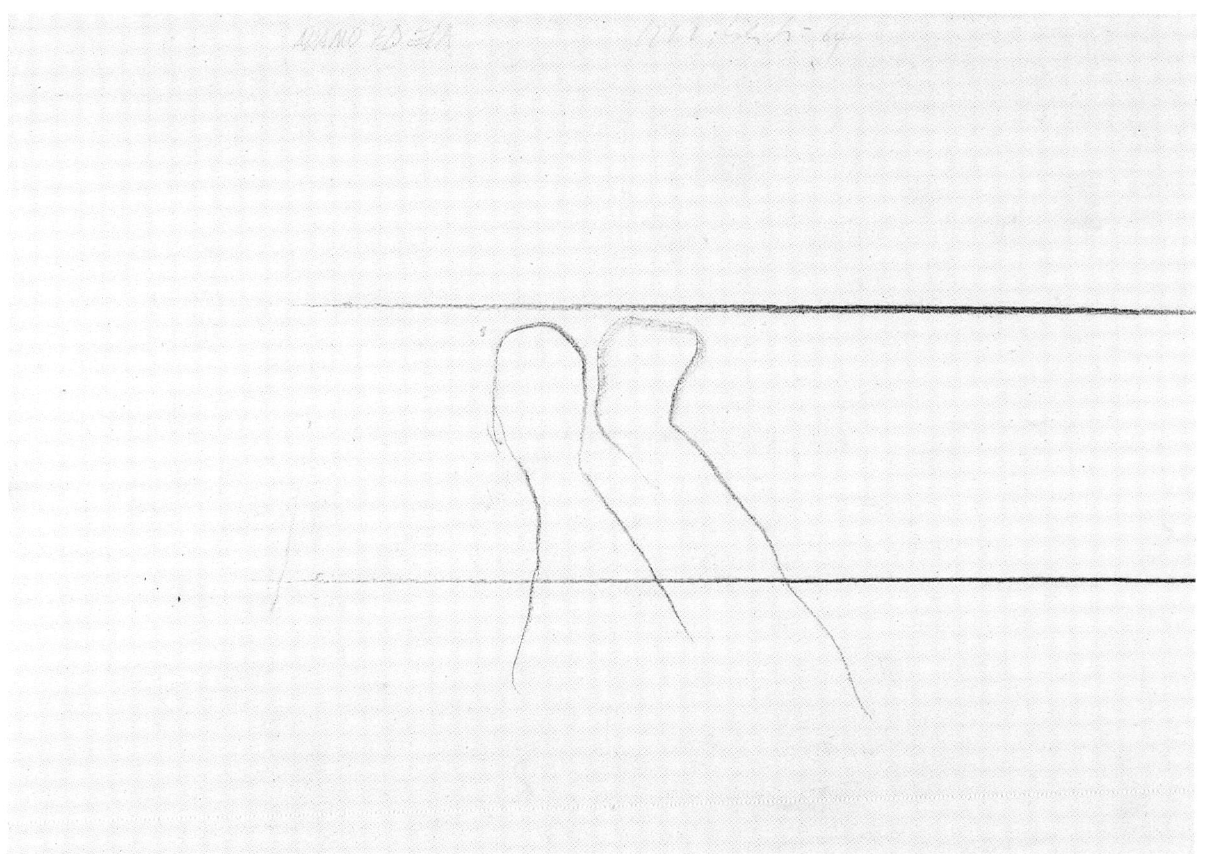

Adamo ed Eva, 1964
grafite su carta/graphite on paper,
cm 21x29,7

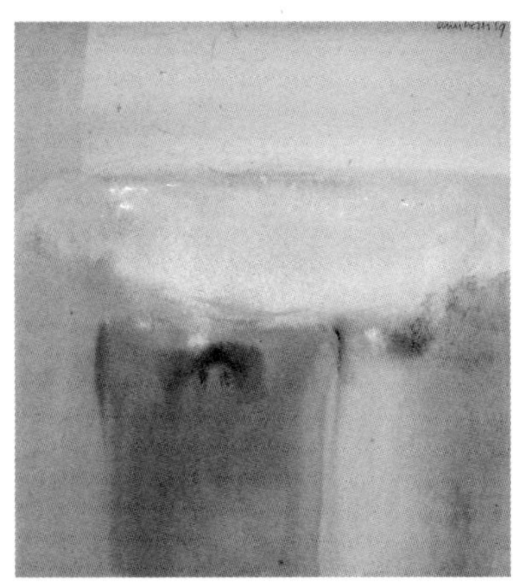

Senza titolo, 1959
acrilico su carta/acrylic on paper,
cm 16,9x14,8

stica da una schiera attenta e partecipe di interpreti. La vicenda di Cuniberti annovera anche questo di eccezionale: l'interesse suscitato su uno spettro ampio di critici, specie della nuova generazione. Ai nomi già fatti lungo gli anni Ottanta si aggiungono Marilena Pasquali, Piero dall'Occa, Massimo Maracci, Fabrizio D'Amico, Flavio Caroli, Roberto Pasini, Vico Faggi, Silvia Camerini, Giuseppe Bonini, Bruno Bandini, Elena Pontiggia, Flaminio Gualdoni, Walter Guadagnini, Claudio Spadoni, Franco Bartoli, Francesco Farina. Più di recente, ancora Silvia Pegoraro, Giulio Guberti, Francesco Tedeschi, Giorgio Sandri, Elisabetta Pozzetti, Valerio Dehò e Franco Patruno.

Nel 1985 nella macchina creativa di Cuniberti si produce un nuovo scarto. I nudi prodotti da quell'anno non sono più forme aperte, plurali e scomponibili ma, esattamente all'opposto, forme compatte e inchiavardate. Secondo la regola del genere, le linee e i tratti che l'artista stende seguono le masse, le dinamiche e le possibilità di estensione e variazione dell'organismo corpo umano. Questo ritorno alla forma chiusa e ad articolazioni correlate segna il compimento di un percorso: è terminato il lungo periodo di rilevazioni di una soggettività allo stato nascente. Oramai compatta e strutturata, l'arca dei segni di Cuniberti può inoltrarsi a esplorare nuove terre e continenti, il nuovo soggetto può provarsi in fasi settoriali e articolate della costruzione di sé. E che cominci della materia erotica del nudo può ben essere significativo.

Non a caso da questo momento tornano altre forme che avevano avuto una lunga storia nel passato, come per esempio le teste. La stagione della soggettività generante, limpida e cristallina, dei disegni e delle prime masoniti è terminata. L'artista sente il bisogno di recuperare frammenti di storia e articolazioni più scoperte di emozione, di desiderio, anche di seguire apertamente i sui momenti di cupezza e tristezza. Il processo è leggibile con evidenza nella pratica del disegno che torna, lungo gli anni Novanta, a fare nuovamente da bussola della navigazione dell'artista. I lavori su carta registrano un progressivo abbassamento di toni cromatici, una armonizzazione e fusione delle materie, un rincorrersi e intrecciarsi dei procedimenti. Già per i primi disegni di nudo Paolo Fossati (1986) aveva parlato di "esercizi". Questo termine prende sempre più peso per la produzione ultima dell'artista. Il suo lavoro, ora, predilege la prova ripetuta, il passaggio sistematico, i risultati ottenuti per approssimazioni successive, forme di accumulo e durata aperte. In esse le differenze e le opposizioni si smussano e attutiscono progressivamente, in parallelo con le differenze di tecnica e segno. Il piano verso cui tende l'artista è una zona grigia e intermedia dove la traccia dell'esistere si depositi per scarti minimi, impronte striate. Le forze violente e contrastanti che comunque continuano a intervenire sono riportate a questa sordina ottusa e dolce, un rumore minimo ma dalle magiche, infinite rifrazioni dove l'impronta dell'esistenza è come quella di un canovaccio, una sindone lisa e sfilacciata, e tuttavia dalla materia tenera e infinitamente malleabile. L'ultima stagione dell'artista è una silenziosa lezione di pittura nel segno prolungato dell'abbandono, dell'auscultazione, del mormorare continuo, infinitamente malinconico ma costantemente vigile e trepido.

1. G. P. Bellori, *Le vite de' pittori, scultori e architetti moderni*, a cura di E. Borea e G. Previtali, Torino 1978, pp. 423-425.
2. F. Lodoli, S. Vacchi, *Un momento del realismo*, Bologna 1958.
3. F. Arcangeli, *Pirro Cuniberti*, catalogo della mostra, Circolo di Cultura, Bologna, 1957.
4. G. M. Accame, *Cuniberti: Adamo e i Persuasori*, in "Il Tarocco", III, n. 6, 1965; P. Bonfiglioli, *Per nove disegni di Pier Achille Cuniberti*, in "Il Portico", Mantova, n. 6, dicembre 1965.
5. Per Valentini vedi il numero monografico di "Riga", n. 3, novembre 1992 e *Nanni Valentini. Opere. 1982-1985*, catalogo della mostra a cura di F. Gualdoni, Galleria Civica, Modena 1987.
6. D. Trento, *Ruggeri e la critica*, in E. Crispolti, F. Fanelli, D. Trento, *Piero Ruggeri*, Torino 1997, p. 259.
7. F. Tedeschi, *Dadamaino. Opere 1975-1981*, catalogo della mostra, Palazzo Municipale, Morterone 1998.
8. *Mario Nigro*, catalogo della mostra, a cura di A. Vettese, Galleria del Credito Valtellinese, Milano; *Mario Nigro. Konzentration und Reduktion in der Malerei*, catalogo della mostra a cura di K. Wolbert, Institut Mathildenhöle, Darmstadt 2000.
9. N. Sarteanesi, *Burri. Contributi al catalogo gennerale*, Città di Castello 1990, pp. 372-391.
10. S. Chia, *Intorno a sé*, Giuliana De Crescenzo, Roma, marzo 1978. Il fascicolo di disegni e poesie datate tra il 1976 e il 1977 (ma con un'incursione al 1971), è stato ripubblicato in anastatica in L. Di Corato, *Sandro Chia. Opere scelte 1975-1996*, Milano 1997, pp. 18-42.
11. Ho avviato la definizione di questa vicenda nei testi precedenti: D. Trento, *Schede per il disegno italiano del dopoguerra*, in "Zeta", Udine, n. II, 1989, pp. 297-301; D. Trento, *Materiali grammatiche soggettività 1975-1990*, in "Slam", Milano, n. 1, 1990 e Trento, *Ruggeri e la critica*, cit., pp. 259.

Cuniberti in Italian Painting After the Second World War

Dario Trento

Two days after the fall of Fascism and with Italy rudderless, Pier Achille (Pirro) Cuniberti turned twenty: it goes without saying that these historical events affected his development. The artist spent crucial time performing his duties as a citizen of a country that, moreover, did not prove to be very deserving of his efforts.

The story of Cuniberti the painter necessarily begins with his long wait before beginning. This was not merely a question of practical obstacles. His hesitation in taking up a career in painting was clear even before the lengthy period of disruption caused by the war. It was no surprise that after school the Bolognese youth failed to go to art school immediately and chose to first study bookkeeping instead. Today no one doubts Cuniberti's natural vocation for painting, but his modesty in approaching it, his vulnerability and fear of not being good enough, was obvious.

Such behavior is nothing new in artists. I recall, for example, young Poussin's passionate longing to travel to Rome, twice frustrated before he finally accomplished it: "...stimulated by his continuous desire to come to Rome, he set off and got as far as Florence where, without going any further, due to some incident, he turned back for France. After a few years, happening to be in Lyons, he set off once more for Rome, but this time around he was stopped by a merchant and forced to give him all the money he had taken along for his trip... He set off for Rome for the third time and finally reached it in 1624."[1] For Poussin, Rome was to be not just the city where he learned his art, but the place where he settled and worked.

Cuniberti's hesitation in giving his life a direction lasted a long time. At the end of the war, and after graduating from the Academy of Fine Arts, the artist began very quietly. He took part in some student exhibitions with his peers between 1947 and 1949, attracting some attention but not especially standing out. Or to be more precise: he did not push his work to the forefront; he merely waited. Lack of preparation had nothing to do with it: Cuniberti played an enthusiastic role in the forming of his generation: he saw the 1948 Biennial (where he discovered Klee); he took part in the debates around the Bolognese exhibition in 1948, where the struggle between abstraction and realism in Italian art began (and where Francesco Arcangeli had his first intuition of a possible third way, the first rumbling of the Informel); and he met the most energetic Bolognese artists of the times: Sergio Vacchi, Sergio Romiti, Vasco Bendini and Duilio Barnabé.

However, at a certain point he stopped exhibiting his work. He produced a great deal in private, drawings mainly, but destroyed most of them. In the meantime he was active in other areas: advertising, graphic work and, quite early on, he began to teach at the Art Institute. His complete immersion in applied art invited admiration for his professionalism and reliability, but resulted in his being absent as an artist during a time that was very exciting for his generation.

This exhibition includes some of the works of those years, some drawings which, in my opinion, are extremely lovely: the stylized and serrated flowers, a gut reaction to seeing Klee; some animals, giant and lethargic insects reconstructed as strange self-propelled mechanisms; industrial outskirts observed as a chaotic space to be pulled into focus; the passenger compartment of a coach as a new domestic landscape. Even a contemporary oil painting might speak to us of similar problems: a roof full of aerials, a view of a modern landscape that seeks a linguistic code specific to the new dynamics that produce it. There are few examples, but all unanimously speak of a Cuniberti that is conscious of the waste provoked by modernity and is trying to find a language with which to translate it technically. The artist recalls that at this time he was interested in Vieira Da Silva, whose flat geometry and light details transcribed, in a modern and intuitive way, the communicative landscape of the modern metropolitan vision.

Meanwhile, however, at the periphery of Cuniberti's life, Italian art was heating up. In 1954, his generation—after recovering from the postwar Picasso hangover—took part in the transition that mutated entirely into painting. The spark was lit by Francesco Arcangeli who, returning from that year's Biennial, had the intuition that a group of artists were taking a previously unexplored route by experimenting with nature. A few months later Informel painting erupted across the whole of Italy, from 1954–1956. Cuniberti was absent from the entire affair. He was aware of the work of Vacchi, Romiti, Bendini, Pulga, Ferrari and other artists presented in Bologna

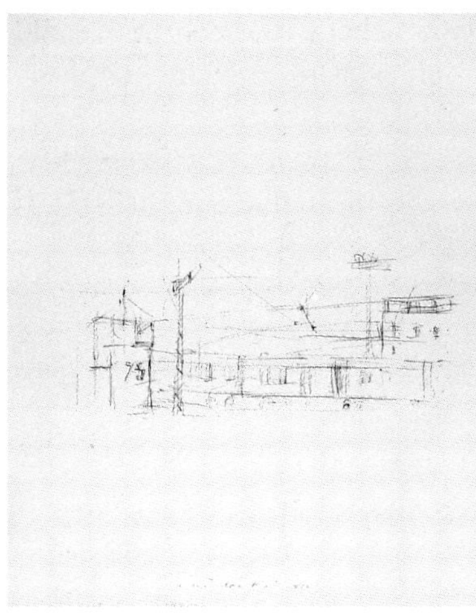

Senza titolo, 1952
biro su carta/ballpoint pen on paper,
cm 28x22

by Arcangeli, and assisted them as a personal friend, but did not put in an appearance himself. His concentration was elsewhere. The aerial landscape dated 1956 clearly acknowledges that up to that moment the artist's area of interest was not nature but was the city, and that what he was seeking was a crystal clear language to interact with its dynamics.

In 1956, signs of exhaustion with "the latest naturalism" were beginning to emerge. The revolt against the Arcangeli faction began with the defection of Vacchi. The painter perceived the repressed attempt at socialist democracy in Hungary as an attack on Western values, and reacted by shifting his art's emphasis from existential matrixes to the formal roots of European and Western civilization. Together with a Bolognese fellow traveler, Franco Lodoli, he drew up a passionate ideological manifesto for his position[2] that found a wide consensus among Italian art critics.

At the same time, Lodoli sought a validation of the new situation by organizing the exhibition "14+2" in 1957, a presentation of young Bolognese artists among whom Cuniberti also figured. For Bologna it was the first attempt to make sense of the situation in the wake of the crisis of the latest form of naturalism. A curious fact: immediately afterward Cuniberti held his first solo exhibition, presented by Francesco Arcangeli. For the art critic it was a difficult moment because Vacchi's desertion from his cultural battle involved one of the works to which he had been greatly devoted. An echo of the clash can be heard in his essay presenting Cuniberti. With his reading of the work of an artist who hadn't taken part in the Informel movement, the critic restates his beliefs partly because he has to contend with a work which now, when everything suddenly seems to be coming to an end, substantially embraces his ideas. Cuniberti's meticulous and taut structure, until then intent on picking up the nervous signals of modernity, had crumbled into an intangible dust that opened onto a silent interior collapse. The crisis in Hungary had also affected Cuniberti, but produced opposite results. It ended a long crisis of vocation that now allowed him to find reasons to embrace the adventure of painting—not as rootedness to a Salvationist order, but as an acceptable risk.

It is curious that Arcangeli, inaugurating with his critical text the story of Cuniberti the painter, used thoughts that he had been preparing for his major book on Giorgio Morandi. Against Vacchi's reasons for his defection, Arcangeli cites his personal growth, calling on the example of Morandi, the mature artist he considers to be a model for 20th-century Italian art. He identifies the "reserve" of a "selection of images [that] gather something of the moral layers of an anti-rhetorical petit bourgeoisie, able to conquer things that are, for all practical purposes, much stronger within that large area of reward that art can be."[3]

It is well-known that Morandi rejected Arcangeli's critical reading; but here it is merely a case of recalling how the observations of the Bolognese critic, who so correctly analyzed the importance played by Morandi's art in 20th-century Italian history, are just as true for Cuniberti's overall project. In their common moral attitude and total trust in the forces of art there is a profound link between Cuniberti and Morandi, one that formed the specific foundations of 20th-century Bolognese artistic culture, and which made a conspicuous and original contribution to art.

After 1957, Cuniberti began to produce art frenetically. Drawings, temperas, pastels and canvases came pouring out from the artist's workshop, creating a tumultuous and polymorphous universe: mainly records of intimacy, soft and taut landscapes or assorted and startled heads. But also (and most importantly) obstinacies and extraversions: heads suggesting men or women, angels, abbesses, personalities...dogs. The figures emerge from the mix of colors through the accentuation of some traits, or the suggestion of a tone, and are defined suddenly as types, actors that have awaken on stage at that moment, animated by an irresistible energetic charge. As he proceeded, the artist abandoned himself to passion and speed as instruments for seizing emotions and perceptions.

After the happy event of the birth of this mottled universe, around 1963 there was a phase of adjustment. From cells, the actors evolved into suggestive and complex organisms. They became inhabitants of a living land that resembled the one in which the artist found himself living at the same time, the Italy of the 1960s. A sharp acceleration in industrial development emptied the countryside and engulfed the cities. New outskirts surrounded the historical cities, the country became crossed with motorways, and the streets filled up with cars. The painter who was twenty years old around the 8th of September, now at the age of forty met a reality he certainly had not foreseen. Due to his past, he surely could not look on with the same enthusiasm as Schifano, Angeli, Festa and Uncini, the young Romans who saw there the dawn of an artificial paradise of technology. Neither was he as desecrating, though enthusiastic too, as the young Bolognese artists Mascalchi and Pozzati:

he was closer to his peers who were directing Italian movies: bittersweet, mordant about the opportunities for comedy provided by the changes, though blended with nostalgia for a poor but humanly sympathetic world destined to die out.

The comedy that took shape within Cuniberti's works on paper and canvases included *Persuasori*, which aggressively pushed prefabricated contents into the brains of citizens, mediators committed to contracting lots of land, and a candid *Adamo*, an ordinary man in hat and jacket—the chosen victim of the new movers of history. As in contemporary cinema, the artist's work, which had already received attentive reviews from Renato Barili, Andrea Emiliani and Enrico Crispolti, found its definitive formulation in an apologue distributed in nine drawings that two Bolognese critics, Giovanni Maria Accame and Pietro Bonfiglioli, deciphered in two parallel and reciprocally integrated readings in 1965.[4]

For a decade, a curious and tireless artist drafted a humorous and moral narrative of the technological transformation of the city: a modern city not forged by the machines, materials and surfaces of the new technology (or by the fast and definitive explosions like the crime of technologically recorded images) but by the vital impetuses that were in reaction to its existence—the experimental survival tactics. An increased clash of strokes and colors were given free rein as a sort of special recording instrument—an instrument more interested in heat and energy than in light—that aimed to draw a lifelike map of space, made of alternating points of attraction and danger.

As Roberto Longhi has reminded us, 1964 was the year of both the arrival of American Pop at the Venice Biennial and the death of Morandi in Bologna. An epoch-making break couldn't have been marked any more distinctly. The effects were seen immediately in Bologna itself with the start of Vasco Bendini's dadaist experimentation (an artist belonging to the same generation as Cuniberti) and the young Pier Paolo Calzolari. The activities of the new avant-garde in Bologna were concentrated in one place, Palazzo Bentivoglio; these were facts that Cuniberti observed but wanted no part of. What prevented him from adhering to the new avant-garde's materialistic cancellation was the energetic drive that had governed his two decades of painting. However, with the advances in experimentation of the 1960s generation, the artist felt his sensors weakening. Between 1966 and 1968 he produced boneless, frozen, bitter drawings and paintings. In these, the edges are distinct, colors are raw, associations are sharp, lights are livid. The artist revealed the malaise and dissatisfaction of that period. Even today in front of those canvases, he remembers how bitter they were to him. Yet they contain the first concrete examples of signs and materials of his main period. Those stark colors, those stony forms are the incubation of a newly possible future for painting.

At first glance the artist questions the mediums of landscape and still life in order to celebrate their funeral; indeed, a transmutation has begun. The space and the nature of the signs change their significance. The zest of metaphysics lurking in these works is in fact the symptom of an epistemological transition. The stone loaves

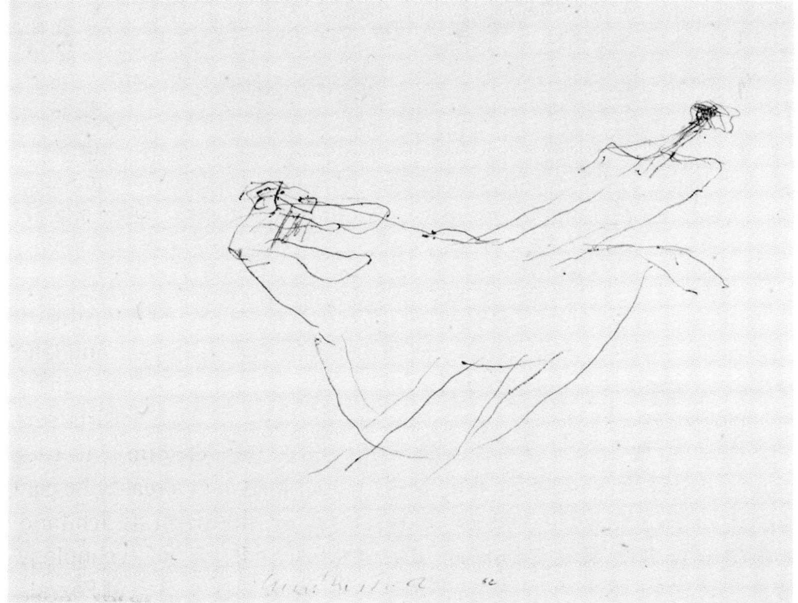

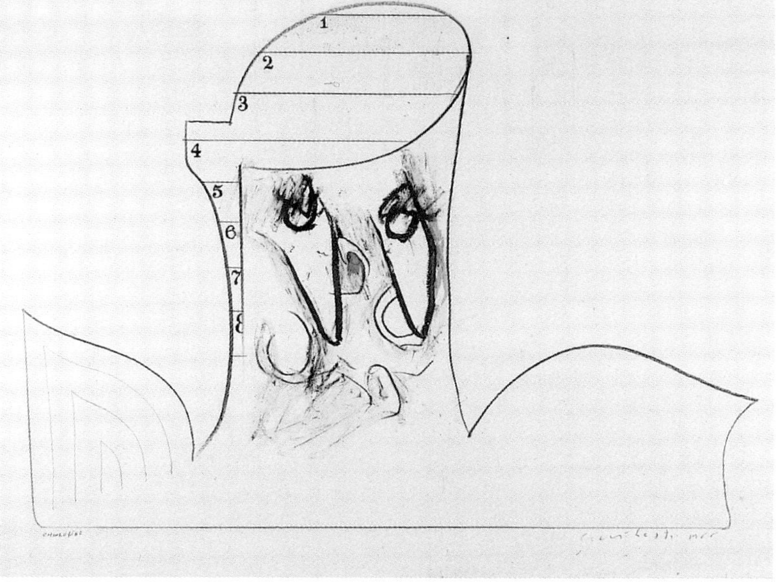

Senza titolo, 1962
biro su carta/ballpoint pen on paper, cm 22,1x28,2

Cherubino, 1966
grafite, pastello, biro su carta/graphite, pastel, ballpoint pen on paper, cm 35x50

that at first sight recalled De Chirico are perhaps closer to certain buffer paintings by Picabia, those same ones that would be observed years later by the young exponents of the Transavantgarde. Those canvases of Cuniberti's also declared a cancellation, the loss of every drive and the laborious start of the exploration of a strange land.

The artist's place of investigation is completely dehumanized, like a scientific laboratory. The harmonious blend of city life is no longer perceived and we no longer find people observed and followed with empathy, or having an interior world. This is replaced by a strange land in which meanings are refined independently, as though in a test-tube. It is the fundamental procedure started by the avant-garde of the turn of the century, returned en masse with the new avant-garde of the mid-1950s.

With the dehumanization produced between 1966 and 1968, Cuniberti unconsciously triggered the autonomous sign experience: it was the timid beginning of a process that only by successive failures and a sloughing off of dead skin would lead to an explicit result. Among the artists of his generation he was not the only one in this condition. It must be remembered that after the experiments carried out by the new dada, up to the extremes of performance art, Bendini went back to concentrating on painting anew. There is, however, an artist who has an insight into the whys and wherefores of Cuniberti's crisis. That artist is Nanni Valentini, native of the Marches. Emerging to international acclaim with his work in ceramics in the postwar period, at a certain point, in order to stop the pigeonholing of his work, he abandoned his recognized role and began a lengthy period of experimentation that principally involved drawing. Like Cuniberti, Valentini understood the by-products and cancellations heralded by avant-garde experimentation, but was convinced that he had to hold onto the linguistic values of the traditions of his birthplace—Italian art at the beginning of the 20th century.[5] Conserving and making true the values of a tradition in the present day: this was the identical goal of Valentini and Cuniberti within the sphere of Italian experimentation between 1967 and 1974.

Cuniberti's ossified canvases of 1968 were a first step. After the purification of signs, the artist tried to go back to known motifs. And so we approach a brief experimental period with curious connotations: nothing remains of the original characters but the frame, with few appendices or links to indicate limbs and attributes. We have plunged into a kind of parallel universe reduced to threadlike strokes and translucent aniline colors. Moving on, month after month, the metamorphosis became more obvious. The bases of the compositions remained white, but their space became electrified, a force field. As soon as the sign came to inhabit it, in whatever medium, whatever form, it immediately became an element of an architecture. Its subsequent association with the next sign produced structure, construction. But the structure was now reduced to relations internal to the figurative space, feeding off the vitality of the signs generated to inhabit it. The process was generated through a sort of animistic movement; what gives energy to the signs, what makes them float on the page or move like waves or fly, is the introduction in the composition of eyes made of two dots or wings that tremble and swirl, or simply a caterpillar lazily crawling along. Cuniberti's metaphysical scene is animated from within and gathers energy, an energy which is no longer received or recorded but self-generated.

With the memory of his past as an artist and the projections of desire, what Cuniberti experienced day by day as a crisis was in fact a new beginning. It was a strange destiny for a man getting on in years, personally and culturally. And yet this fate, this new, whole, full cycle of experience befell Cuniberti and others of his generation in a new and complex historical period that was just getting underway. It is a rare phenomenon in the figurative arts, but not totally new. In Italy there is the case of Licini who, in every phase of his painting, has never stopped being young (just like Carol Rama in our day), but also Fontana, who arrived at his spatialist formulation near the age of fifty.

For the few people of Cuniberti's generation, born in the 1920s, who had the good fortune to make a fresh start in the mid-1960s, resisting and launching themselves once more was particularly hard since the crucial stages of their lives were not associated with beginnings but with crises and collapses: the crisis and collapse of Italy when they were in their twenties, and the crisis and collapse of their generation artistically at the beginning of the 1960s. In the art world, approaching fifty years old, they might have been judged to be survivors. And yet, in 1974, with the laborious handling of a semantic field—an alphabet and a molecular life of signs under an animist code—Cuniberti's drawings achieved an extraordinary result: he generated organisms, spaces, architectures and landscapes. Morphologically they appear as drawings, but it is more accurate to say they are plurilingual operations conducted on paper, the virtual birth of an autonomous, never-before-seen codification of painting. With those works Cuniberti fulfilled his dream of painting.

In the same year, Nanni Valentini stretched out and assembled thin sheets of terracotta, as fragrant as bread, marked by tiny prints that opened onto an infinite variety of implications. Here too an unusual structure opened a new field, and within it a sign alphabet that generated a unique vital space. Very soon the crunchy sheet of terracotta would be worked by the life-giving forces of water, air and fire, and would produce heads, labyrinths, whirlpools, countries. It was a parallel flowering in terms of Cuniberti's timing and methodology, sadly interrupted in the mid-1980s.

But 1974 was still the year of the turning point and the end of the crisis, which the Turinese Piero Ruggeri had been dragging on for some time, in the sudden and all-encompassing comeback of nature illustrated by "Roveti".[6]

For these three artists in 1974 it was as if a crack suddenly appeared behind the frozen wall of technological negation, exposing a glimpse of the unknown world they had been waiting for. Valentini, Cuniberti and Ruggeri were among the first to perceive the end of a cycle and know the joy of a newly possible expansion.

This turning point was also perceived by artists belonging to the same generation as Cuniberti who had been concentrating up to then on avant-garde idioms. After 1975, Dadamaino abandoned his plastic and analytical definition of the idiom, once more taking up "paper and paints" to produce first the canvases of a "Technological unconscious" (1975-1976) and then, an automatic exercise, the signs identified as elementary beats of the "Mind alphabet" (1978) and the "Facts of life" (1978-1979). Here too we find a new field of signs and a new alphabet for an original experience of subjectivity.[7]

In 1975, Mario Nigro began to add "chromatic license" to the stable structures of his painting. Then, gradually, the backgrounds of his paintings began to vibrate with films and streaks and brushstrokes, with which he wandered across the canvases as though they were paths or tracks, revealing the trace of the hand and the breath of subjectivity. Nigro reacted uneasily to this development that gradually revealed his individuality, but in the following years his frayed and streaky brushstroke blazed a luminous and Pandean trail of matter-light.[8]

Finally, in 1976, Alberto Burri, artist of a former generation, who began in 1950 to systematically use a method consisting of materials and their powers of transformation, took up, in the privacy of his studio, the traditional idioms and processes of tempera to produce compositions that would trigger his last cycle of painting.[9]

A short while later one began to hear talk of the postmodern, and indeed 1974 marks one of the periodic ebbs of the modern. None of these shakedowns are destined to interrupt its progress; they are instrumental to its relaunch. The turning points of 1974 and 1976, prompted by Italian artists like Burri, Nigro, Dadamaino, Cuniberti, Valentini and Ruggeri, are essential to this transformation. During the same period, Sandro Chia, an artist little more than twenty years of age and trained in the most radical processes of conceptualism, drafted a lucid and impertinent protocol on the approach to drawing and painting as an inevitable regression to a new form of subjectivity.[10] On this same track we would shortly see the achievements of the artist's other contemporaries, Clemente, Cucchi and Paladino, but also separately Mainolfi, and later, in Bologna, Manai. The path of more than one generation, from Burri to young artists, was joined in a single direction.

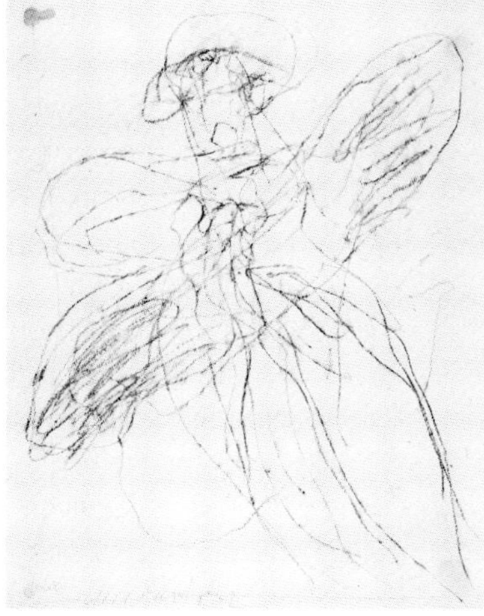

Angelo, 1962
pastello su carta/pastel on paper,
cm 28x22,1

Cuniberti's drawings of 1974 to 1979 show the end of a phase and the birth of a new world. They are different to previous works in that they do not focus on a single action or state but on a simultaneous plurality of states and actions. The clean stroke of graphite or Indian ink is no longer tangled with the colored pencils, pastels or what have you, but now exalts in its autonomy, in tune with and reacting against the different matter of the other mediums used. The procedurality of the drawing process is thus opened and exposed. Not, however, in the guise of an analytical decomposition of linguistic procedures (according to a line of inquiry which was pervasive at that time), nor as a dramatized demonstration of process (in proportion to the metaphysical permanencies present throughout the century), but according to a different dynamic that captures and freezes the sparks of intuition in their embryonic state, when they are still glimmers or atoms. Within this dynamic each individual sign appears to be independent like a heavenly body, dropped into a visual grid whose clear edges are seen and in whose parts one perceives the internal energies and the forces of attraction and repulsion, like in a segment of the roof of heaven. What remains extraordinary is that we have the feeling we can go in and walk around the empty spaces of the page, to observe the phenomena from other points of view, and above all to measure the dynamics and single out the generating forces.

Cuniberti's works on paper are therefore frames, architectures of drawings, generative machines. They are made by a subject that no longer listens with a stethoscope to the threshold of emotion or the interior sounding board, but, in a previous and emerging moment, a newborn state of feeling. A germinal, energetic, playful and joyous condition combines with a subjectivity made of atoms of energy, matter, space and light, to form primary energetic organisms.

We find the experience of innervated subjectivity in Cuniberti's work from 1974 to 1979 to be once again active in the working methods of artists mentioned before: in the "chromatic license" of Nigro; in the "Mind alphabet" and the "Facts of life" of Dadamaino; in the compressed and energetic texture of Ruggeri beginning with "Roveti"; and, above all, in Valentini's confident flowering of matter and sign, from *Muro* (1974) to *La terra e i segni* (1978) to *Portale* (1978-1979) to *28 giorni della luna* (1979-1980), so close structurally, energetically and emotionally to the contemporary works of Cuniberti.[11]

The new stuff of Cuniberti's drawings in 1976 is observed by Pier Giovanni Castagnoli in his first encounter with the artist's work, when the critic cites, "a parallel orgy of signs, each one present with its own charge of meaning multiplied to the maximum." Concentrating then on the "Museums of Signs" series, he observes: "On the flimsy pedestals stand not sculptures, not objects, but pure signs, 'different' from anything any of us might expect to see: mysterious signs therefore, but all of them definitely of the same nature, all dynamic and certainly communicating with each other, all together in the same place, all reunited in a homogeneous system."

Starting with Castagnoli, in the space of a few years a new group of critics approached the artist, addressing his work with increasing and concerned attention. In the meantime, following 1979, the artist's work took a decisive turn. The pattern of self-generating drawings found masonite to be a suitable medium for settling into in a new style of painting. In previous years the artist had tried to transfer some of his new inventions onto canvas, only to obtain dissatisfactory results. The traditional medium blended the artist's different materials, producing a flattening of emotions, as happens, in part, in the nevertheless lovely *Quattro* of 1977, a conceptual masterpiece exhibited here. Unlike canvas, masonite offered the artist's materials and signs a surface able to resist every form of sign pressure and speed; upon impact with any material, it could safeguard their differences, indeed exalt them. Cuniberti's painting on masonite, similar to ancient panel paintings or frescos, exalts the definition of the signs, the brilliance and the crystal-clear luminosity of color. What counts, however, is that the personal technique refined by Cuniberti works extraordinarily in the service of his expressive requirements.

On the smooth side of the new medium the artist spreads a veil of white tempera diluted if he wishes to obtain a warm base or dense if he wishes to work on a cold base. At that point anything can happen in the artist's workshop. All he needs are three triangles sketched in perspective with a layer of watercolor and six Indian ink strokes in fountain pen to compose a *Natura morta con tre piani e sette segni inutili* (1979). Or a gray plane of watercolor below, one outlined in pencil (with shading along the edges smudged with a finger) and a brooding and petulant cloud overhead, made of a *tempera a corpo*, some lines of black dry pastel and some layers of gray watercolor along the edges, to create a restless and animated dramatic event that again acts as a dramatic stage for a still life of black and red strokes. In the end the artist deciphers the event with the title: *La mia geometria e malata* (1979).

Starting with these still-conceptual trials, the masonite work unfolds for over twenty years, defining a faultless painterly experience that is an independent and exhaustive response to the new age of art begun in the 1980s.

The quality of Cuniberti's new achievement was perceived at once. In 1980, for his solo exhibition at Galleria Trimarchi, Castagnoli investigated the artist's inventive mechanism by noting of his works in progress that "principally he wishes every image, every observation, every narrative to enter the page with subtle artifice or, if you prefer, with 'artful invention.' Which might well be expressed as what, alongside the 'figure,' reveals the procedure which constructed it, and behind each movement gives you a glimpse of the device which triggers it." On the same occasion, Cerritelli observed that "Cuniberti is not interested in conceptualizing what is real or performing it, but inventing suspended places, meeting points and points of divergence, middle grounds which substitute the mechanism of appearances with a dynamic of the imagination; and, for this, inverting the everyday formalistic experience with the fantastic penetration of barriers."

For the 1981 exhibition at Palazzo dei Diamanti in Ferrara, Fossati further focused on the generative mechanism of new painting by observing how, with his procedures, the artist tried to step "into the painting to remain suspended between the here (naturalistic in plain speaking) and the beyond (of intentions, conceptual or otherwise)," finally producing "a painting ritual in which the individual fragments which are placed on the artist's table are exorcisms."

The years these observations took place are years of hullabaloo and revolution in the art scene. In Italy, a new generation established itself after the period of Art Povera, Minimalism and Conceptual art. In particular, a group of artists, united and chaperoned by a critic belonging to the previous generation, Achille Bonito Oliva, came forward with a provocative proposal in terms of production and critical reading. We saw in the specific case of Sandro Chia how the dramatic exit of a new painting made up of masks, rubbings, caricatures and even open lyricism, was generated by a deliberate maturation. The affair of the Transavantgarde marked a clear rejection of discontinuity in Italy and was linked to analogous situations in Germany and America that marked a change of perspective in historical perception, in the conscience of action, and in the awareness of the role and the possibility of the subject. It is a substantial and complex phenomenon that has seen similar developments in literature and philosophy, even brushing against the epistemology of science.

Due to his personal and artistic growth, Cuniberti traveled in close proximity to this movement, adding a development to it that continued at least up until 1985, only to extend, with his work on masonite, to 1997 and beyond, as this exhibition documents. The formal period of masonite work deserves a special reading, beginning with the technical procedures which characterize it. Because this, above all, is an exquisite, inclusive painterly event. We can see it in fact in 1979 by observing where the play of signs and planes, and the artist's "sick geometry," goes to seek shelter. In the same year they end up composing landscapes made of almost monochrome (gray-blue) films of watercolor, juxtaposed with precision and described by numbers, letters, dots and reliefs: images that recall 19th-century illustrations of atlases or old signs. The following year the structure becomes more complicated, with the addition of colored pencils, pastel and tempera, which open the scene, complicating it from the point of view of perspective and bathing it in a crystal clear light. Immediately afterwards it is the sky that brews with matter and interventions, filling up with streaky brush strokes of black and white tempera that form dark clouds and storms, marks or colored pencil on still-wet pigment that form cloudbursts and flashes of lightning. In the meantime, the frame of this changeable weather has introduced onto the tablets a minimal paradigm of painting: between 1983 and 1985 the artist worked on developing it in every possible direction, in an expression of light and luminous films that mimic the transparency of the watercolor and painting on glass, or in the thickening of tempera and coating materials, which recall a painting made up of construction and accumulation. Between the two extremes there are infinite medians. From the mid-1980s the play of technical inventions becomes increasingly complex. For example, a pattern is established in which a square cut out of the panel's interior, made of a very watery film of black pigment, settles forming a spreading and quivering texture of microscopic dots. During various drying phases the artist make furrows and lacerations in the film using colored pencils, creating a cozy light within. Once the painting has dried completely he begins

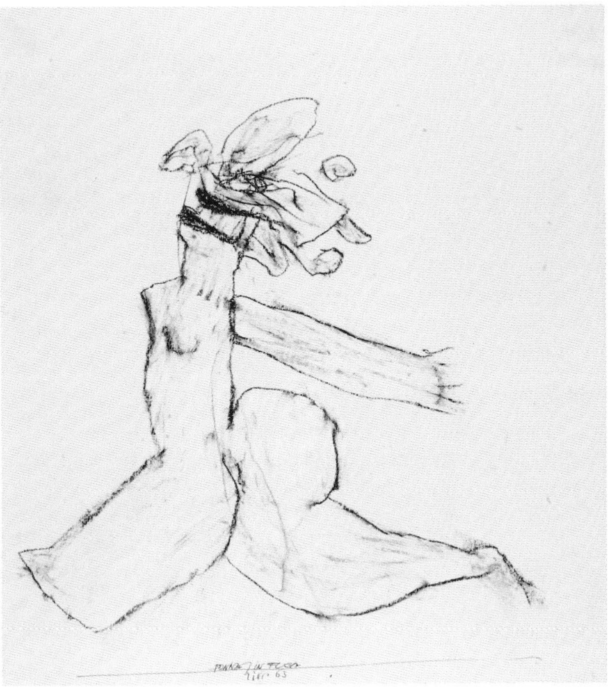

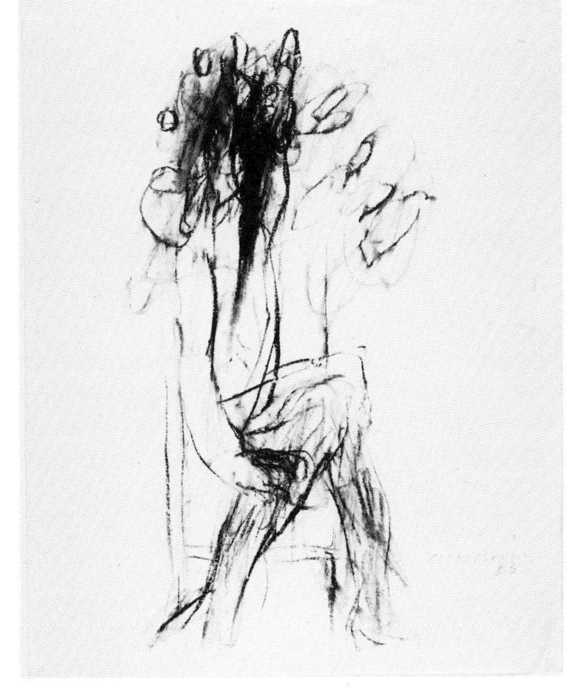

Donna in fuga, 1963
pastello su carta/pastel on paper, cm 28x22,1

Senza titolo, 1963
pastello su carta/pastel on paper, cm 28x22,1

to introduce houses, parapets and cross-sections, insects, signs, obstinacies, corrections and realignments on the transparent film. And so we come to the complex structures of the late '80s and '90s, where the artist's technical interlacing is increasingly reckless and skilled, his palette varied and the play of signs opposed and dilated—that is, until about 1996, when there is a gradual slackening and simplifying, almost returning to the simplicity of structure and the monochromaticism of the initial phase, becoming once again absorbed in the systems and practices of drawing.

The ideational, emotional and fantastic dimension of such a rich and complex adventure has been told by an alert and informed array of critics. Cuniberti's progression also includes this exceptional fact: it has attracted the interest of a wide spectrum of critics, chiefly belonging to the new generation. In addition to names from the 1980s there is Marilena Pasquali, Piero dall'Occa, Massimo Maracci, Fabrizio D'Amico, Flavio Caroli, Roberto Pasini, Vico Faggi, Silvia Camerini, Giuseppe Bonini, Bruno Bandini, Elena Pontiggia, Flaminio Gualdoni, Walter Guadagnini, Claudio Spadoni, Franco Bartoli and Francesco Farina. More recently, there has been Silvia Pegoraro, Giulio Guberti, Francesco Tedeschi, Giorgio Sandri, Elisabetta Pozzetti, Valerio Dehò and Franco Patruno.

In 1985, Cuniberti's creative machine produced a new by-product. The nudes that the artist produced that year were no longer open, plural and modular shapes, but precisely the opposite: compact and bolted down. According to the rules of the genre, the lines and strokes that the artist made followed the masses, the dynamics and the possibilities of extension and variation of the organism of human. This return to closed form and correlated articulations marked in the artist's work the completion of a journey: that long period of studies toward a newborn subjectivity was over. Now solid and organic, Cuniberti's ark of signs could set off to explore new lands and continents, and the new subject could try its hand at circumscribed and contracted phases of the construction of self. And that it began with the erotic subject matter of the nude could well be significant.

It is no coincidence that from this moment the artist return to forms which previously had a long history, such as the depiction of heads for example. The period of generating limpid and crystal clear subjectivity—as in the drawings and early masonite works—is over. The artist feels the need to retrieve fragments of history and more naked expressions of emotion, of desire, and to pursue more openly his moments of gloom and melancholy. The process can be seen emphatically in the practice of drawing that returns in the 1990s, to act again

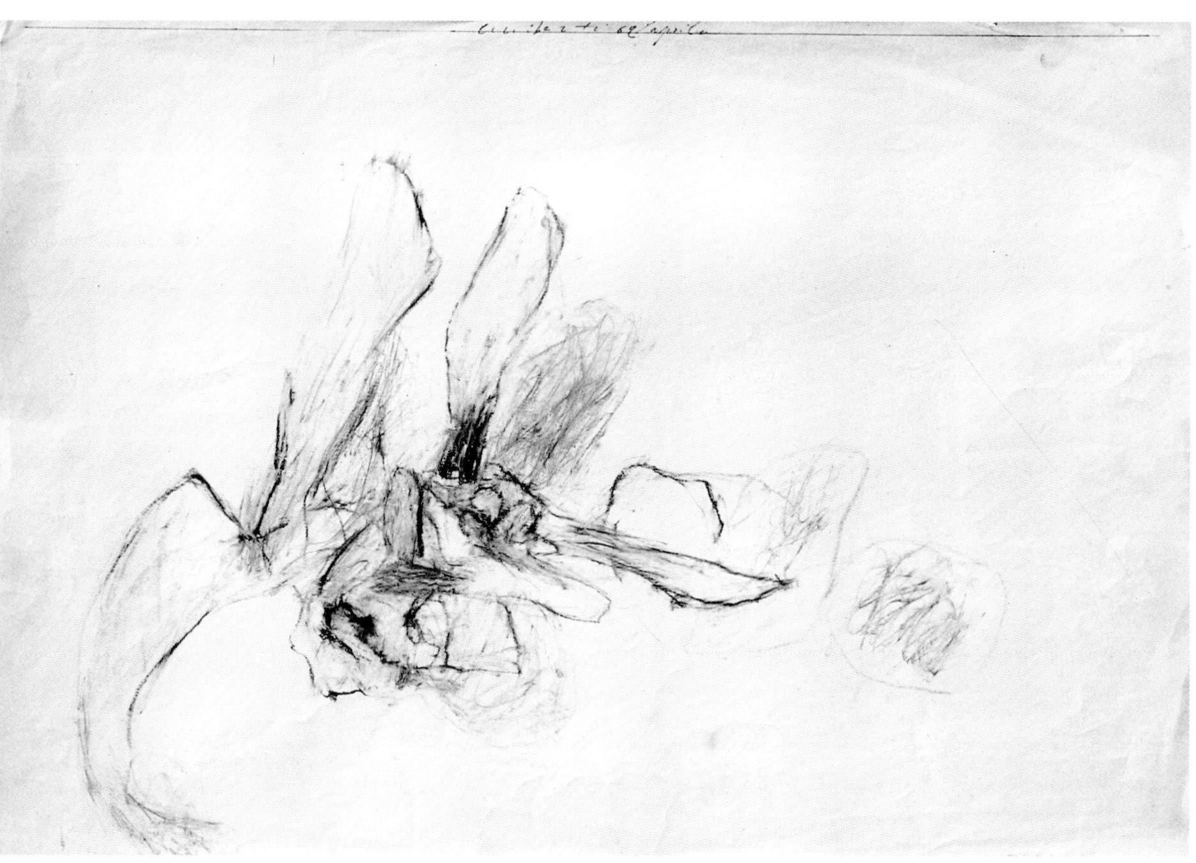

Favola, 1962
pastello su carta/pastel on paper,
cm 48x66

as a compass for the artist's navigation. The works on paper show a progressive decrease of chromatic tones, leading to a harmony and fusion of materials, a pursuit of interlocking processes. Regarding the first nude drawings of 1986, Paolo Fossati had already spoken of "exercises." This term is increasingly significant in the light of the artist's latest works. His work now favors repeated attempts, systematic landscapes, results achieved by successive approximations, built-up and open-ended forms. In these the differences and oppositions are smudged and gradually lessened, in parallel with differences in technique and sign. The plane towards which the artist tends is a gray mid-range where the trace of existence is left by tiny scraps, streaky marks. The violent and opposing powers that continue however to intervene are each time led back to this dull and tender muteness, a tiny sound with magical, infinite refractions where the trace of existence is like that of a canvas, a worn and frayed shroud, but made of tender and infinitely supple matter. The latest cycle of the artist is a silent painting lesson tinged by a lengthy abandon, by auscultation, by continuous murmuring, infinitely melancholy but constantly wakeful and agitated.

1. G. P. Bellori, *Le vite de' pittori, scultori e architetti moderni*, edited by E. Borea and G. Previtali, Turin: 1978, pp. 423–425.
2. F. Lodoli, S. Vacchi, *Un momento del realismo*, Bologna: 1958.
3. F. Arcangeli, *Pirro Cuniberti*, exhibition catalogue, Circolo di Cultura, Bologna: 1957.
4. G. M. Accame, *Cuniberti: Adamo e i Persuasori*, in "Il Tarocco," III, n.6, 1965; P. Bonfiglioli, *Per nove disegni di Pier Achille Cuniberti*, in "Il Portico," Mantova", n. 6, December 1965.
5. For Valentini see the monographic issue of *Riga*, n. 3, November 1992 and *Nanni Valentini. Opere. 1982-1985*, exhibition catalogue edited by F. Guadoni, Galleria Civica, Modena: 1987.
6. D. Trento, "Ruggeri e la critica," in E. Crispolti, F. Fanelli, D. Trento, *Piero Ruggeri*, Turin: 1997, p. 259.
7. *Dadamaino. Opere 1975-1981*, exhibition catalogue, text by F. Tedeschi, Palazzo Municipale, Morterone: 1998.
8. *Mario Nigro*, exhibition catalogue, edited by A. Vettese, Galleria del Credeto Valtellinese, Milan; *Mario Nigro. Konzentration und Reduktion in der Malerei*, exhibition catalogue, edited by K. Wolbert, Institut Mathildenhöle, Darmstadt: 2000.
9. N. Sarteanesi, *Burri. Contributi al catalogo gennerale*, Città di Castello: 1990, pp. 372–391.
10. S. Chia, *Intorno a sé*, Giuliana De Crescenzo, Rome: March 1978. The dossier of drawings and poems dated between 1976 and 1977 (with a foray in 1971), was republished in anastatic in L. Di Corato, *Sandro Chia. Opere scelte 1975 - 1996*, Milan: 1997, pp. 18–42.
11. I began a definition of this episode in previous articles: D. Trento, "Schede per il disegno italiano del dopoguerra," in *Zeta*, Udine, n. 11, 1989, pp. 297–301; D. Trento, "Materiali grammatiche soggettività 1975–1990," in *Slam*, Milan, n. 1, 1990, and D. Trento, *Ruggeri e la critica*, cit., pp. 259.

Sui sentieri della leggerezza (1948-2003)

Claudio Cerritelli

"La creazione vive come genesi sotto la superficie visibile dell'opera"
Paul Klee

Alle origini dell'invenzione

Uno dei primi disegni di Pirro Cuniberti, *Invenzione di pesci*, 1949, rappresenta immagini sospese nel vuoto, forme delineate in uno spazio senza peso, figure che galleggiano nella luce del foglio, al limite della loro possibilità di essere visibili.

Invenzione è un termine che può essere considerato come il filo conduttore del lavoro di Cuniberti: un modo di disegnare e dipingere che non risulta mai prevedibile, un atto misterioso che esplora la superficie come un leggero affiorare di forme che si perpetuano nel tempo, nel lento esercizio delle tecniche. L'istinto a inventare attraverso l'intuizione del segno e del colore è una condizione che non riguarda qualche singolo tema o periodo di lavoro ma coinvolge il modo stesso di sognare lo spazio dell'opera come luogo di apertura e di sconfinamento, campo di infinite possibilità che coincide con l'idea stessa di ricerca. Del resto, per intendere lo spirito d'invenzione che guida la storia creativa di Cuniberti bisogna evitare di ridurre la complessità della sua arte a una delle tendenze consuete con cui si disegna, solitamente, la storia della pittura italiana del secondo dopoguerra, oscillando dalla figurazione all'astrazione, dalle allusioni alla Pop Art, alle strutture minimali della visione.

Bisognerebbe dunque parlare di invenzione come "libertà di ricerca" o, per meglio dire, come impulso a seguire i sentieri del proprio mondo poetico, senza necessità di scegliere una strada segnata da altre situazioni. Vale a dire: senza il vincolo di leggere la storia attraverso il filtro di definizioni che sono state volta per volta proposte dal linguaggio della critica: informale, neo-figurazione, astrazione lirica, ritorno alla pittura, e via dicendo. Il fatto è che Cuniberti ha frequentato alcune di queste situazioni, dalla linea astratto-informale a quella figurativa, con una capacità "fantasticante" che lo ha volta per volta liberato da ogni debito linguistico e da ogni appartenenza culturale che non fosse misurabile al suo estro creativo. Fin dall'inizio egli concepisce il suo rapporto con la rappresentazione del mondo come un universo di pensieri poetici che del reale restituiscono le dinamiche dell'immaginazione.

Non a caso Pirro vive il rapporto con la natura in senso sottile e intuitivo, come punto di incontro tra ciò che si vede e ciò che si vorrebbe vedere, tra la memoria visiva e la captazione di un altro ordine di significato. L'esperienza del segno in relazione al soggetto serve all'artista per allontanarsi dalle storie consuete del visibile ed entrare nel segreto delle forme: sia che si tratti di un insetto, un fiore, un elemento meccanico della città, un frammento di paesaggio. In questa iniziale esplorazione delle forme rappresentabili, Cuniberti trova conforto e sostegno ideativo nella conoscenza delle opere di Klee, incontrate per la prima volta alla Biennale di Venezia del 1948. Si tratta di un incontro folgorante con un mondo di inesauribili sollecitazioni, qualcosa che vale più di un semplice riferimento culturale, quasi una matrice che dà forma e orientamento a un processo genetico di complessa decifrazione.

Creatore di un linguaggio dalle straordinarie sfumature, Klee esprime una convinzione che Cuniberti condivide sopra ogni altra cosa, vale a dire che "l'arte è una similitudine della creazione" e che l'artista è il generatore di molteplici processi che rendono visibile ciò che l'occhio non sempre vede. Questa germinazione dello sguardo avviene sul filo del disegno che si muove da quei lontani, e fondamentali, fogli della fine degli anni Quaranta (segni filiformi e misteriosi, forme stilizzate e purissime) fino alle ultime manovre del gesto con cui va oggi svelando altre direzioni di ricerca. Rileggendo il suo complesso repertorio di immagini, oggi Pirro si muove con una capacità di riprendere temi, motivi, tracce delle diverse stagioni di ricerca, senza mai perdere la concentrazione e la fantasia nell'attingere alle radici del passato. Del resto, egli guarda sempre le stagioni della sua arte con la consapevolezza che i risultati raggiunti, soprattutto quelli giocati sul filo della leggerezza e del sogno, sono stati e ancora sono fonte di illuminazione per la ricerca in atto.

Gli anni iniziali, tra il 1948 e il 1956, sono infatti il momento in cui le attitudini dell'artista vanno deli-

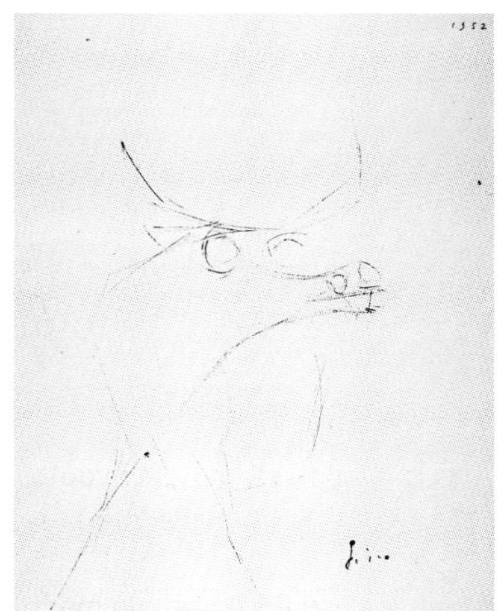

Senza titolo, 1952
biro su carta/ballpoint pen on paper,
cm 28x22

neandosi attraverso una sostanza già fortemente anticipatrice dei modi che risulteranno fondamentali. Osserviamo i caratteri più evidenti: l'essenza del segno, la sottigliezza della linea, il valore intuitivo della forma, il peso immaginativo del vuoto, l'evocazione della realtà come apparizione, la soglia dell'astratto, la purificazione del colore naturalistico, l'incidenza della luce come fenomeno che scaturisce dai movimenti del segno e della materia pittorica.

In una delle prime opere dipinte, *Fiore*, 1956, si coglie il punto di incontro tra le ragioni del segno e quelle del colore, si avverte che la precisione delle linee grafiche dell'immagine viene assorbita dal corpo del colore che costruisce la struttura della forma, senza più il sostegno del solo disegno. Ed è questo uno dei primi crinali su cui si attesta l'arte di Pirro, capace di definire la forma e, al tempo stesso, di suggerirne punti di fuga, deviazioni e allargamenti di orizzonte che consentono quella mobilità di sguardo necessaria alla fantasia per agire al di sopra di ogni troppo categorica identità del reale. È quanto avviene nelle opere informali, dipinti e carte del 1957-1959, paesaggi che Cuniberti elabora come tracce interiori, risonanze dello spazio-luce, respirando quella cultura artistica bolognese che guarda, oltre ad alcuni modelli italiani come Afro, Birolli e Morlotti, a esempi europei altrettanto necessari alla nuova visione della materia e del segno come Dubuffet, Fautrier, Michaux e Wols.

A quest'ultimo pittore Pirro fa riferimento per quel modo di interiorizzare la forma e di farne luogo di rarefatta percezione, dimora di uno sguardo stupefatto, sospinto sulla soglia dell'essere dal sogno della materia. Si tratta di una visione fatta di minimi trasalimenti, di impalpabili toni cromatici e di brevi scatti lineari, di emozioni velate del colore che trattengono tesori imprevedibili per lo sguardo. Si avverte la capacità di rendere le forme indeterminate, inafferrabili, smaterializzate, già predisposte a vagare nello spazio sconfinato del visibile, alla ricerca di sottili punti di ancoraggio alla natura e, nello stesso tempo, proiettate oltre il suo orizzonte concreto. Esistenziale, psichica, fisicamente sospesa nell'affiorare del colore al di là di ogni riconoscibile referente, la pittura di Cuniberti recita un ruolo autonomo rispetto alle complesse vicende dell'informale bolognese, oscillante tra posizioni differenti come quelle di Mandelli o di Vacchi, di Pulga o di Ferrari, di Nanni o del più giovane Mascalchi, senza dimenticare l'inquietudine di Romiti. Tuttavia, l'esperienza a cui Cuniberti si sente affine è soprattutto la pittura di Vasco Bendini, fatta di impronte fantasmatiche e di tracce segrete, di segni assoluti fissati dalla velocità del pensiero come tramiti istantanei con il vuoto e l'assenza, oscillando tra il senso della presenza del reale e la dissoluzione di ogni riferimento.

Il valore dell'immagine non è più una finestra sul mondo ma il mondo stesso che diventa pittura, trepida attesa di altre forme, luogo che comunica con il divenire degli stati d'animo che accompagnano l'atto del dipingere. Cuniberti si lascia portare lontano dalle cose più vicine, se ne accorge Francesco Arcangeli nel 1957 scrivendo che "la sua pittura è esatta e allusiva ad un tempo", con quella vocazione all'indeterminato e all'infinito che comporta il suo modo di tracciare segni invisibili, in bilico su orizzonti lontani. Il senso di evanescenza dell'immagine è un valore visivo che Cuniberti sa costruire con un lento e paziente esercizio di segni, di minimi tratti che fissano nuclei di forme in divenire, ombre e fantasmi dove la grafite e l'inchiostro creano luci segrete, percezioni ai confini del visibile. È quanto accade confrontando alcune carte del 1958, ben segnate intorno a nuclei del corpo, con altre chine del 1959, assolutamente astratte e impalpabili, con traiettorie e schizzi che rivelano una straordinaria capacità di vagare sul foglio con ritmi imprevedibili e con tecniche personalissime: il graffio del pennino, lo schizzo improvviso, i tocchi frammentati sulla carta, la minuzia di ogni linea, gli slittamenti del segno.

Attraverso questi andamenti impalpabili, Pirro crea nuclei di forme in divenire, frammenti di segni dissolti, stratificazioni leggere e ombre nutrite di luce, uno stato di ambivalenza e di sospensione, un'identità percettiva che costituisce uno dei caratteri duraturi della sua arte.Il segno è sfuggente, disgregato dal suo stesso percorso, esso sollecita minime sensazioni, effetti insondabili che vanno dall'infinitamente piccolo alla improvvisa germinazione di orizzonti dilatati: questo è l'esercizio preferito da Cuniberti in questi anni significativi e ancora carichi di indicazioni, così straordinari da costituire una zona di richiamo per le successive stagioni creative.

Con la testa tra le nuvole

Nel 1960 si avverte il convergere sullo stesso crinale di tensioni divergenti, energie visive diverse eppure generate dalla medesima intensità di sguardo: una serie di tempere su carta in cui il paesaggio è risolto al limite dell'astrazione oppure riconquista il piacere del luogo, identificando case e colline, cieli e laghi, forme differenti: per quanto fatte della stessa materia.

In questa ricerca di rarefatte consistenze Cuniberti rilancia il valore della figura come luogo di riconoscimento dell'immagine, in tal senso indaga il nucleo germinativo dell'informale, ricavando il corpo della figura all'interno del fermento materico, legato al valore del segno, traccia, impronta o macchia che sia.

Uno dei temi cari a Cuniberti, in questi primi anni Sessanta, è infatti quello della "testa", nucleo iconografico a cui dedica una serie di pastelli a cera e grafite su carta, un tema vissuto come continuità del suo interesse verso la materia che ora acquista nuova struttura, una più forte densità: trattata come una massa primordiale collocata nel campo della superficie, riemersa dalla zona indistinta dell'informale, l'ossessione della "testa" riafferma un principio di identità che l'artista sente necessario allo sviluppo della sua ricerca in rapporto al contesto artistico, mai sentito come adeguamento al cosiddetto "ritorno alla figurazione" ma come autonomo processo di interpretazione della figura. Anche quando il racconto di Cuniberti si popola di personaggi fantastici e di animali strabilianti a farla da padrone è sempre un gusto disegnativo sottile e anticonvenzionale, dove il segno sorprende ogni prevedibile imitazione del reale e sa infondere un respiro astraente all'immagine. Sia nel caso di una donna che ride o di un cane che abbaia, è l'ironia dello sguardo a essere messa in primo piano come capacità di manipolare l'immagine, di caricarla o di semplificarla a seconda delle specifiche esigenze espressive. Questo avviene anche quando l'artista mescola iconografie di varia natura, da Ettore e Andromaca ad Adamo, dal cherubino alla badessa, dai calunniatori ai pubblicitari: ciò che conta è la forza dinamica che scaturisce da questi personaggi coinvolti nel racconto inarrestabile del pittore, alle prese con pensieri irriverenti e satirici.

E dal momento che Cuniberti è – come ha sottolineato Andrea Emiliani nel 1963 – "artista di natura veramente moderna", i temi della realtà anche più ovvia entrano nella sua arte con quella semplicità ed efficacia che solo la fantasia e la magia del quotidiano sanno garantire, a fronte di tutte le possibili interpretazioni o sofisticazioni intellettuali. Fantasia e magia dialogano con le metafore del sistema sociale riferendole sempre al piano della propria etica ed estetica, sul filo del piacere di raccontare le contraddizioni dell'uomo moderno, di far cadere la maschera delle convenzioni, demistificando in tono divertito le ipocrisie e gli inganni in cui ognuno può riconoscersi, vittima o carnefice poco importa.

Dai colloqui tra "guerrieri" l'artista passa a raffigurare l'espressione dei "calunniatori", dall'intimità delle "favole private" si sposta verso "le pubbliche relazioni", dalla dissacrazione degli "uomini di fede" vola verso i "persuasori occulti". Il lettore si trova di fronte ad allegorie pittoriche vissute in prima persona, senza pentimenti o rimorsi di coscienza, tra avventure, adescamenti e peripezie che appartengono a una autobiografia immaginaria. Sarcasmo e ironia salvano ogni volta la pittura di Pirro dalle omologazioni con le altre forme di figurazione degli anni Sessanta, sia dagli influssi della Pop Art sia dalle sue ipotetiche influenze sull'arte italiana. Del resto, alla Pop Cuniberti guarda a modo suo, come critica di banali euforie della comunicazione, di certe eclatanti mitologie della vita urbana, preferendo sempre divertirsi nel demistificare il grande sistema della persuasione, più o meno occulta.

Si può essere dunque d'accordo con Giulio Guberti quando sostiene (1998) che Cuniberti ha poco a che fare con la Pop americana, la considerazione non vale solo per il nostro autore ma può essere estesa ad altri esponenti della cultura figurativa italiana a metà degli anni Sessanta, da Del Pezzo ad Adami, dalla Fioroni a Tadini, solo per citarne alcuni, anch'essi autonomi sul piano della ricerca e del confronto con l'arte americana. Nel caso di Cuniberti la questione è limpida, egli è un poeta della comunicazione, crea personaggi che nascono e svaniscono nell'intreccio di linee e di colori, figure formidabili che sollecitano la fantasia del lettore, al di là delle strutture narrative che l'artista stabilisce. È soprattutto con il disegno che Pirro graffia ogni buona misura della rappresentazione, facendo del segno lo strumento assoluto per deformare e caricare la realtà di altri significati, dinamici e sferzanti fino al massimo grado di evidenza.

Il racconto delle forme si amplifica in una trama di valori percettivi in cui segno e colore agiscono in stretta tensione, allentando progressivamente la velocità di esecuzione verso esiti di più accentuata fermezza compositiva. Se il disegno è intuitivo e sintetico, la pittura organizza quelle intuizioni folgoranti in un sistema spaziale che fa pensare a un orizzonte teatrale, nel senso di una calcolata messa in scena dei percorsi del segno in accordo con le pulsioni del colore. Le favole, le allegorie, le metafore della comunicazione sono protagoniste di questo periodo – ne ha scritto pagine lucidissime Pietro Bonfiglioli nel 1968 – persuaso che "l'artista sappia scoprire e personalizzare in racconto la struttura nello stesso tempo più astratta e più reale della società borghese: il sistema della comunicazione mercificata".

Non si può che ribadire quell'idea di rappresentazione con cui Cuniberti risponde alle lusinghe del presente, più apocalittico che integrato, più coraggioso e irregolare che costretto a riconoscersi in un preciso programma estetico, interessato dunque a giocare con i modelli del linguaggio dominante (dalla pubblicità al fumetto) senza mai rispecchiarlo in quanto sistema precostituito. In *Soldato non calpestare i prati* (1966-1969) si raggiunge forse uno dei punti di più energico impeto visivo, la figura attinge indubbiamente agli schemi disegnativi del fumetto, allo spirito dissacrante con cui affrontare a cuore aperto grandi temi di carattere etico e sociale. *Giocando giocando*, come recita il titolo di una grande tela del 1969, è la dichiarazione evidente di come l'artista si muova con disinvoltura dentro il patrimonio di immagini che la cultura di massa offre, considerandone gli effetti senza esserne mai posseduto, anzi giocando a trasformare ogni possibile riferimento nell'invenzione di una diversa suggestione visiva.

La denuncia dell'universo tecnologico si trasforma nel sogno del fantastico, per esempio il missile con le penne o la farfalla presuntuosa si sostituiscono alla realtà, sempre più incapace di suggerire quelle emozioni che l'artista mette in scena per far funzionare, soprattutto, il procedimento del segno e del colore, vero argomento del suo essere pittore.

Il desiderio dell'astratto

In un altro gruppo di opere collocabili tra il 1966 e il 1969 si avverte un senso di astrazione figurale con cui Cuniberti si allontana dalla pressione dei riferimenti narrativi e li trasforma in pretesti d'invenzione spaziale.
Se in *Tentativo all'aperto* (1966) prevale una logica del paesaggio come incastro prospettico di nuvole e alberi sul filo dell'orizzonte, ne *La montagna* (1966) si comprende che l'immaginazione di Pirro ha lasciato situazioni metafisico-surreali per diventare pura evocazione del visibile, estrema sintesi compositiva del tema naturalistico. Questione, questa, che apre verso quelle astratte visioni del paesaggio che negli anni Settanta caratterizzano diverse opere in cui l'immagine diventa un orizzonte sottile che sta immobile sotto un cielo dall'atmosfera sospesa.

Un'opera esemplare è il tal senso un *pastello* e *tempera su carta* del 1976, senza titolo, si tratta ancora di una montagna quasi geometrica fatta di minime vibrazioni del segno e del colore, un ulteriore crinale sul percorso di Pirro. Del resto, non è possibile stabilire una linea retta nello sviluppo di queste tentazioni visive, si è spesso sospinti a tornare indietro per recuperare altri fili del linguaggio, così che il piano della ricerca diventa un giardino da attraversare con il piacere di smarrirsi, ritrovando le immagini lasciate senza l'assillante pensiero di doverle mettere in ordine. Ci sono alcune opere del 1970, *Natura morta nel sole* e *L'arrivo*, che suggeriscono altre tensioni astratte della figura: da un lato, l'atto di incrociare il genere della natura con quello del paesaggio con forte riduzione segnica e cromatica, d'altro lato, abitare lo spazio bianco con tre segni assoluti, senza altro riferimento che la propria pura presenza.

Questo punto di incontro tra umori figurativi e misure astratte rivela un atteggiamento sempre più essenziale nell'arte di Cuniberti, fino al punto di poter dire che questa sintesi tra elementi del racconto figurale (paesaggi, figure, nature morte, mappe) ed elementi rarefatti (segni, macchie, linee e grafie della scrittura) costituisce il crinale assoluto su cui gioca lo stile del nostro autore. E stile vuol dire capacità del linguaggio disegnativo e pit-

Orizzonti, 1967
biro, grafite, matite colorate su carta/ballpoint pen, graphite, colored pencil on paper, cm 35x50

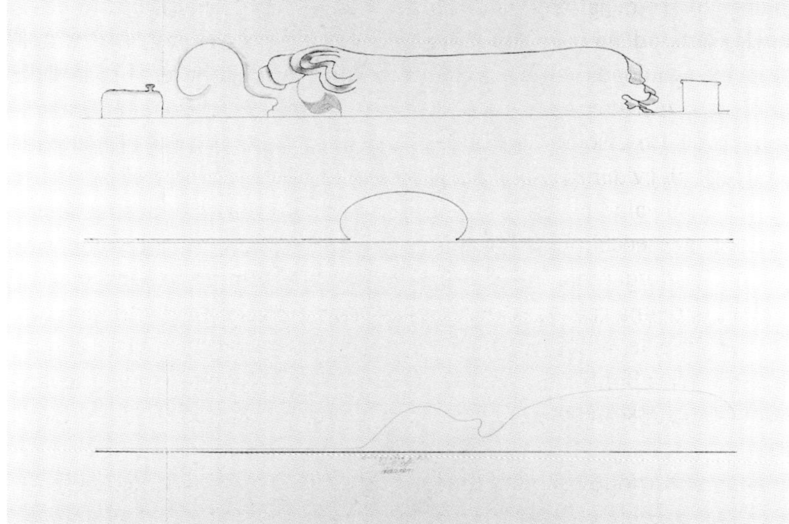

Nubi, 1969
biro su carta/ballpoint pen on paper, cm 21,5x31,8

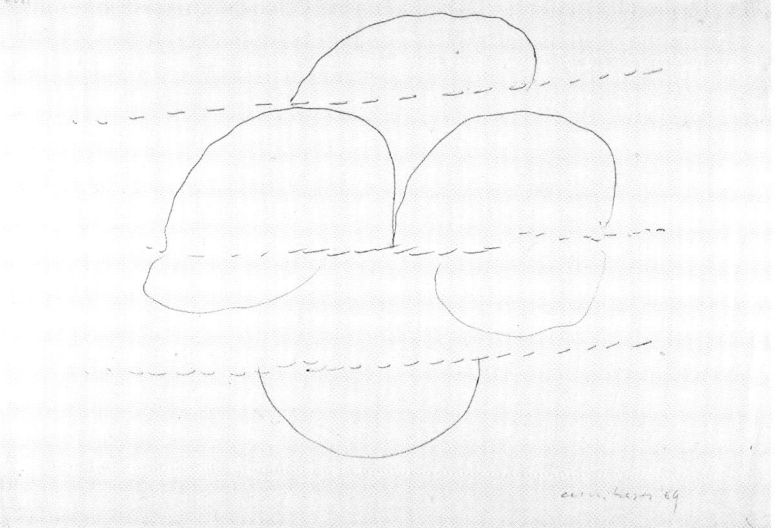

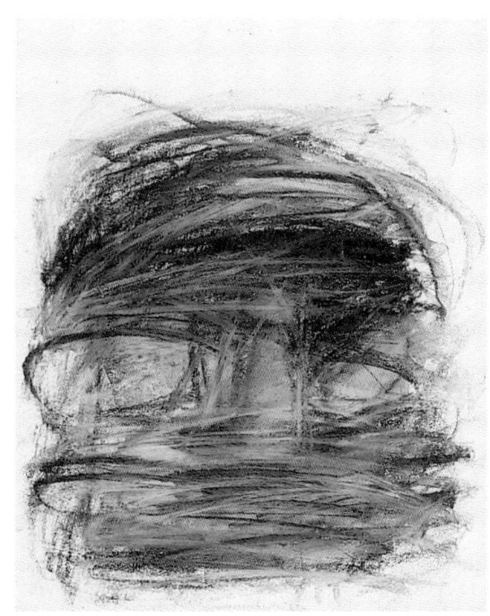

Senza titolo, 1960
pastello su carta/pastel on paper,
cm 28,1x23

torico di muoversi intorno a molteplici temi senza mai interrompere la loro possibile relazione: la leggerezza del colore, la sospensione delle forme, la vibrazione gestuale del segno, la rapidità di stesura e la calcolata precisione nel fermare lo sguardo su un particolare, forse non insignificante. È proprio in questi primi anni Settanta che l'arte di Pirro accentua la capacità di inventare situazioni sempre diverse per far dialogare il reale e l'astratto, muovendosi sul filo della loro necessaria compresenza. In questa sfida silenziosa nei confronti del rapporto tra visibile e invisibile l'artista si serve soprattutto dello strumento disegnativo, non a caso Dario Trento ha scritto nel 1984 che "è la forma del disegno che offre il modello per la forma e la tecnica dei dipinti su tela".

Il piano sospeso della superficie crea un luogo meditativo in cui il reale e l'astratto coincidono, queste due categorie del linguaggio, che nell'arte contemporanea sono spesso considerate separate o contrapposte, vivono nel mondo di Cuniberti come strumenti espressivi complementari, vasi comunicanti di un unico flusso immaginativo. La geometria non può fare a meno delle vibrazioni d'aria e la misura gestuale del segno non può esibirsi senza il sentimento della composizione. A metà degli anni Settanta queste componenti raggiungono esiti di straordinario equilibrio in diverse carte ispirate al paesaggio, alcune delle quali si distinguono per una sintesi formale di incalcolabile purezza, attraverso uno spirito compositivo costruito sul rapporto tra due diversi orizzonti lineari. Da un lato, un segno di pastello a cera e un segno di grafite muovono lo sguardo del lettore dentro la tensione della loro prossimità; dall'altro, due esilissime linee di inchiostro dialogano a distanza, una al centro del foglio, l'altra più breve in alto, entrambe attirate da un invisibile magnetismo. Minimi mezzi, questi, per esprimere il massimo di tensione visiva, segni elementari per mostrare la complessa vibrazione del paesaggio, le sue possibilità di inventare spazi, fuori di ogni retorica descrittiva.

In altri fogli Cuniberti concede maggiori sostegni allo sguardo, dispone pulviscoli di grafite, sfumature di segni leggeri come piume, arricchisce la linea d'orizzonte con altre sensazioni: il vento pettina le chiome degli alberi, minuscole costellazioni di punti occupano il vuoto, aliti d'aria sono appena visibili sul bianco candore del foglio. Il modo di sentire la natura è qui affidato al valore intuitivo del segno, alla sua capacità di ridurre la complessità del vedere ai suoi motivi fondamentali, in bilico tra naturalismo e astrazione, tra reale e fantastico. Cuniberti ama infatti giocare con le forme della natura evocando situazioni strane che appartengono alla sfera delle probabilità, non insegue certezze ma preferisce rappresentare immagini che stanno non so dove, sguardi sospesi nell'aria oppure corpi in cerca di spericolate acrobazie. Come ha ricordato Walter Guadagnini, "Il gioco è l'essenza dell'arte di Cuniberti, uno dei suoi motivi fondanti", non a caso il riferimento a Melotti è appropriato: "un gioco che quando riesce, è poesia".

Nel caso di Pirro, le probabilità di riuscita sono sempre molto alte e viaggiano in compagnia dell'immaginazione, verso quella sospensione dei significati che consente alla vita delle forme di resistere più a lungo nella mente di chi l'osserva. Il gioco dei titoli anima il meccanismo di lettura delle opere, ognuna con la propria identità ma anche in relazione alle altre, collegate da rapporti imprevedibili tra vari personaggi, dall'aeronauta mancato a uno strano ingegnere, da un adoratore di segni inutili a un re spodestato.I temi e le situazioni espressive si rincorrono e si accavallano nell'arco dei decenni, senza mai dare l'impressione di poter concludere il loro tragitto, di fermare lo sguardo su un aspetto preciso, trascurando il resto.

La curiosità del lettore è sempre catturata dal divenire delle opere: sono segni sparsi sul terreno della fantasia, messaggi per interlocutori ignoti, trappole in cui si cade senza farsi male. Si tratta inoltre di progetti per attirare l'attenzione con gli strumenti specifici della visione: tratti, velature, tessiture, sfumature, numeri, lettere di un alfabeto inesauribile.

L'invenzione dei titoli è una sollecitazione indispensabile con cui l'artista accompagna l'immagine, sono titoli che raccontano storie, creano relazioni improbabili tra un tema e l'altro, mescolano sogno e realtà, alludono a un mondo di favole, ci permettono di conoscere angeli, icari, personaggi ignoti, ma anche di volare su paesaggi conosciuti misurando la mappa del paese dei segni. Spesso sono frasi scritte direttamente sulla superficie, con una grafia sottile che è una componente non eludibile del linguaggio, un modo necessario all'equilibrio della rappresentazione. Una precisa attenzione meritano infatti gli elementi scritturali che l'artista introduce nel vivo della superficie come modo di segnare il luogo stesso dell'immagine: oltre al titolo, anche la firma, la data e il valore progressivo dell'opera: tutto crea ulteriori rapporti tra immagine e superficie.

Il rituale della pittura

Torniamo al motivo del paesaggio: dall'inizio degli anni Ottanta esso è intuizione ma anche ragionamento, una scelta emotiva e, nello stesso tempo, una struttura del pensiero che coinvolge ogni passaggio della ricerca: un modo di procedere che non si è mai interrotto, luogo di verifica che guida ogni nuova mossa del disegno e della pittura.

Il sentimento del paesaggio è totale, viene in mente l'idea di giardino, di tappeto volante, di mappa del desiderio e di geografia immaginaria intesa come viaggio all'interno dei mutamenti del segno. Si tratta di capire che l'idea di paesaggio è per Cuniberti un modo di tenere aperta l'immagine a varie contaminazioni, di farla dialogare con la natura morta ma anche con le forme del corpo, alle prese con la concezione stessa del nudo, tra muscoli e vene che corrispondono a un'anatomia del fantastico.

Far paesaggio non è solo dialogare con la natura ma trasformarla in una materia attiva che si carica di atmosfere inconfondibili, non è mai adesione alla contemplazione del suo volto ma manipolazione del codice naturalistico, talvolta anche "capriccio semiologico", come Cuniberti suggerisce in un titolo dei primi anni Novanta. L'amore per il paesaggio si percepisce in molteplici spunti visivi o frammenti di rappresentazione: segni di vento sul crinale, piccole case in cima alla collina, alberi solitari che cercano conforto nella luce, la punta di un monte che manda segnali sulla riva del mare, ricordi di viaggi fatti in punta di matita, decolli e atterraggi di insetti sulla pianura, un temporale di colore nel giardino del mago, l'eclissi del sole e l'immagine della luna in una notte non casuale.

Si tratta di racconti del tutto personali con cui Pirro fissa il suo rapporto notturno e diurno con gli elementi della natura, sovrapponendo al visibile quelle presenze rarefatte e segrete che costituiscono il repertorio privato della vita immaginativa. Ogni opera è sintomo di felicità o d'angoscia, tappa provvisoria di una autobiografia affollata di segni sempre in lotta con le convenzioni e le norme vigenti, esperienza che esplora i limiti stessi della vita, sguardo rivolto a quegli aspetti del mondo che non si è ancora percepiti. Se dai paesaggi si passa alle "nature morte" l'aria rarefatta del colore non subisce traumi, trasferisce ogni leggerezza nello spazio frontale delle composizioni dove gli elementi filiformi sono messi in posa, ben disposti sulla superficie, pronti a trasformarsi in un'altra apparizione: un tappeto, una mappa, un progetto per coltivare il giardino delle evocazioni. È come se alla "natura morta" fosse affidata la possibilità di enumerare immagini che vengono da mondi diversi: foglie, fiori, frutti, animali, soli, lune, nuvole, alfabeti oppure ibride presenze dove il geometrico e l'informe vanno d'accordo, raramente accettano di separarsi.

Sulle carte e sulle tavolette degli anni Ottanta avvengono incontri insidiosi, i pensieri dell'artista si accavallano: desidera trattare il corpo come un paesaggio di linee pure oppure immaginare il cielo come un campo di sensazioni sempre più rarefatte, questo permette di stare in bilico tra il già visto e la visione ancora possibile, tra la memoria della realtà e la sua invenzione ipotetica. L'arte di Cuniberti ha proprio questo di insostituibile: la capacità di attraversare il mondo e di parlarci delle cose che lo abitano facendoci pensare sempre ad altro, non a quel mondo e a quelle cose che ci stanno di fronte, ma alla "destinazione ignota" della loro presenza. Dentro il territorio pericoloso del dipingere, Pirro continua a muoversi con quell'incanto e quell'ardore che gli fanno catturare volta per volta segni "inutili e balordi", cicatrici della memoria, tracce di un'angoscia creativa che lo porta a esplorare l'orizzonte contraddittorio della rappresentazione. Il che vuol dire, ancora, muoversi nel paese della pittura agitando segnali di libertà che servono a superare ogni rapporto ostico con le forme della realtà. Ecco perché, qualunque sia il tema o l'iconografia scelta dall'artista, quello che conta è soltanto la finezza, la sottigliezza e la qualità dell'idea di spazio che esce dalle sue mani, il senso di profonda e soggettiva trepidazione che accompagna l'atto di esplorare il piano della superficie.

Questo è, infatti, un altro aspetto fondamentale dell'esperienza di Cuniberti: la concretezza della pittura e la sua inconfondibile individualità, la riconoscibilità di un valore esclusivamente visivo del linguaggio, anche quando è in campo la scrittura.

Tra quanti si sono dedicati e ancora si dedicano alla pittura, non solo in Italia, è difficile incontrare esperienze così singolari. Basta osservare il modo di trattare il colore come un velo impalpabile che si colloca sulla tavoletta di masonite con morbida sensualità, con tenue movimento, con segni leggeri come piume, talvolta tracce dense come cicatrici, in altri casi linee che sembrano in continua metamorfosi. Osservando le tavolette a una a una, spesso ci si accorge che la pittura è una pagina che può essere guardata come un tappeto di segni preziosi, una mappa del tesoro, una trappola in cui lasciarsi cadere serenamente, una stanza del silenzio notturno, un orizzonte rarefatto dove una nube entra a far parte della "natura morta" mentre la luna non è ancora comparsa nel cielo.

Il carattere circolare della ricerca di Pirro è un dato proverbiale della sua capacità di sperimentare, saggiare, disarticolare i meccanismi del linguaggio per predisporre altre tracce visive su cui esercitare le infinite dinamiche del colore, le acrobazie della linea e le sue mutevolezze. E la figura, il ritratto, il corpo umano? Cuniberti ne frequenta tutte le latitudini, con una ginnastica immaginativa che esprime i vari modi di intendere il corpo, di captare il senso del movimento anatomico, la struttura del volto, l'ironia e l'incanto dei personaggi che recitano diversi ruoli, siano essi uomini, donne, angeli, animali. C'è il portatore di sfumature, il bruco vicino a due cipressi, le ali di Icaro nel cielo rosa, le vibrazioni di una farfalla notturna, la danza di un mago senza trucchi, due sconosciuti che parlano in modo curioso. E poi: teste con occhi sbarrati, sguardi languidi come tracce evanescenti, espressioni stravolte, volti smarriti nel vuoto, il riposo del corpo dopo la ninnananna.

D'altro lato, sempre carichi di fascino sono i nudi, quei disegni a corpo libero che sono stati oggetto di studio da parte di uno dei più acuti lettori dell'arte di Pirro, Paolo Fossati, che nel 1986 li ha interpretati come "esercizi di corpi in moto, equilibri e squilibri delle parti, trascinamento e ricomposizioni, glutei, seni, cosce; come dire: decentramenti, dislocazioni, moltiplicazioni". Su un diverso crinale stanno i nudi giocati sull'evanescenza del corpo, su linee sottili e intuitive che racchiudono in pochi tratti il senso del movimento, quasi per pudore di definire troppo il profilo della figura, lasciando al bianco del foglio il compito di lasciar percepire il non detto.

Questa oscillazione d'intensità che si ricava dai modi contrapposti di affrontare il tema del nudo (da un lato carico di segni, dall'altro quasi impercettibile nella sua definizione) ripropone l'importanza dell'atteggiamento di Cuniberti nei confronti del linguaggio: polisemico, ambiguo, multiforme, interessato a unire le distanze, a collegare mondi lontani, a intuire quello che sta sopra e sotto la superficie, dalla breve misura del segno all'effusione dilatata del colore, in campo aperto.

Sui sentieri della leggerezza

Durante gli anni Novanta il passato e il presente convivono sulla base di una tensione creativa che non tralascia alcun legame con il percorso effettuato, anzi illumina con nuove motivazioni quel complesso repertorio di emozioni espressive che caratterizza l'arte di Pirro. In un gruppo di tavole del 1991 si ammirano raccolte di segni e di pennellate che possono collegarsi ai musei di segni degli anni Settanta, opere che impegnano l'artista in un ragionamento intorno ai rapporti del linguaggio con la superficie, con una concentrazione sui valori costitutivi del dipingere e sulla loro possibilità di incantare lo sguardo.

Altri legami si pongono nel recupero di geometrie vaganti nello spazio della natura morta oppure nel ritrovare sul proprio cammino vecchie presenze come un cane in cerca di padrone o l'apparizione di una figura di difficile identificazione. In un altro gruppo di fogli di questo periodo la forma di un insetto o di un fiore si traduce in una sottile armonia di segni, in una ragnatela di minimi percorsi intorno al nucleo generativo dell'immagine. Ogni opera è attraversata da leggere sommosse del colore, sulla superficie si danno appuntamento segnali contrastanti, tracciati di forme inquiete oppure apparenze silenziose intorno a cui fantasticare.

L'arma della fantasia è, del resto, uno degli strumenti privilegiati da Cuniberti, disegno e pittura si lasciano

Senza titolo, 1974
china, biro, grafite su carta/India ink, ballpoint pen, graphite on paper, cm 22,5x28,5

Senza titolo, 1974
pastello, china su carta/pastel, India ink on paper, cm 22,5x28,5

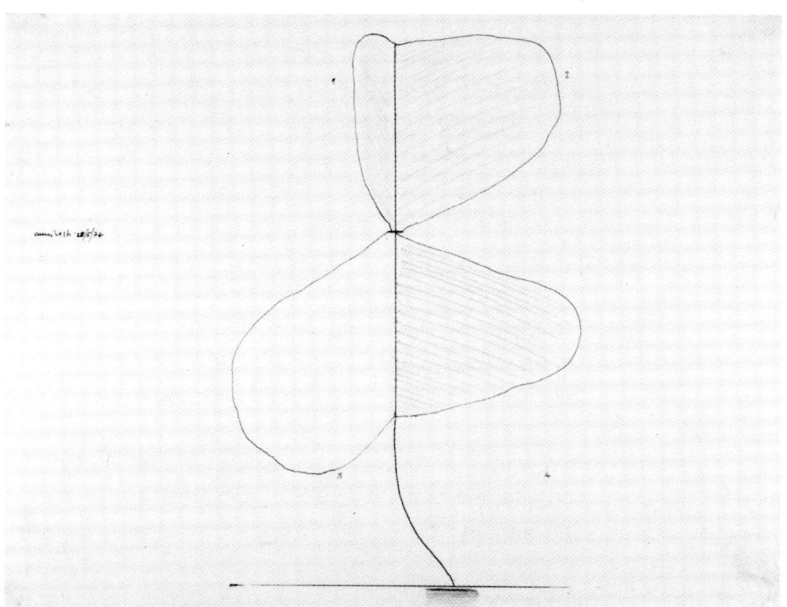

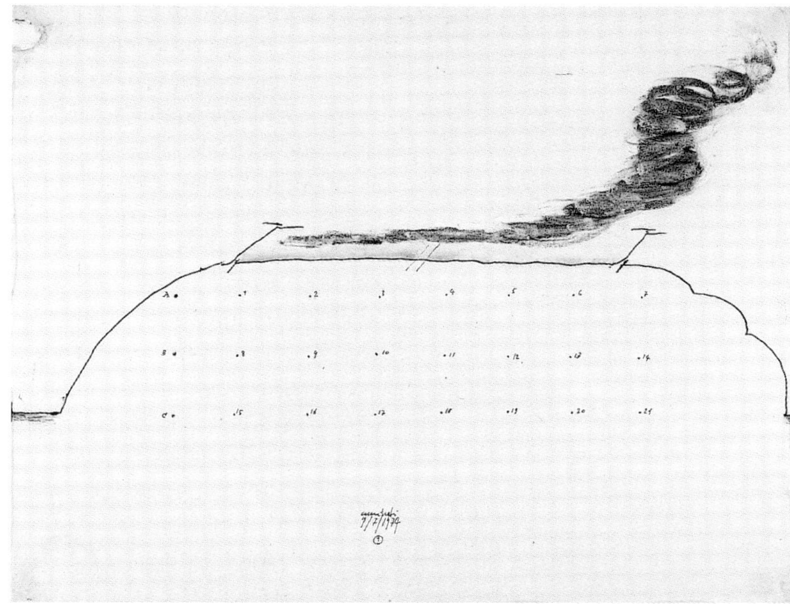

condurre dal suo desiderio di svelare più di quello che è possibile vedere, vale a dire immagini che sfiorano l'invisibile, captando il divenire delle forme, ai limiti del visibile. Né vanno trascurati alcuni desideri segreti della scultura che Cuniberti ha sempre coltivato come strutture sospese nel vuoto, segni della leggerezza e del sogno, elementi che giocano spensierati nel paesaggio, ma anche forme pensate per una destinazione urbana: studi per il parco della città, idee per il teatro all'aperto, progetti per fontane con fili di metallo, bolle d'aria e zampilli d'acqua. Oppure: grandi lettere dell'alfabeto che l'artista vorrebbe manipolare come sculture che camminano dialogando con i passanti, in modo sperimentale e aperto a successive modificazioni. Si tratta di immagini non ancora realizzate, tuttavia esse sono vive e palpitanti come fossero vere, segni collettivi e sociali da vivere nella dimensione urbana, forme dinamiche che dovrebbero tramutarsi in realtà, con gioia di tutti coloro che hanno a cuore la bellezza estetica dell'ambiente in cui vivono. Qualcosa potrebbe nascere nel senso della concretezza e allora sarebbero i materiali a recitare un ruolo decisivo, con legni, metalli, fili, stoffe, cartoni e quant'altro può risultare utile alla messa in scena dei desideri plastici.

Nel coraggio di realizzare sculture già progettate nasce il desiderio di sperimentare una realtà parallela a quella esistente, e cresce l'ansia di vedere realizzato il sogno della scultura che Pirro ha coltivato con tale continuità che si potrebbe allestire una mostra di disegni e dipinti tra di loro collegati, pur a distanza di tempo. L'attenzione torna a rivolgersi verso "le cicatrici della memoria" che costituiscono la rete complessa di riferimenti e di strumenti da sempre congeniali all'artista, verso il fermento di segni e colori che sono ancora l'origine di ogni nuovo volo immaginativo, di ogni diversa tentazione. Le vibrazioni che ogni foglio affida allo sguardo del lettore sollecitano una comunicazione libera e felice, un flusso di energie che si diffondono con naturalezza, un sentimento visivo che viene direttamente dalla pittura. Si verificano quelle condizioni metodologiche del lavoro che Cuniberti aveva analizzato in un testo del 1979, *Nella cucina del pittore*, dichiarando appunto che "dipingere è facile e divertente come cucinare". Si tratta di una esternazione emblematica del rapporto personale e segreto che il pittore ha con gli strumenti operativi, i tempi e i modi di esecuzione, le strategie che presiedono il concepimento dell'opera, tutto quanto insomma entra nell'evento del fare, senza dispersione di pensieri ed emozioni.

Ci sono segni puri, segni che premono sul colore, pennellate di varie misure basate su differenti relazioni con la superficie, sovrapposizioni che nascondono la parte sottostante e altre che sollecitano la materia a modificarsi, a trasparire, respirare, e filtrare lentamente la luce. In effetti, avvicinarsi a Cuniberti significa non solo prendere atto del suo vasto repertorio di temi e di tecniche, ma anche assaporare i valori luminosi che le scelte cromatiche lasciano agire avvolgendo l'immagine con toni leggeri, aerei, morbidi nelle sfumature e determinati nel segno. Si spazia dalla soglia minima del grigio alle intense consistenze del nero, dal velo dell'azzurro a lievi accensioni del blu, dal sapore della terra bruciata alla luce delicata dell'ocra, con la presenza minima e costante del bianco a illuminare le trame della superficie. La luce non è mai atmosferica, naturalistica o, all'opposto, immobile come un dato concettuale, ma è sempre una qualità interna alle dinamiche del segno e del colore, è una luce che nasce dalla materia e partecipa a ogni suo interno fluire.

Lo capisce subito anche il lettore più distratto: osservare le opere di Cuniberti significa stare sulla soglia dell'immagine, non riuscire mai a decifrarne le concretezze e i vuoti d'aria. Significa aver bisogno di entrare in confidenza con i segni e le punteggiature, saper seguire nello stesso tempo le tracce colorate e le linee ben delineate, vivere gli equilibri e le disarmonie che fanno di ogni composizione un evento irripetibile. Vuol dire, dunque, sottrarsi alla certezza delle cose ben rappresentate, vedere il mondo dal punto di vista dell'invenzione, accettare che possa esistere qualche paradosso, non avere paura se un albero diventa troppo astratto oppure se nel foglio appare uno sciame di lentiggini, con diversi orientamenti. È come sentirsi in bilico tra la memoria del vissuto e l'esperienza ancora da vivere, tra lo spazio della logica e il senso dell'imponderabile, essere nella sorgente della luce e vicino alle ombre della terra. Tenere i piedi per terra e volare, con ironia, naturalmente.

Quella di Pirro è un'arte che permette allo sguardo di assumere direzioni contrapposte, libera di passare da uno stimolo all'altro, di guardare un paesaggio pensando ad una natura morta, di percorrere le linee di una testa come se fosse la mappa di un territorio sconfinato, con occhio disinvolto nel guardare le movenze di un corpo immaginando di seguire i sentieri di una collina irrigata.

Conviene, dunque, camminare sulle ali della fantasia, osservando terre e cieli con la curiosità del metereologo, del botanico, dell'agrimensore, dell'astrologo, dell'aeronauta, del navigante, figure compresenti nel mondo di Pirro, attitudini che collaborano a suscitare emozioni che vanno dal concreto all'astratto, dal corpo alla mente, dal visivo al tattile.

Nella sua odierna officina pittorica le immagini riservano ancora molteplici sorprese che affascinano il lettore e lo tengono in attesa di eventi imprevisti, di relazioni ancora possibili tra segni e colori, tra paesaggi e nature morte, tra luoghi di terra e nuove apparizioni. Si tratta perlopiù di racconti sospesi tra figure e astrazioni, pescati nell'archivio dei segni che emergono dalla memoria con naturalezza, senza programmi culturali, come energia che sostiene il suo mestiere di cacciatore di forme impossibili. Come all'inizio del suo percorso, Pirro oscilla tra opposte sensazioni: il racconto e la favola, la purezza del segno e l'incanto del colore, muovendosi dall'allusione geometrica alla misura del gesto pittorico. Le opere del presente non sono soltanto la sintesi dei processi immaginativi già vissuti ma hanno ancora l'energia di sperimentare altri valori del segno-colore, sono nuove verifiche dell'ansia di far volare le cose altrove, di tramutare le antiche soglie della visione in nuovi meccanismi immaginativi.

Questa dimensione di apertura e di costante sospensione dei significati è la dote più limpida dell'arte di Cuniberti, "la sua interezza di poeta", come ha riconosciuto Fabrizio D'Amico, quella vocazione a involarsi sui sentieri della leggerezza senza mai perdere contatto con le energie del mondo. In tal senso, Pirro è libero di segnare il suo percorso lungo la linea di chiha saputo esplorare il crinale tra il figurale e l'astratto: da Licini a Melotti, da Novelli a Bendini, da Vago a Della Torre, da Raciti a Pericoli, senza che il legame ipotetico tra questi artisti possa costituire una tendenza dell'arte ma solo l'indicazione di una levità e qualità della pittura.

Su questa soglia di ricerca Cuniberti recita un ruolo che non solo può dirsi inconfondibile dal punto di vista stilistico ma anche da quello etico, essendo la pittura uno strumento per interrogare i valori della vita, i fondamenti profondi dell'esistenza attraverso l'incanto e la leggerezza di immagini che sono apparizioni di qualcosa di sconosciuto, segni di una storia in grado di emozionare gli sguardi rivolti al futuro.

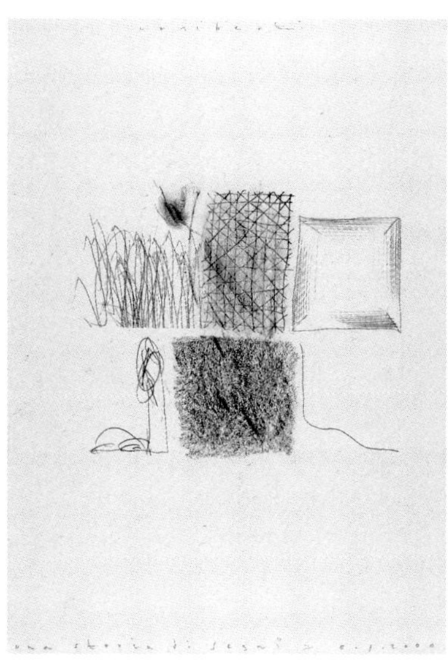

Una storia di segni, 2000
pastello, grafite su carta/pastel, graphite on paper, cm 30,1x21

Fonti bibliografiche

F. Arcangeli, *Cuniberti*, catalogo della mostra, Circolo di Cultura, Bologna, dicembre 1957.

R. Barilli, *Opere di A. Pirro Cuniberti*, catalogo della mostra, Salone Annunciata, Milano, aprile 1960.

R. Tassi, *Pirro Cuniberti*, catalogo della mostra, Galleria del Teatro, Parma, aprile 1961.

A. Emiliani, *Pirro Cuniberti*, catalogo della mostra, Galleria De' Foscherari, Bologna, marzo1963.

E. Crispolti, *Cuniberti*, catalogo della mostra, Galleria Due Mondi, Roma, maggio 1966.

P. Bonfiglioli, *Cuniberti*, catalogo della mostra, Galleria San Luca, Bologna, giugno 1968.

P. G. Castagnoli, *I disegni di Cuniberti: 1948-1975*, catalogo della mostra, Galleria San Luca, Bologna 1976.

P. Fossati, *Pirro Cuniberti*, catalogo della mostra, Sala Benvenuto Tisi, Ferrara, marzo-aprile 1981.

M. Maracci, *Nella cucina del pittore. Pirro Cuniberti 1980/1984*, catalogo della mostra, Istituto di Cultura Germanica, Bologna, giugno 1984.

F. D'Amico, *Mostra personale di Pirro Cuniberti*, catalogo della mostra, Libreria Giulia, Roma, ottobre-novembre 1984.

D. Trento, *Vita d'artista. Pirro Cuniberti*, con testo di P. Fossati, catalogo della mostra, Palazzo Pepoli, Bologna, dicembre 1984.

V. Faggi, *Pirro Cuniberti. Disegni e pitture*, catalogo della mostra, Galleria Comunale d'Arte Moderna, Pavullo nel Frignano, giugno-luglio 1986.

B. Bandini, *Pier Achille Cuniberti*, catalogo della mostra, Pinacoteca Comunale, Ravenna, maggio-giugno 1987.

E. Pontiggia, *Pirro Cuniberti. L'orto degli sguardi*, catalogo della mostra, Galleria Rossanaferri, Modena, ottobre-novembre 1987.

W. Guadagnini, *Il Paesaggio della Pianura di Pirro Cuniberti*, catalogo della mostra, Galleria Il Portichetto, Baricella, Bologna, aprile 1988.

C. Spadoni, *Pirro Cuniberti. Opere (1957-1988)*, catalogo della mostra, Centro della Pesa, Riccione, giugno-agosto 1988.

F. D'Amico, *Pirro Cuniberti*, catalogo della mostra, Galleria Forni, Bologna, aprile 1989.

F. Bartoli, *Pirro Cuniberti. Tavole e disegni*, catalogo della mostra, Centro Einaudi, Mantova, settembre 1989.

S. Pegoraro, *Pirro Cuniberti. Voli vibrazioni fiabe (1948-1998)*, con testi di G. Guberti, R. Pasini, D. Trento, catalogo della mostra, Pinacoteca di Ravenna, ottobre-gennaio 1999.

G. Campanini, *Dalle storie di P. aeronauta mancato*, Minerva Ed., Bologna 2000.

Rimando inoltre ad alcuni miei scritti a partire dal 1980:

Paesaggi d'invenzione, in *P. Cuniberti*, catalogo della mostra, Galleria Trimarchi, Bologna 1980.

Pirro Cuniberti. Nudi, catalogo della mostra, Musei Civici, Reggio Emilia 1989.

Per un profilo del Mago nel paese dei segni, in *Pirro Cuniberti*, catalogo della mostra, Palazzo dei Diamanti, Ferrara 1991.

Pirro Cuniberti. Il poeta della comunicazione, in *Premio Internazionale di Pittura Guglielmo Marconi*, catalogo della mostra, Galleria del Circolo Artistico, Bologna 1996.

Pirro Cuniberti. La favola continua, in *La donazione Cuniberti alla Pinacoteca Civica di Pieve di Cento*, catalogo della mostra, Pieve di Cento 2002.

On the Paths of Lightness (1948-2003)

Claudio Cerritelli

"Creation lives as genesis under the visible surface of the work."
Paul Klee

1. At the origins of invention

One of Piro Cuniberti's first drawings, *Invenzione di pesci* from 1949, represents images suspended in the void, shapes outlined in a weightless space, figures which float in the light of the page, at the edge of visibility. "Invention" is a term which can be considered the underlying theme in Cuniberti's work: a mode of drawing and painting which is never predictable, a mysterious act that explores the surface like a bright blossoming of forms which linger in time and in the slow practice of technique. The instinct to intuitively invent using sign and color is a condition that doesn't concern some individual theme or period of work but involves the very mode of dreaming of the space of the work as a place of openness and transgression, a field of infinite possibilities that coincides with the very idea of research. On the other hand, in order to perceive the spirit of invention that guides Cuniberti's creative history we have to avoid reducing the complexity of his art to one of the habitual trends with which we—usually—describe the history of Italian art after the Second World War, oscillating between figuration and abstraction, from allusions to Pop Art to the minimal structures of vision.

We must therefore talk of invention as "freedom of research" or, to put it better, as an impulse to follow the paths of one's poetic world, without the need for choosing an already demarcated route. That is to say: without the restraint of reading history through the filter of definitions that have been proposed at any given time by the language of critics: Informel, neo-figuration, lyrical abstraction, return to painting, and so on. The fact is that Cuniberti has been in some of these situations, from the Abstract-Informel trend to the figurative one, with a "day-dreaming" ability that has each time freed him from every linguistic debt and every cultural affiliation that wasn't on a par with his creative talent. He conceives, from the very beginning, his relationship with the representation of the world as a universe of poetic thoughts that yield the dynamics of the imagination from what is real.

It is no coincidence that Pirro's relationship with nature is subtle and intuitive, a point where what you see and what you would like to see meet—between visual memory and the grasp of another order of meaning. The experience of sign in relation to subject serves to distance the artist from the usual narratives of the visible and allow him to enter into the secret life of forms: whether it is an insect, a flower, a mechanical element of a city or a fragment of a landscape. In this initial exploration of representable forms Cuniberti finds comfort and ideational support in the knowledge of Klee's works, which he saw for the first time at the Venice Biennial in 1948. This was a dazzling encounter with a world of inexhaustible invitations, something which is worth more than a simple cultural reference: almost a matrix that gives form and orientation to a genetic process too complex to decipher.

The creator of a language of extraordinary nuances, Klee expresses a belief that Cuniberti shares above every other thing, which is to say that "art is a likeness of creation," and that the artist is the generator of multiple processes that make visible what the eye doesn't always see. This germination of the eye happens on the edge of the drawing which moves from those distant and fundamental pages of the late 1940s (threadlike and mysterious signs, stylized and extremely pure forms) up to the latest sleights of hand with which he is nowadays revealing other directions in his work. Re-examining his complex repertory of images, today Pirro moves with an ability to pick up themes, motifs, traces of various seasons of work, without ever losing his concentration or the fantasy of accessing the roots of the past. On the other hand, he has always observed the cycles of his art with an awareness that the results reached, most especially those that played on the theme of lightness and dreams, were and still are a source of illumination for current work.

The early years, between 1948 and 1956, are in fact the moment in which the artist's aptitudes begin to take shape in a form that is already a strong anticipator of the modalities that will later turn out to be fundamental. We observe the most obvious features: the absence of the sign, the subtlety of the line, the intuitive value of the form, the imaginative weight of the void, the evocation of reality as apparition, the threshold of the abstract, the purification of naturalistic color, the incidence of light as a phenomenon that springs from the movements of the brush and the artistic materials.

In one of his first paintings, *Fiore* of 1956, one perceives the meeting point between the logic of the stroke and that of the color, noting that the precision of the graphic lines of the image is absorbed by the field of color that makes up the structure of the form, no longer supported merely by the drawing. And this is one of the first crests along which Pirro's art is ranged, able to define the form and, at the same time, to suggest escape routes, deviations and widenings of horizons that allow the mobility of eye necessary to the imagination in order to act above and beyond any excessively categorical identification of reality. It is what happens in Informel works, paintings and works on paper from 1957-59, landscapes which Cuniberti elaborates as interior traces, resonances of space-light, inhalations of Bolognese artistic culture that look beyond certain Italian models such as Afro Birolli and Morlotti, to European examples like Dubuffet, Fautrier, Michaux and Wols, who are just as necessary to this new vision of matter and sign.

Pirro refers to Wols for his way of internalizing form and making it a place of rarefied perception, the dwelling place of an astonished eye, driven by the dream of matter to the threshold of being. It is a vision made of tiny jolts, intangible chromatic tones and short linear bursts, of emotions veiled by color that retain unpredictable treasures for the eye. One notes his ability to make the forms indeterminate, elusive, dematerialized, already inclined to drift in the boundless space of the visible, in search of the flimsy points of anchorage to nature and, at the same time, projected beyond its concrete horizon. Existential, psychic, physically suspended in the flowering of color beyond any recognizable reference, Cuniberti's painting plays an autonomous part compared to the complex turns of the Bolognese Informel, oscillating between different positions like those of Mandelli or Vacchi, Pulga or Ferrari, Nanni or the younger Mascalchi, without forgetting the restlessness of Romiti. However, the experience that Cuniberti feels most affinity with is Vasco Bendini's painting, made of spectral imprints and secret traces, absolute signs fixed by the speed of thought like instantaneous mediators of void and absence, oscillating between a sense of the presence of what is real and the dissolution of every reference.

The value of the image is no longer a window on the world but the world itself, which becomes painting, an anxious interval of waiting for other forms, a place that communicates with the developing states of mind that accompany the act of painting. Cuniberti lets himself be taken far from the nearest things. Francesco Arcangeli realized this in 1957, writing that "his painting is at once exact and allusive," with that knack for the indeterminate and infinite which his way of tracing invisible signs, poised on far horizons, entails. The sense of fading image is a visual value that Cuniberti knows how to construct through a slow and patient exercise in signs, small strokes which fix nuclei of developing forms, shadows and ghosts where graphite and ink create secret lights, perceptions at the border of the visible. It is what happens when one compares some works on paper from 1958, well defined around body nuclei, with other ink drawings of 1959, which are absolutely abstract and intangible, with trajectories and sketches which reveal an extraordinary capacity for wandering across the page with unpredictable rhythms and with highly personal techniques: the scratch of the nib, the sudden dash, the fragmented contact with the paper, the details of every line, the creeping sign.

With these intangible performances, Pirro creates nuclei of developing forms, fragments of dissolved signs, layers of light and shadows fed with light, a state of ambivalence and suspension, a perceptive identity which makes up one of the permanent features of his art. The sign is equivocal. Separated from its own path it stirs tiny sensations, unfathomable effects which range from the infinitely small to the sudden germination of expanded horizons: this is the exercise Cuniberti prefers in these years which are so significant and rich in promise, so extraordinary that they make up a zone of reference for subsequent creative periods.

With one's head in the clouds

In 1960 one notes the merging of divergent tensions on the same crest, visual energies that are different yet generated by the same intensity of the eye: a series of tempera on paper works in which the landscape is deliberated on the edge of abstraction or recaptures the pleasure of the place, identifying houses and hills, skies and lakes, different forms: though made of the same matter. In this search for rarefied consistencies Cuniberti relaunches the value of the figure as a place of recognition of the image, in this sense investigating the germinal nucleus of the Informel, extracting the body of the figure from within the material ferment, linked to the value of the sign, trace, print or mark, whatever it might be.

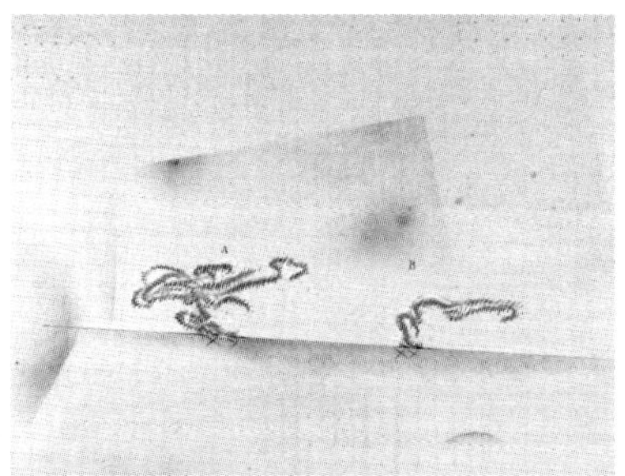

Vegetali in scena, 1979
acrilico, pastello, grafite su carta/acrylic, pastel, graphite on paper, cm 25x32,4

One of the themes dear to Cuniberti in the early 1960s is in fact the "head," the iconographic nucleus to which he dedicates a series of wax pastels and graphite on paper, a theme experienced as a continuation of his interest in matter, which now acquires a new structure, a deeper density: treated like a primordial mass placed in the field of the surface. Re-emerging from the indistinct zone of the Informel, the obsession with the "head" re-establishes a principle of identity which the artist feels is necessary to the development of his work in relationship to the artistic context, never felt to be a reconciliation with the so-called "return to figuration" but an autonomous process of interpretation of the figure. Even when Cuniberti's narrative is peopled with fantastic characters and astounding animals, it is always ruled by a subtle and unconventional taste in drawing, where the sign bewilders every predictable imitation of reality and can infuse the image with an abstracting breath. Be it a laughing woman or a barking dog, it is the irony of the gaze that is pulled into sharp focus as an ability to manipulate the image, to burden or simplify it according to the specific requirements of expression. This even happens when the artist mixes iconographies of various kinds, from Hector and Andromache to Adam, from the cherub to the abbess, from slanderers to advertising men: what counts is the dynamic strength which springs from these characters involved in the inexorable narrative of the artist, grappling with irreverent and satirical thoughts.

And as Cuniberti is—as Andrea Emiliani noted in 1963—"an artist whose nature is truly modern," the most obvious themes of reality enter his art with that simplicity and efficiency that only fantasy and everyday magic can guarantee, faced with all the possible interpretations and intellectual sophistications. Fantasy and magic dialogue with metaphors of the social system, constantly referring them to the level of their own ethics and aesthetics, much akin to the pleasure of recounting the contradictions of modern man, to dropping the mask of convention, demystifying, in an amusing tone, the hypocrisies and deceits in which everyone can recognize themselves, whether victim or executioner it makes no difference.

From colloquies between "warriors" the artist proceeds to portray the expression of "slanderers," from the intimacy of "private fairy-tales" he moves towards "public relations," from the deconsecration of "men of the cloth" he flies towards "hidden persuaders." The reader finds himself facing artistic allegories experienced in the first person, without remorse or guilty conscience, between adventures, enticements, vicissitudes that belong in an imaginary autobiography. Each time, sarcasm and irony save Pirro's painting from being brought into line with other forms of 1960s figuration, from the impact of Pop Art and its presumed influence on Italian art. On the other hand, Cuniberti has his own way of seeing Pop, as a critic of the banal euphoria of advertising and of certain sensational legends of urban life, preferring to amuse himself by demystifying the great and more or less hidden system of persuasion.

One might therefore agree with Giulio Guberti when he maintains (1998) that Cuniberti has little to do with American Pop; this consideration doesn't only apply to our artist but can be extended to other exponents of Italian figurative culture in the mid-1960s, from Del Pezzo to Adami, from Fioroni to Tadini, just to mention a few, who are also autonomous regarding their work and any comparison with American art. In Cuniberti's case the question is crystal clear. He is a poet of communication, creating characters that are born and vanish in the web of lines and colors, daunting figures that arouse the readers' imagination over and above the narrative structures the artist establishes. Most importantly it is through drawing that Pirro scratches a good measure of representation, making the sign of the absolute instrument for deforming and loading reality with other dynamic and pungent meanings that reach a maximum degree of evidence.

The narrative of forms expands into a web of perceptive values in which sign and color act in strict tension, progressively slackening the speed of execution towards results that have a more stressed compositional fixity. If the drawing is intuitive and cursory, the painting organizes those dazzling intuitions into a spatial system which recalls a theatrical horizon, in the sense of a calculated staging of sign itineraries in harmony with the demands of color. The fairy-tales, the allegories, the metaphors of advertising are the protagonists of this period—Pietro Bonfiglioli wrote very clearly about this in 1968—positive that "the artist can discover and personalize in a story the most abstract and the most real structure of Bourgeois society: the system of reified communication."

One can only repeat that idea of representation with which Cuniberti responds to the lures of the present, more apocalyptic than integrated, more courageous and irregular than being forced to admit to a precise aesthetic agenda, interested therefore in playing with models of dominating languages (from advertising to comics) without ever reflecting them as pre-established systems. In *Soldato non calpestare i prati* (1966-69) he perhaps reaches a peak of visual strength, the figure easily attaining the comic book style of drawing, that desecrating spirit with which great themes of an ethical and social nature are dealt with heart on sleeve. *Giocando giocando*, as the title of a large canvas dated 1969 says, is the evident declaration of how the artist moves confidently within the patrimony of images which mass culture offers, considering their effects without ever being possessed by them, indeed playing with transforming every possible reference into the invention of a different visual suggestion.

The exposure of the technological universe is transformed into a dream of the fantastic. For example, the feathered missile or the presumptuous butterfly substitute reality, increasingly unable to suggest those emotions that the artist produces in order to make the practice of stroke and color work, the true motive for his being an artist.

The desire for the abstract

In another series of works dated between 1966 and 1969, one perceives a sense of figurative abstraction with which Cuniberti moves away from the pressure of narrative references and transforms them into pretexts for spatial invention. While in *Tentativo all'aperto* (1966) prevails a logic of the landscape as a perspectival slotting of clouds and trees on the edge of the horizon, in *La montagna* (1966) one understands that Pirro's imagination has left metaphysical-surreal situations behind in order to become a pure evocation of the visible, extreme compositional synthesis of the nature theme. This is a question that leads towards those abstract visions of landscape which in the 1960s characterize different works in which the image becomes a thin horizon that remains still beneath a sky whose atmosphere is suspended.

An exemplary work in this sense is a "pastel and tempera on paper" from 1976, untitled. It is, once more, an almost geometrical mountain made of minimal vibrations of stroke and color, a further crest in Pirro's development. On the other hand, it is not possible to establish a straight line linking the development of these visual teasers. One is often urged to go back to retrieve other threads of language, so that the research program becomes a garden to cross with the pleasure of getting lost, coming upon the abandoned images without being pestered by the thought of having to tidy them up. There are some works from 1970, *Natura morta nel sole* and *L'arrivo*, which suggest other abstract tensions in the basic image: on one hand, the act of crossing the nature genre with the landscape genre, drastically reducing strokes and colors, and one the other hand occupying the white space with three absolute strokes, with no other reference than their pure presence.

This meeting point between figurative moods and abstract mediums reveals an increasingly essential attitude in Cuniberti's art, up to the point that one could say that this synthesis between elements of the figurative tale (landscapes, figures, still lifes, maps) and rarefied elements (signs, marks, lines and traces of hand-

Qualche segno povero, 1973
china, pastello su carta/India ink, pastel on paper, cm 50x70

Senza titolo, 1974
grafite, china, pastello, biro su carta/graphite, India ink, pastel, ballpoint pen on paper, cm 22x28

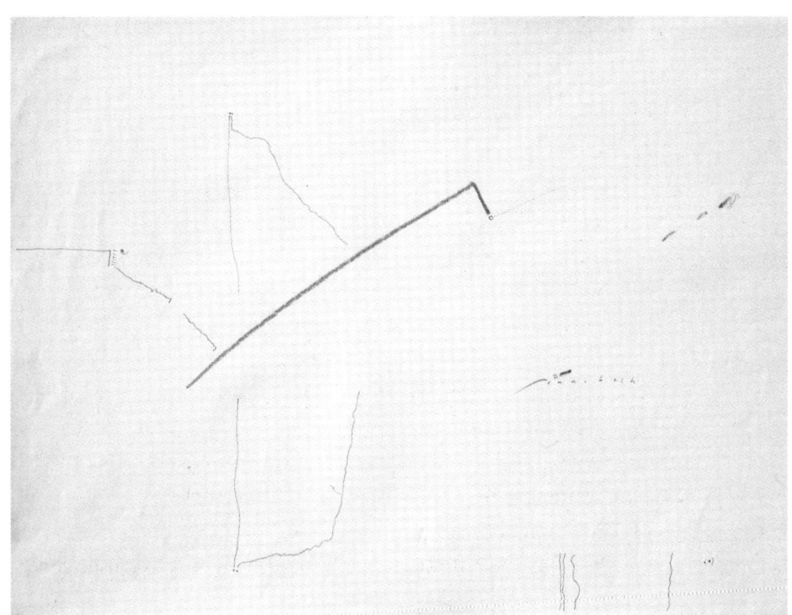

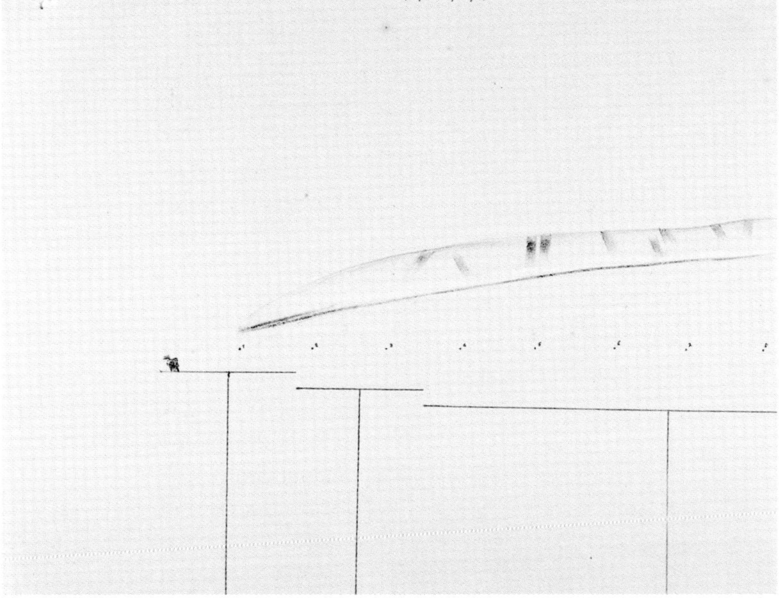

writing) make up the absolute pinnacle on which our artist's style plays. And style means the ability of drawing and painting to move around multiple themes without ever interrupting their possible relationship: the lightness of color, the suspension of forms, the material vibration of the sign, the swiftness of the drawing and the calculated precision in stopping the eye on a perhaps not insignificant detail. It is precisely in these early years of the 1960s that Pirro's art accentuates the ability to invent constantly different situations in order to encourage a dialogue between the real and the abstract, moving along the thread of their necessary co-presence. In this silent challenge between the visible and invisible the artist uses, above all, the tool of drawing. It is no coincidence that Dario Trento wrote in 1984 that, "it is the form of the drawing which offers the model for the form and technique of painting on canvas."

The suspended plane of surfaces creates a meditative place in which the real and the abstract coincide. These two categories of language, which in contemporary art are often considered separate or opposite, exist in Cuniberti's world as complementary expressive instruments, communicating vessels of a unique imaginative flow. Geometry cannot do without air vibrations, and the material measure of the sign cannot exhibit itself without a sense of composition. In the mid-1970s these components reach results of extraordinary balance on different works on paper inspired by landscape, some of which are distinguished by a formal synthesis of incalculable purity through a compositional criterion built upon the relationship between two different linear horizons. On one hand a wax pastel and a graphite stroke shift the reader's eye within the tension of their proximity; on the other hand, two very tenuous lines of ink dialogue at a distance, one in the center of the sheet, the other shorter one above, both attracted by an invisible magnetism. These are minimal means of expressing the maximum visual tension, elementary signs that show the complex vibration of the landscape and its possibilities for inventing spaces outside any descriptive rhetoric.

In other works on paper Cuniberti grants the eye more props, arranging graphite dust, shades of signs as light as feathers, enriching the line of the horizon with other sensations: the wind combs the crown of the trees, minuscule galaxies of points occupy the void, breaths of air are just visible on the white candor of the page. The means of sensing nature is here entrusted to the intuitive value of the sign, its ability to reduce the complexity of seeing to its fundamental motifs, balanced between naturalism and abstraction, between what is real and what is fantastic. In fact, Cuniberti loves playing with the forms of nature, evoking strange situations that belong to the sphere of probability. He does not chase after certainties but prefers to represent images that are unknowable, eyes suspended in the air or bodies attempting reckless acrobatics.

As Walter Guadagnini reminds us, "The game is the essence of Cuniberti's art, one of its founding motifs," and the reference to Melotti is deliberate and appropriate: "a game which, when it works, is poetry."

In Pirro's case, the likelihood of success is constantly high and goes hand in hand with the imagination, towards that suspension of meanings which allows a formal dimension which remains longer in the mind of those who observe them. The play of titles animates the mechanism of interpreting the works, each with its own identity but also in relation to the others, connected by unpredictable relationships between various characters, from the would-be aviator to a strange engineer, from a worshipper of useless signs to a dethroned King. The expressive themes and situations pursue each other and overlap over the decades, without ever giving the impression of being able to end their journey, to stop the gaze on a precise aspect, neglecting the rest.

The reader's curiosity is constantly captured by the development of the work: they are signs scattered over the terrain of fantasy, messages for unknown interlocutors, traps into which one falls without getting hurt. They are, moreover, projects to attract the attention with the specific instruments of vision: strokes, films, textures, shades, numbers, letters of an infinite alphabet.

The invention of titles is an indispensable stimulus with which the artist accompanies the image. They are titles which tell stories, creating improbable relationships between one theme and another, mixing dream and reality, alluding to a world of fairy-tales, allowing us to meet angels, icaruses and obscure characters, but also to fly over landscapes discovered by measuring the map of signs. Often they are phrases written directly on the surface, with a subtle hand that is an inescapable component of language, a necessary means of balancing the representation. Indeed, the written elements the artist introduces into the core of the surface as a way of marking the very place of image deserve special attention. In addition to the title, the signature, the date and the progressive value of the work all create further relationships between images and surfaces.

The painting ritual

Let's return to the landscape motif: from the beginning of the 1980s it is both intuition and logic, an emotive choice and, at the same time, a structured thought involving each phase of the work: a method of proceeding which has never been interrupted, a zone of inspection which controls every fresh start in drawing and painting.

The sense of the landscape is total. It recalls the idea of a garden, a flying carpet, a map of desire and an imaginary geography understood as journey within the mutations of the sign. We need to understand that the idea of landscape is, for Cuniberti, a way to keep the image open to various contaminations, to have it dialogue with still life but also with the forms of the body, grappling with the very conception of the nude, with muscles and veins that correspond to an anatomy of the fantastic.

Doing landscape is not merely dialoguing with nature but transforming it into active matter that loads itself with unmistakable atmospheres. It is never an adherence to the contemplation of its countenance but a manipulation of the naturalistic code, sometimes also a "semiological whim" as Cuniberti suggests in a title from the early 1990s. The love of landscape is perceived in multiple visual cues or fragments of representation: signs of wind on the ridge, small houses on the summit of the hill, solitary trees which seek comfort in light, the peak of a mountain which sends signals to the seashore, memories of journeys made at the tip of a pencil, take-offs and landings of insects on the plane, a storm of color in the garden of the wizard, the eclipse of the sun and the image of the moon in a non-random night.

They are wholly personal stories with which Pirro fixes his nightly and daily relationship with nature's elements, overlaying on the visible those rarefied and secret presences that make up the private repertory of the imaginative life. Here too, critics have acknowledged some references to Turner. Each work is a symptom of happiness or distress, an interim leg of an autobiography crowded with signs that are constantly struggling with the current conventions and rules, experience exploring the very limits of life, an eye turned to those aspects of the world which haven't yet been perceived. If we move from landscapes to "still life" the rarefied air of color does not undergo trauma. It transfers every lightness into the frontal space of the composition where the wispy elements are posed, carefully arranged on the surface, ready to be transformed into another apparition: a carpet, a map, a project for tending the garden of evocations. It is as though "still life" were left to the possibility of enumerating images which come from different worlds: leaves, flowers, fruits, animals, suns, moons, clouds, alphabets or hybrid presences where the geometrical and the formless get along, rarely agreeing to separate.

Treacherous meetings take place on the papers and panels of the 1980s; the artist's thoughts crowd in: he wishes to treat the body as a landscape of pure lines or he imagines the sky as a field of increasingly rarefied sensations, allowing him to remain poised between what has already been seen and the still-potential vision, hovering between the memory of reality and its hypothetical invention. Cuniberti's art contains precisely this quality which has no substitute: the ability to go through the world and speak to us of the things which live in it making us think constantly of something else: not that world and those things we see in front of us, but the "unknown destination" of their presence. Within the dangerous territory of painting, Pirro continues to move with that delight and zeal which allows him to capture, at any one time, "useless and crackpot" signs, scars of the memory, traces of a creative anxiety which lead him to explore the contradictory horizon of representation. This means, again, moving in the land of painting, brandishing freedom signals that serve to overcome every difficult relationship with the forms of reality. This is why, whatever the theme or iconography chosen by the artist, what counts is merely the finesse, the subtlety and the quality of the idea of space which comes from his hands, the sense of deep and subjective trepidation which accompanies the act of exploring the plane of the surface.

This is, in fact, another fundamental aspect of the Cuniberti experience: the concreteness of painting and its unmistakable individuality, the familiarity of an exclusively visual value of language, even when writing is present.

Of those who have dedicated themselves and still dedicate themselves to painting, not only in Italy, it is rare to come across such unusualness. Just observe his way of treating color like an intangible veil which is placed on the masonite panel with soft sensuality, with a delicate movement, with strokes as light as feathers, sometimes marks as deep as scars, in other cases lines which appear to be in continual metamorphosis. Observing the panels one by one, we often realize that the painting is a page which can be observed as a carpet of precious

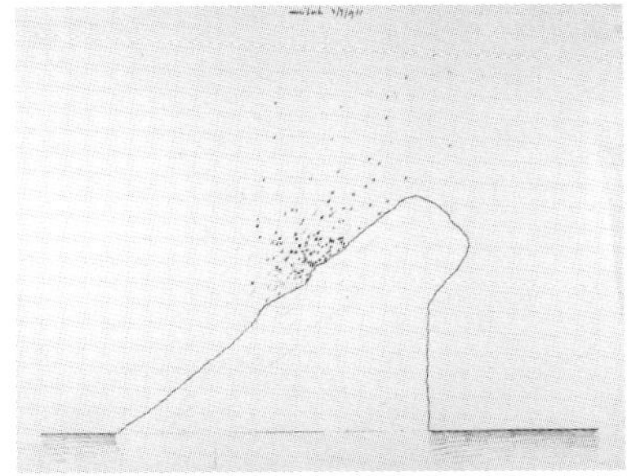

Senza titolo, 1975
china, pastello, grafite su carta/India ink, pastel, graphite on paper, cm 22x28

signs, a map of the treasure, a trap you can serenely fall into, a room in nocturnal silence, a rarefied horizon where a cloud becomes part of still life, while the moon hasn't yet appeared in the sky.

The circular nature of Pirro's work is a proverbial given of his ability to experiment, sound out, disjoin the mechanisms of language in order to arrange other visual traces on which he can exercise infinite dynamics of color, the acrobatics of the line and its inconstancies. And the figure, the portrait, the human body? Cuniberti visits all its latitudes, with an imaginative gymnastics that expresses the various ways of understanding the body, of grasping the sense of anatomical movement, the structure of the face, the irony and magic of characters who play different roles, whether they are men, women, angels or animals. There is the bearer of nuances, the caterpillar near two cypresses; the wings of Icarus in the pink sky; the vibrations of a moth; the dance of a magician without tricks; two strangers who speak in a strange way. And then: heads with eyes wide open, languid gazes like faint traces, distraught expressions, faces lost in the void, sleep after the lullaby. On the other hand, the nudes are always full of charm, those freehand drawings which have been studied by one of the keenest critics of Pirro's art, Paolo Fossati, who in 1986 interpreted them as "exercises of bodies in motion, a symmetry and disharmony of parts, pulling and recomposing, buttocks, breasts, thighs, as though to say: decentralizations, dislocations, multiplications."

The nudes that play with the evanescence of the body—subtle and intuitive lines which encapsulate the sense of movement in just a few strokes, almost too modest to over-define the outline of the figure, leaving the whiteness of the page the task of allowing a glimpse of what isn't said—are on a different plane.

This oscillation of intensity that derives from the opposite ways of dealing with the subject of nudes (on one hand loaded with brush-strokes, on the other almost imperceptible in their definition) once more brings up the importance of Cuniberti's attitude towards language: polysemous, ambiguous, manifold, interested in uniting the distances, connecting faraway worlds, sensing what lies above and below the surface, from the short measure of the brush-stroke to the expanded spillage of color in the open field.

On the paths of lightness

During the 1990s, the past and the present cohabit on the basis of a creative tension that neglects no bond with the journey that has been made. Indeed, it illuminates that complex repertory of expressive emotions, which characterize Pirro's art with new motivations. In a group of panels, dated 1991, one can admire groups of signs and brush strokes that can be connected to the 1970s museum of signs, works that involved the artist in a rethinking of the relationships of language with surface, with a concentration on the constituent values of painting and their potential to enchant the eye.

Other links are found in the retrieval of stray geometries in the space of still life or in finding along one's path familiar presences such as a dog in search of his master or the apparition of a figure who is hard to identify. In another set of works dating from this period, the form of an insect or a flower becomes a subtle harmony of strokes in a cobweb of tiny tracks around the generative nucleus of the image. Each work is shot through with riots of light and color; conflicting signals meet on the surface, traced by restless forms or silent apparitions that one can dream around.

Fantasy is, after all, one of Cuniberti's chosen instruments. Drawing and painting allow themselves to be led by his desire to reveal more than one can see, that is, images that skim the invisible, capturing the birth of forms at the edge of the visible. There are also some secret desires for sculpture that Cuniberti has always cherished, like structures suspended in the void, signs of lightness and dreams, elements which play blithely in the landscape, but also forms conceived for an urban setting: studies for city parks, ideas for open air theaters, projects for fountains with strands of wire, air bubbles and spouting water. Or: large letters of the alphabet that the artist wishes to rig as sculptures that walk along, dialoguing with passers-by, in an experimental way open to subsequent modifications. These are images which haven't yet been created, but are as alive and kicking as though they were true, collective and social signs to be experienced in an urban dimension, dynamic forms which should mutate into reality, to the joy of all those who hold dear the aesthetic beauty of the environment they live in. Something could be born of the sense of concreteness and then it would be the materials that played a decisive role, with wood, metal, wire, fabric, cardboard and anything else that might be useful for producing sculpture.

From the bravery of making sculptures that have already been designed comes the wish to experiment with a reality parallel to the one which already exists, and the burgeoning desire to see the realization of a dream of

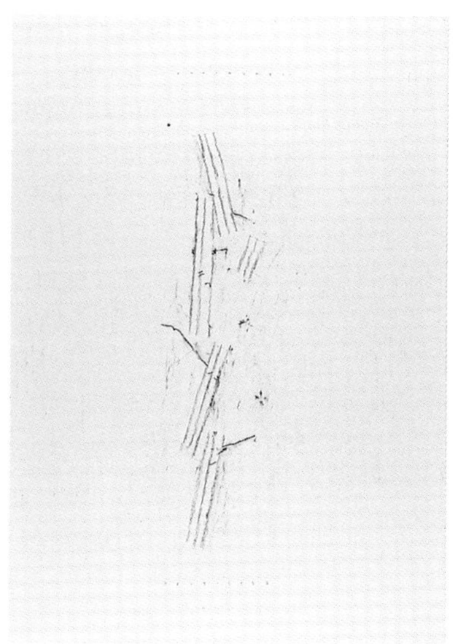

Senza titolo, 1996
pastello, grafite su carta/pastel, graphite on paper, cm 48x33

sculpture which Pirro has cherished so continuously that one might set up an exhibition of interconnected drawings and paintings, even though they date from different time. Attention once again turns to the "scars of memory" that make up the complex network of references and instruments that have always been congenial to the artist, towards the ferment of signs and colors that are still at the origin of every fresh imaginative flight, of every different temptation. The vibrations that each work on paper entrusts to the eye of the reader stimulate free and happy communication, a flow of energies that spread naturally, a visual sense that comes directly from painting. Those methodological working conditions Cuniberti analyzed in a text written in 1979: "In a painter's kitchen," he confirmed, "painting is as easy and amusing as cooking." This is an emblematic statement of the personal and secret relationship the painter has with his working instruments, the times and methods of execution and the strategies that govern the work's conception. Everything comes into the making of the work, without any waste of intellect or emotion.

There are pure signs, signs which hinge on color, various sizes of brushstroke based on different relationships with the surface, overlaps that hide the part beneath and others that prompt the matter to modify itself, to be transparent, to breathe, to slowly filter light. Indeed, approaching Cuniberti means not only acknowledging his vast repertory of subjects and techniques but also relishing the luminous values which the choice of color sets in motion, enveloping the image with tones whose nuances are light, airy, soft and whose strokes are deliberate. They range from the lowest threshold of gray to the intense consistency of black, from the veil of turquoise to the light kindling of blue, from the taste of burnt earth to the delicate light of ochre, with the minimal and constant presence of white to illuminate the surface texture. The light is never atmospheric, naturalistic or, on the contrary, immobile like a conceptual given, but always a quality internal to the dynamics of the stroke and color. It is a light that comes from matter participating in each of its inner flows.

Even the most distracted viewer can see it at once: observing Cuniberti's works means being on the threshold of the image, never managing to decipher the concretions and vacuums. It means needing to get intimate with the strokes and dots, being able to follow the colored traces and the well-defined lines, experiencing the harmonies and clashes that make every composition a unique event. It means, therefore, backing away from the certainty of well-represented things, seeing the world from the point of view of invention, accepting that there may be some paradox, not being afraid if a tree becomes too abstract or if a cloud of freckles appears on a leaf. It is like being poised between the memory of experience and an experience that is yet to come, between the space of logic and the sense of the imponderable, being at the source of light and close to the shadows of the earth. Keeping your feet on the ground and flying, tongue in cheek, of course.

Pirro's art allows the gaze to move in opposite directions, free to skip from one stimulus to another, to observe a landscape and think of still life, to follow the lines of a head as though it were the map of a boundless territory, with an unselfconscious eye that observes the deportment of a body, imagining it is following the paths of an irrigated hill.

It is better, therefore, to walk on the wings of fantasy, observing earth and sky with the curiosity of a weatherman, a botanist, a land surveyor, an astrologer, an aviator, a mariner, figures which coexist in Pirro's world, postures which together arouse emotions that range from the concrete to the abstract, from the body to the mind, from the visual to the tactile.

In his recent painting workshop the images still reserve multiple surprises which enchant the reader and keep him waiting for unforeseen events, for still possible relationships between strokes and colors, between landscapes and still lifes, between earthly places and new apparitions. It is mostly a case of narratives suspended between figures and abstractions, unearthed from the archive of signs that emerge from the memory naturally, without any cultural program, like a form of energy that sustains its craft as a hunter of impossible forms. As at the beginning of his journey, Pirro oscillates between contrary impressions: the narrative and the fairy tale, the purity of the stroke and the magic of color, the shift from the geometrical allusion to the measure of the painterly gesture. The present works are not merely the fusion of already seen imaginative processes; they still have the energy to experiment with other stroke-color values. They are fresh examples of the urgency to have things fly off elsewhere, to transform the ancient thresholds of vision into new imaginative mechanisms.

This dimension of the aperture and constant suspension of meanings is Cuniberti's art's purest gift. "He is an all-round poet" as Fabrizio D'Amico has acknowledged, due to his vocation for escaping into the paths of lightness without ever losing touch with the world's energies. In that sense, Pirro is free to trace his path along the lines of those who go exploring the ridge between the figural and the abstract: from Licini to Melotti, from Novelli to Bendini, from Vago to Della Torre, from Raciti to Pericoli, without the hypothetical link between these artists turning into an artistic trend but merely constituting the suggestion of a painterly levity and quality.

From this standpoint Pirro plays a role which is unmistakable from both the stylistic and ethical point of view of painting as an instrument with which to interrogate life's values and the deep foundations of existence through the magic and lightness of images that are apparitions of something which is unknown, signs of a narrative able to thrill the gaze turned towards the future.

Bibliographical sources

F. Arcangeli, *Cuniberti*, exhibition catalogue, Circolo di Cultura, Bologna, December 1957.

R. Barilli, *Opere di A. Pirro Cuniberti*, exhibition catalogue, Salone Annunciata, Milan, April 1960.

R. Tassi, *Pirro Cuniberti*, exhibition catalogue, Galleria del Teatro, Parma, April 1961.

A. Emiliani, *Pirro Cuniberti*, exhibition catalogue, Galleria De Foscherari, Bologna, March 1963.

E. Crispolti, *Cuniberti*, exhibition catalogue, Galleria Due Mondi, Rome, May 1966.

P. Bonfiglioli, *Cuniberti*, exhibition catalogue, Galleria San Luca, Bologna, June 1968.

P. G. Castagnoli, *I disegni di Cuniberti: 1948-1975*, exhibition catalogue, Galleria San Luca, Bologna 1976.

P. Fossati, *Pirro Cuniberti*, exhibition catalogue, Sala Benvenuto Tisi, Ferrara, March-April 1981.

M. Maracci, *Nella cucina del pittore. Pirro Cuniberti 1980/1984*, exhibition catalogue, Istituto di Cultura Germanica, Bologna, June 1984.

F. D'Amico, *Mostra personale di Pirro Cuniberti*, exhibition catalogue, Libreria Giulia, Rome, October-November 1984.

D. Trento, *Vita d'artista. Pirro Cuniberti*, with a text by P. Fossati, exhibition catalogue, Palazzo Pepoli, Bologna, December 1984.

V. Faggi, *Pirro Cuniberti. Disegni e pitture*, exhibition catalogue, Galleria Comunale d'Arte Moderna, Pavullo nel Frignano, June-July 1986.

B. Bandini, *Pier Achille Cuniberti*, exhibition catalogue, Pinacoteca Comunale, Ravenna, May-June 1987.

E. Pontiggia, *Pirro Cuniberti. L'orto degli sguardi*, exhibition catalogue, Galleria Rossanaferri, Modena, October-November 1987.

W. Guadagnini, *Il Paesaggio della Pianura di Pirro Cuniberti*, exhibition catalogue, Galleria Il Portichetto, Baricella, Bologna, April 1988.

C. Spadoni, *Pirro Cuniberti. Opere (1957-1988)*, exhibition catalogue, Centro della Pesa, Riccione, June-August 1988.

F. D'Amico, *Pirro Cuniberti*, exhibition catalogue, Galleria Forni, Bologna, April 1989.

P. Fossati, *Pirro Cuniberti. Nudi*, exhibition catalogue, Civici Musei, Reggio Emilia, 1989.

F. Bartoli, *Pirro Cuniberti. Tavole e disegni*, exhibition catalogue, Centro Einaudi, Mantova, September 1989.

S. Pegoraro, *Pirro Cuniberti. Voli vibrazioni fiabe (1948-1998)*, with texts by G. Guberti, R. Pasini, D. Trento, exhibition catalogue, Pinacoteca di Ravenna, October-January 1999.

G. Campanini, *Dalle storie di P. aeronauta mancato*, Minerva Ed., Bologna 2000.

See also my other previous texts published from 1980:

Paesaggi d'invenzione, in *P. Cuniberti*, exhibition catalogue, Galleria Trimarchi, Bologna 1980.

Pirro Cuniberti. Nudi, exhibition catalogue, Musei Civici, Reggio Emilia 1989.

Per un profilo del Mago nel paese dei segni, in *Pirro Cuniberti*, exhibition catalogue, Palazzo dei Diamanti, Ferrara 1991.

Pirro Cuniberti. Il poeta della comunicazione, in *Premio Internazionale di Pittura Guglielmo Marconi*, exhibition catalogue, Galleria del Circolo Artistico, Bologna 1996.

Pirro Cuniberti. La favola continua, in *La donazione Cuniberti alla Pinacoteca Civica di Pieve di Cento*, exhibition catalogue, Pieve di Cento 2002.

Per Pirro

Stefano Benni

Le parole e le cose, lo splendido libro di Foucault sulla storia moderna della rappresentazione, è una buona porta per entrare nel mondo di Pirro. Già dal titolo: poiché Pirro nei suoi quadri ama avvicinare e incitare alla danza, o al duello, la suggestione pittorica e quella del linguaggio. I pirrologi cercano subito sulla tela il titoletto – epigrafe, ironico o poetico, scritto nella sua inconfondibile ed elegante (minuta e satanica, direbbe Nabokov) calligrafia. *Le cose*, la varietà meravigliosa di ciò che Pirro vede e mostra. *Le parole*, il brulicare delle definizioni, il misterioso apparire e scomparire del linguaggio.
Il libro di Foucault non si apre con una citazione filosofica, ma con l'invenzione di uno scrittore: il *Catalogo degli animali dell'imperatore* di Luis Borges. E basta leggerlo per trovarci subito nella terra magica di Pirro, dietro lo specchio, nel suo quaderno di invenzioni, nelle sue enciclopedie di segni, in quello che Foucault chiama "lo stupore di una tassonomia, il fascino esotico di un altro pensiero"
Dove, se non in Pirrolandia possiamo trovare un elenco di animali così pensato?

a. appartenenti all'Imperatore
b. imbalsamati
c. addomesticati
d. maiaini da latte
e. sirene
f. favolosi
g. cani in libertà
h. inclusi nella presente classificazione
i. che si agitano follemente
j. innumerevoli
k. disegnati con un pennello finissimo di peli di cammello
l. et cetera
m. che fanno l'amore
n. che da lontano sembrano mosche

Pirro e pochi altri sono capaci di disegnare un quadro che racchiude tutto ciò, in uno spazio che bisogna saper raggiungere ma soprattutto abitare, lo spazio dell'utopia e dell'eterotipia, il mondo della visione artistica.
Subito dopo l'enumerazione di Borges, Foucault prosegue la riflessione ispirandosi a un pittore, anzi allo sguardo di un pittore: ovvero l'incrocio di punti di vista e prospettive che anima il quadro *Las Meninas*, di Velásquez. Credo che in tutta la pittura di Pirro si incrocino lo sguardo dell'artista attento, quello dell'appassionato di pittura colto e incantato e forse anche quello dell'insegnante. Tutto ciò in modo non gerarchico e concettuale, ma libero e simbolico come è nelle leggi dell'immaginazione. Così come nel catalogo borgesiano non sappiamo più scegliere tra enumerazione e disordine, tra zoologia e follia, nelle *Meninas* non sappiamo se guardare l'autoritratto di Velásquez, o il gioco di specchi, o i cani, o le bambine di corte, o l'ombra che inghiotte tutto. Il quadro ci guarda ogni volta in mondo diverso. Entrando nel mondo di Pirro entriamo in un mondo dove l'orco della misura razionale e stilistica è stato sostituito dalle libere dimensioni dell'emozione. Come nel sogno notturno, ci verrà incontro il piccolo particolare, o la lettera minuscola, l'aereo quasi invisibile, la linea parlante, la sfumatura di colore, un ghigno inatteso o un mostro in primo piano. Non sappiamo quale ricorderemo, tra le mille sorprese contenute in un quadro di Pirro. Non sappiamo quale risata, o paura, o scoperta riporteremo indietro e racconteremo quando ci sveglieremo dal sogno della sua tela.
E se penso a Pirro, neanche io so scegliere tra le mie emozioni, perché il sogno della libertà artistica di Pirro Cuniberti dura da più di mezzo secolo, è talmente ricco e fertile che ci vorranno anni perché la critica o la storia sappiano metterci un ordine, ammesso che ci riescano, che sia necessario riuscirci e che a Pirro interessi.
Di Pirro ricorderò quindi:

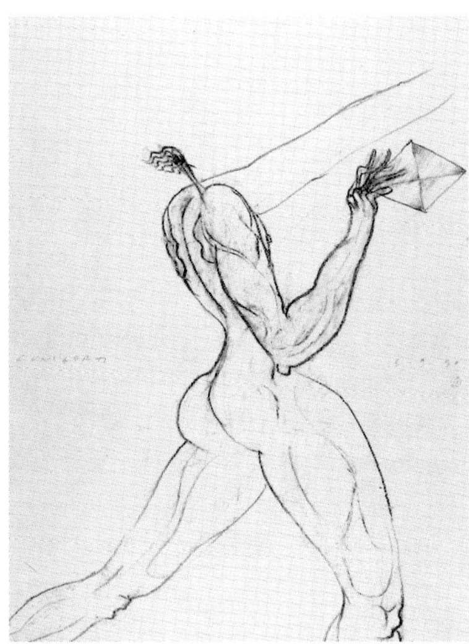

Senza titolo, 1990
pastello, grafite su carta/pastel, graphite on paper, cm 32,4x23,7

Il racconto del suo pianto davanti alle ninfee di Monet.
Un disegno erotico scritto su un tovagliolo, e regalatomi al ristorante.
Una sua spiegazione di Klee dopo la quale, per un attimo anch'io ho creduto di capire Klee.
Un pomeriggio passato ad analizzare i paesaggi di Carl Barks, il più grande disegnatore di Paperino.
Un quadro azzurro che sta davanti al mio letto e cambia secondo il suo e il mio umore.
Un quaderno di disegni che tengo sulla scrivania, in cui Pirro usa ogni tipo di arma pittorica, dalla matita al vino, dal colore a olio alla penna stilografica, dal pastello al pennarello.
Il modo in cui Pirro mi fece vedere e distinguere i diversi colori dei mattoni di Bologna.
I suoi disegni di Verne.
La nascita e crescita degli animali di Stranalandia, una delle poche fortunate volte che abbiamo potuto lavorare insieme.
Il suo recente periodo, i meravigliosi sorprendenti piccoli quadri che io chiamo kun-zen, ma di cui lui preferisce la mia prima spontanea definizione, e cioè:
Pirro, da quando sei rincoglionito fai dei quadri davvero splendidi.

Non trovo gerarchie né punti di vista né modelli in questa splendida creatività, non riesco a staccare l'emozione che mi dà il piccolo aeroplano nel cielo o una collina innevata da quella dei suoi mostri guerreschi, dei suoi troioni e dei suoi diavoli. Non riesco a scegliere tra i suoi disegni in bianco e nero e le grandi tele colorate. Come nel sogno, non posso comandare né alle visioni né alle mie reazioni.
So che questa rappresentazione, per tornare a Foucault, è fatta non solo di fantasia, ma di "veglia paziente", di tecnica, del suo rigore di insegnante, del suo artigianato grafico. So che la lezione di questo maestro kun-zen, che preferisce il vino rosso al tè, è unica nel panorama della pittura italiana, ed è la testimonianza di uno sguardo attento al mondo, intenso, mai distratto o rifratto dalla moda.
Sguardo di artista che accetta Babele, che dichiara con sincerità l'amore non solo per i grandi pittori, ma anche per la quotidianità seria e modesta del "tirare le righe".
Storia di una sensibilità misteriosa, di un'inquietudine nascosta dietro un sorriso bonario, di un'immensa distanza dalle accademie che Pirro, nella sua mitezza, non sottolinea troppo, ma con cui gioca e ironizza.
Storia di un amico, infine, che mi ha sempre comunicato l'energia della sua ispirazione, anche nei dubbi e nella rabbia di una desolazione circostante.

Io, modesto conoscitore di pittura, ho iniziato ad amare molti pittori attraverso Pirro. Credo che questo gli faccia piacere. Vorrei anche dirgli che per me il suo lavoro è un sogno su cui ancora mi interrogo, che non è ancora consumato, e nessuna mostra, pur sacrosanta e importante, mi convincerà che di Pirro ho capito, o abbiamo capito tutto ed è ora di chiuderlo in un enciclopedia o un catalogo. Il suo posto è nella biblioteca in fiamme della nostra immaginazione. Pirro è un quadro con dentro un intero catalogo di pittori ridenti e severi, è un tubetto di colori ciondolante, alto due metri, è il graffito sui muri di un manicomio, è un pittore dell'Ottocento in mezzo a un campo di grano, è un rotolo di scrittura giapponese, è Cuniberti. È un libro complicato, che ogni tanto bisogna posare e rileggere, per fermarsi su una parola, su una riga, su un'immagine, e poi riprendere il racconto e accorgersi che ci sono personaggi, visioni, ispirazioni che non avevi ancora avvertito, e che prendono posto accanto agli altri. E tutto procede con una trama precisa, che è quella della passione esclusiva di un artista che ama il suo lavoro e quello degli altri.
Pirro ama illustrare i libri. Qualunque bel libro amerebbe essere illustrato da Pirro.
Questa certezza la regalo a Pirro con tutta la mia stima, la mia gratitudine e un piccolo rimpianto.
Abbiamo lavorato insieme, ma poco.
Facciamolo ancora. Tra cento anni, alla prossima antologica. Ti un grènd, Pirro.

For Pirro

Stefano Benni

Les Mots e les Choses, Foucault's splendid book on the modern history of representation, is a good point of entry to the world of Pirro. The title itself says it all: Pirro loves to bring together in his paintings his fascination with art and language, encouraging them to either dance with each other or to fight a duel. Scholars of Pirro immediately search for the title on his canvases—the ironic or poetic epigraph, written in his unmistakable and elegant handwriting (minute and satanic, Nabokov would say).
Things, the marvelous variety of which Pirro sees and shows. *Words*, the teeming definitions, the mysterious appearance and disappearance of language.
Foucault's book doesn't open with a philosophical quotation but with a writer's invention: "The Catalogue of Animals belonging to the Emperor" by Luis Borges. To read it is to find oneself at once in the magical land of Pirro, behind the mirror, in his notebook of inventions, in his encyclopedia of signs, in what Foucault calls "the wonder of taxonomy, the exotic fascination of another thought."
Where, if not in Pirro's world, can we find a list of animals dreamt up in this fashion?

a. belonging to the emperor
b. embalmed
c. tame
d. suckling pigs
e. sirens
f. fabulous
g. Stray dogs
h. included in the present list
i. frenzied
j. innumerable
k. drawn with a very fine camel hair brush
l. et cetera
m. making love
n. which look like flies from a distance

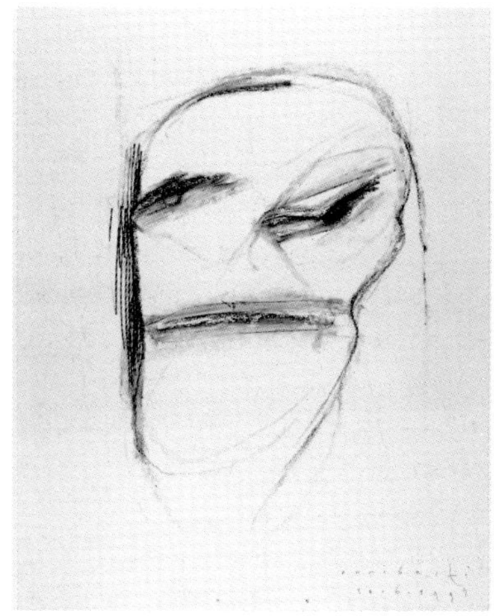

Senza titolo, 1999
pastello, grafite su carta/pastel, graphite on paper, cm 34x25

Pirro and few others are able to produce a painting that contains all of this, in a space that one has to be able to reach but above all to live in: the space defined as utopia and heterotype, the world of artistic vision.
Immediately after Borges' list, Foucault proceeds with his reflection inspired by a painter, or rather the eye of a painter: the cross between point of view and perspective that animates the painting titled *Las Meninas* by Velasquez. I believe that in all of Pirro's painting there is a mixture of the attentive artist, the cultured and rapt artist who is passionate about art and is perhaps also a teacher. Yet in a way that is not hierarchical and conceptual, but is free and symbolic as the laws of imagination. So, while in Borges' catalogue we are no longer capable of choosing between the list and chaos, between zoology and madness, in *Meninas* we don't know whether we should look at Velasquez's self-portrait, or at the play of mirrors, or at the dogs, or at the children in the farmyard, or at the shadow that swallows up everything. The painting looks back at us in a different way each time. Entering Pirro's world we enter a world where the ogre of rational and stylistic control has been replaced by the free realm of emotion. It is like a nocturnal dream in which we watch the looming of a tiny detail, or the lower-case letter, or an almost invisible airplane, a talking line, a colorful nuance, an unexpected grin or a close up of a monster. We don't know what we will remember among the thousand surprises contained in a painting by Pirro. We don't know whether it will be laughter or fear, or what discovery we will bring back with us to tell of when we awake from the dream of his canvas.
And when I think of Pirro, I too find it impossible to choose among my emotions, because Pirro Cuniberti's dream of artistic freedom has endured for over half a century, and is so rich and fertile that we will have to

wait for years before critics or history can tidy it into shape—assuming that they can, that it is absolutely necessary, and that Pirro is interested.
Therefore of Pirro I will remember:
The story of his weeping in front of Monet's water lilies.
An erotic drawing done on a napkin and given to me in a restaurant.
His explanation of Klee, after which, just for a second, I thought I understood Klee.
An afternoon spent analyzing passages of Carl Barks, the greatest Donald Duck cartoonist.
A blue painting opposite my bed that changes depending on its and my mood.
A sketchbook of drawings that I keep on my desk, in which Pirro uses every type of artistic tool, from pencil to wine, from oil to fountain pen, from crayons to felt-tips.
The way Pirro taught me to see and distinguish the different colors of the bricks in Bologna.
His drawings of Verne.
The birth and growth of animals in Stranilandia, one of the few fortunate times we were able to work together.
His recent period, the marvelous and astonishing small paintings I call *kun-zen*, to which he prefers my earlier definition, which is:
Pirro, since you started going senile you've produced really splendid paintings.

I cannot detect hierarchies or points of view or models in amongst this splendid creativity; I cannot separate the emotion that the small airplane in the sky or the snow-covered hill gives me from that of his warring monsters, his dirty whores and his devils. I am unable to choose between his black and white drawings and his large painted canvases. Just like in a dream, I cannot control the visions or my reactions. I know that this representation, to return to Foucault, is made not only of imagination but also of "patient vigilance," of technique, his rigor as a teacher, and his graphic craftsmanship.
I know that the lesson of this master of *kun-zen*, who prefers red wine to tea, is unique in the panorama of Italian painting, and is evidence of a careful and intense way of looking at the world, never distracted or refracted by fashion.
It is the vision of an artist who accepts Babel, who sincerely declares his love not only for the great painters but also for the sober and humble everydayness of "drawing lines".
It is a story of mysterious sensitivity—the restlessness hidden behind an easy-going smile—the story of the immense distance from the academy that Pirro does not make too much of but mildly teases and mocks.
In the end, it is the story of a friend who has always conveyed the energy of his inspiration, even when assailed by doubts and raging against an enclosing desolation.

I, modest art pundit, began to love many painters through Pirro. I believe this makes him happy. I would also like to tell him that for me his work is a dream that I still question myself about, that hasn't yet exhausted itself, and that no exhibition, though well-deserved and important, will convince me that I or any one of us has understood Pirro and that it is time to confine him to an encyclopedia or catalogue. His place is in the blazing archives of our imagination. Pirro is a picture containing an entire catalogue of merry and earnest painters; it is an hanging tube of paint two meters tall; it is the writing on the walls of a lunatic asylum; it is a nineteenth-century painter in the middle of a field of wheat; it is Japanese roll; it is Cuniberti. It is a complicated book, which occasionally you have to put down and then reread, lingering on a word, a line, a picture, to pick up the story from where you left off, realizing that there are people, visions, inspirations that you hadn't yet noticed, and which take their place alongside the others. And it all unfolds according to a careful plot, which is the possessive passion of an artist who loves his work and the work of others.
Pirro loves illustrating books. Any fine book would love to be illustrated by Pirro.
This certainty I give to Pirro with all of my esteem, my gratitude and a small regret: We have worked together, but too little.
Let's do it again. In a hundred years, when the next anthology comes round. You're one of the best, Pirro.

Istruzioni per l'uso – Cose da fare e cose da non fare prima o al massimo durante la visione di un'opera Cuniberta

Alessandro Bergonzoni

Vedere
prima di guardare
poi scrutare, sedersi su se stessi, cominciare a proliferare, indursi in tentazione ma non liberarsi dal male.
Aspettare qualche secondo prima del tempo, eludere la propria sorveglianza e poi entrarsi.
Assieparsi i capelli in giardino, allungare le braccia con l'acqua.
Prepararsi a detonare a mo di generazional nonna cannone...
Non deglutire;
obliterare il biglietto di sole andato prima di arrivare al capolinea della notte inesistente.
Se possibile, trovare l'infedeltà della nascità e/o lo snaturamento della sua foresta.
Prodigarsi per l'imponderabile, mettendosi le mani in tasca e cercando di millantare.
Noleggiare se stessi anche se sembra che già ci si possieda. Assistersi se bisognosi, e confondere sempre fischi con fiaschi; poi prendere lucciole per lanterne cercando così di andare a baldracche ma al buio. Immergersi in un mare di guai, ma poi nuotare le differenze, farsi mettere dei dubbi solo se ci si è fatti togliere delle curiosità.
Annerire gli spazi neri e, se possibile, riverginizzare il mondo, subliminalmente...

Illudere la sorveglianza di chi crede che tu rubi, e far sì che il cane da guarda, parli col ladro e solo dopo cominciare a rubare tutto quello che non c'è, in ordine alfabetico.

Astrazione

Beatitudine

Coacervo

Dismetria

Ergonomia

Fendenti

Gesticolazione

Hannover

Illibatezza

Libagione

Minzione

Narrar

Oscillazione

Potature

Quasi

Rabdomanzie

Segesta

Tauromachia

Ustioni

Vivisezione

Zittitudini

Sdraiare il collo tenendo eretta la testa d'ariete e il busto, per irrompere quando meno ci se l'aspetta nei dintorni, lontan dagli occhi e lontan dal cuore.
Cercare di nascondere l'esperienza fatta sul sole, e quindi, srotolare il tappeto volante per continuare la visita guidata alle ostriche chiuse appena pescate in fallo.
Essere vocativi, digrignare i capelli e liberare la cute da chi ci incute paura (un chiodo senza muro; una cornice senza bordi; una mano senza contorni).

Allucinare i desideri in base alla loro predisposizione:
evasione/lima
immortalità/mare
solitudine/sole
tornare indietro/gamberi
Rannicchiarsi all'esterno delle proprie incertezze, e cominciare a piovere sul bagnato, lenire le ferite anticipando i tagli, avvertire il dolore, cioè dirgli che è inutile che arrivi "perché tanto siamo pieni, il locale è esaurito, i tavoli hanno gambe meravigliose, le terrazze sono affollate d'aria, i tombini e i canguri son saltati..."

Se ci si sente dimessi, accertarsi almeno di essere guariti.
Se ci si sente avulsi, fare un'invasione a vu e tornare al mittente.

Ora e solo ora si può cominciare a Pirroettare.

TUTTI GLI STIMOLI RINGRAZIANO ANTICIPATA MENTE.

Instructions for Use—Things To Do and Not To Do Before or at the Most While Viewing a Work by Cuniberti

Alessandro Bergonzoni

See
before you watch
then scrutinize, sit in upon yourself, go forth and multiply, be led into temptation and do not be delivered from evil.
Wait a few seconds beforehand, escape from your own surveillance and then get inside yourself.
Hedge your hair in the garden, lengthen your arms with water.
Get ready to explode with the help of an epochal fat lady...
Do not swallow;
punch the one-way ticket of the sun before getting to the terminus of the inexistent night.
If possible, find the treachery of the birth and/or the depravation of its forest.
Go out of your way for the imponderable by putting your hands in your pockets and trying to deceive.
Hire yourself out even if it seems you own yourself. Help yourself when in need and always get hold of the wrong end of the stick; mistake cakes for tarts in the search for sluts in the dark. Plunge into a sea of troubles, but notice the differences, swimmingly; have doubts implanted in your mind, but only if you've had certain curiosities satisfied.
Blacken the black spaces and, if possible, return the world to its virgin state, subliminally...
Fool the surveillance of those who believe you steal, and make sure that the watchdog talks to the thief; only later start stealing everything that isn't there, in alphabetical order:

Abstraction

Beatitude

Cone

Dysmetria

Ergonomics

Frontispieces

Gesticulation

Hanover

Integrity

Libation

Micturition

Narrate

Oscillation

Prunings

Quasi

Rhabdomancies

Segesta

Tauromachy

Urals

Vivisection

Zinc

Stretch out the neck, keeping the ram's head and the torso erect, only to burst in on the surroundings when least expected, out of sight and out of mind.
Try to conceal the experience made on the sun and, afterwards, unroll the magic carpet to continue your guided visit to the closed oysters, freshly and mistakenly fished.
Be vocative, gnash your hair and free the skin from those who want to skin us alive (a nail without a wall; a frame without edges; a hand without borders).
Dazzle your desires according to their bent:
escape/file
immortality/sea
solitude/sun
go back/shrimps
Cuddle up to the outside of your uncertainties, and start pouring not raining, alleviate the wounds by fore-stalling the cuts, feel the pain, or rather tell it that its arrival is of no use "because we're full, the place is packed, the tables have got marvelous legs, the terraces are crowded with air and the manhole covers and kangaroos have exploded..."

If you feel as if you've been discharged, at least ensure you have been cured.
If you feel out of step with your times, do a U-turn and return to sender.

Now, and now only, can you begin to Pirrouette.

ALL STIMULI ARE MINDFUL OF THE TROUBLE TAKEN.

Per Pirro*

Andrea Emiliani

Pier Achille Cuniberti, detto Pirro dagli amici, dai parenti e anche dai suoi numerosi estimatori, è nato nella pianura bolognese, a Sala, svariati anni or sono. Pirro ha fatto l'ultima Guerra Mondiale, ha fatto il Dopoguerra, ha tirato avanti la sua vita e la sua famiglia con qualche fatica, come molti: ha, cioè, percorso la strada della ricostruzione nazionale della cultura italiana che si avvicinava all'Europa, anche se poi questo avvicinamento ha comportato tante forme diverse. Pirro ha conosciuto, piuttosto che la cultura europea, la cultura americana e statunitense. Si è formato in una dimensione che è stata pratica e poetica insieme.

Come ogni persona che ha frequentato il mondo della grafica e della pubblicità – inizialmente per ragioni di vita – Pirro ha infatti confrontato il suo essere pittore con le richieste provenienti da questo mondo. Grafico di straordinaria qualità, inventore di formule pubblicitarie squisite. La prima cosa che vidi di Pirro fu un manifesto molto raffinato in cui pubblicizzava la mostra che Roberto Longhi aprì alla Pinacoteca di Bologna nell'agosto del 1950: la prima esposizione dedicata al Trecento bolognese. E Cuniberti aveva fatto un manifesto delizioso, importante: importante per lui e per la città, tutto sommato.

Perché la città era un po' in disordine all'epoca. Bologna infatti non si trovava nella stessa condizione di Milano. Nel dopoguerra Milano sembrava già Zurigo, lanciata verso un futuro forte, che poi magari così non è stato, ma che tale appariva. Bologna invece era proprio caduta in uno stato di crisi da cui oggettivamente la tirarono fuori i suoi pittori giovani e anche il molto lavoro che facemmo nelle Biennali d'Arte Antica, cioè nelle mostre bolognesi dedicate prima a Guido Reni, poi ai Carracci e poi all'ideale classico del Seicento. Fino al 1970, dunque, Bologna ha tirato forte.

Protagonista di questo tirare forte, fra gli artisti, era certamente Pirro Cuniberti. Altri protagonisti erano Cesare Gnudi e Francesco Arcangeli per il dibattito sull'arte antica e sull'arte moderna. Altro protagonista era Pier Luigi Cervellati per il dibattito sulla città. Allora esisteva un progetto di vita e quindi esisteva anche uno spazio di discussione che si chiamava urbanistico, perché voler costruire una città a immagine e somiglianza della società che la deve vivere, presume possedere un progetto. Oggi questo progetto non esiste più e infatti l'urbanistica è morta.

Pirro Cuniberti rientrava in questo clima culturale. Ad esempio negli anni Sessanta e Settanta fu con noi, fino alla morte, Paolo Monti. Paolo Monti era un grande fotografo, un fotografo specializzato nell'analisi dell'architettura e dell'urbanistica che affrontò le città emiliane con lo spirito delle grandi ricognizioni linguistiche dei primi anni del secolo scorso. Agli inizi del Novecento Rohlfs studiava i dialetti italiani; con lo stesso spiri-

La caduta di un rombo nel paradiso terrestre, 1984
pastello, grafite su carta/pastel, graphite on paper, cm 22,7x28

Due animali in un giardino, 1985
pastello, grafite su carta/pastel, graphite on paper, cm 24x33

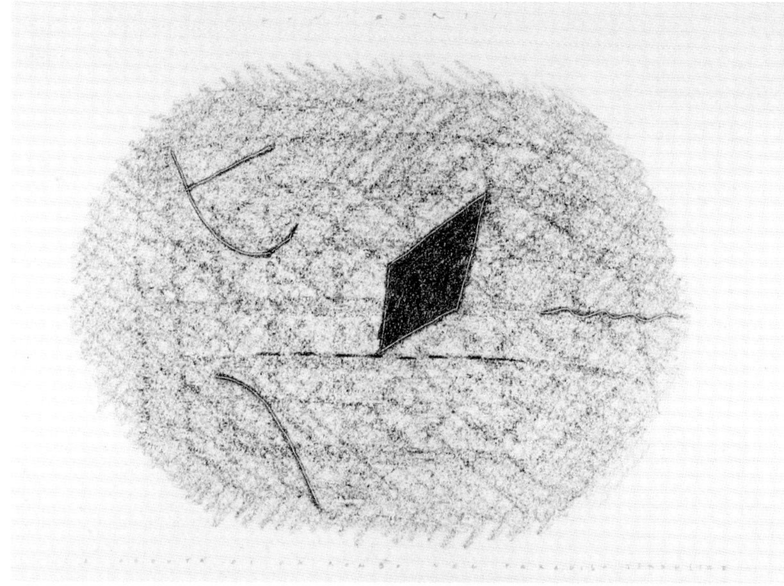

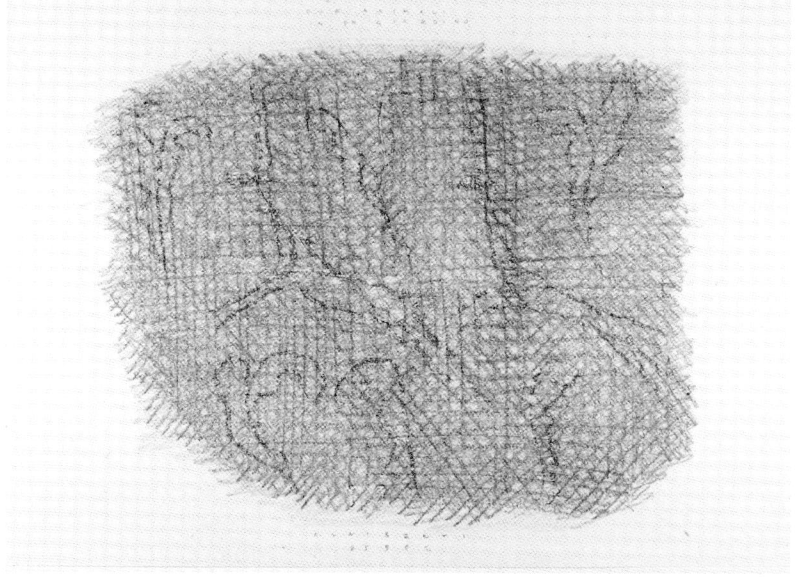

to di ricognizione, classificazione e alla fine di critica storica Monti affrontava le città italiane. Cuniberti e Monti andavano molto d'accordo, perché si stimavano e perché Monti era un uomo dell'immagine e proprio di quella immagine sulla quale Cuniberti nell'immediato dopoguerra si era mosso. Si tratta di un'immagine dinamica, un'immagine capace di trasformarsi in fumetto e in pubblicità, un'immagine cioè continuamente presa, spezzata, beffata, ricostruita, trasformata in paesaggio o in ritratto, un'immagine calata nella vita.
Quello di Pirro non è mai un paesaggio accademico, non è mai il quadro di fiori che poteva ben capitare nella città di Giorgio Morandi. Senza dubbio a Morandi si doveva prestare una certa attenzione, anche se c'era chi diceva che bisognava andare via da Bologna, perché, finché era vivo Morandi, non si poteva fare nulla. Non era vero. Però, in effetti, la stima e la grande autorevolezza di Morandi esalavano su questa città come una specie di grande nuvola di incenso, molto celebrativa per lui, un po' meno per i giovani che scalpitavano.
Pirro però non ha mai scalpitato, non ne aveva bisogno. Era un uomo la cui freschezza intellettuale si esprimeva nel lavoro. Pirro non ha mai fatto, se non in tarda età, il pittore nella riservatezza della sua casa, del suo studio, il pittore al cavalletto. Pirro ha sempre lavorato: ha lavorato perché gli veniva commissionato un tema da affrontare, da risolvere, molto spesso legato all'editoria e quindi nei temi tipici della moltiplicazione degli originali, dell'iterazione dell'immagine. Credo che avrebbe potuto tranquillamente disegnare un intero film, forse l'avrà anche fatto in qualche luogo. Per quel che riguarda me, in quella particolare forma tra il cartoon e la pittura, fece una serie molto bella sul mio cane, un cocker che si chiamava Arcibaldo. E io ricordo questa cosa con grande piacere e anche con grande affetto, perché il cane era simpatico, era il mio. Ma la simpatia venne persino aumentando nel cartoon. Un'opera molto intensa e molto viva, una specie di Balla: forme uniche nella continuità dello spazio di un cane che cammina. Ecco, una cosa di questo genere.
L'immagine di Pirro Cuniberti non va dunque mai vista come forma statica del mondo, ma come formulazione e meditazione su ciò che è avvenuto negli ultimi cinquant'anni. Pirro è in questo senso un pittore sociale. È chiaro che la sua è una riflessione sui problemi della comunità sociale, della società civile un po' diversa da quella che ci aspettiamo dalla tradizione ottocentesca, ideologica e quant'altro. Pirro è appunto antiaccademico, proprio per essere tutt'insieme fotografo e immaginoso ripetitore di forme, anche di arguzia, di comicità, di quelle esplosioni della quotidianità in cui la giornata diventa un fatto importante. È proprio passando attraverso i temi della quotidianità che Pirro può continuamente eludere i temi dell'accademismo.
Insisto sulla quotidianità: le ore, i giorni, le letture, tutto transita attraverso quella meraviglia che è il polso di Cuniberti. Di tutto il suo corpo è questa la parte che funziona più straordinariamente. Una volta funzionava molto anche il "gurguzzoletto", come si dice a Bologna, dal momento che, in quanto a vino, Pirro non temeva concorrenti. Adesso naturalmente si è dovuto calmare, anche perché gli anni passano. È dunque il polso il suo grande organo direttivo. Il polso di Pirro è di una sapienza strutturale e decorativa eccezionale. Non ho mai visto nessuno muoversi con una così straordinaria sapienza con la matita, il carboncino, l'acquerello e insomma con i mezzi più antichi dell'espressività, i mezzi della progettazione dell'immagine, i mezzi che non sommergono l'immagine, ma la fanno fiorire come un brogliaccio, come un piccolo zibaldone di intellettualità, di memorie, di efficace proiezione. Da ogni progetto di Pirro si potrebbe cavare un'intensità più vasta, un quadro, ripeto, un film, una narrazione, un epos intero, molto più spesso, una riflessione piuttosto, alla fine, sconsiderata e tuttavia profonda, appassionata sulla nostra capacità di essere e di esistere.

*Tratto dal film *Pirro Cuniberti*, regia Odino Artioli, 2003

For Pirro*

Andrea Emiliani

Pier Achille Cuniberti, Pirro to his friends, relatives and numerous admirers, was born in the Bologna valley, in Sala, many years ago. Pirro fought in the last World War. He was active in the post-war period and, like many others, he had to struggle to keep himself and his family going: that is, he took part in the rebuilding of an Italian culture that began to more closely resemble the rest of Europe, though this resemblance has taken on many different forms. Pirro is familiar with American rather than European culture. He developed in a realm that was both practical and poetic.

Like everyone who has been involved in the world of graphics and advertising— initially to make a living— Pirro has in fact confronted his soul of an artist with the demands of this world. He is an extraordinarily talented graphic artist and inventor of exquisite advertising slogans. The first thing I saw of Pirro's was a sophisticated poster which advertised the Roberto Longhi exhibition that opened at Pinacoteca di Bologna in August 1950: the first exhibition dedicated to fourteenth-century art in Bologna. And Cuniberto had made a wonderful and impressive poster: impressive for him and for the city, all in all.

Because, at that time, the city was something of a mess. Bologna wasn't at all the same as Milan. In the post war period, Milan resembled Zurich, flying towards a bright future—which might not have turned out to be quite that, but which certainly seemed possible then. Bologna, on the other hand, had plunged into a crisis from which, objectively speaking, it was rescued by its young artists and by the immense amount of work we did with the Old Master Art Biennials—that is, the exhibitions Bologna dedicated first to Guido Reni, then to Carracci, and then to the classical ideal of the seventeenth century. So, until 1970, Bologna was flourishing.

Among artists, Pirro Cuniberti was certainly one of the leaders. Others, due to the researches on old and modern art, were Cesare Gnudi and Francesca Arcangeli. Then, due to the debate raging on the city, there was Pier Luigi Cervellati. At that time there was a "global project" and therefore a space for discussion known as city-planning, for wishing to build a city in the image of the society which has to live in it, taking for granted that there is such a project. Today this project no longer exists and, in fact, city planning is dead.

Pirro Cuniberti belonged to this cultural climate. In the 1960s and 1970s, for example, we had Paolo Monti on our side, until his death. Paolo Monti was a great photographer, specializing in the analysis of architecture and town planning that the cities of Emilia tackled in a spirit of linguistic reconnaissance that was characteristic of the early years of last century. At the beginning of the twentieth century, Rohlfs studied Italian dialects; Monti dealt with Italian cities with the same spirit of identification, classification and, finally, historical criticism. Because Cuniberti and Monti admired each other they got along extremely well. Monti was a man of the same images on which Cuniberti went to work in the years immediately following the war. These were dynamic images, images able to meld into cartoon and advertising, images constantly taken, broken, mocked, reconstructed, and transformed into a landscape or a portrait: images spilling over into life.

Pirro's landscape is never academic; it is never a picture of flowers that might have been produced in Giorgio Morandi's city. Without doubt Morandi deserved a certain amount of attention, even though there were those who said that you should leave Bologna because nothing could be done while Morandi was alive. It wasn't true. However, in truth, Morandi's esteem and authority swept over the city like a huge cloud of incense, very celebratory for him, a little less so for the young artists who were champing at the bit.

Pirro, however, has never "champed." He has never needed to. He is one of those people whose intellectual blossoming has found expression in his work. Pirro has never, except in old age, been the hermit painter confined to his studio and easel. Pirro has always worked: he worked because he was commissioned to handle a subject, often related to publishing, and therefore themes typically involving the multiplication of the original, the reiteration of the image. I believe he could have easily painted an entire film; perhaps somewhere he did. For me, in his unique style—a cross between cartoon and painting—he produced a beautiful series on my dog, a cocker called Arcibaldo. And I remember this with immense pleasure and affection, because the dog was cute: he was my dog. But the cartoon made him even cuter. It was a very intense and vibrant work, a kind of Balla: unique forms in the continuity of space of a dog walking. Something of that nature.

Senza titolo, 1984
pastello, grafite su carta/pastel, graphite on paper, cm 22,7x28

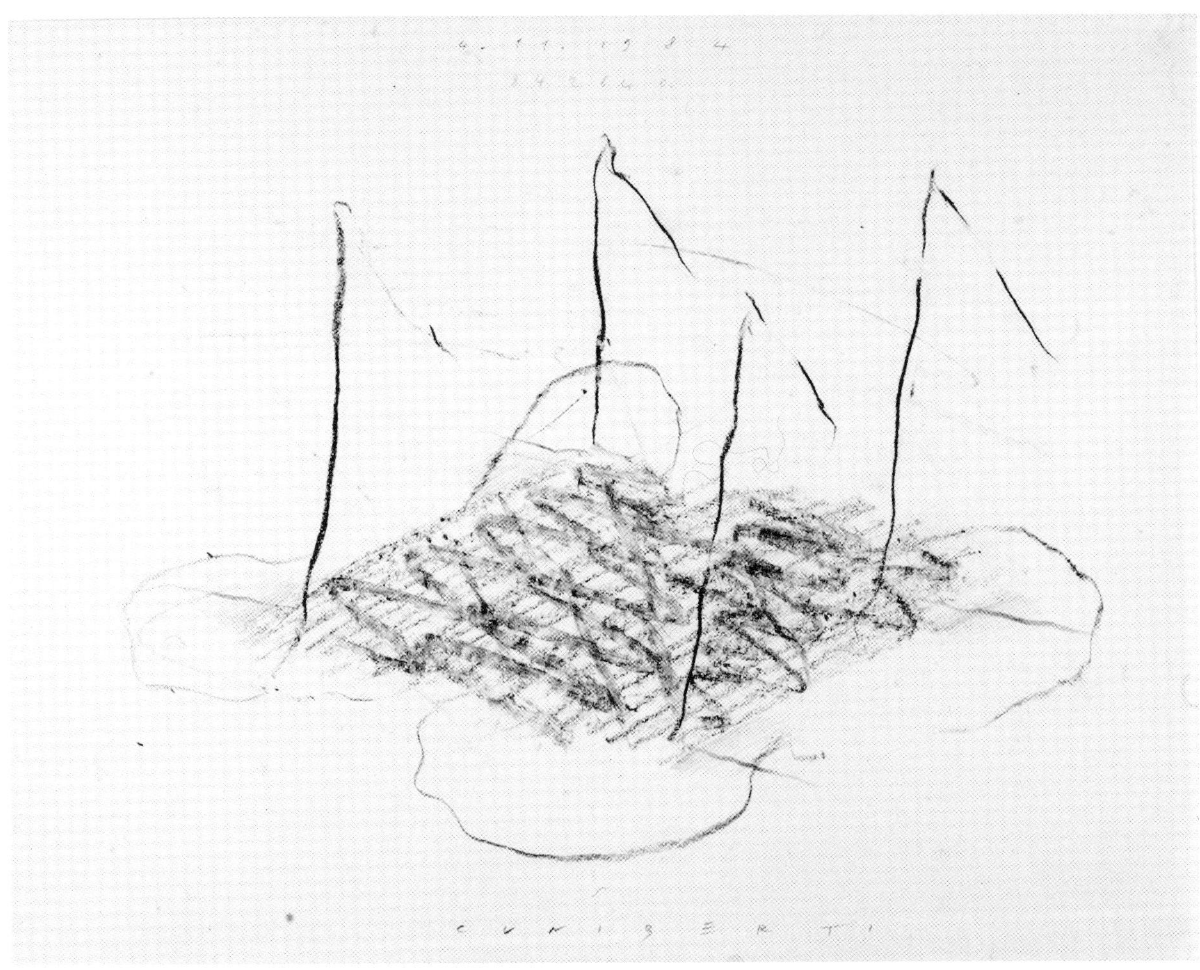

Pirro Cuniberti's image should never be viewed as a static cast of the world, but as a formulation and meditation on what has taken place in the last fifty years. Pirro is a social artist in this sense. Clearly his art is a meditation on problems regarding the social community and civil society that is a little different from what we have been led to expect from nineteenth-century tradition, be it ideological or otherwise. Pirro is anti-academic and that is precisely why he is at once a photographer and an inventive duplicator of forms with a wit, a humor, and an ability to transform the everyday into something important. By taking up everyday themes Pirro continues to elude academicism.

I insist on this everyday aspect: the hours, the days, the readings all emerge from the miracle of Cuniberti's wrist. Of his whole body this is the part that works most extraordinarily. Once the "gurguzzoletto" or "guzzler" as they say in Bologna, Pirro had no rivals when it came to drinking wine. Now, of course, he has had to slow down since he is getting older. And so his wrist is his governing organ. Pirro's wrist has an exceptional talent for construction and decoration. I have never seen anyone so extraordinarily skilful at using pencils, charcoal, watercolors, all the old artistic mediums, the mediums of image projection, the mediums which do not erase the image but allow it to blossom like a scribbling pad, like a small miscellany of intellectuality, memories, lively projection. From each one of Pirro's projects one might glean a vaster intensity, a painting, I repeat, a film, a narration, a whole epos, something much denser, a reflection rather, in the end reckless and yet deep, passionate about our ability to be and exist.

*From *Pirro Cuniberti*, a film directed by Odino Artioli, 2003

Su Cuniberti*

Tullio Pericoli

Viene in mente Klee. Di lui si ricordano tante opere che ne creano una grande, che è Klee. Pirro è un po' così. Usa i segni come fossero parole: li prende e li scarnifica, li seziona, quasi li passa al temperino e poi li lavora – è lo stesso lavoro che poi fa uno scrittore sul foglio – e li mette insieme in maniera sghemba, in maniera apparentemente imprecisa, apparentemente contraddittoria.
Tutti e due abbiamo lavorato a lungo per i giornali e quindi divido un po' con lui le difficoltà che può aver avuto nel passare dai giornali alla pittura e fare il mestiere del pittore. Che lui poi ha fatto benissimo e da moltissimo tempo, quasi facendo dimenticare la sua attività di disegnatore per la stampa.
Le opere di Pirro sono come tante righe isolate, staccate l'una dall'altra ma che non si compongono in un poema; o meglio credo che lui sparga questi versi perché poi qualcuno li raccolga e crei il proprio poema.
Un poeta che non scrive poesie ma singoli versi.
Ne ho appuntato qualcuno: "Tracciato sulle mie angosce", "Racconto nell'aria rarefatta". Ecco, sono come inizi di racconto. Viene in mente un libro di Calvino, *Se una notte d'inverno un viaggiatore* che sono tanti inizi di possibili storie.
Pirro ci conduce all'inizio delle storie, poi ci lascia immaginare, lascia raccontare a noi stessi quello che traiamo dai suoi versi, dai suoi racconti e dai suoi segni.
Se entriamo nei suoi disegni, nelle sue opere o nei suoi libri o andiamo a visitare una sua mostra è come se entrassimo in un mondo che lui ci ha disegnato: in un attimo ci dimentichiamo del mondo reale dal quale siamo usciti, per entrare nel suo. E ci crediamo che può esistere un mondo come quello che Pirro ci suggerisce.
Cuniberti ha disegnato molti paesaggi, anche se forse non è giusto chiamarli paesaggi. Ha usato il paesaggio a volte come se fosse una scatola, un punto d'appoggio una base su cui poi costruire le storie di cui parlavo prima. C'è un doppio gioco nel suo intervenire sul paesaggio: a volte ci si accorge che si vede subito il paesaggio, perché magari è descritto in maniera molto realistica, poi improvvisamente guardando meglio, vediamo che quel dettaglio di paesaggio è un pretesto per raccontare un'altra storia, mentre in altre occasioni sono altre cose che invece contribuiscono a creare un paesaggio.
Da tutti questi segni, dai suoi colori, dal suo modo di dipingere viene infine disegnata anche una sorta di storia della pittura contemporanea, perché lui passa attraverso tutto quello che si è fatto in questo secolo, o quasi; perché pittori, disegnatori, gli artisti più importanti lui li ha presi, elaborati e reinseriti nelle sue storie. Quindi c'è anche la storia dell'arte contemporanea che lui ama.

*Tratto dal film *Pirro Cuniberti*, regia Odino Artioli, 2003

On Cuniberti*

Tullio Pericoli

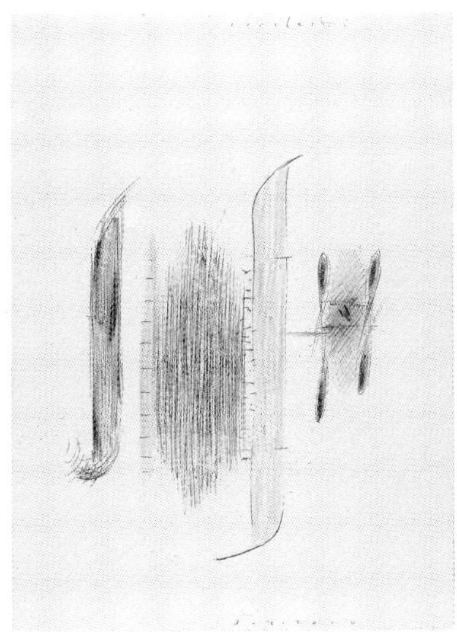

Senza titolo, 2000
pastello, grafite su carta/pastel, graphite on paper, cm 29,7x21

Klee springs to mind. One recalls many of his works, which make up one great work, which is Klee. Pirro is a little like that.

He uses signs as though they were words: he takes them and lays them bare, dissecting them, almost whittling them into shape, and then goes to work on them—it is the same job a writer does on a sheet of paper—putting them together in an oblique and apparently imprecise and contradictory way.

We both worked for a long time on newspapers. Therefore I share with him some of the difficulties he might have faced when switching from newspapers to painting, and becoming a painter. He has done this so well and for such a long time, he has almost allowed us to forget that he used to be a newspaper illustrator.

Pirro's works are like many isolated lines, each detached from the next. These do not, however, make up a poem: or rather, I believe he scatters these verses so that someone can gather them up and create their own poem.

He is a poet who doesn't write poetry but individual verses.

I have written down a few: "Tracciato sulle mie angosce," "Racconto nell'aria rarefatta." They are like the beginnings of stories. A book by Calvino springs to mind, *If on a winter's night a traveler*, which contains many beginnings of potential stories.

Pirro takes us to the beginning of stories and then leaves us to imagine and tell ourselves what we make of his verses, stories and signs.

If we enter his drawings, his works or his books, or if we go and visit one of his exhibitions, it is as though we were entering a world which he has drawn for us: in the space of a second we forget the real world we have left behind. And we believe that a world like the one Pirro proposes can exist.

Cuniberti has drawn many landscapes, though it may be wrong to call them landscapes. He has used landscapes at times as though they were a box, a prop, a base on which to build the stories I spoke of before. There is a dual game at work in his landscapes: at times we see the landscape immediately, perhaps because it is sketched in a very realistic fashion. Then, looking closer, we suddenly see that the detailed landscape is a pretext for another story. On other occasions these elements contribute to the creation of a landscape.

Through his strokes, his colors, and his manner of painting, as he goes through everything which has been done in this century, a sort of history of contemporary art eventually emerges, or almost: because he has taken and elaborated and reinserted the greatest painters, draftsmen, and artists into his stories, it is therefore also his beloved history of contemporary art.

*From *Pirro Cuniberti*, a film directed by Odino Artioli, 2003

La buona arte di Pirro

Roberto Roversi

Tavola del 1963 (tecnica mista su carta); dopo avere, nel tempo, osservato, considerato il lavoro di Cuniberti, e poi aver riflettuto in merito (certamente, non soltanto per questa occasione) egoisticamente (come spesso mi accade per i buoni e non più dismessi incontri), mi sembra che la irridente ma anche straordinaria complessità di questa tavola sia del tutto consonante a sottoscrivere (e a garantire) un autoritratto dell'artista. C'è dentro (sì, scavata dentro) tutta l'ironia, un poco ispida ma poi subito corretta a diventare anche giocosa (che si manifesta con l'applicazione di tutti i singoli particolari dei segni) e una cauta ma prolungata aggressività che si trasforma in malinconia del fare, dell'agire, una malinconia della vita; come se un'ombra costante sovrastasse a quel giuoco riflessivo e sentimentale, che non è mai escluso – implicito o esasperato – nell'opera di questo autore, a dir poco completo nei risultati e complesso nell'intimo vero e profondo della comunicazione. Mai stanco di definirsi. Mai stanco di autoproclamarsi; come a richiamarsi di volta in volta, in ogni opera al risveglio da un sonno, a gran voce; per dir meglio, a risvegliarsi, semmai occorresse, dal sonno momentaneo dell'attenzione e di un'acuta riflessione.

In effetti, tutta l'opera di Cuniberti sembra – sembra a me, spettatore disarmato, naturalmente – un giuoco tenero feroce e continuo. Alle volte, ma sarebbe travisarlo ed errare, come quella di un artigiano abilissimo acutissimo e incontentabile. Un erratico ricercatore di suoni, vale a dire di colori. Uno che, come si dice nella nostra pubblicistica con fastidiosa continuità nelle più svariate occasioni, può e sa comunicare, con libero risalto ed esaltazione, a 360 gradi. Toccando tutti i punti, rivolgendosi ad essi.

Quasi vent'anni dopo *Tavola*, vale a dire nel 1981, io guardo la tavola *Gli alberi 1.2.3. sul crinale T.*, di una stringatezza che, a guardarla bene, cava quasi gli occhi. C'è una condensata stringatezza quasi forsennata, o a dir meglio, quasi traumatica. Come se l'artista, lì, avesse strizzato dentro il mondo intero: boschi, alberi, cielo, corso dei fiumi; la vitalità della vita. Non si può (non si dovrebbe) passare oltre senza un prolungato indugio e una approfondita riflessione, da parte di un osservatore solitario. Persiste lì una sorta di ebbrezza documentaria, da erbario medievale, ma anche una rabbrividente sottigliezza da laboratorio; tutto condensato da un fiato quasi straziato che lo coagula; un fiato dunque impervio; come se l'artista comandasse ai suoi segni: adesso alzatevi, andate e camminate (in questo caso: riprendete a stormire fra i rami, riprendete vita sui tronchi).

E questo suono di voce, o comando di voce, o tuono del cuore mai saziato, mi sembra che presieda sempre alle singole opere di Cuniberti, quali che siano (alle volte, solo in apparenza, che sembrano prossime a spez-

Senza titolo, 2001
pastello, grafite, matite colorate su carta/pastel, graphite, colored pencil on paper, cm 21x29,7

Racconto dei segni quasi liberi, 2002
pastello, grafite su carta/pastel, graphite on paper, cm 24x33

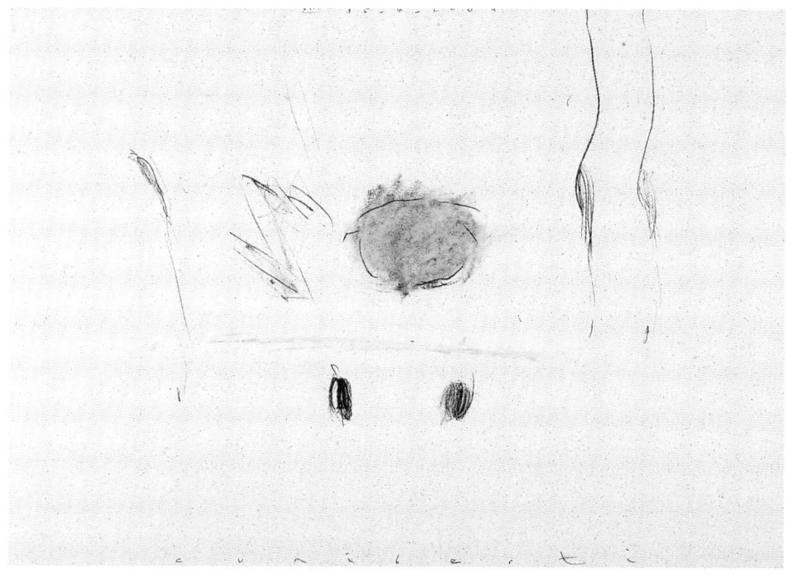

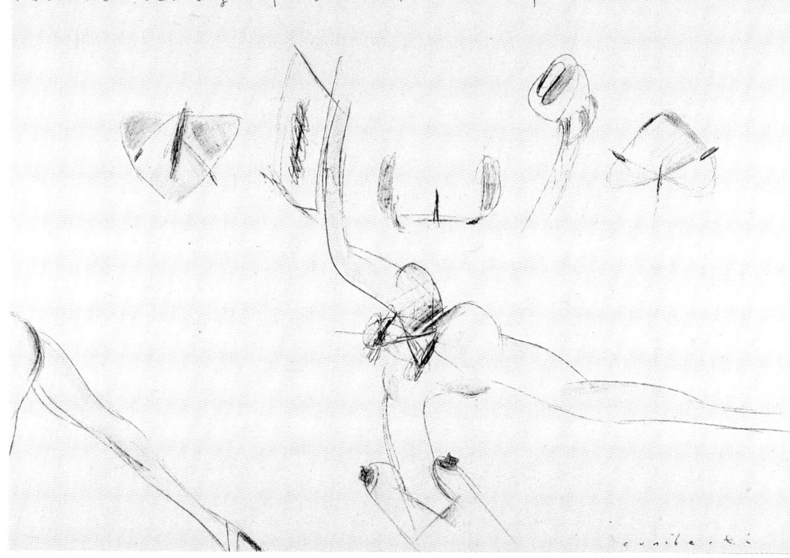

zarsi; ma solo prossime): su carta, su tela, su legno, disegni, pittura, acquerelli ecc. ecc.
È per questo che il catalogo, un catalogo, di una mostra di opere di Cuniberti, si guarda a fondo, si osserva a lungo (non posso dire mai che si sfoglia soltanto) come un romanzo di antichi paladini; cioè nella successione, via via progredendo e assommandosi, di suggerire e creare storie intere, personaggi veri, talvolta avvolti nell'ambiguità deliziosa di raffinati inviluppi proposti all'osservatore; anche se sono di proposito, appunto, storie sminuzzate, tagliuzzate, capovolte.
La sua persistente e mai corrosa modernità (molto meglio e più esatto che dire attualità) è quella di proporre una pluralità di segni, di specifici risultati, assai spesso integrati o assemblati, immersi sempre in mari, in luci, in cieli della fantasia sempre diversi: rinnovati; ritrovati; quasi sorgessero ogni volta, si hanno sorprese; si riceve, ripeto, meraviglia.
Chi, ad esempio, ha mai visto (secondo quello che so) una natura morta nel sole? Quel giallo, quel poco bianco quasi annegato nel giallo ma vibrantissimo e un poco cupo, un poco risentito; una scena in movimento, con la perizia quasi goethiana di suggerire ogni immediato disastro e ogni possibilità di collegata salvezza? Senza un lamento, ma con biblica tolleranza?
E allora. È forse un geniale artista che soltanto giuoca e sorride passando da polo a polo, oppure uno che senza lacrimare solleva ogni volta la testa, o il cuore, o le mani, dalla polvere? C'è pure, d'altra parte, nel 1979, quella *La mia giornata è malata*, che a me sembra confacente per essere appoggiata a qualche pagina di Kafka. Mi sembra di avere una testa in gran fermento, da cui fuoriescono per troppo fervore dei fiumi (quelli del pensiero). Oppure, in altro modo, l'allusione a una tempesta ordinata di pioggia che sta per arrivare a torcere il cielo, sottraendolo da ogni ordinata quietezza; e poi con quel fregio a lato, simile a un occhio che spia, spietato paziente, quasi scrupoloso; mentre sottili fili appena toccati collegano tutto, come si faceva un tempo con i cani, nelle aie contadine.
Le citazioni, secondo una mia lettura, potrebbero essere infinite; con grande sollievo. A segno che l'arte buona (grande? vera?) resta sulla pelle di chi guarda e torna a guardare. E resta, non come il volo di una farfalla, resta come il morso di un leone – anche se ritenuto bonario, perché non uccide, sul momento.

Pirro's Good Art

Roberto Roversi

Tavola, dated 1963 (mixed technique on paper): after having taken time to observe and deliberate on the work of Cuniberti, and after having reflected upon it (not just on this occasion, naturally) selfishly (as so often happens when I come across something positive which continues to be so), it seems to me that the mocking but also extraordinary complexity of this "tavola" is totally consistent with an endorsement (and guarantee) of a self-portrait of the artist. Within it (yes, burrowing deep down) there is all the irony, a little gruff, but which is then immediately corrected into something playful (demonstrated by the application of all the individual details of the signs) and a cautious but drawn-out aggression which transforms itself into a form of melancholy regarding deeds, action, life; as though a constant shadow brooded over that play of meditation and sentiment, which is never excluded—implicit or exaggerated—from this artist's work; which is, to say the least, exhaustive in its results and complex in the true and profound intimacy of its message. The work never tires of defining itself. Never tires of declaring itself: like loudly calling attention to itself upon waking from a dream; or, to put it more aptly, waking up, should it be necessary, from the fleeting sleep of concentration and keen reflection.

Indeed, all of Cuniberti's works seem—seem to me, the helpless onlooker that I am—a tender, ferocious and continuous game. At times (but this would be to misinterpret it and hence make an error) it seems the work of a very clever, very skilled and eternally dissatisfied craftsman—an erratic seeker of sounds or colors, that is. One who knows (as they will keep saying in our daily press on the most disparate occasions) how to communicate, with unchained emphasis and elation, a full 360 degrees. Touching and addressing all points of the compass.

Almost twenty years after *Tavola*, in 1981 that is, I look at the canvas *Gli alberi 1.2.3. sul crinale T.*, which contains a condensed, almost demented, or better yet nearly traumatic, conciseness. As though the artist had squeezed the whole world into it: woods, trees, sky, rivers, the vitality of life. A solitary observer cannot (should not) go any further without a lengthy pause and some deep reflection. There persists a kind of documentary intoxication, like a medieval herbarium, but also a chilling laboratory sophistry, all condensed by an almost agonized and impenetrable breath that coagulates it. It is as though the artist were giving his signs orders: now rise, now go and walk (in this case: start rustling again among the branches, live again upon the trunks).

And this voice, this oral command or thundering of a heart that has never been satiated, seems to me to govern the individual works of Cuniberti, whatever they are (at times, but only apparently, they seem close to a breaking point, but not quite): on paper, on canvas, on wood, drawings, paintings, watercolors, etc., etc.

That is why this catalogue—any catalogue of an exhibition of works by Cuniberti—requires an intense reading, a long hard look (it can never just be flicked through) like a novel of ancient paladins: that is, the developing and accumulating sequence of ideas, whole stories and real characters, sometimes enveloped in the delicious ambiguity of sophisticated entanglements suggested by the observer; even though these stories are purposely chopped, shred, turned upside down.

Its persistent and never corroded modernity (a much better and more accurate word than "up-to-dateness") suggests a plurality of signs and specifics that often turns up in integrated or assembled forms, to be immersed in seas, lights, and skies that have ever-changing, always different patterns; almost as though they dawned each time anew, catching us by surprise and causing us to marvel.

Who, for example, has ever seen (nobody as far as I know) a still life in the sun? That yellow, that small quantity of white, almost drowned in the yellow but extremely bright and a little gloomy, a little resentful; a scene in movement, with the almost Goethean skill of suggesting every immediate disaster and every possibility of salvation connected to it? Without complaining but with biblical tolerance?

And so. Is a genial artist one who only plays and smiles leaping from one extreme to another, or one who without weeping raises his head, heart, hands each time from the dust? On the other hand there is also *La mia giornata è malata* of 1979, which seems to me suited to a page of Kafka. I seem to have a head in tur-

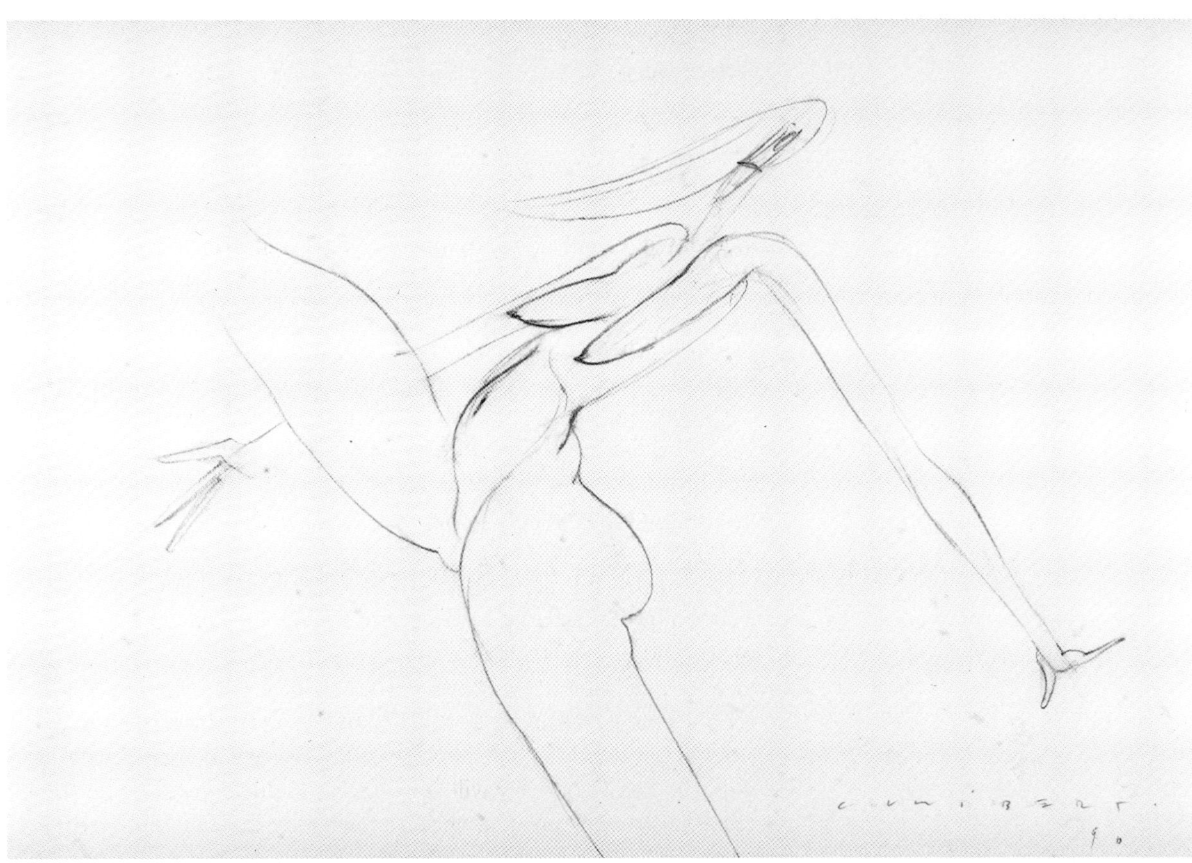

Senza titolo, 1990
pastello, grafite su carta/pastel, graphite on paper, cm 25x35

moil from which rivers (of thoughts) overflow. Or, otherwise, the allusion to a rainstorm warping the sky, removing all of its ordered calm; and then with that frieze along the edge, like an eye spying with ruthless almost meticulous patience: while thin, barely touched threads connect everything, as they did once with dogs in the farmyards.

My interpretation might produce infinite citations, to my intense relief. To a degree, good (great? true?) art sticks to the skin of those who look at it and return to look at it again. And remains, not like the flight of a butterfly, but the bite of a lion—even though it is held to be docile, because it doesn't kill, at least not immediately.

Opere / Works

Senza titolo, 1948
tempera su carta/tempera on paper, cm 44x29,3

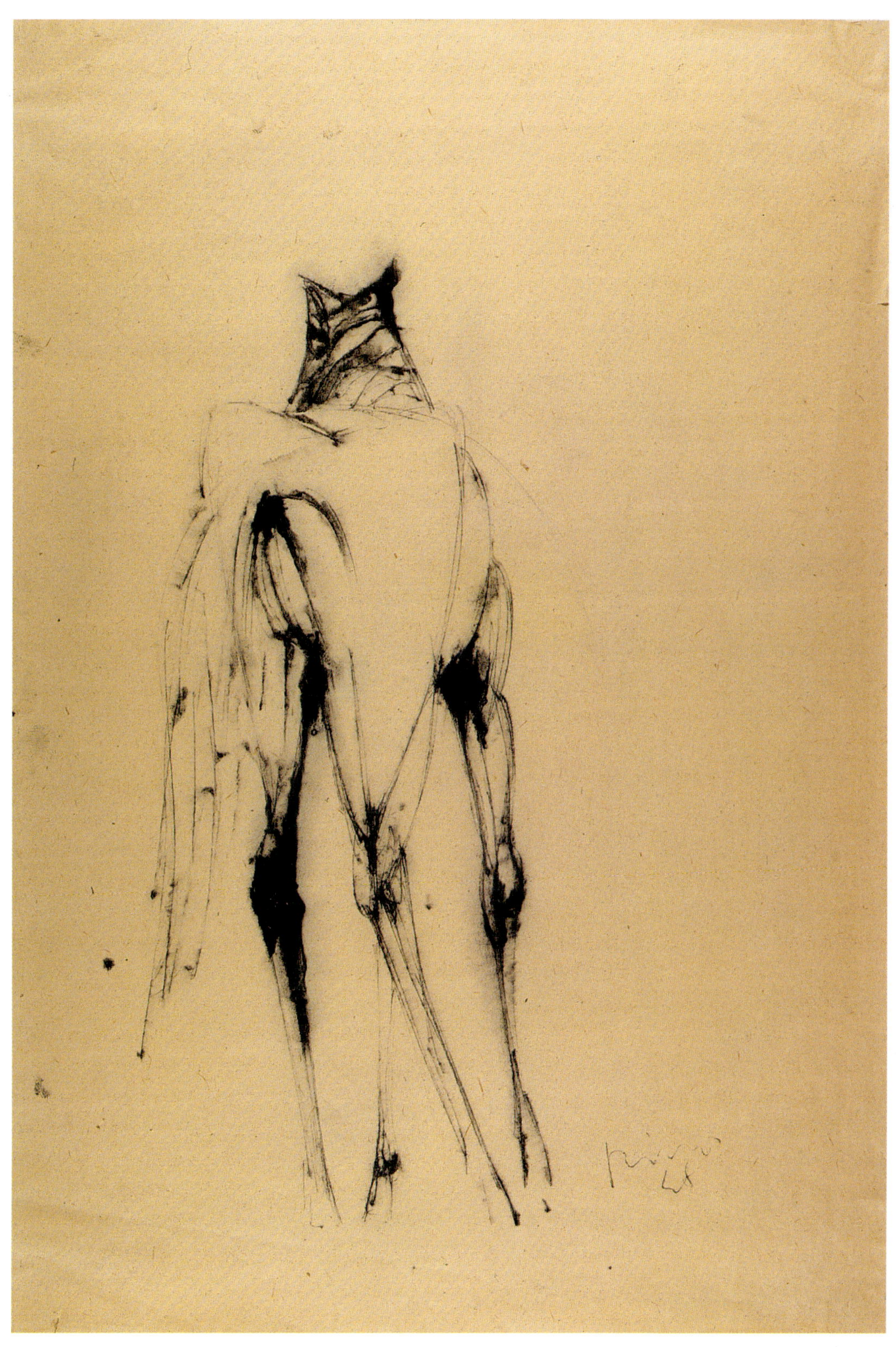

Invenzione di pesci, 1949
grafite su carta/graphite on paper, cm 31,4x44

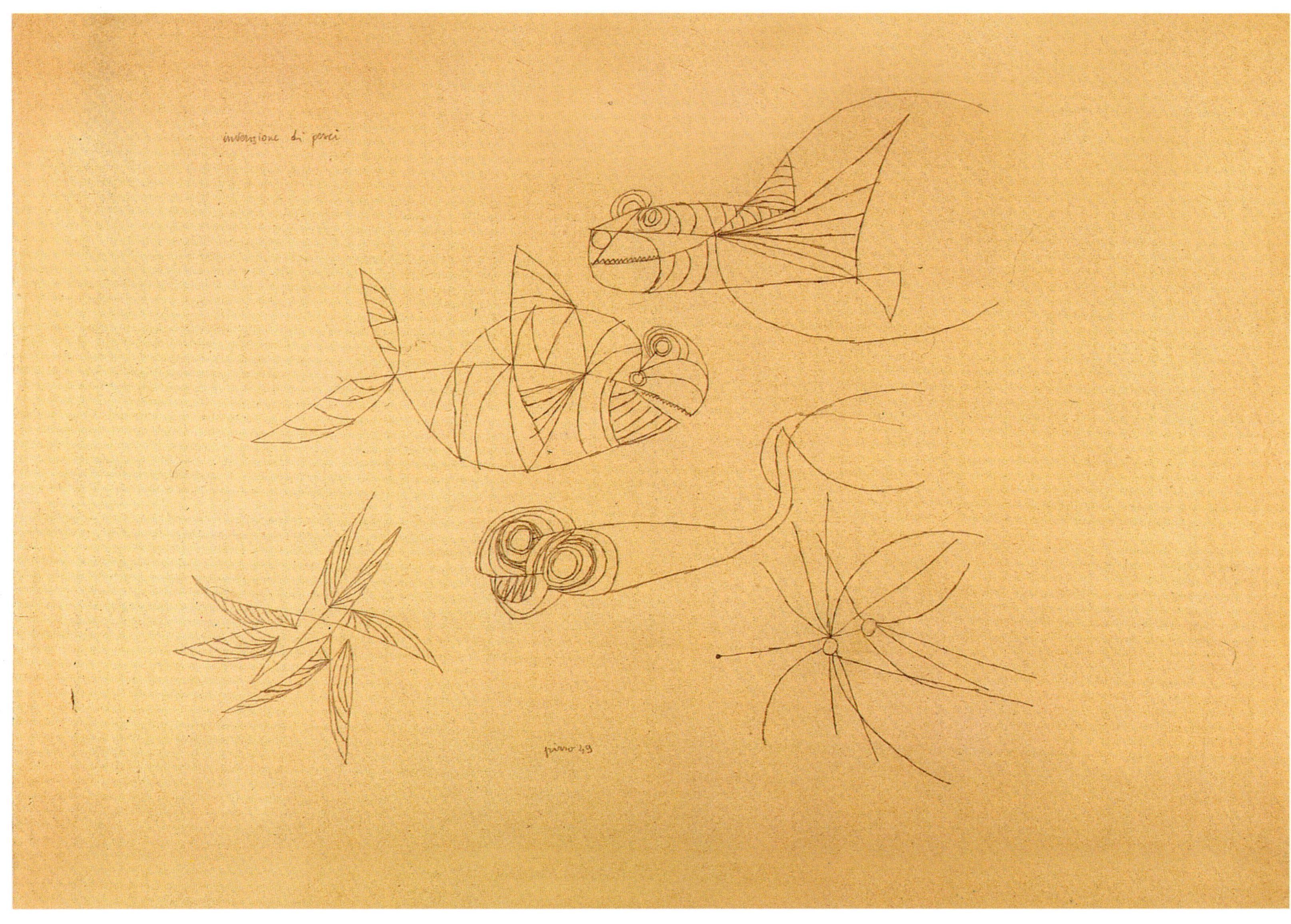

Senza titolo, 1953
biro su carta/ballpoint pen on paper, cm 28x22

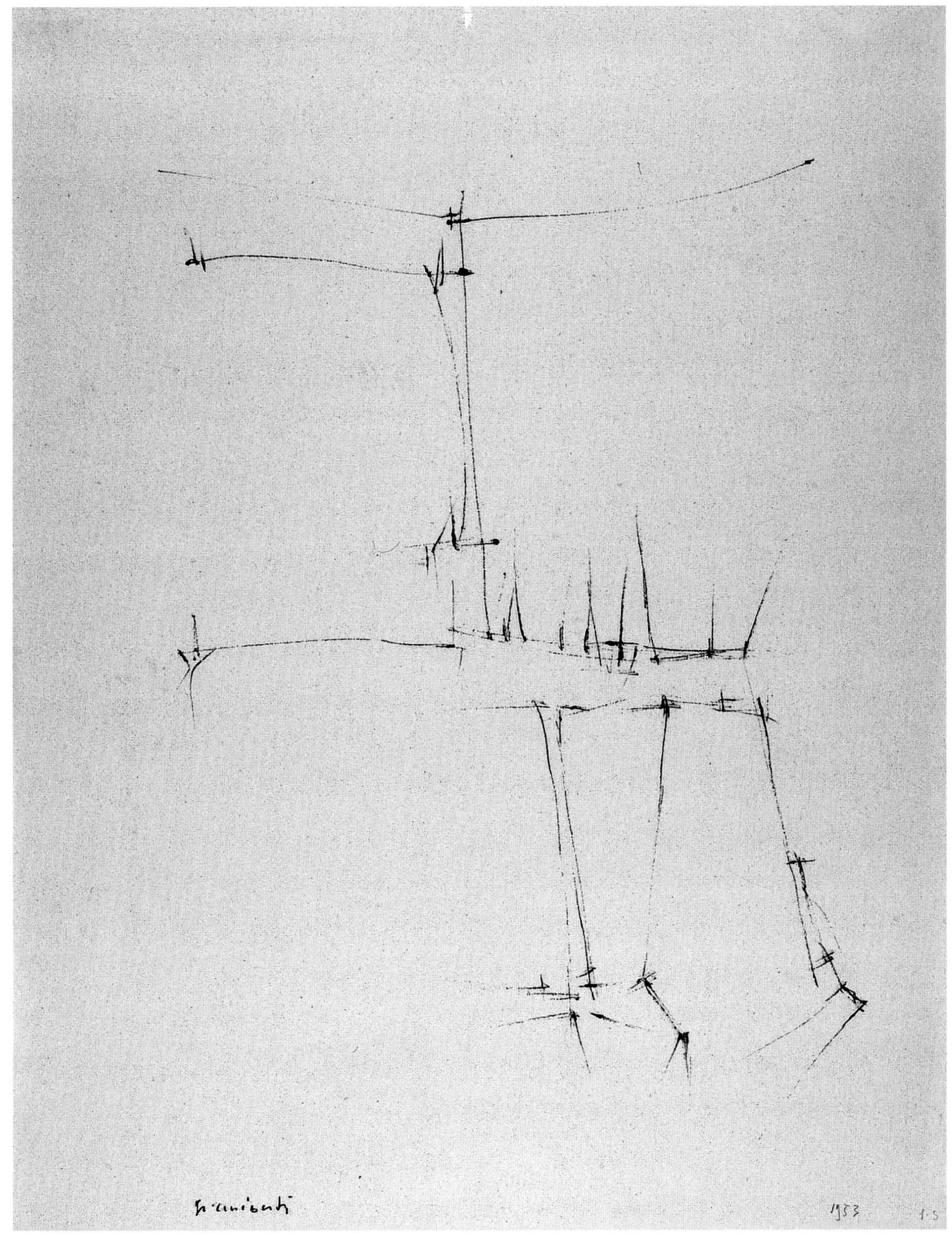

Paesaggio, 1957
olio su tela/oil on canvas, cm 60x70

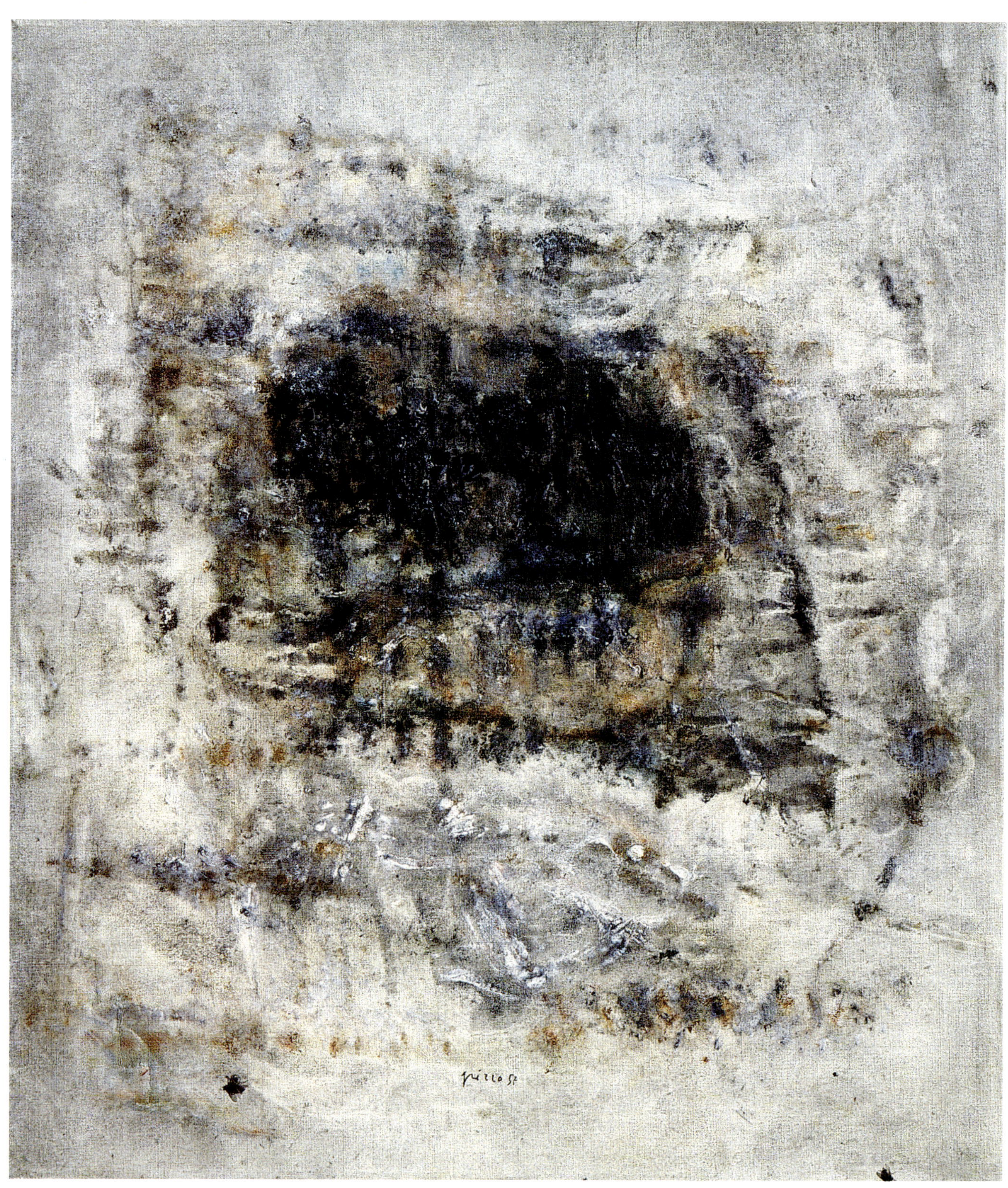

Senza titolo, 1957
olio su tela/oil on canvas, cm 70x70

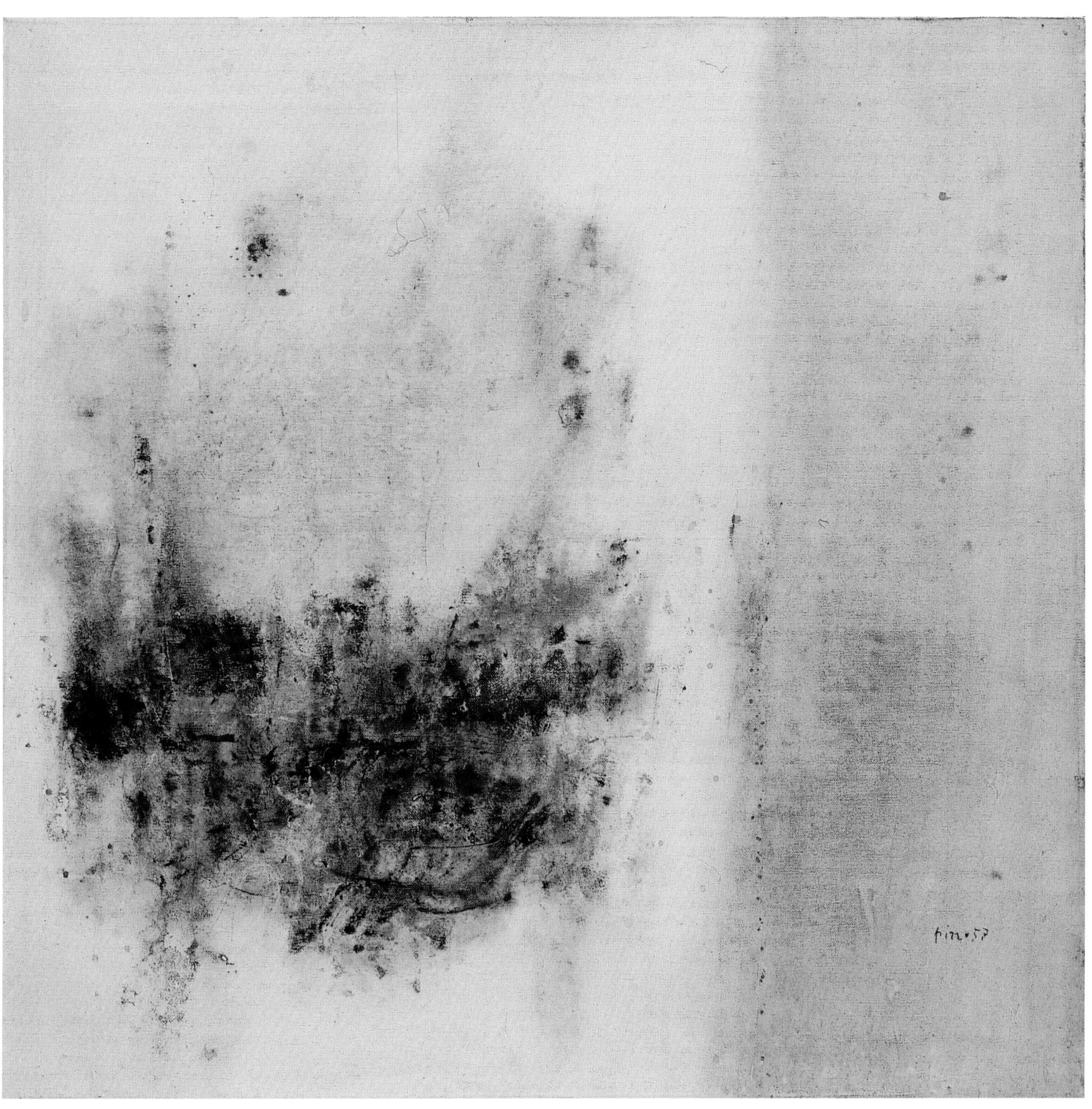

Senza titolo, 1957
olio su tela/oil on canvas, cm 80x60

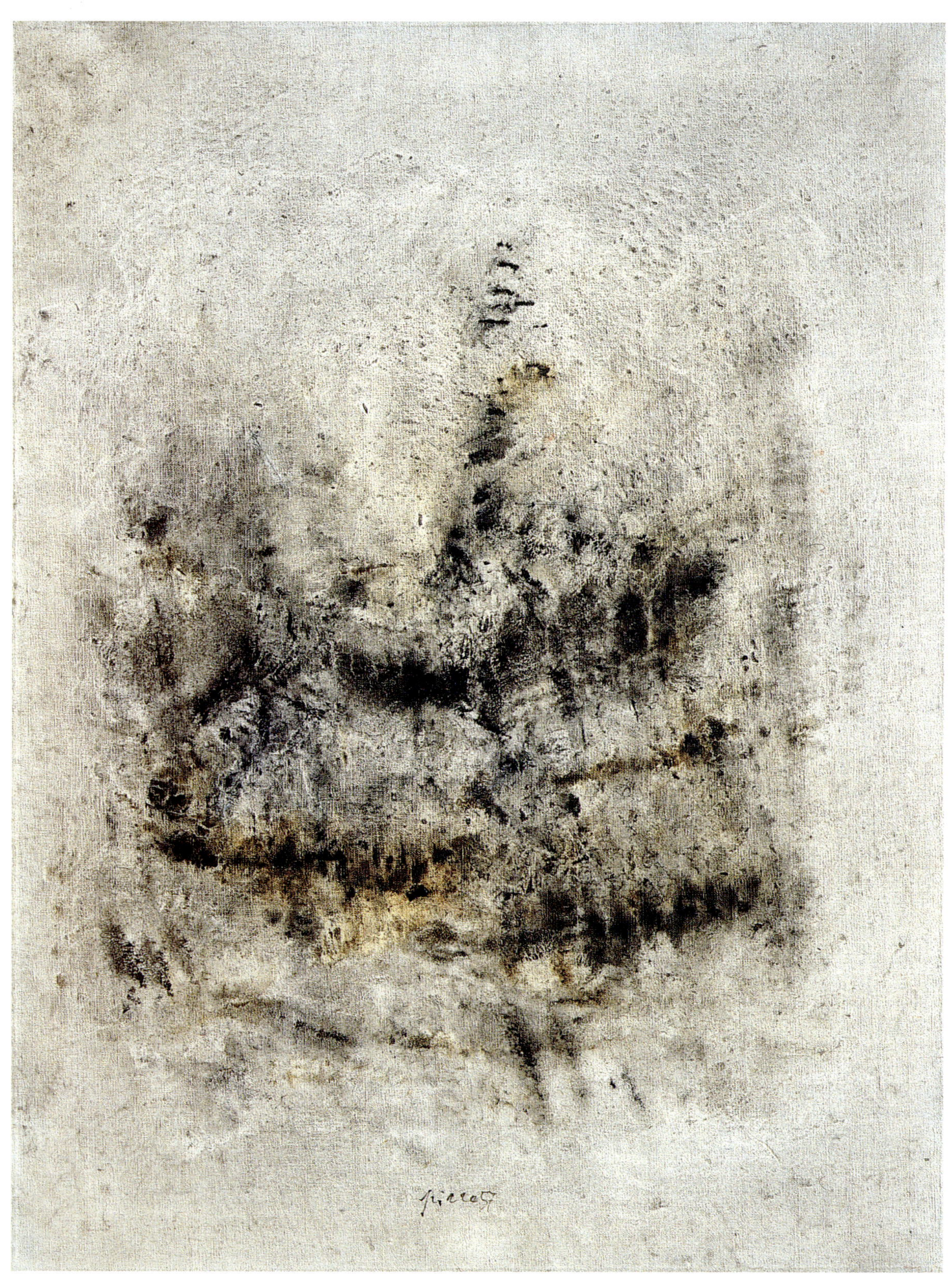

Senza titolo, 1957
tempera su carta/tempera on paper, cm 28x22

Senza titolo, 1957
tempera, china su carta/tempera, India ink on paper, cm 28x22

Senza titolo, 1958
creta su carta/chalk on paper, cm 28x22

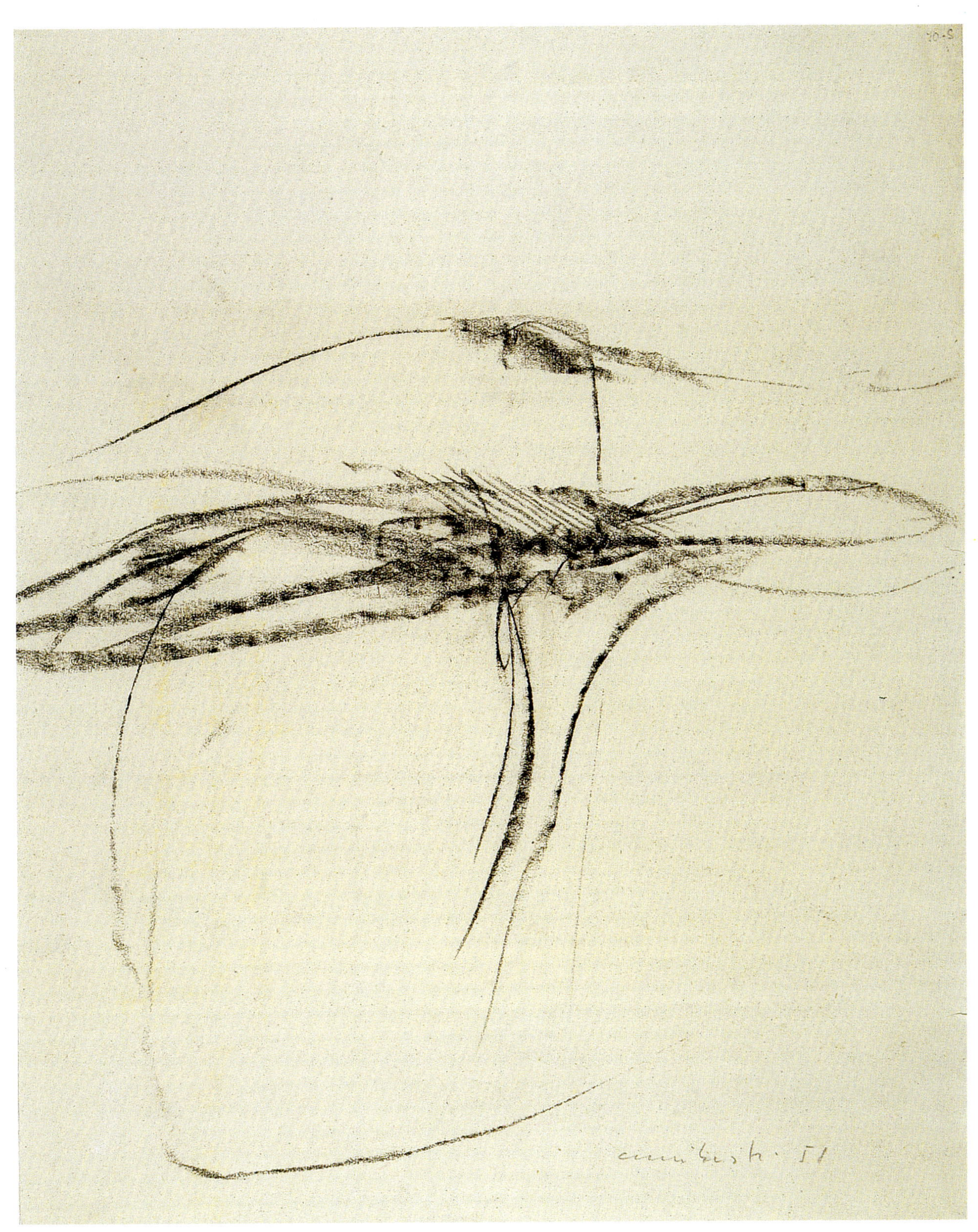

Senza titolo, 1959
china, grafite, porporina su carta/India ink, graphite, bronzing powder on paper,
cm 30,2x23

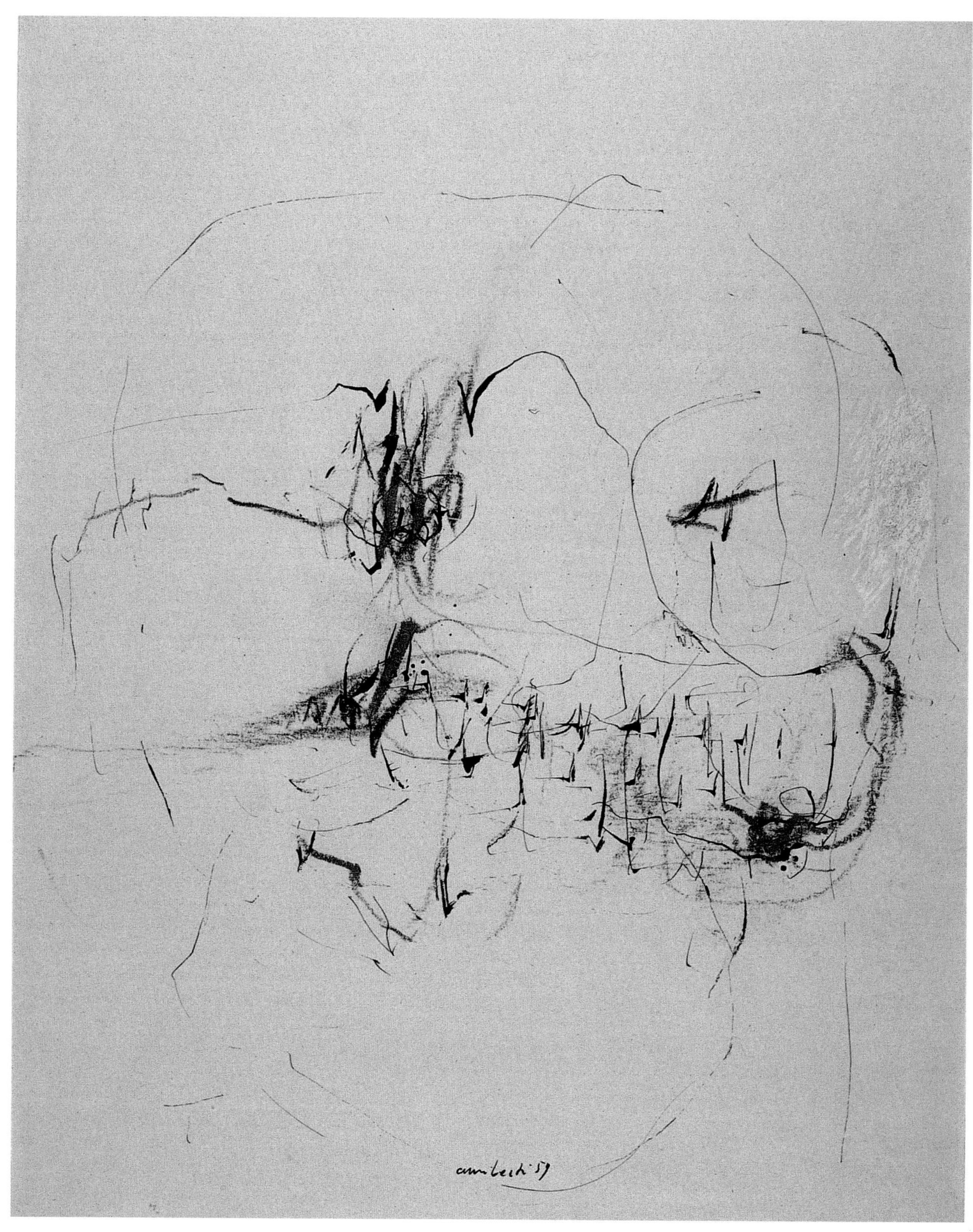

Senza titolo, 1959
china, tempera su carta/India ink, tempera on paper, cm 22x28

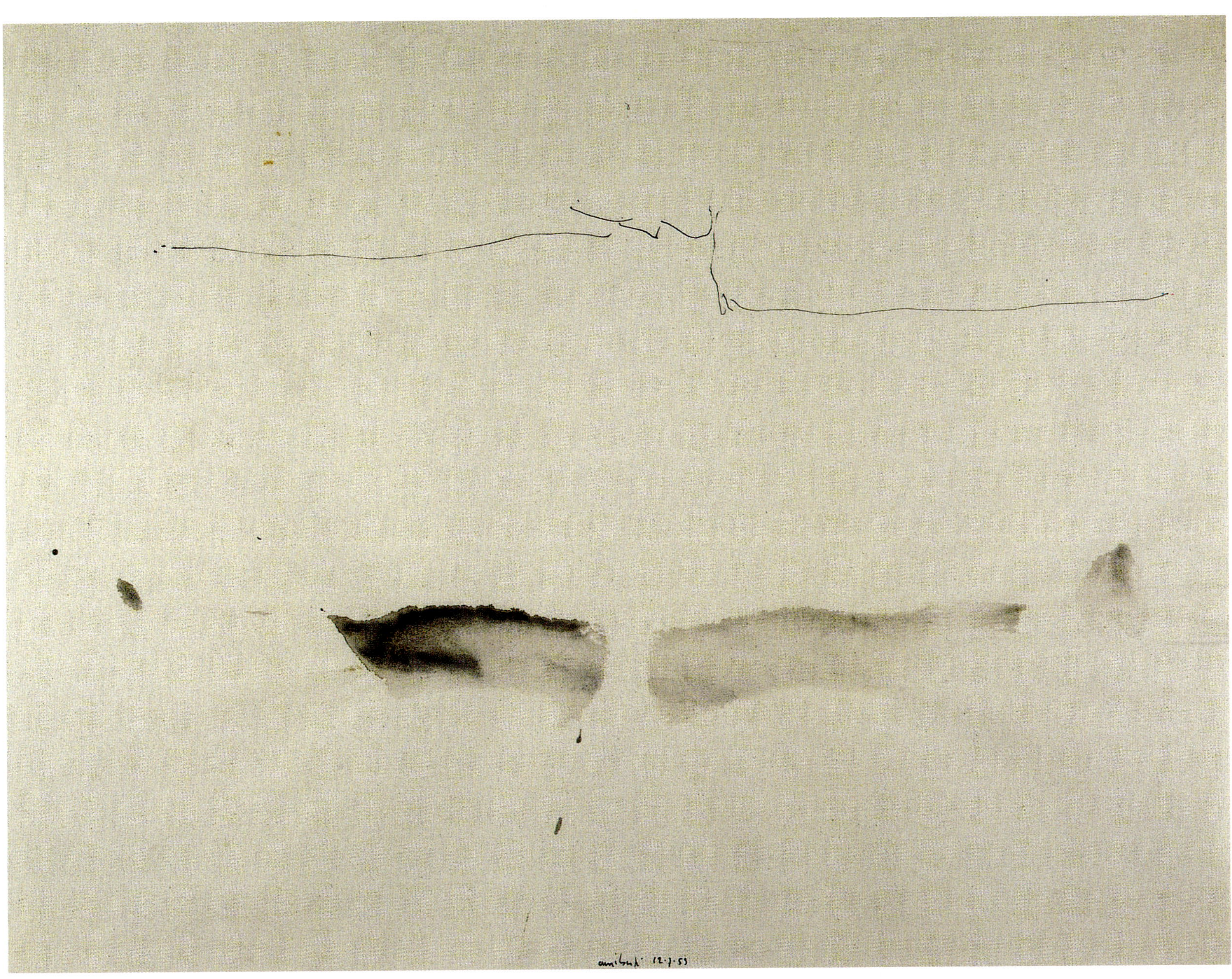

Paesaggio, 1960
acrilico su carta/acrylic on paper, cm 23,2x24,9

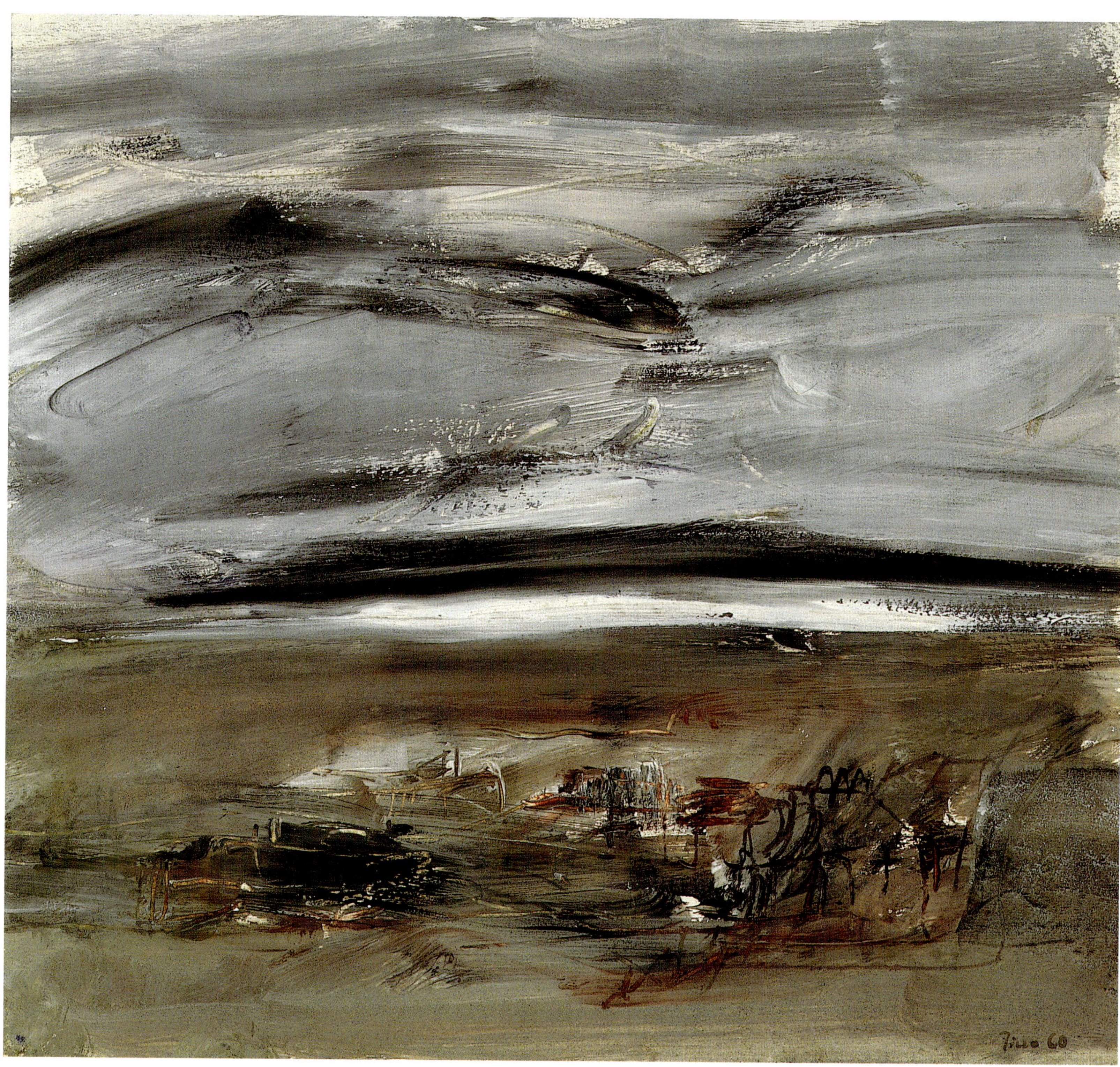

Testa, 1960
acrilico su carta/acrylic on paper, cm 27x25

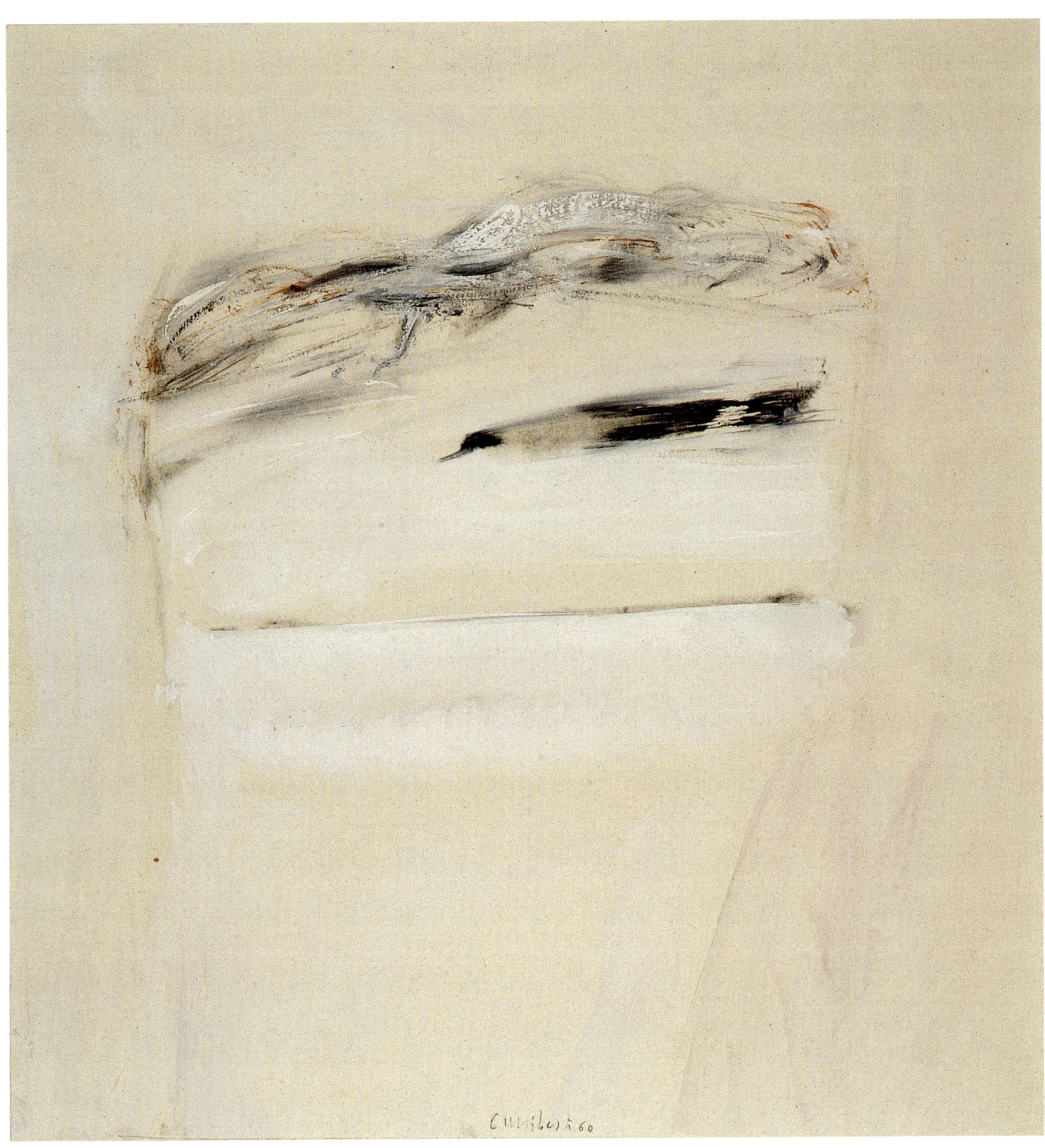

Senza titolo, 1960
pastello su carta/pastel on paper, cm 28,1x23

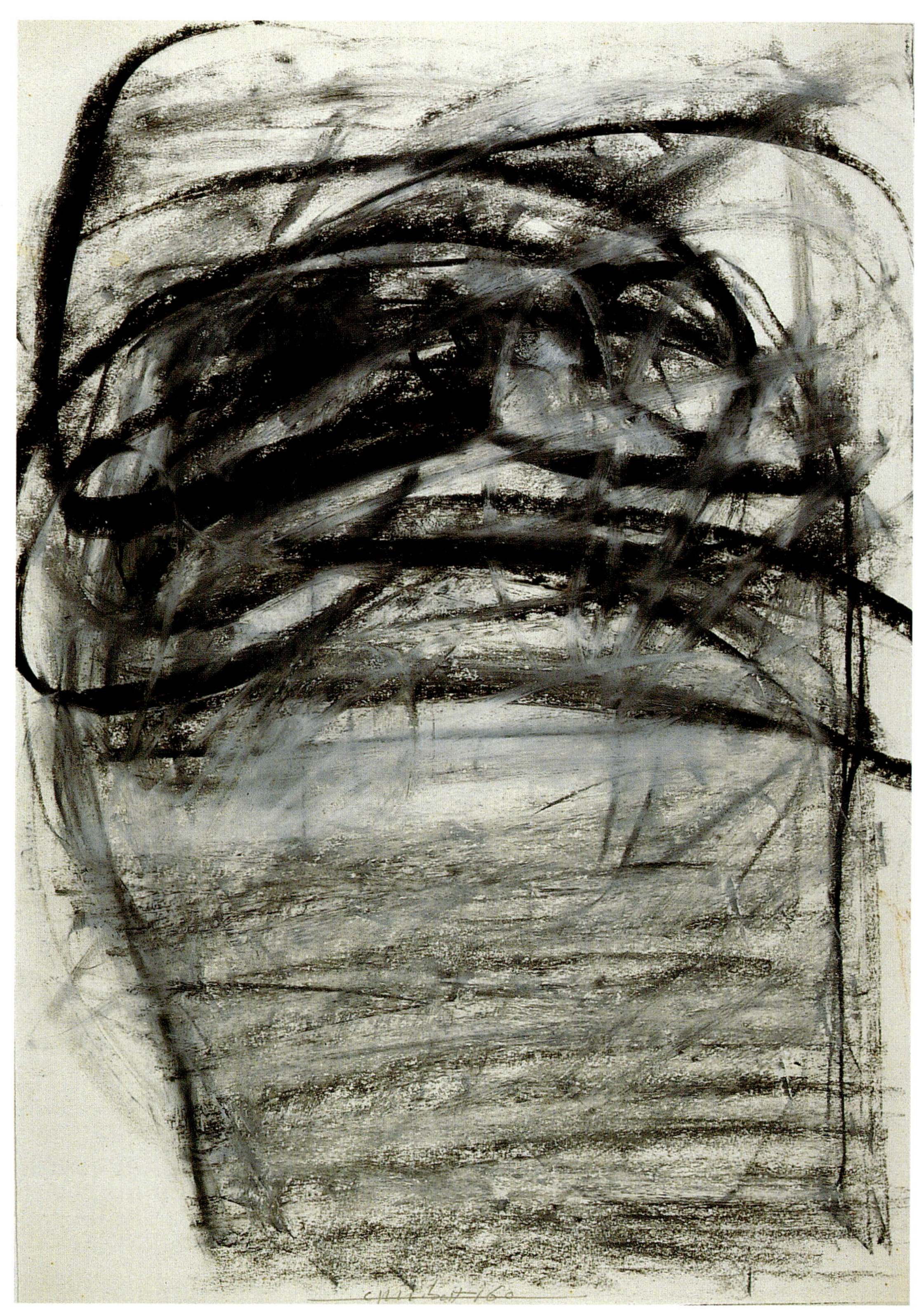

Testa, 1962
olio su tela/oil on canvas, cm 70x60

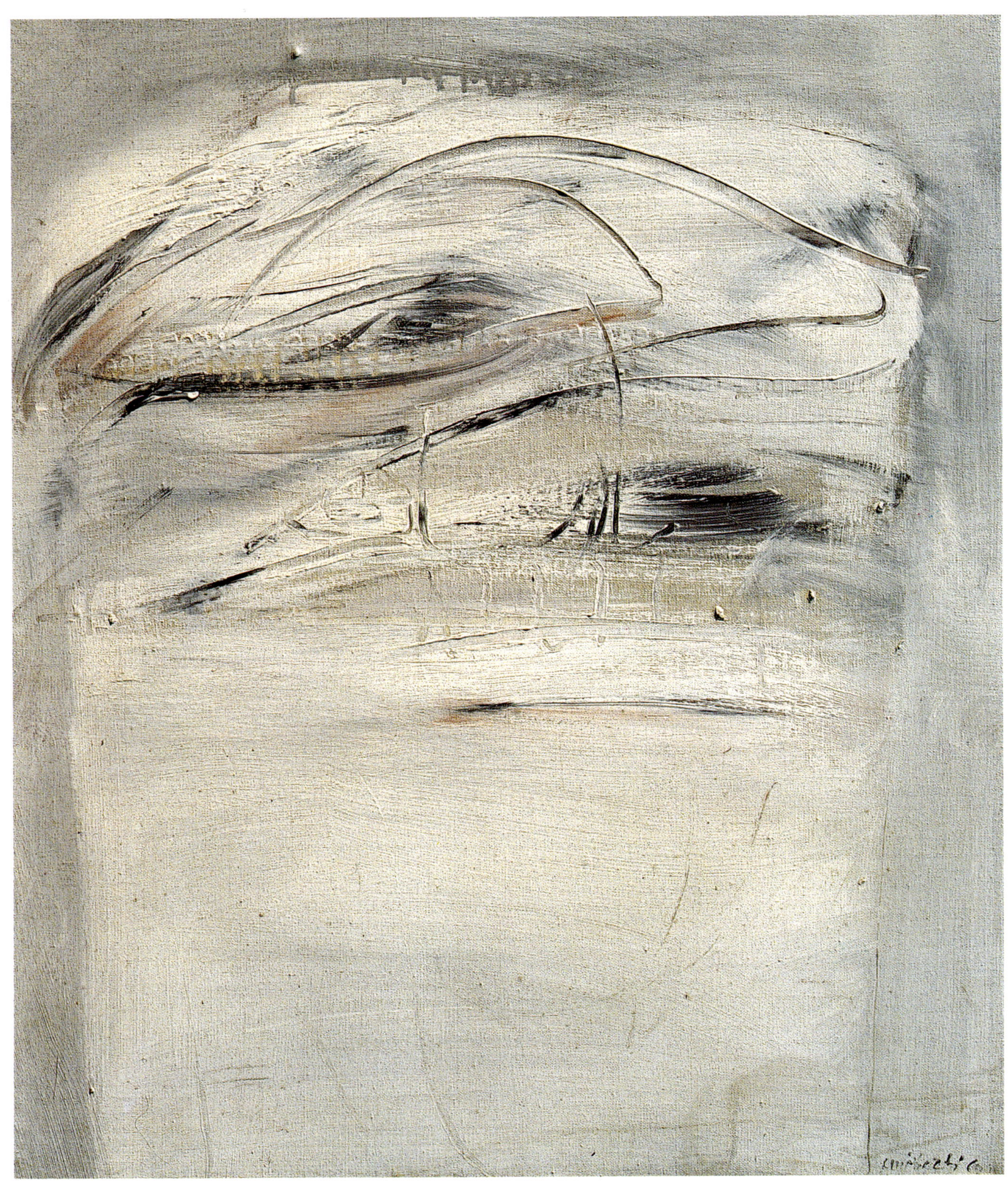

Ettore e Andromaca, 1962
olio su tela/oil on canvas, cm 55x69

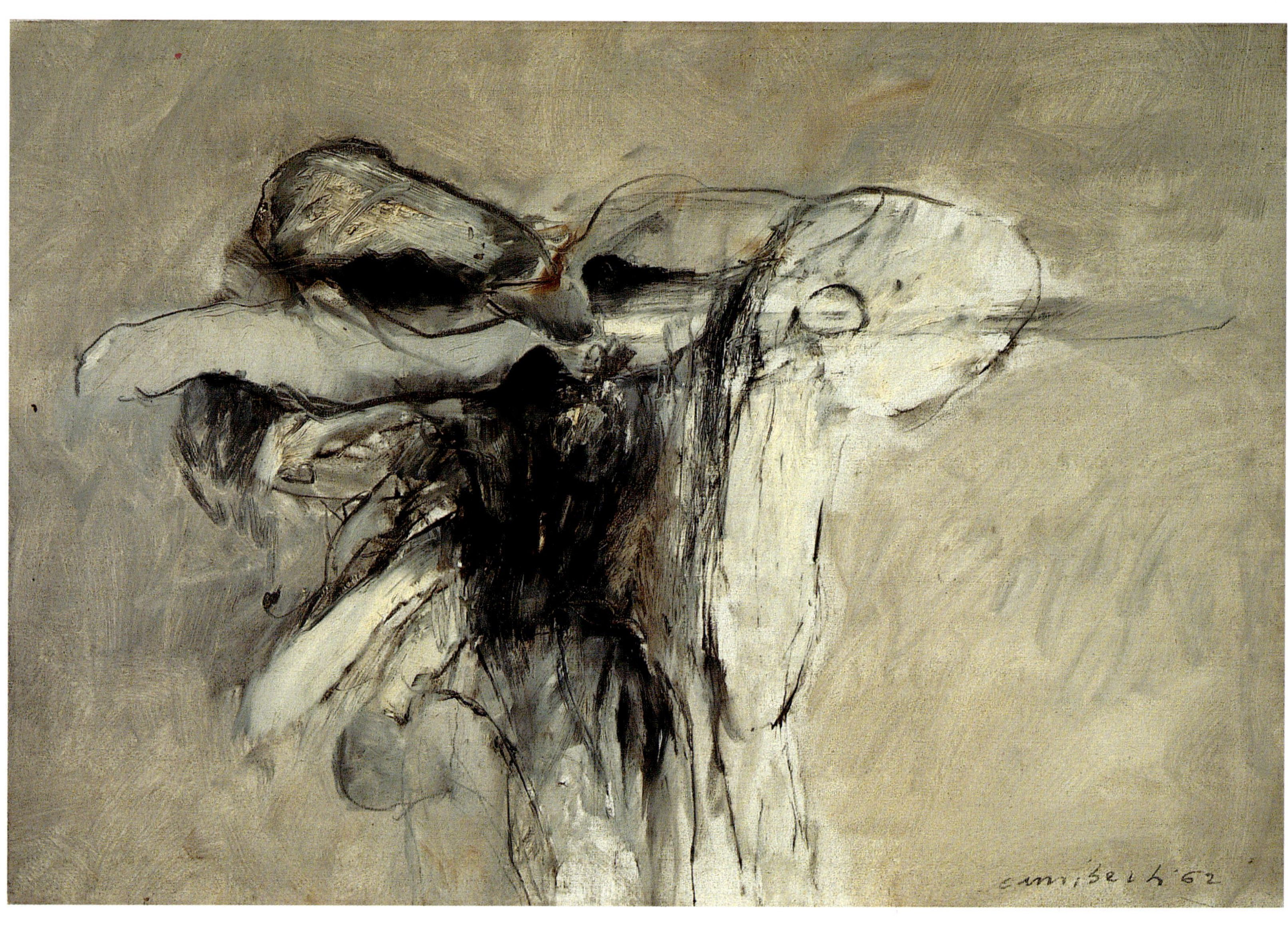

Cherubino, 1962
olio su tela/oil on canvas, cm 69x55

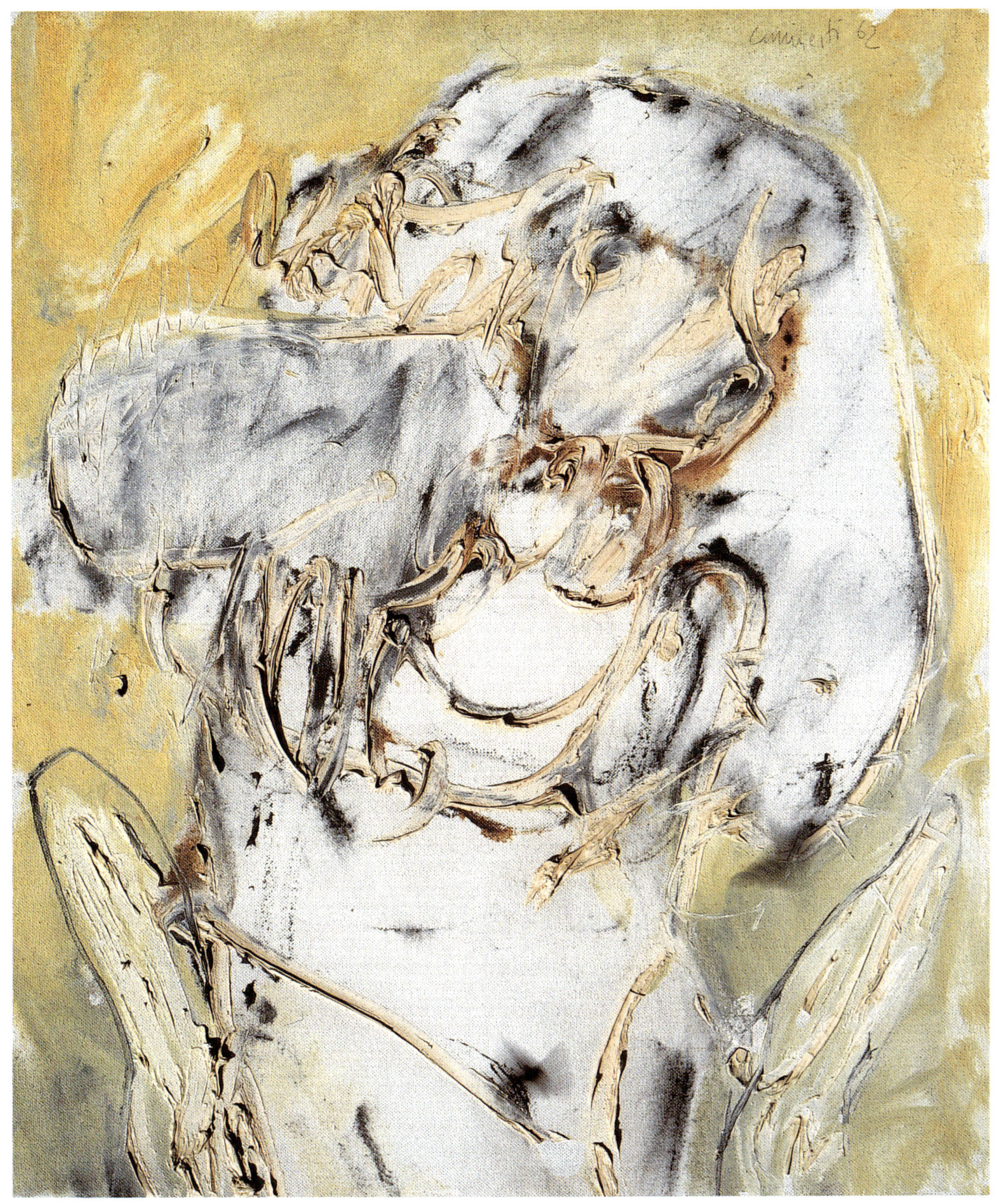

Ettore e Andromaca, 1962
olio su tela/oil on canvas, cm 70x100

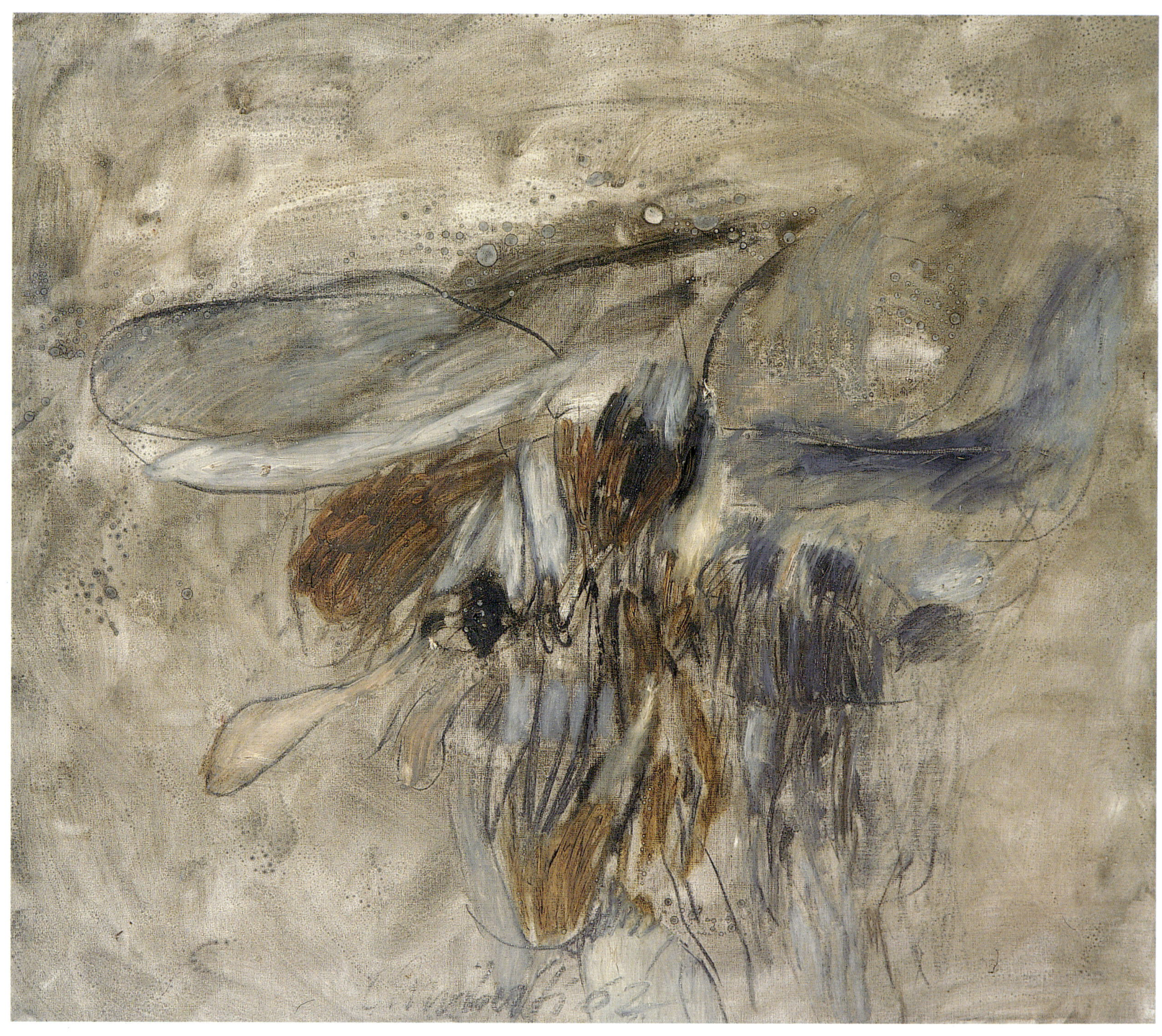

Cane, 1962
olio su tela/oil on canvas, cm 80x100

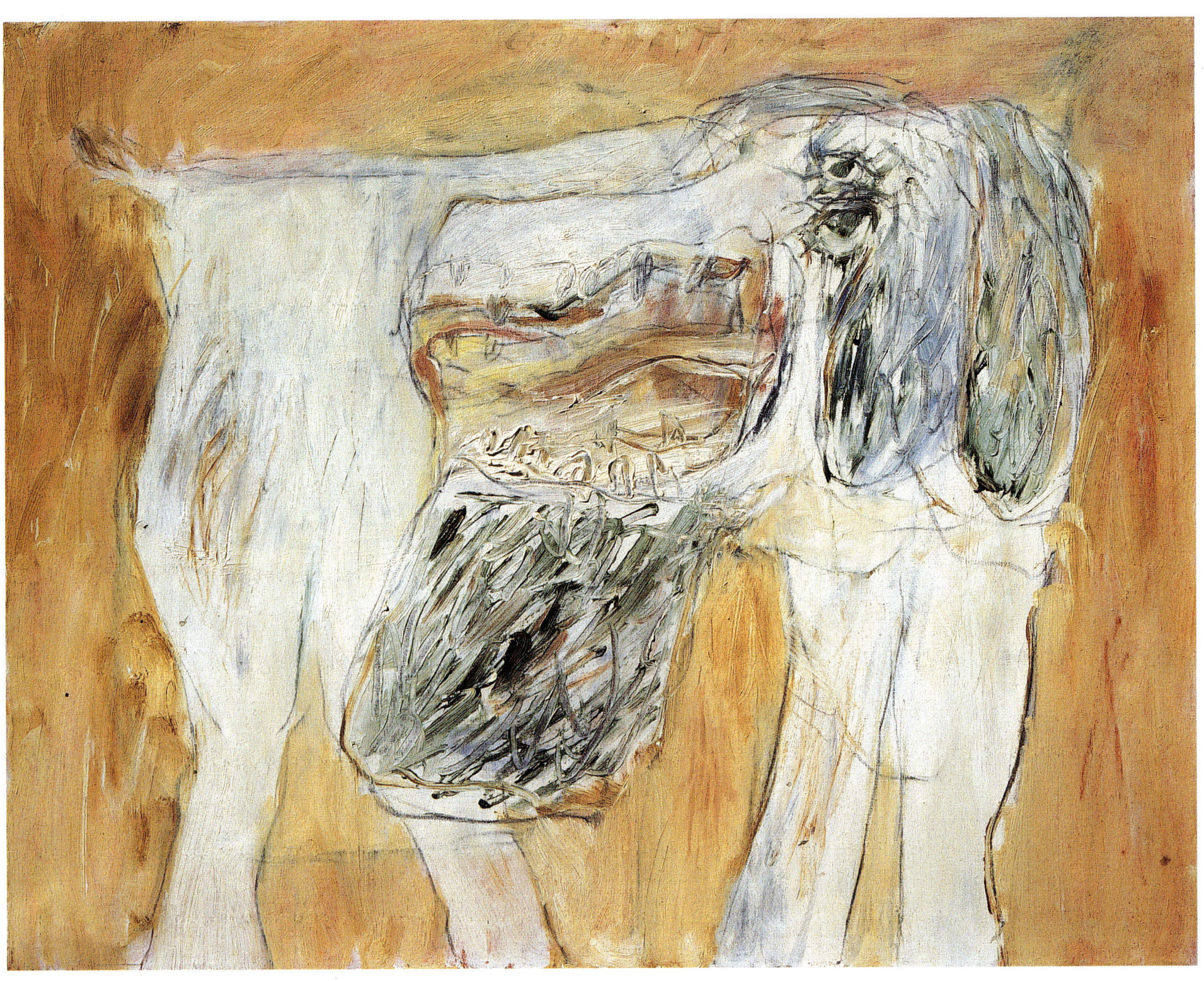

Senza titolo, 1962
pastello su carta/pastel on paper, cm 33x48

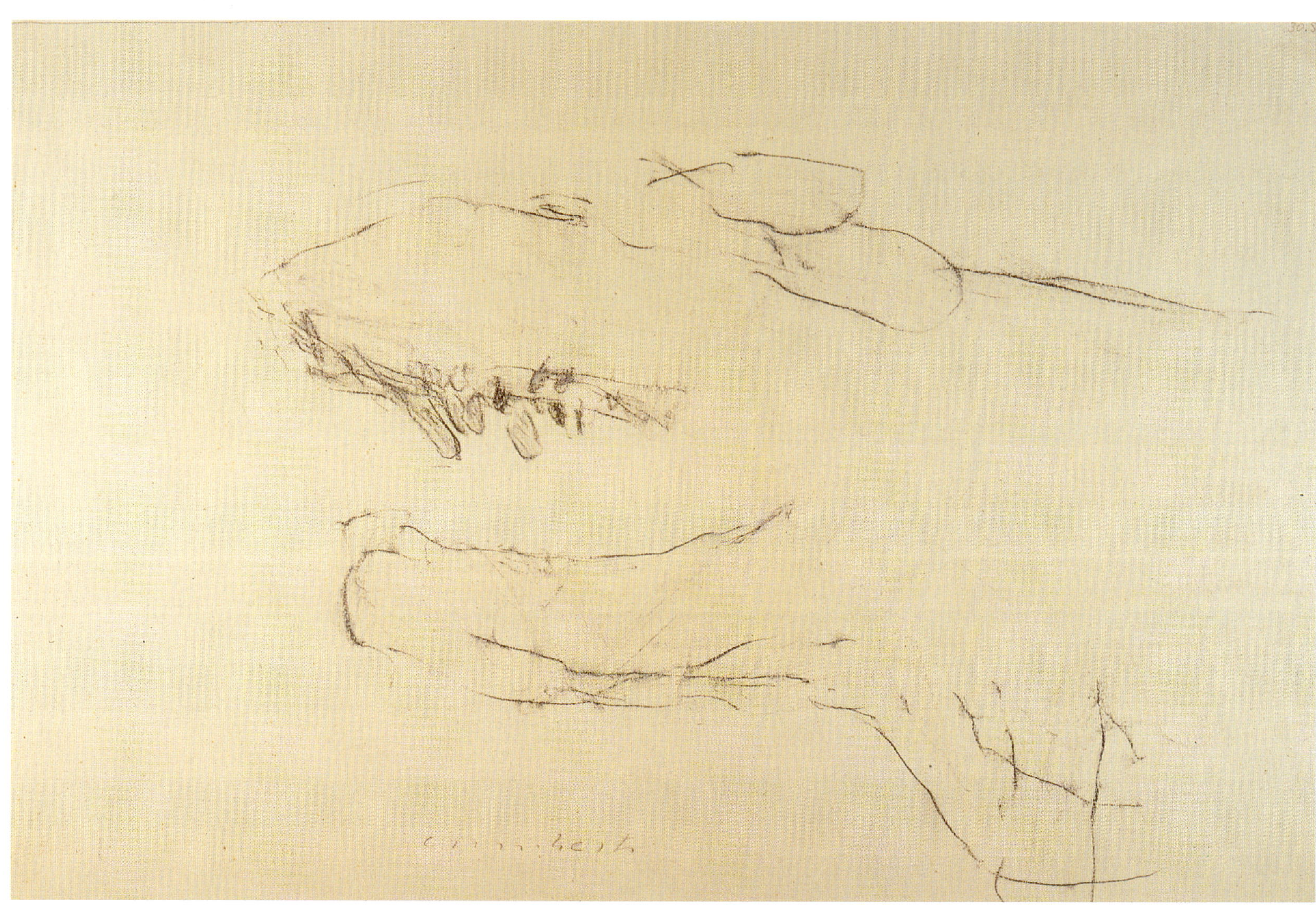

Senza titolo, 1962
grafite, acrilico su carta/graphite, acrylic on paper, cm 36x50,5

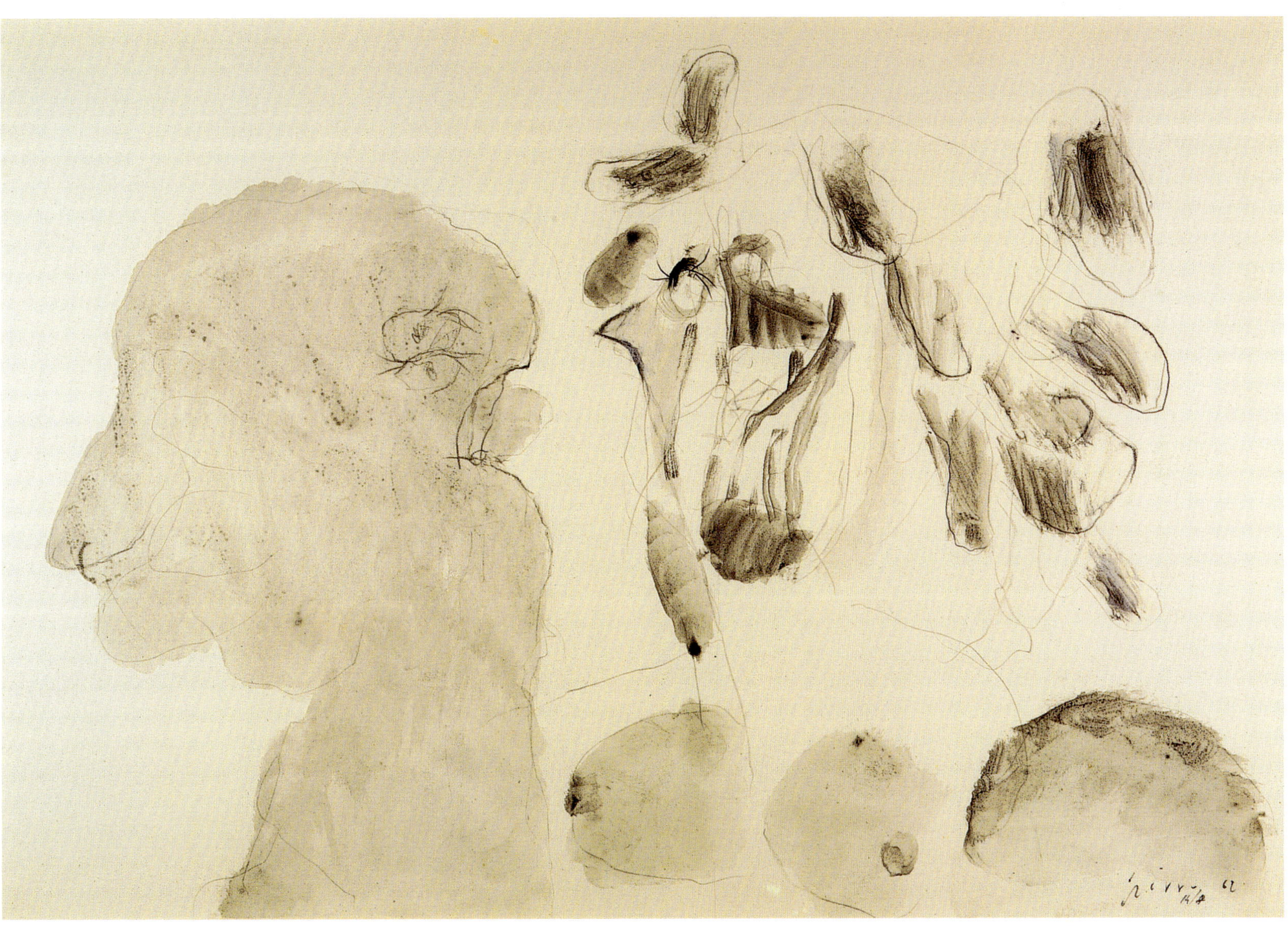

Senza titolo, 1964
olio su tela/oil on canvas, cm 100x80

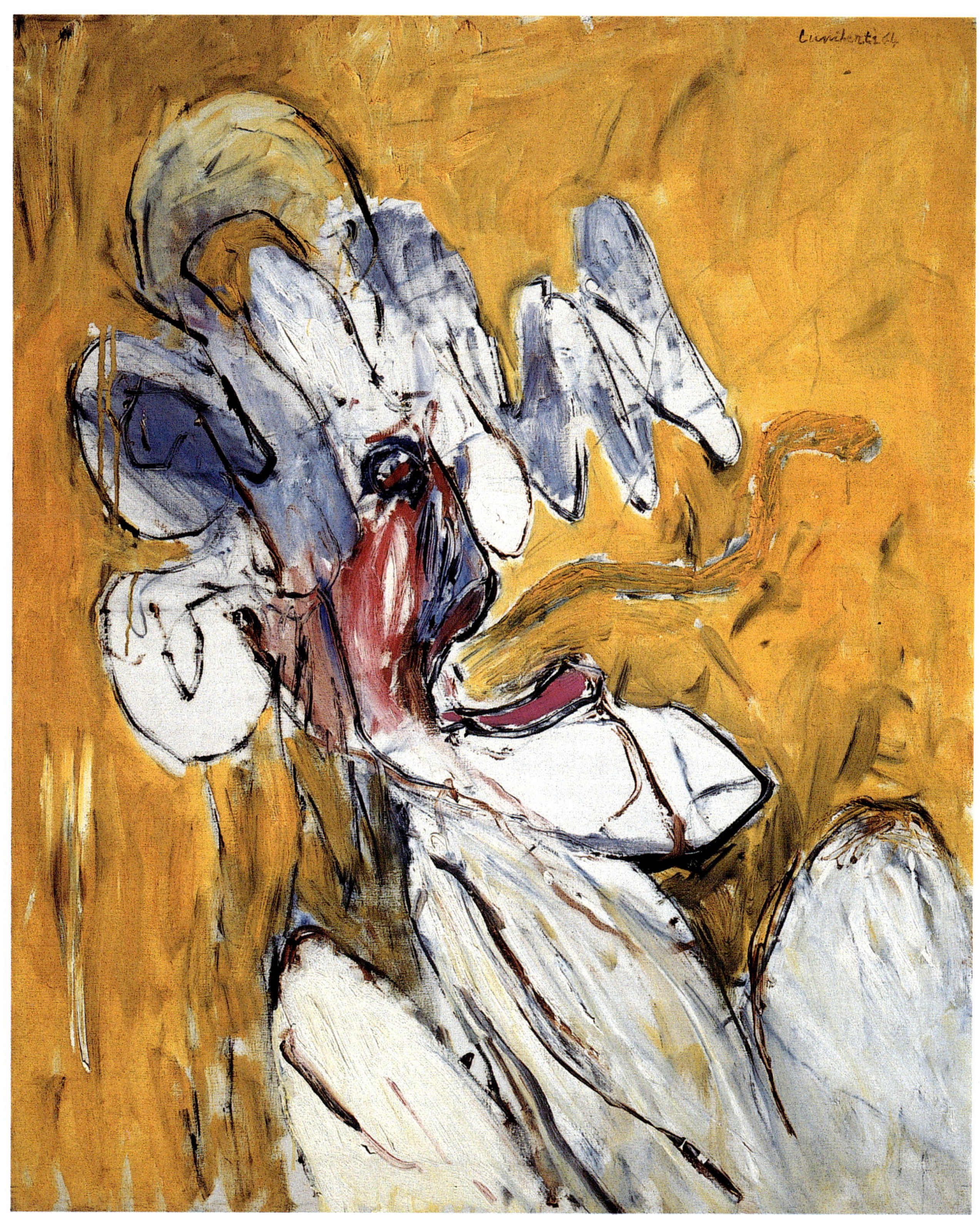

Dalle parti di una favola, 1963
tecnica mista su carta/mixed media on paper, cm 28x22

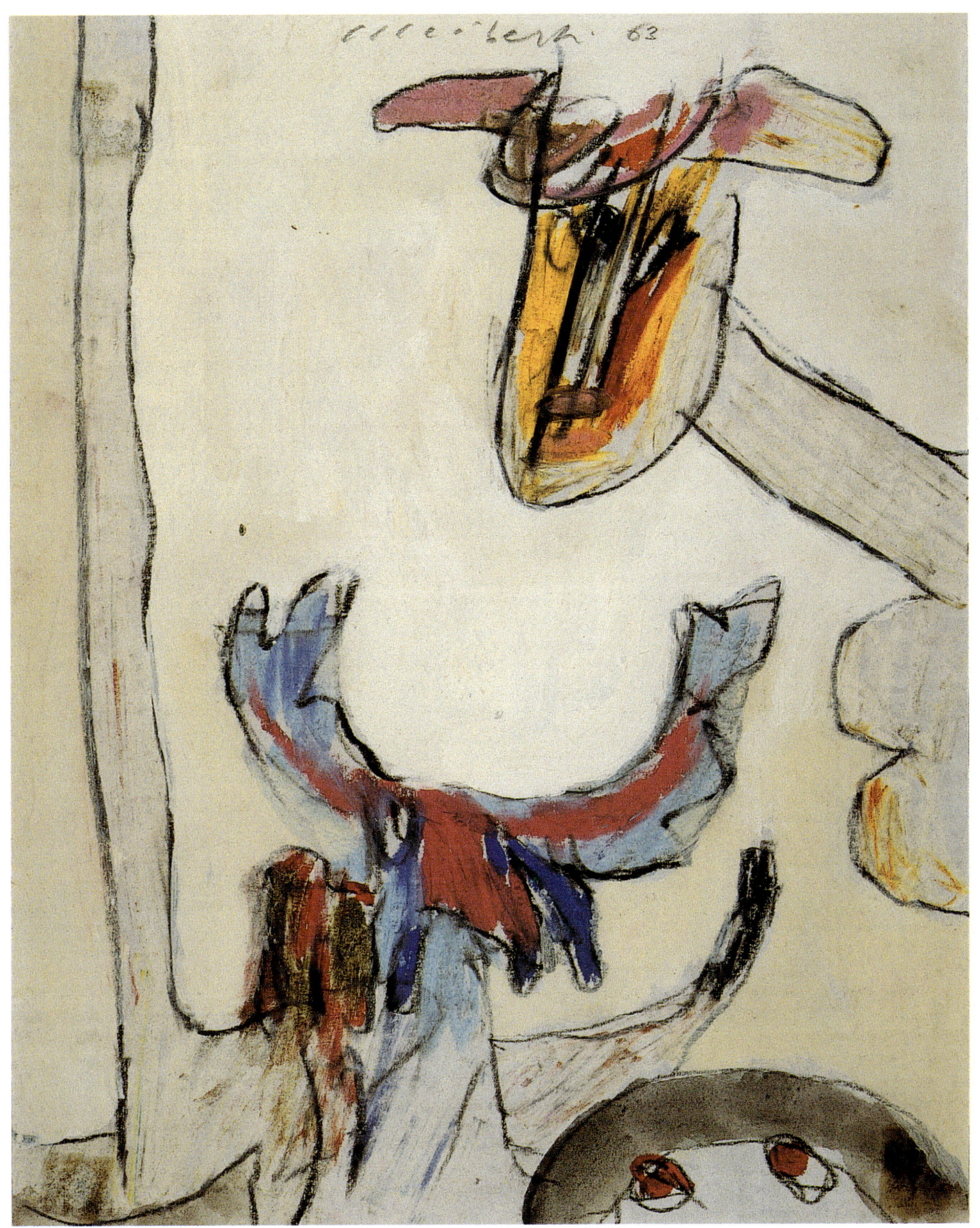

La crisi delle idee, 1964
olio su tela/oil on canvas, cm 80x100

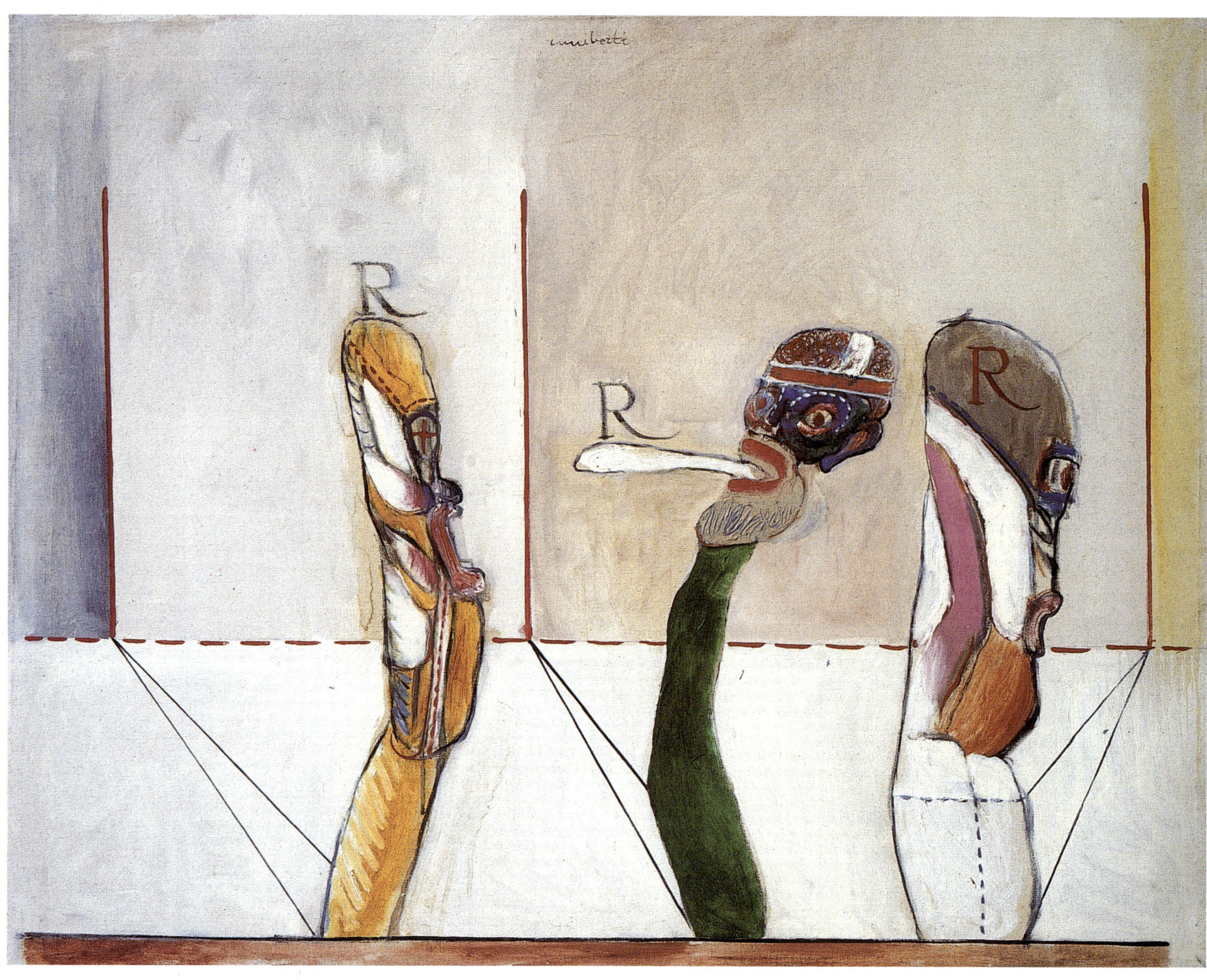

I calunniatori, 1964
olio su tela/oil on canvas, cm 100x100

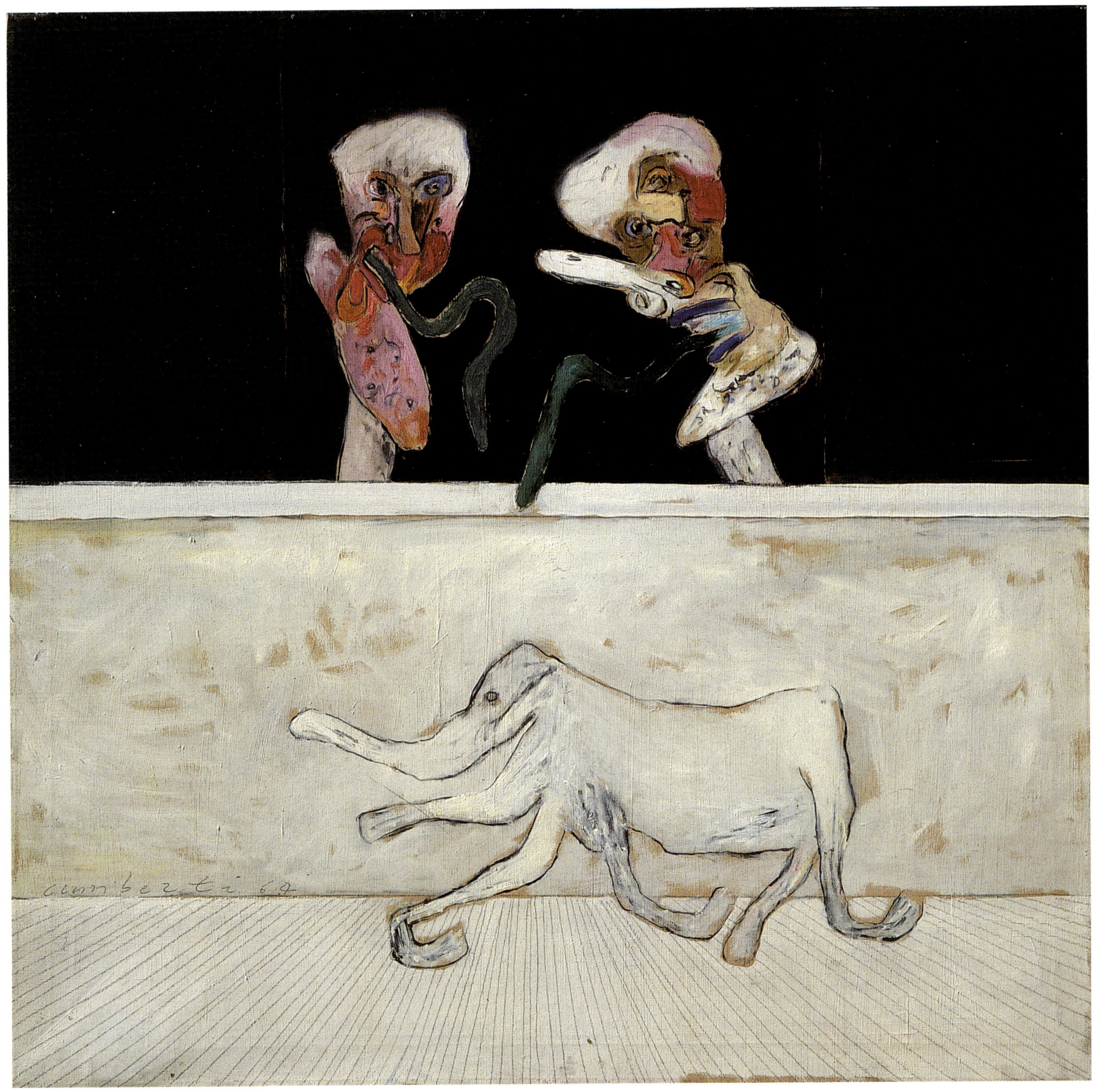

Quattro personaggi, 1964
pastello su carta/pastel on paper, cm 23x29

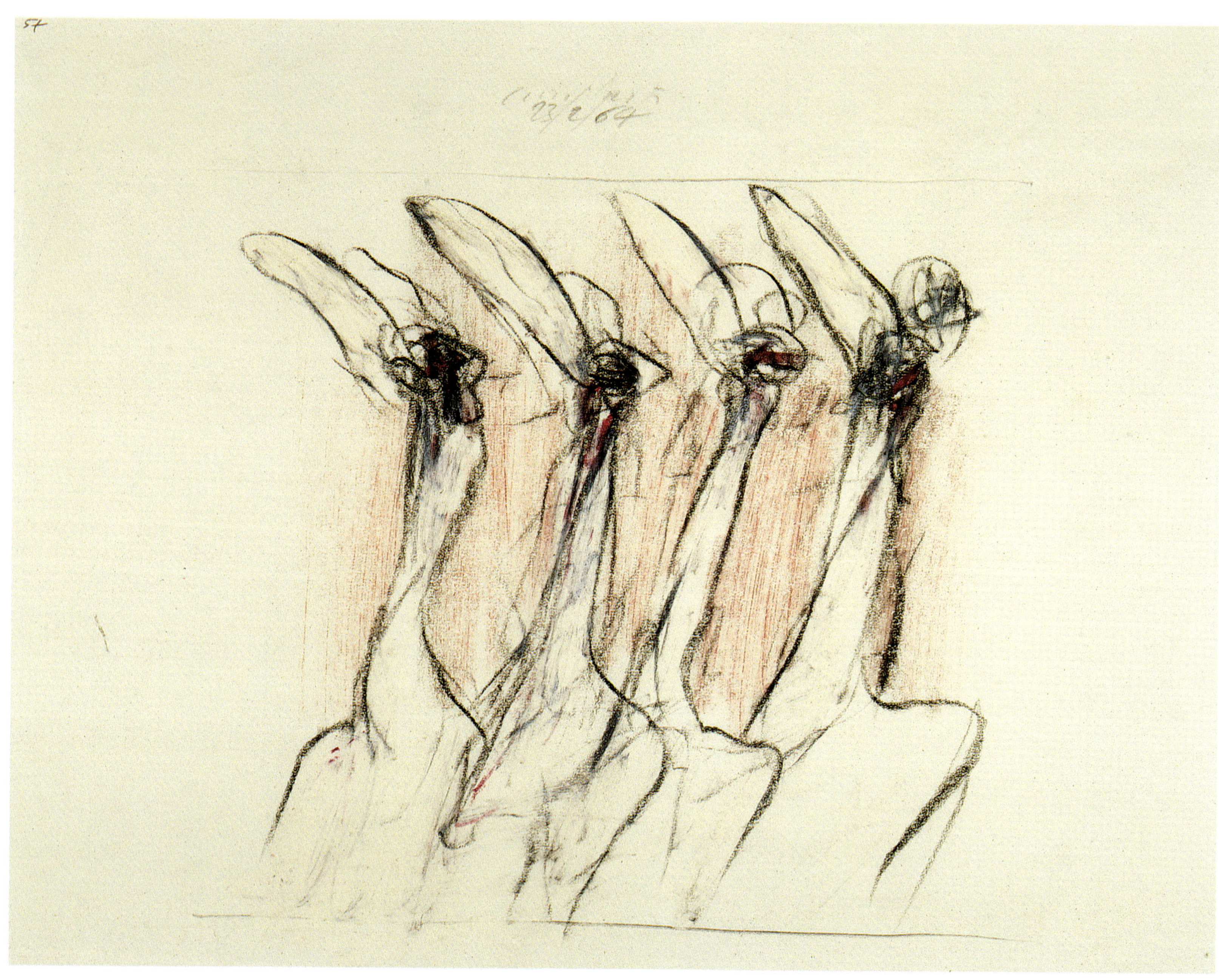

Uomo sdraiato, 1964
grafite, pastello, olio su carta/graphite, spastel, oil on paper, cm 50x70,2

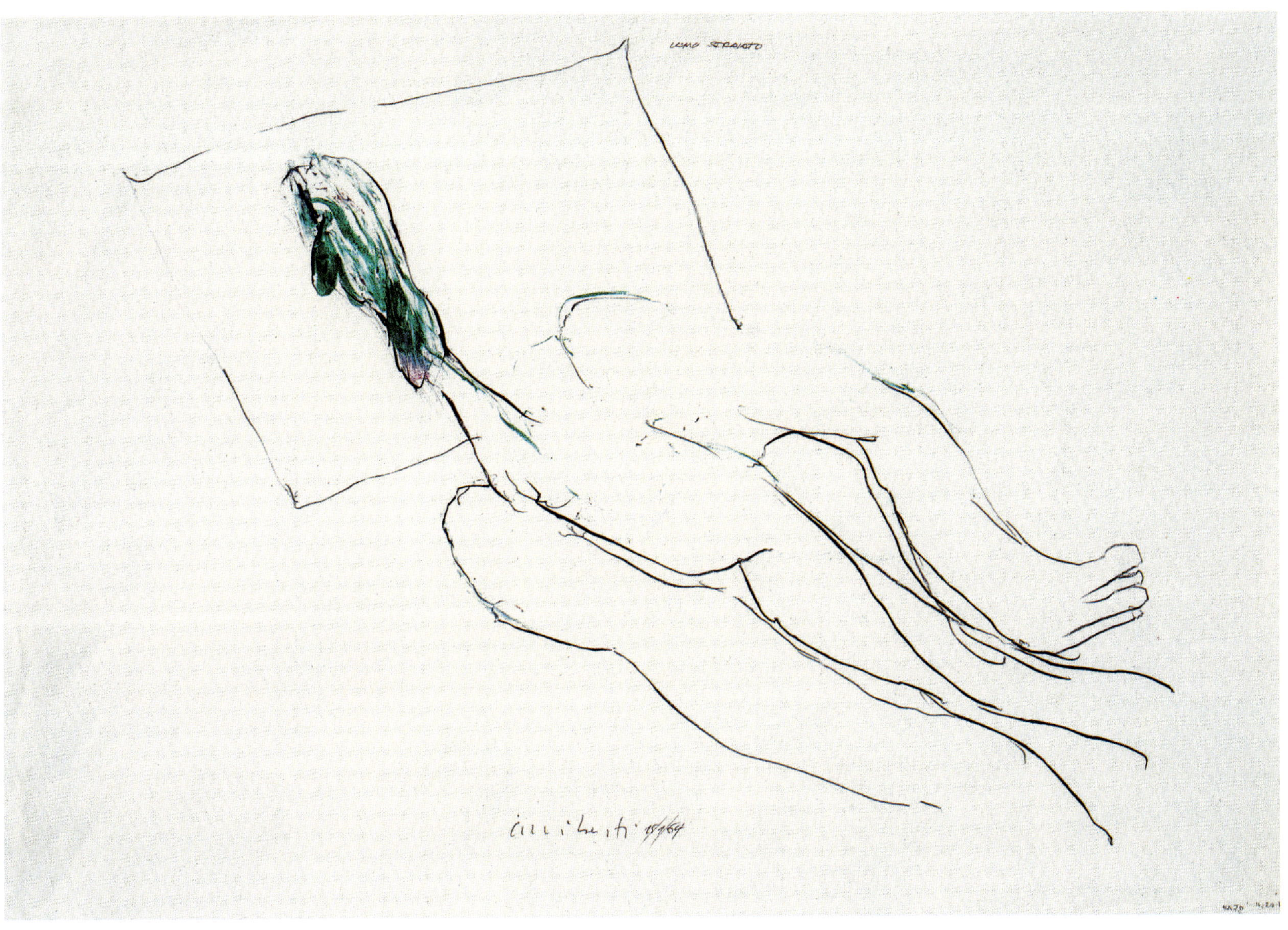

Tentativo all'aperto, 1966
olio su tela/oil on canvas, cm 30x45

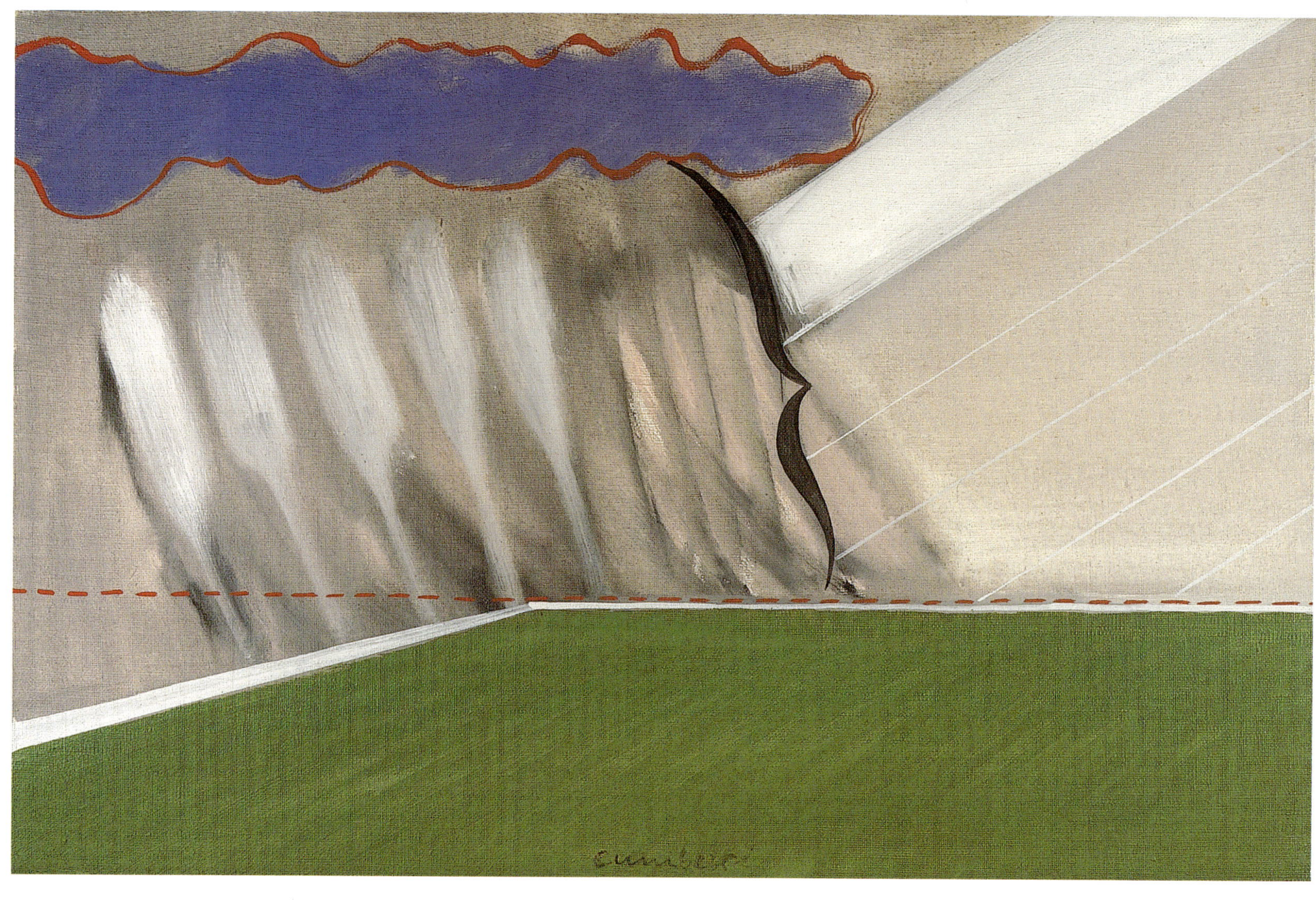

Montagna, 1966
olio su tela/oil on canvas, cm 30x40

Senza titolo, 1966
pastello su carta/pastel on paper, cm 35x50

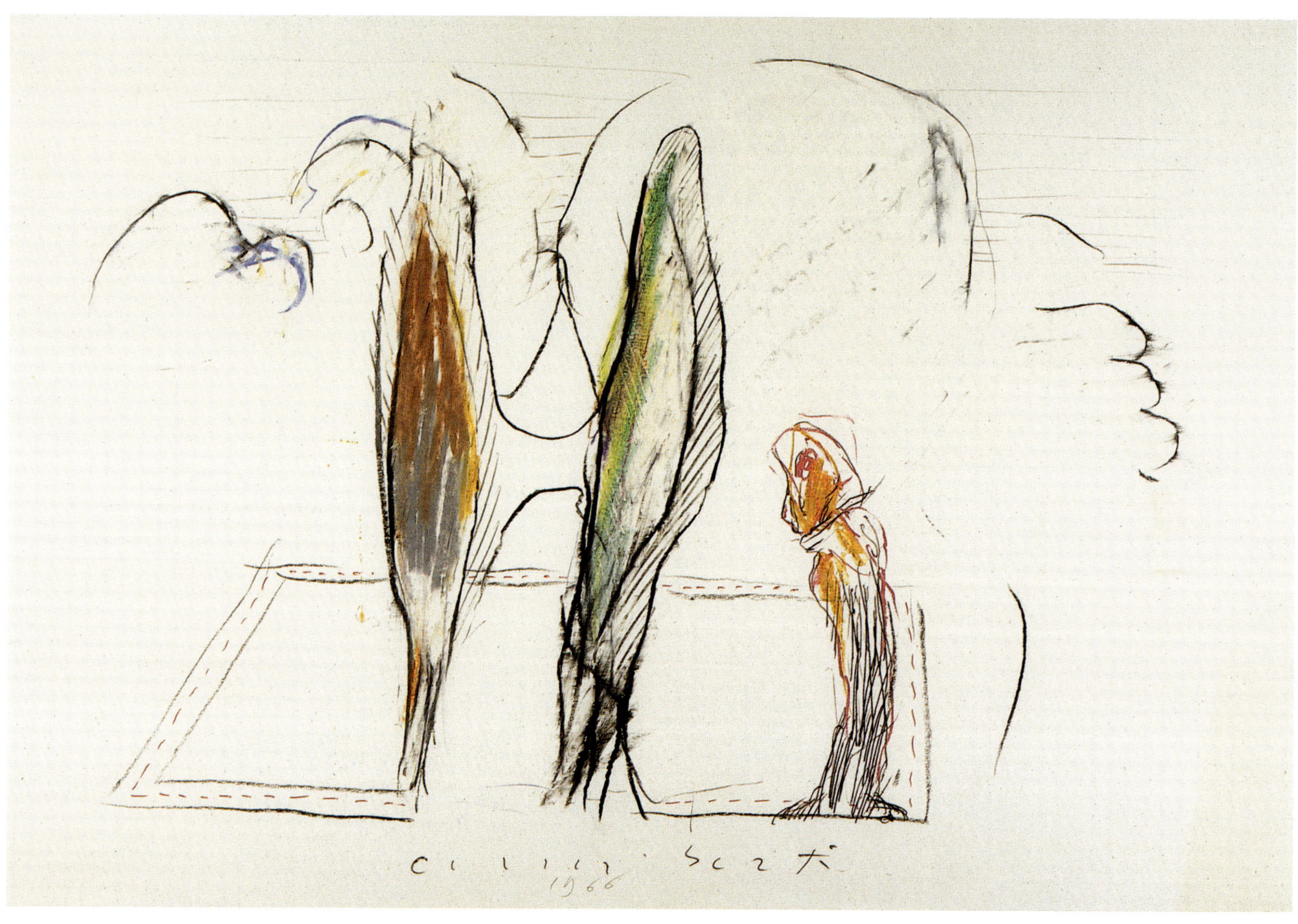

Soldato non calpestare i prati, 1966-1969
olio e acrilico su tela/oil and acrylic on canvas, cm 150x200

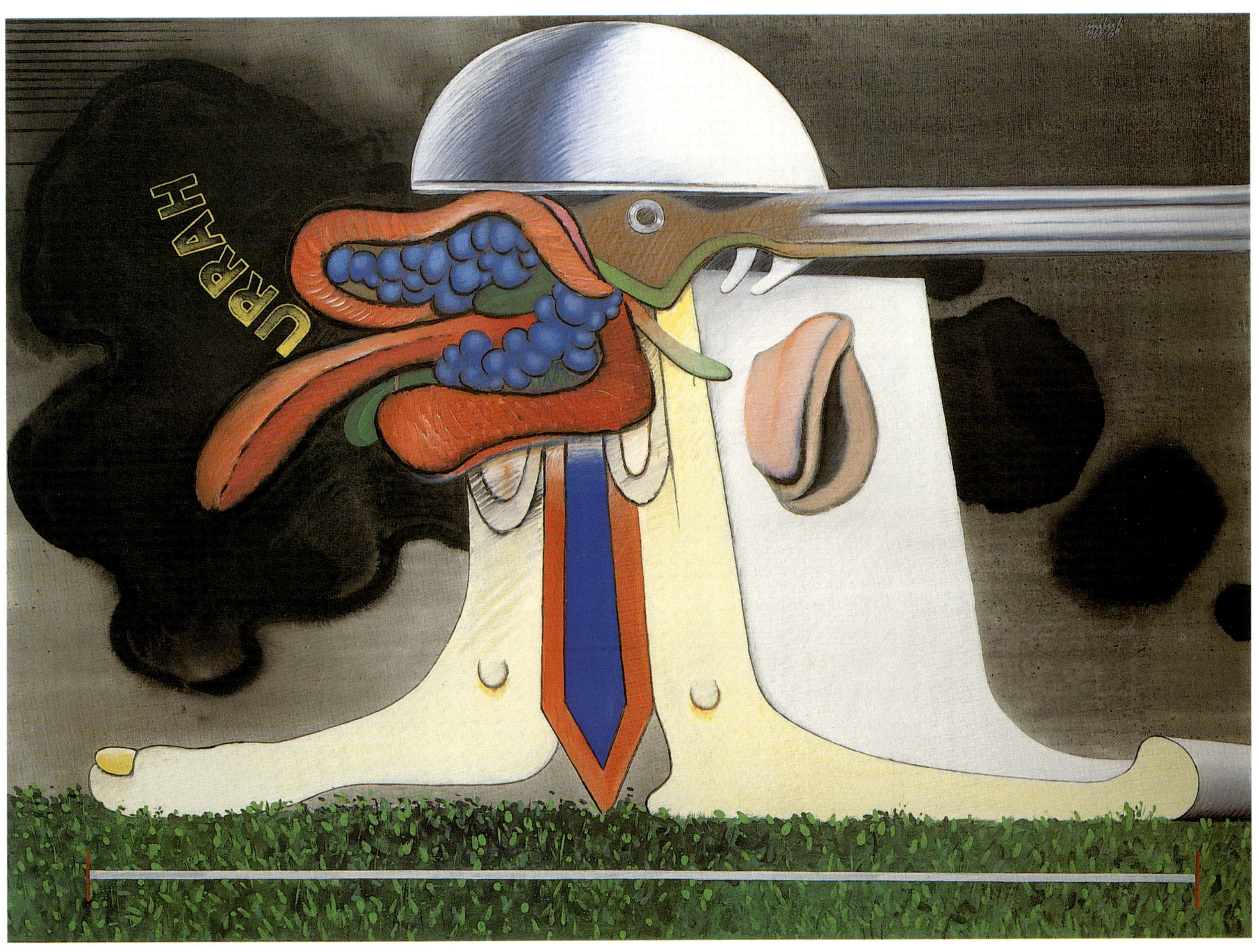

Il missile con le penne, 1969
tecnica mista su tela/mixed media on canvas, cm 150x200

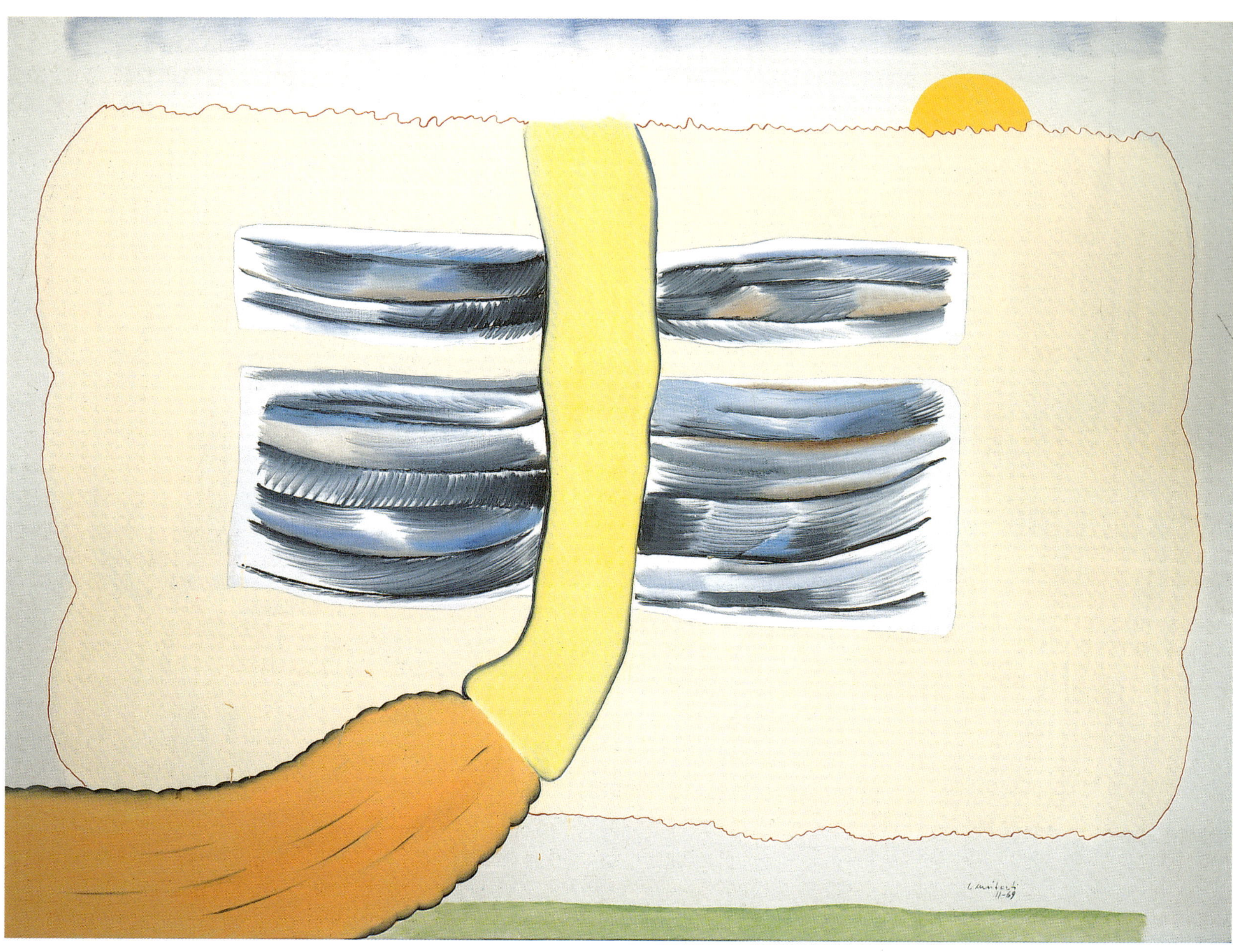

La farfalla presuntuosa, 1969
tecnica mista su tela/mixed media on canvas, cm 150x200

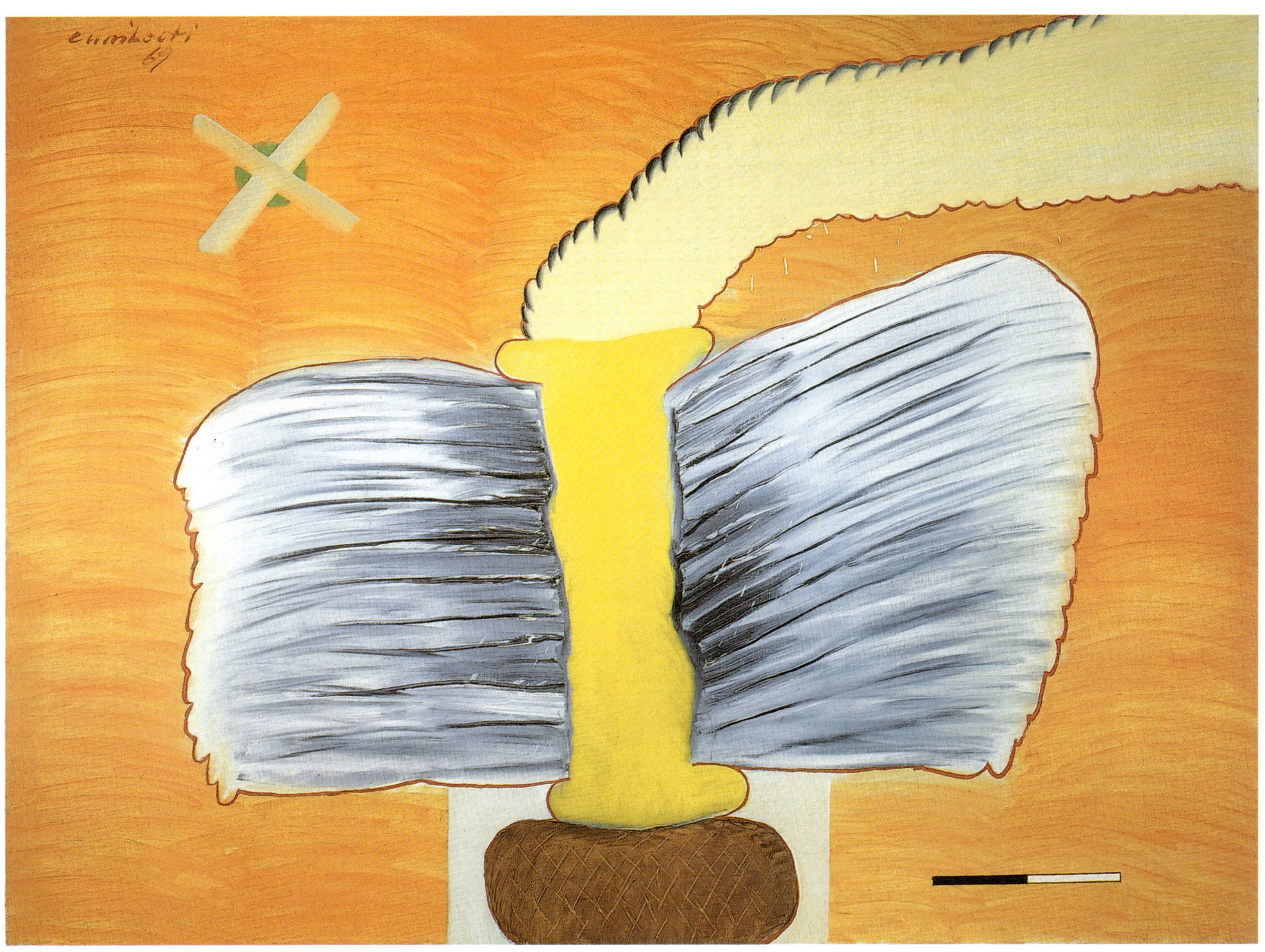

Giocando Giocando, 1969
tecnica mista su tela/mixed media on canvas, cm 150x200

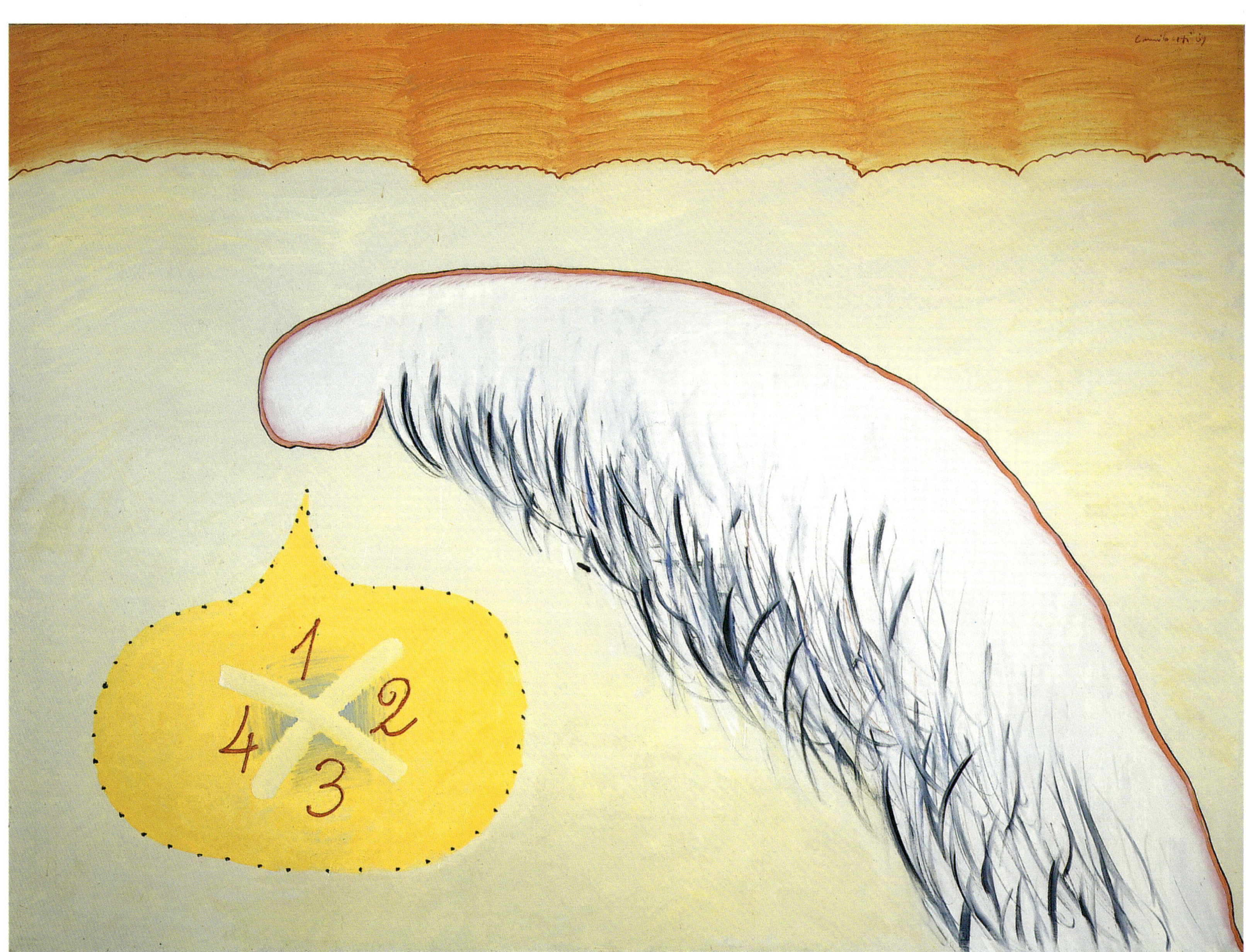

L'arrivo, 1970
tecnica mista su tela/mixed media on canvas, cm 100x120

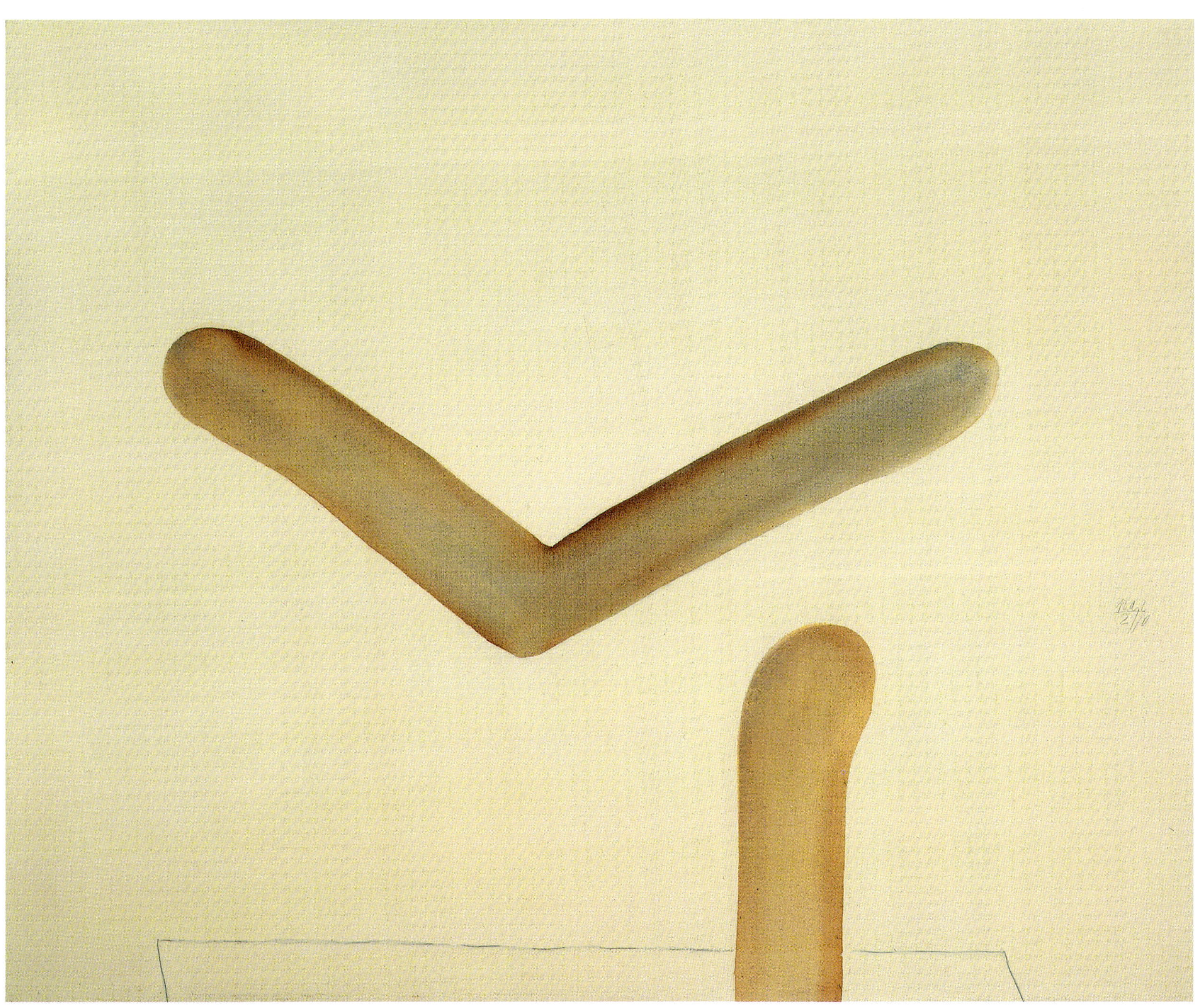

Natura morta nel sole, 1970
olio su tela/oil on canvas, cm 100x120

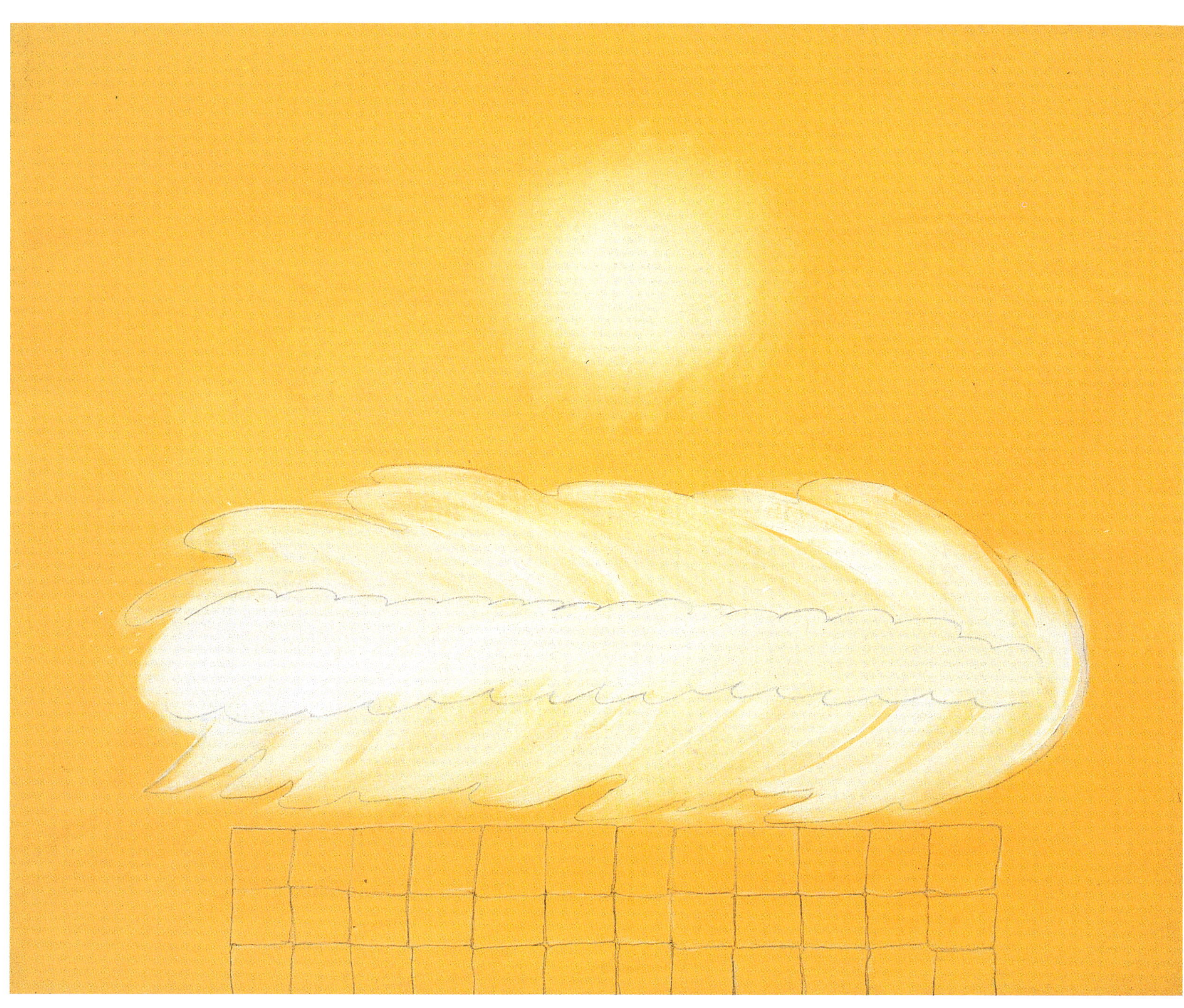

Senza titolo, 1971
frottage e biro su carta/rubbing and ballpoint pen on paper, cm 22,2x28

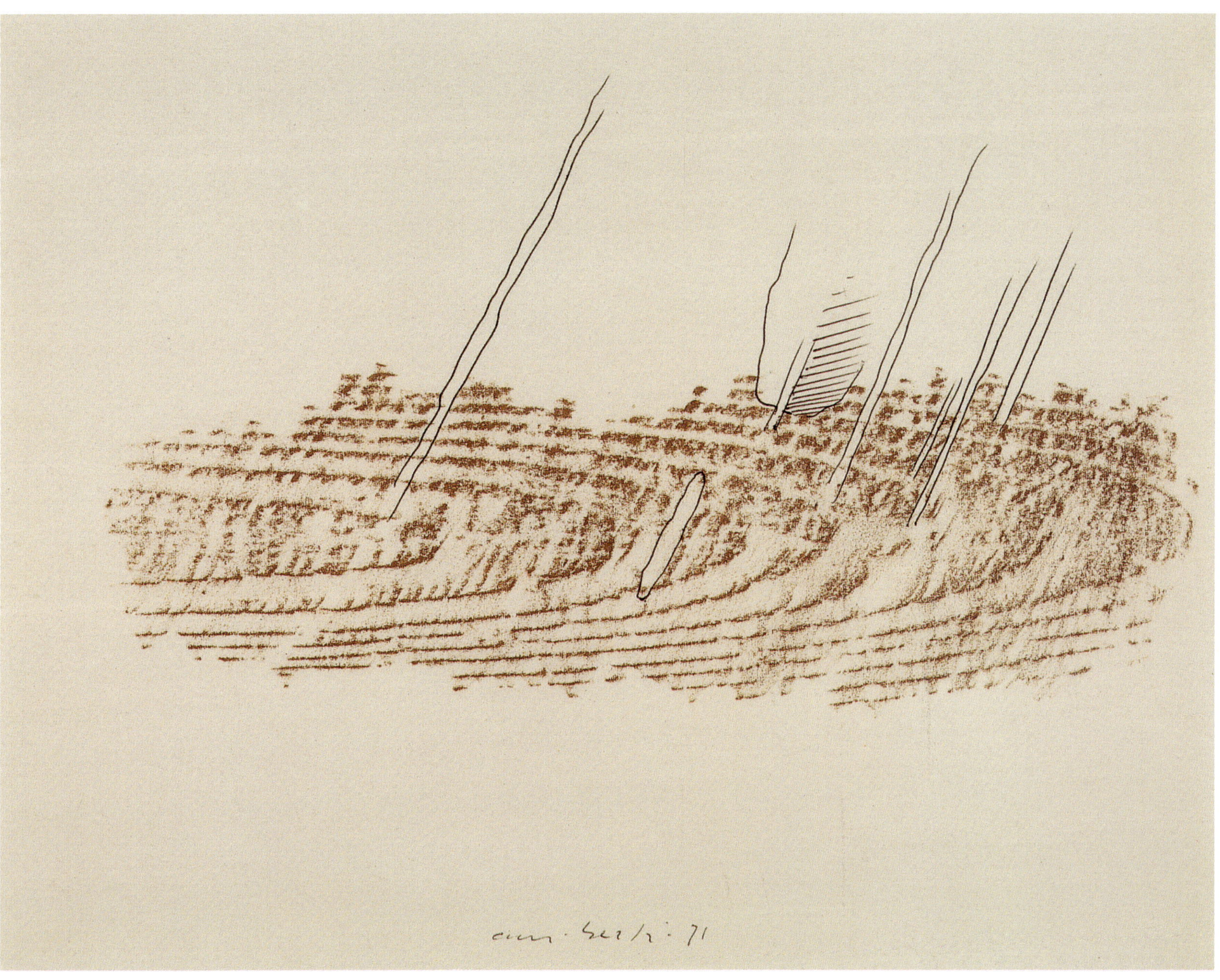

Progetto di sistemazione di una collina, 1972
tecnica mista su tela/mixed media on canvas, cm 100x120

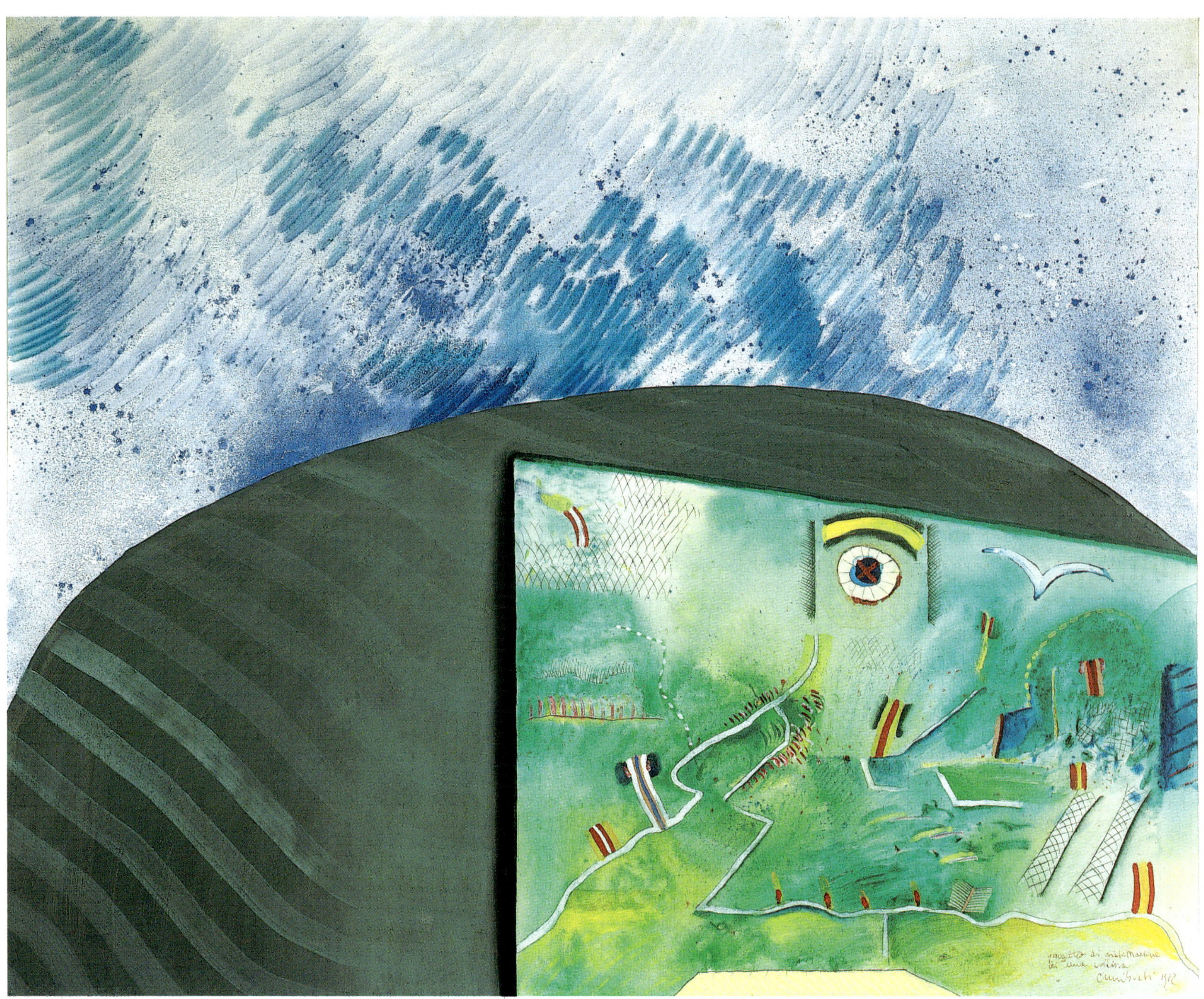

L'angelo del mattino controlla l'agricoltura, 1972
olio su tela/oil on canvas, cm 100x120

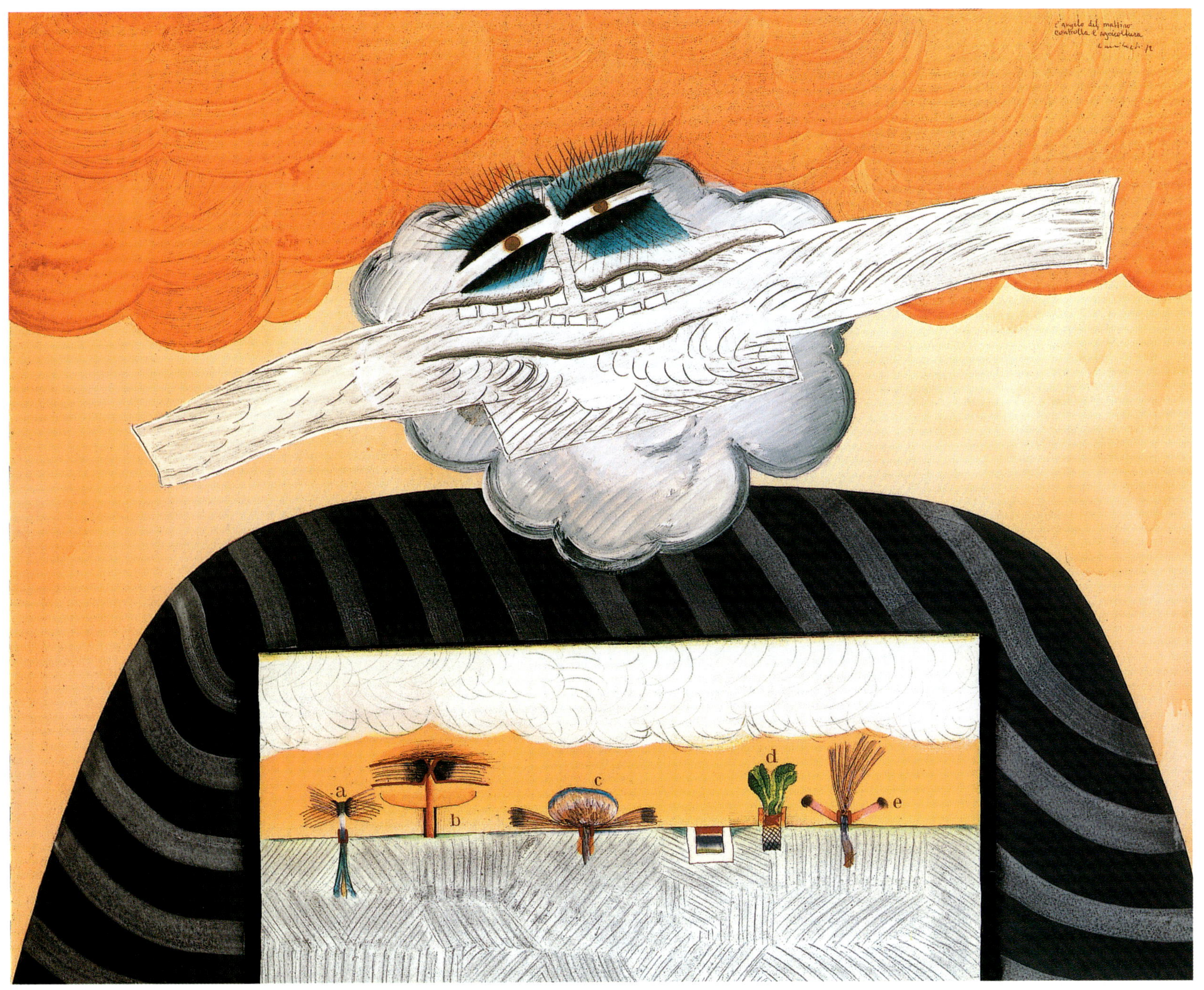

Pioppi due, 1974
tecnica mista su tela/mixed media on canvas, cm 40x50

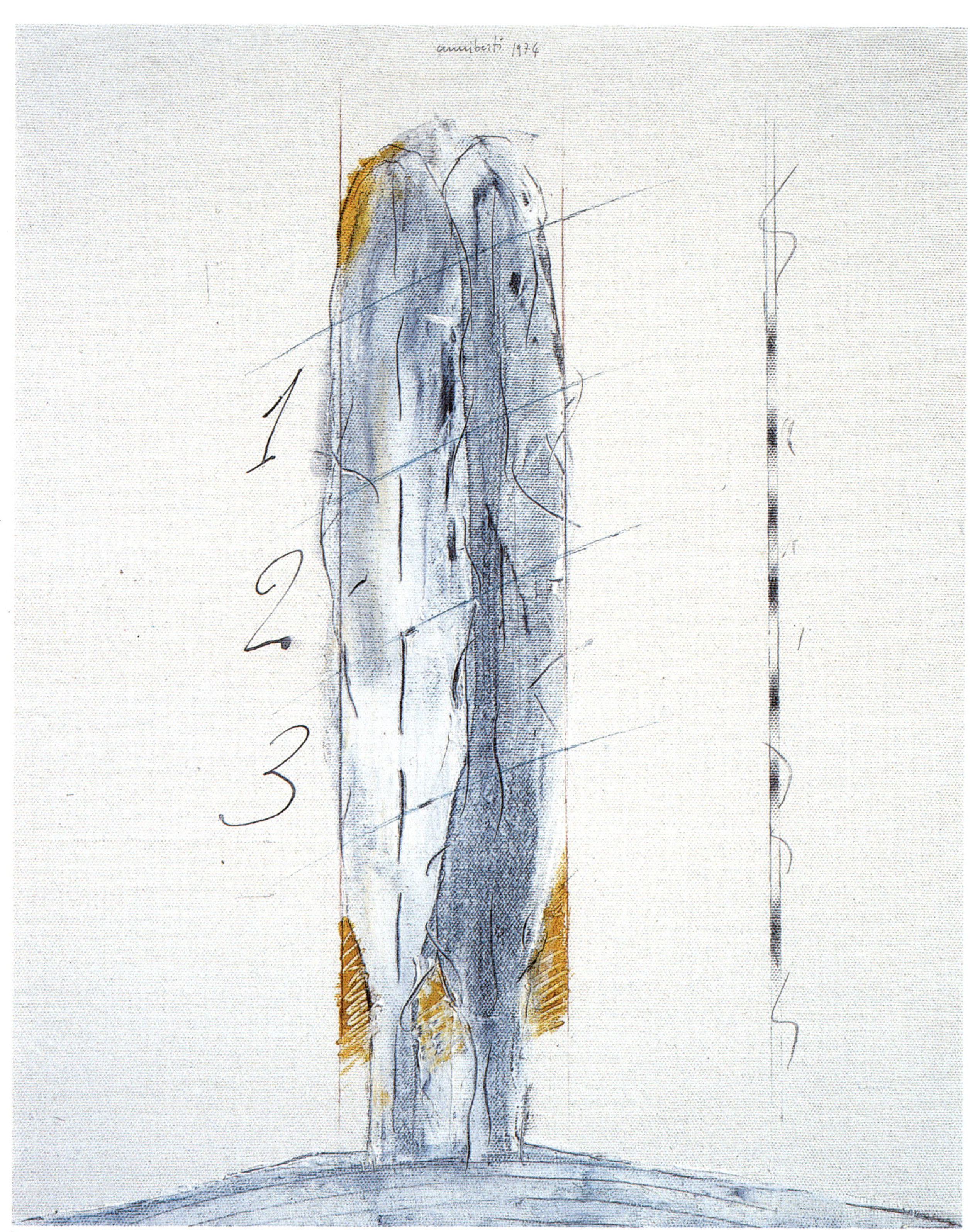

Dalle cronache, 1974
china, pastello su carta/India ink, pastel on paper, cm 22,5x28,4

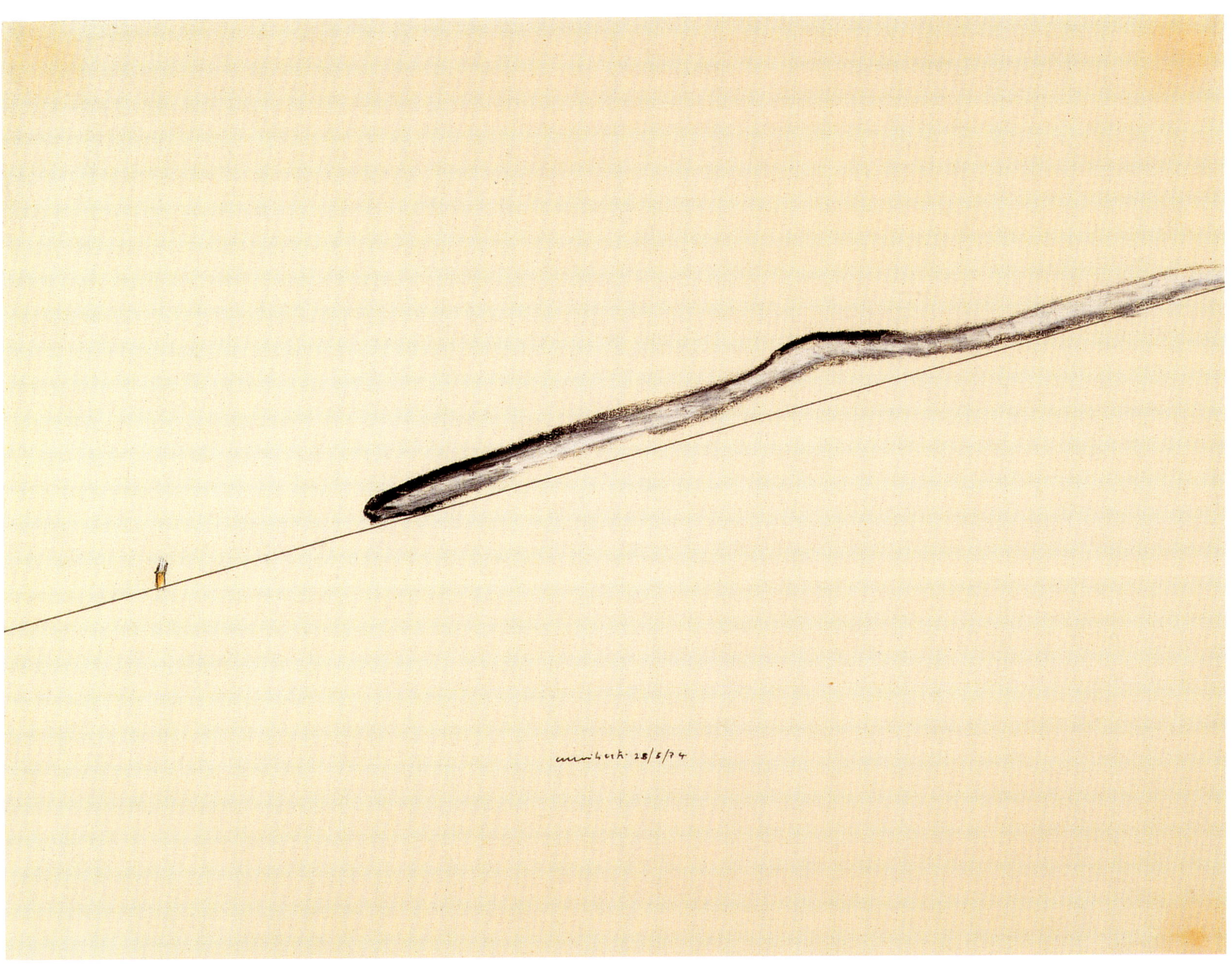

L'Isola sconsigliata, 1974
tecnica mista su carta/mixed media on paper, cm 22x27,8

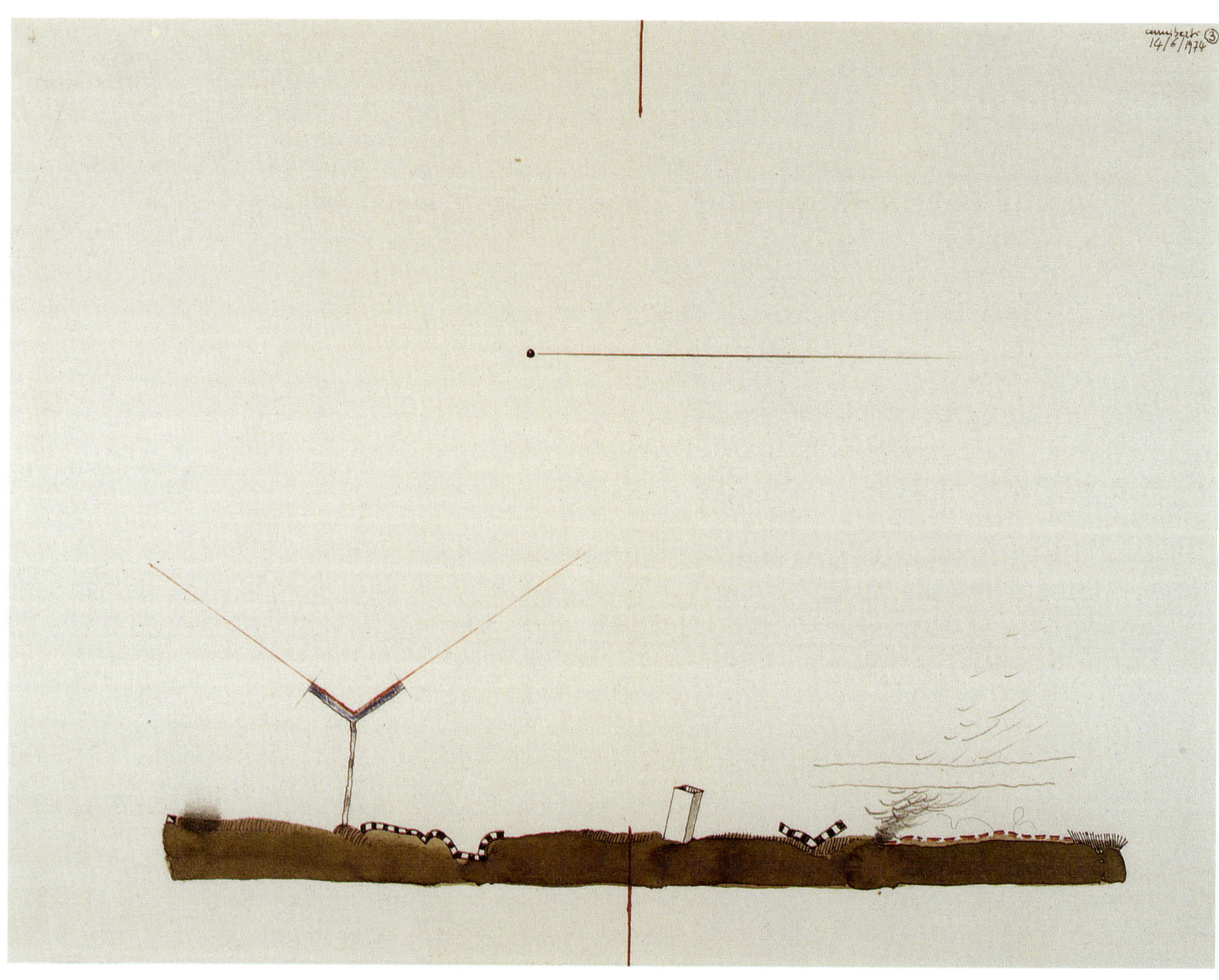

Senza titolo, 1974
china, biro su carta/India ink, ballpoint pen on paper, cm 22,5x28,5

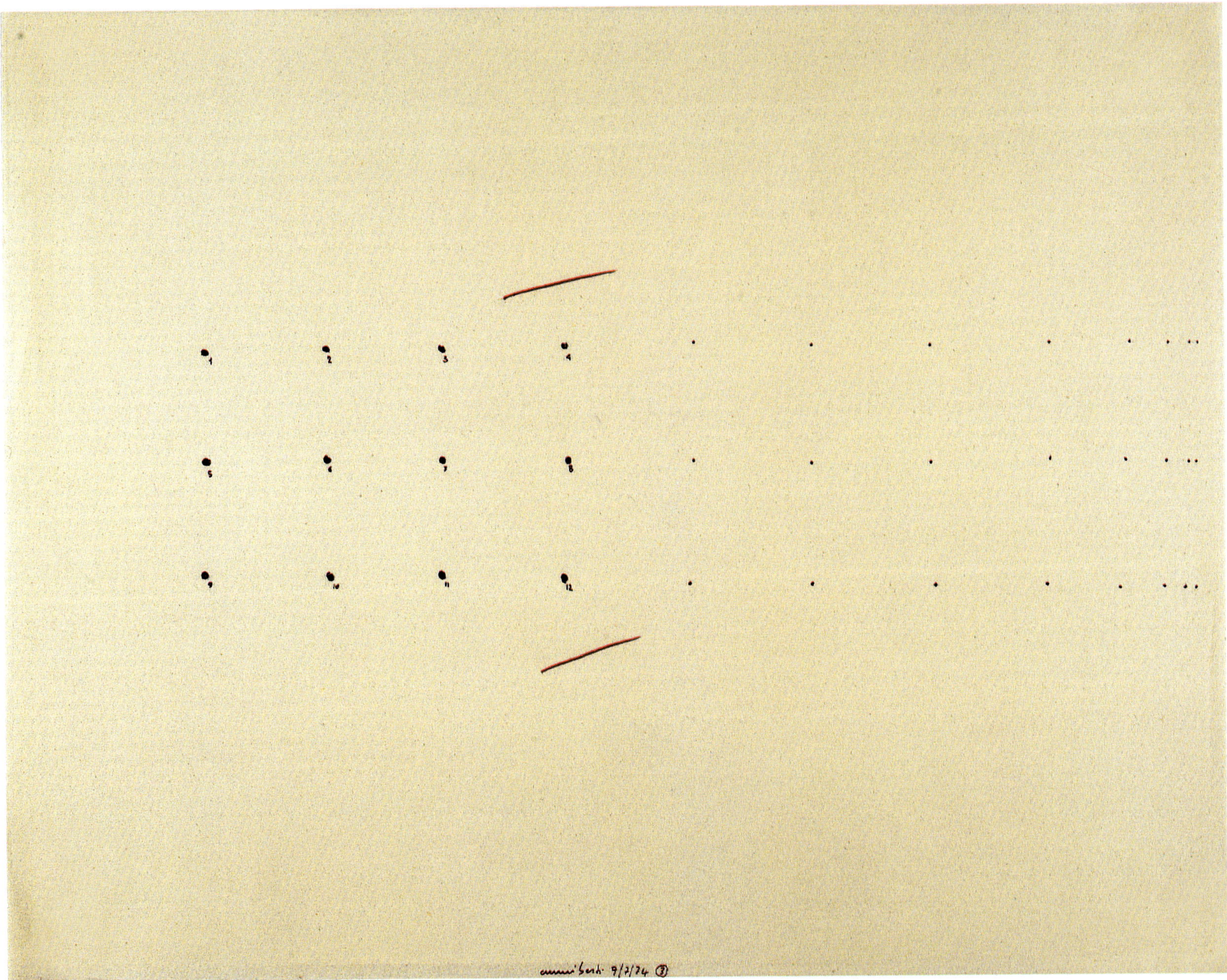

Museo, 1975
pastello, china su carta/pastel, India ink on paper, cm 22x28

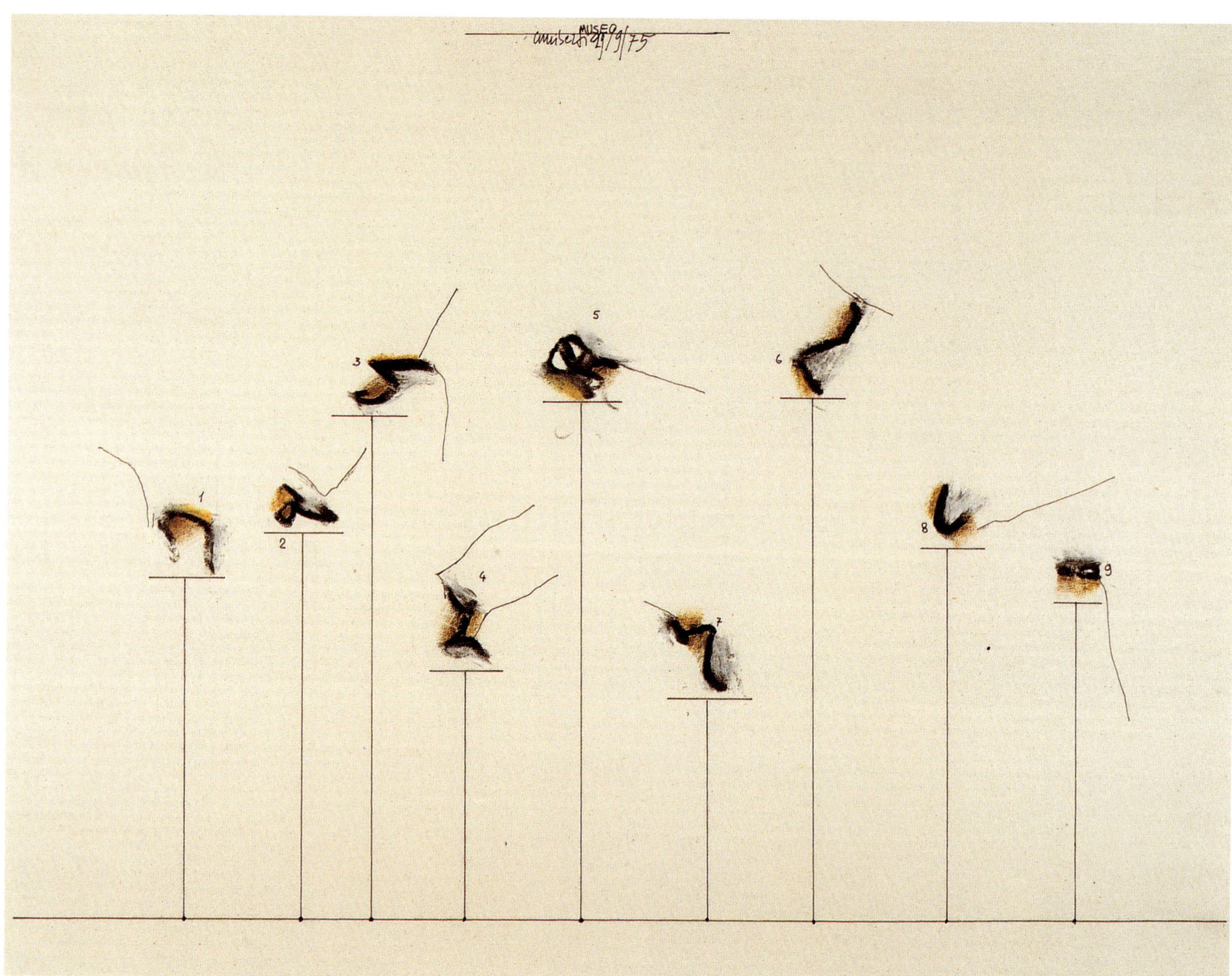

Museo di segni, 1975
pastello, china su carta/pastel, India ink on paper, cm 22,5x27,7

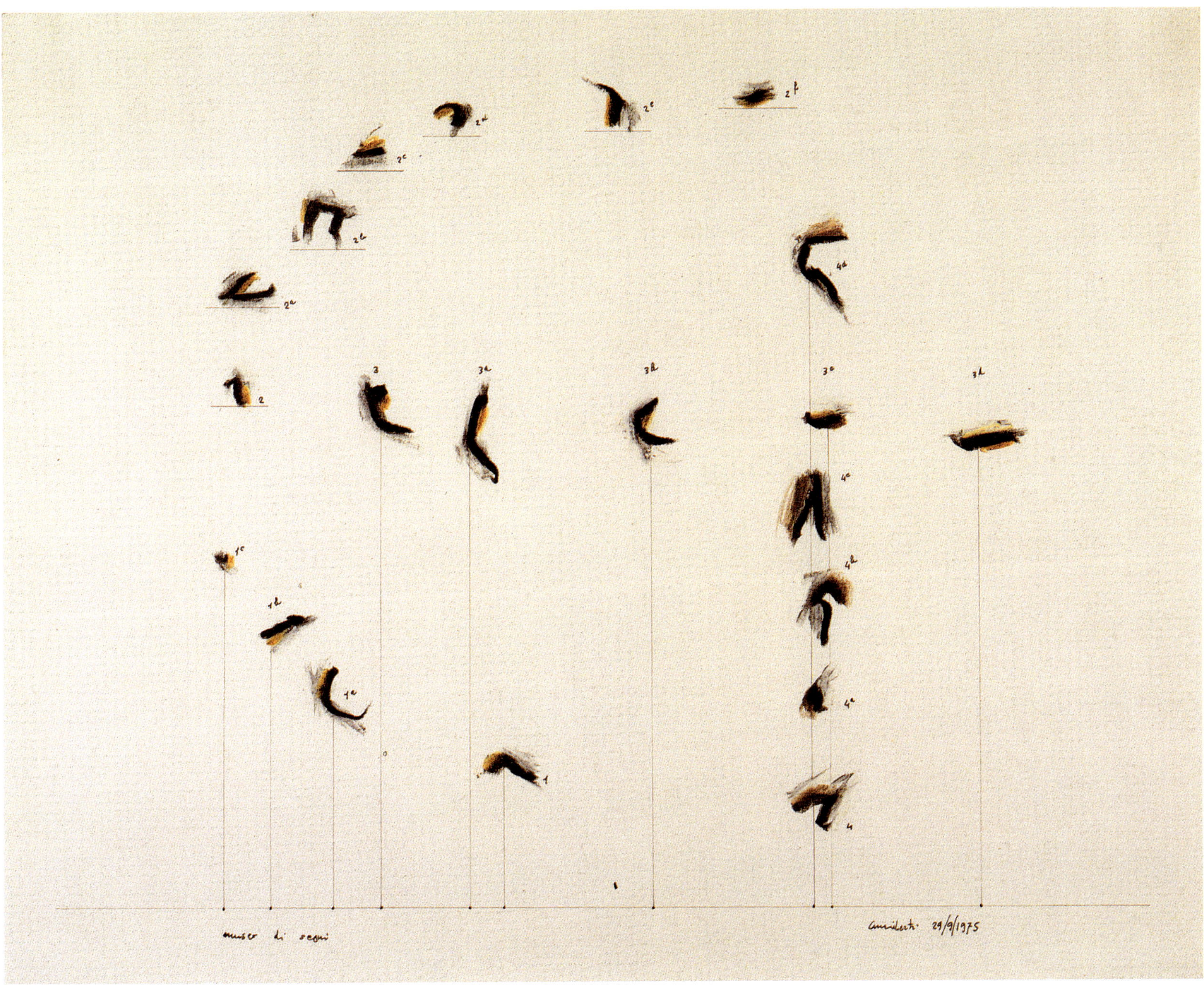

Sfinge, 1976
pastello, acrilico su carta/pastel, acrylic on paper, cm 22x28

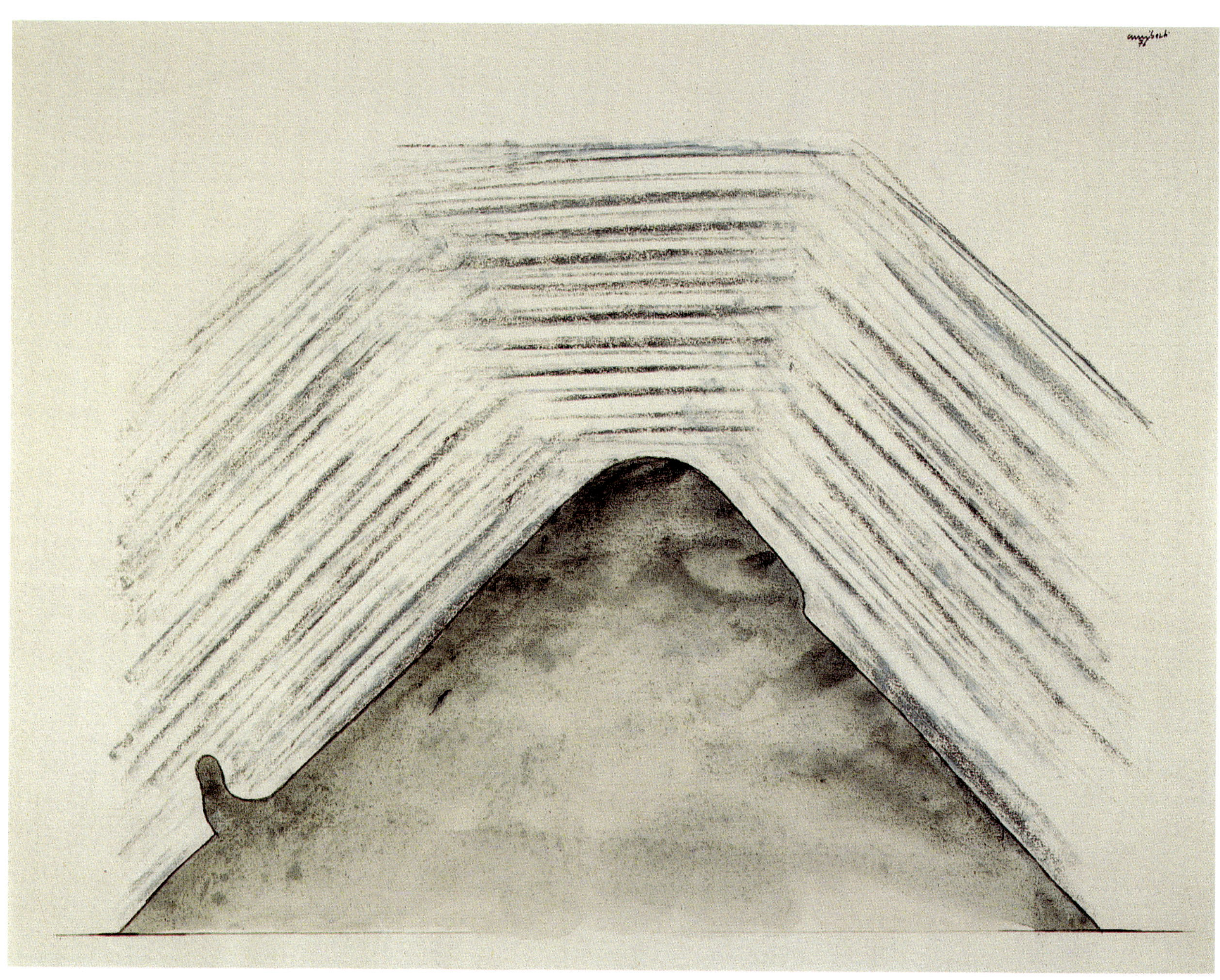

Senza titolo, 1977
acrilico, pastello, biro su carta/acrylic, pastel, ballpoint pen on paper, cm 22x28

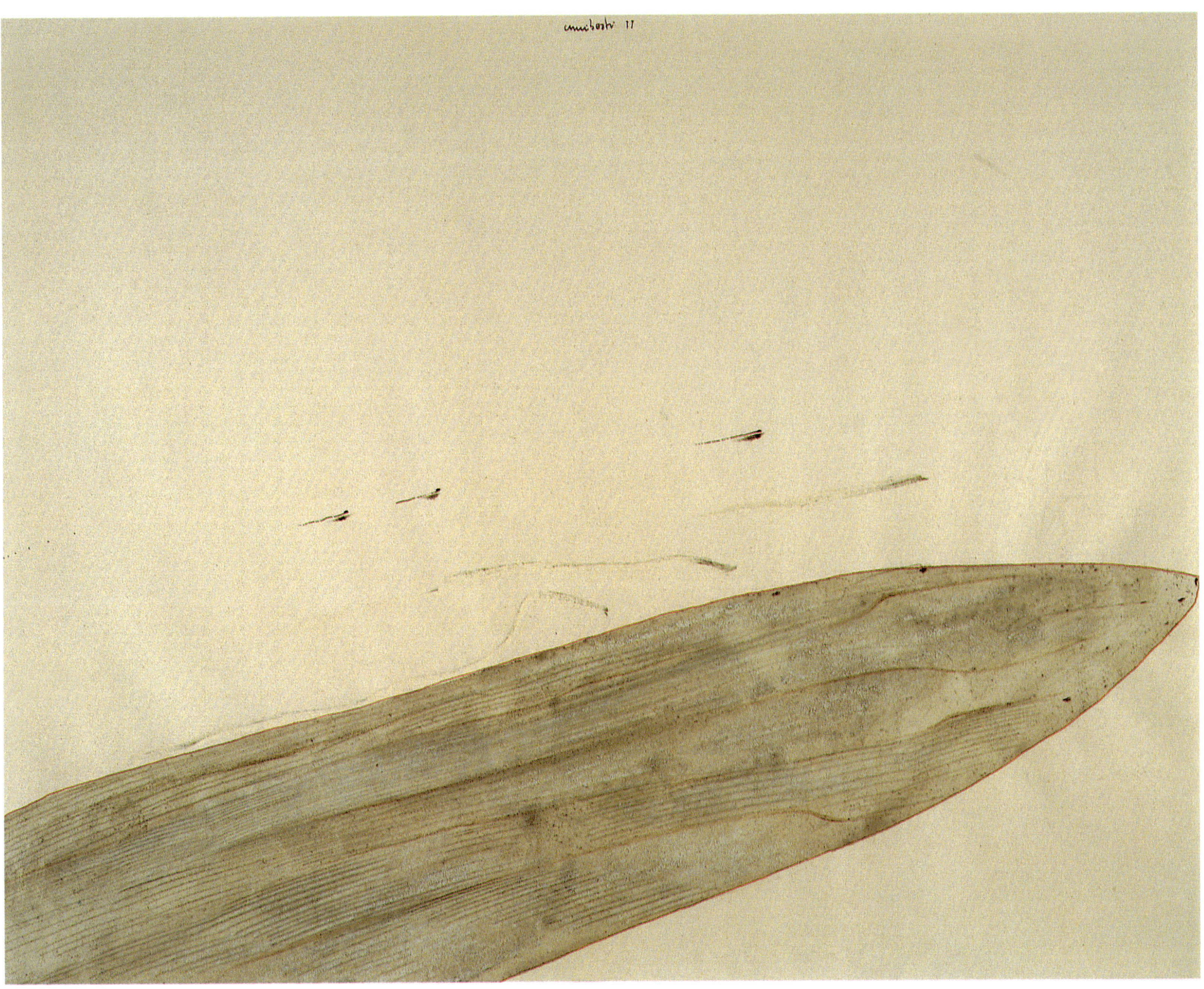

Senza titolo, 1977
china, pastello, grafite su carta/India ink, pastel, graphite on paper, cm 22,5x28

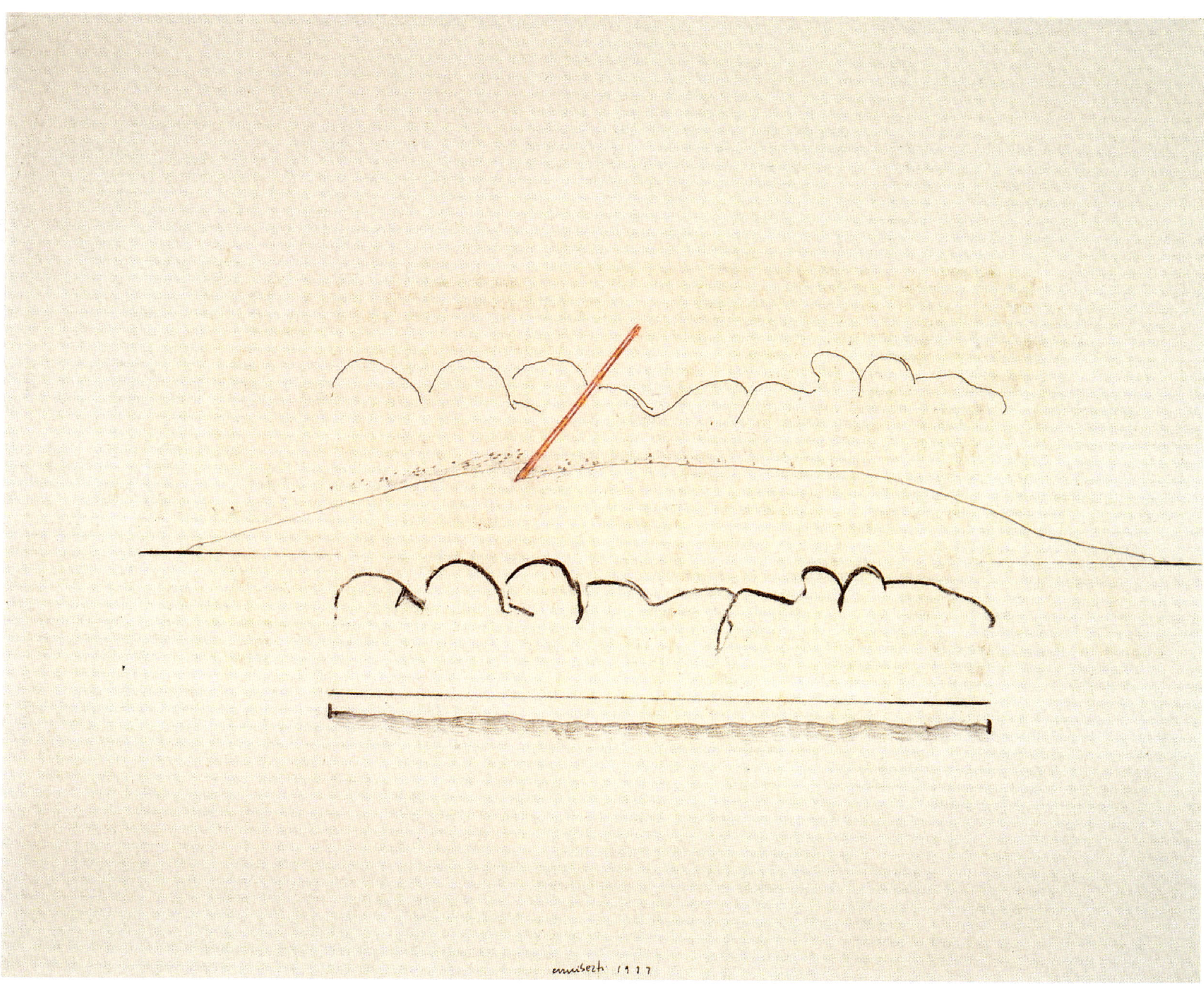

Quattro, 1977
tecnica mista su tela/mixed media on canvas, cm 80x99,5

Raccolta di lacrime, 1977
tecnica mista su tela/mixed media on canvas, cm 50x75

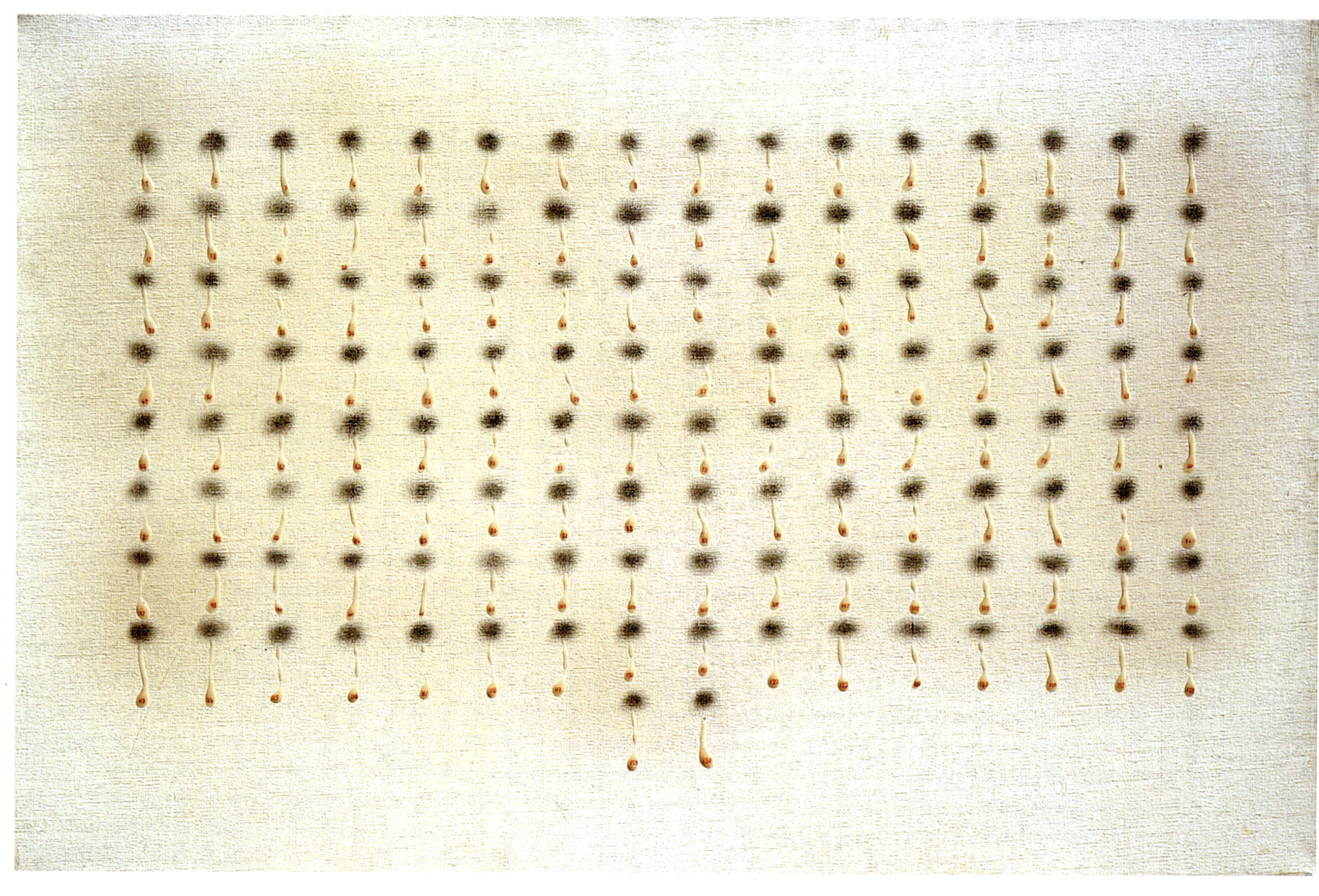

Natura morta con tre piani e sette segni inutili, 1979
acrilico, biro su masonite/acrylic, ballpoint pen on masonite, cm 28,2x32,2

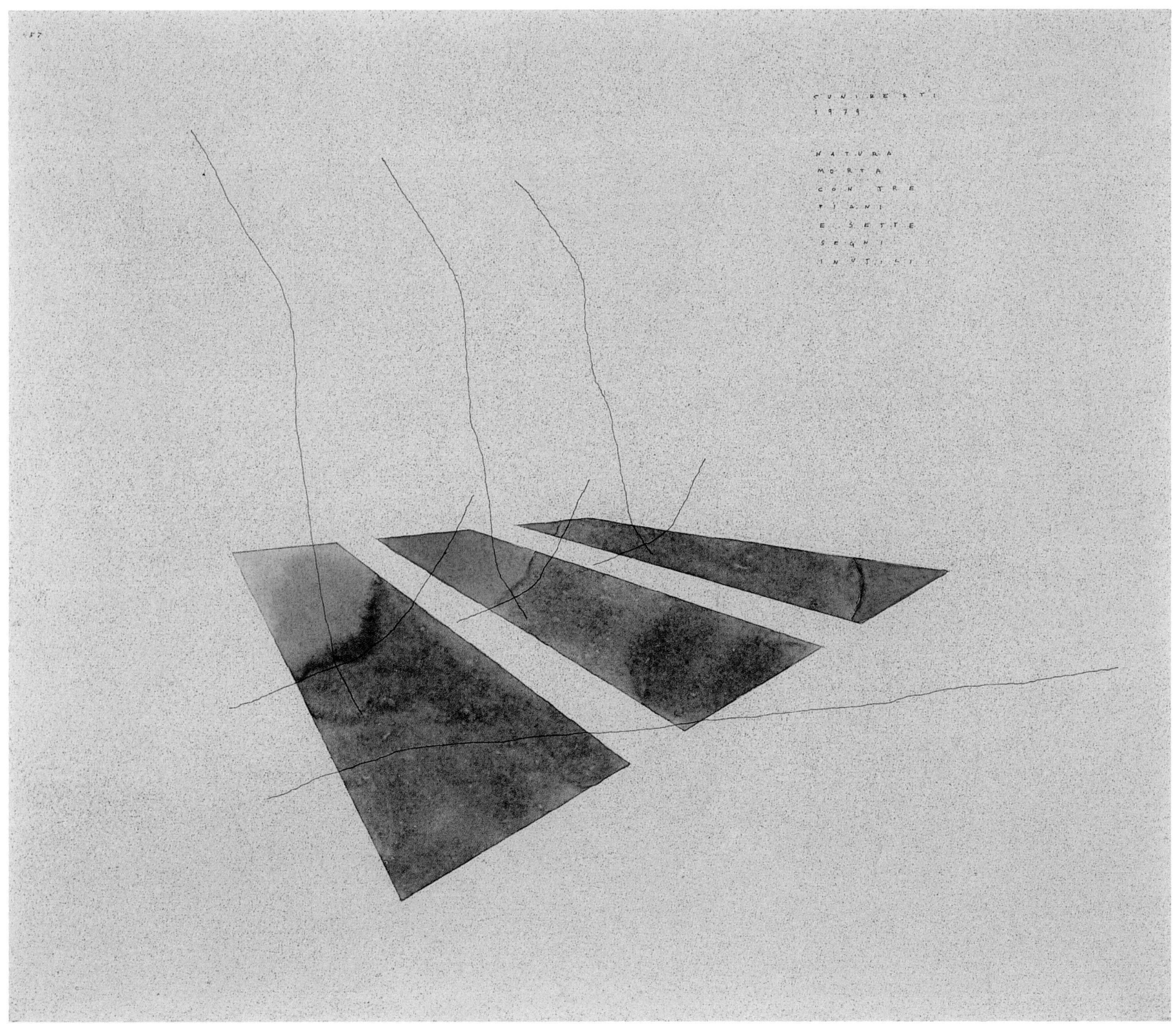

La mia geometria è malata, 1979
acrilico, biro su masonite/acrylic, ballpoint pen on masonite, cm 25,2x32,2

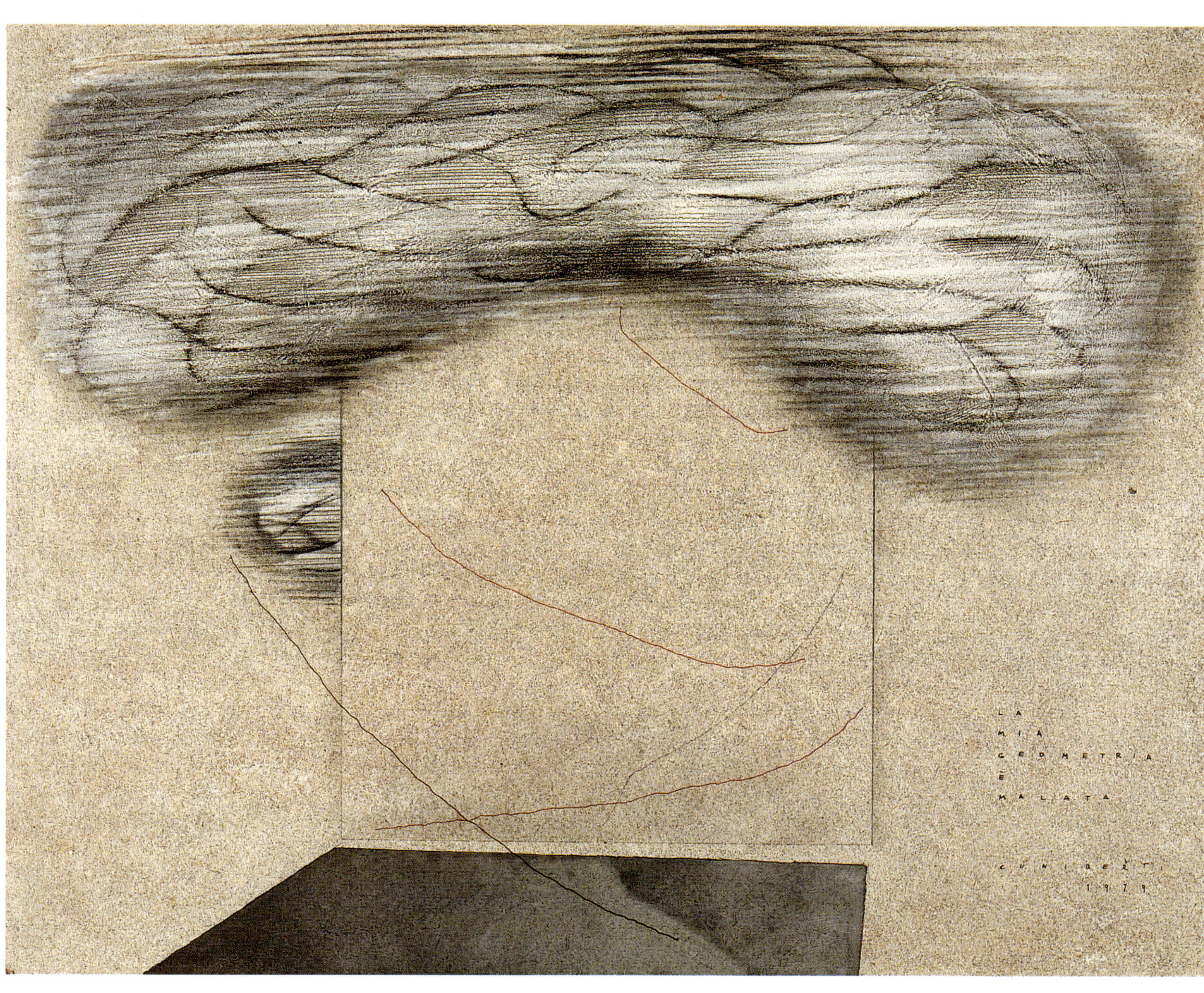

Casa S. nei pressi del lago N. e dei monti 1 2 3, 1979
acrilico, china, grafite su masonite/acrylic, India ink, graphite on masonite, cm 25,1x31,7

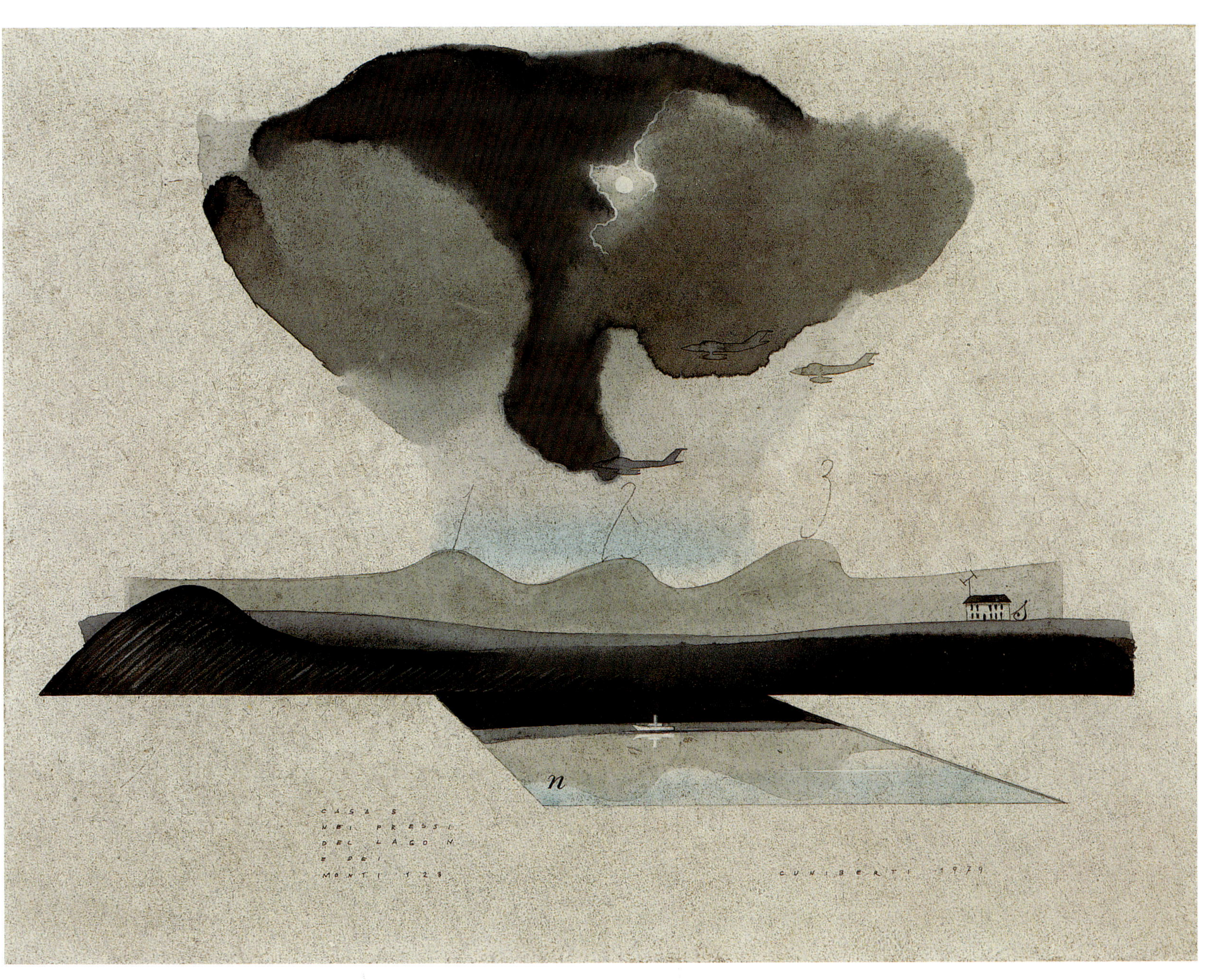

Sono in scena i vegetali "A" e "B", 1979
acrilico, china, grafite su masonite/acrylic, India ink, graphite on masonite, cm 26,2x34

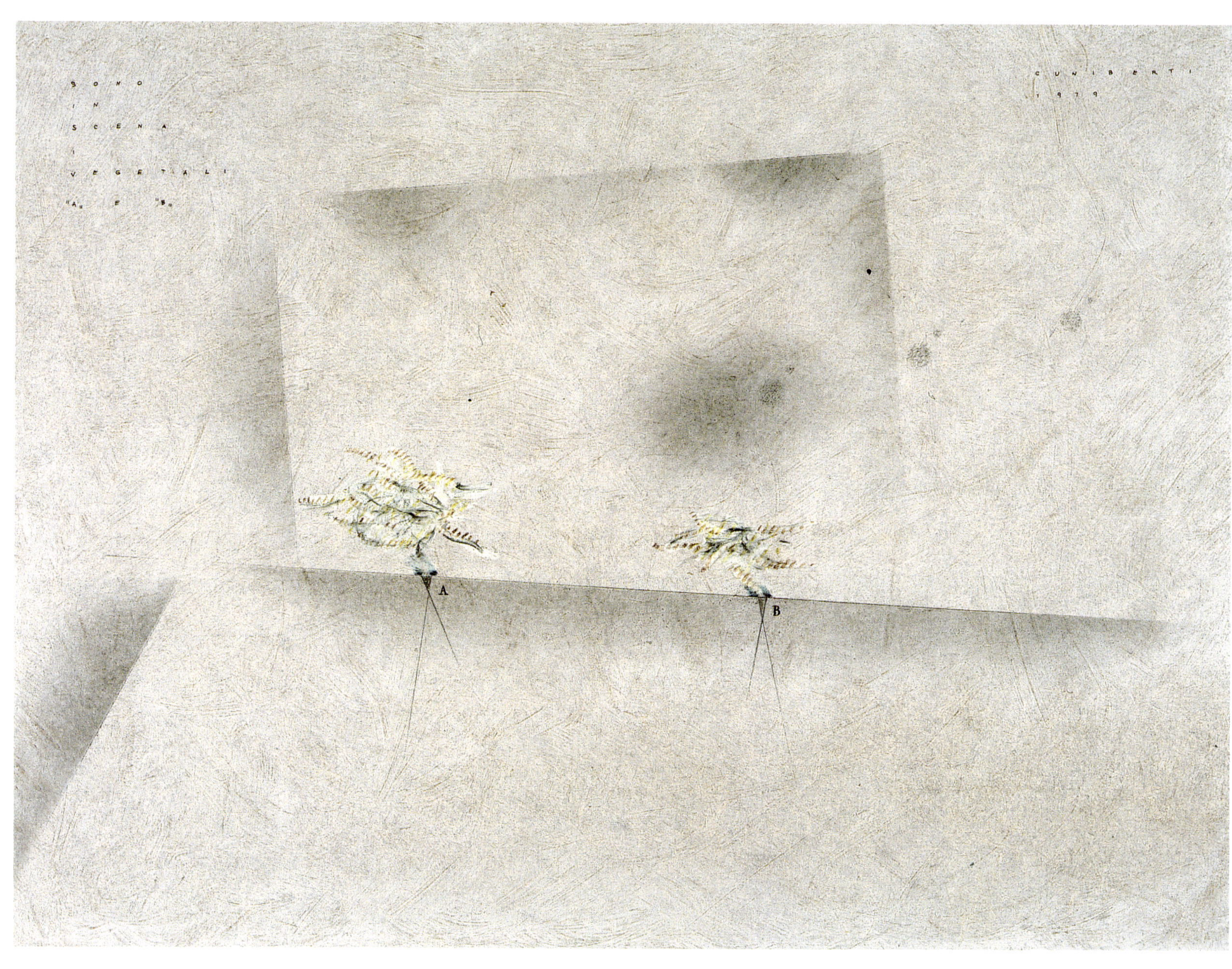

La frana M - N nei pressi della casa R, 1980
acrilico, china, matite colorate su masonite/acrylic, India ink, colored pencil on masonite, cm 28x32,9

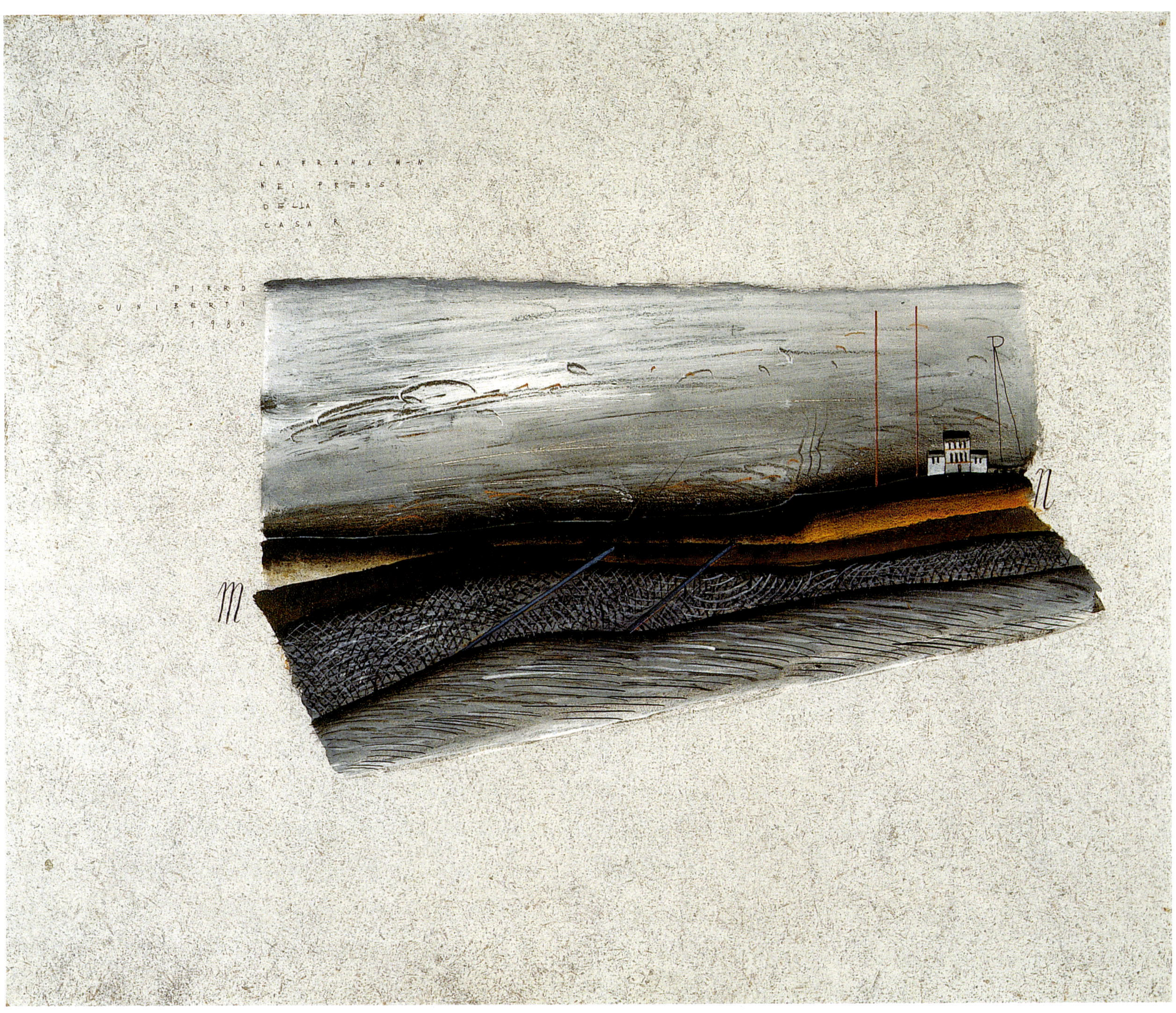

La collina N sul mare di M, 1980
acrilico, china, grafite su masonite/acrylic, India ink, graphite on masonite, cm 25x31,8

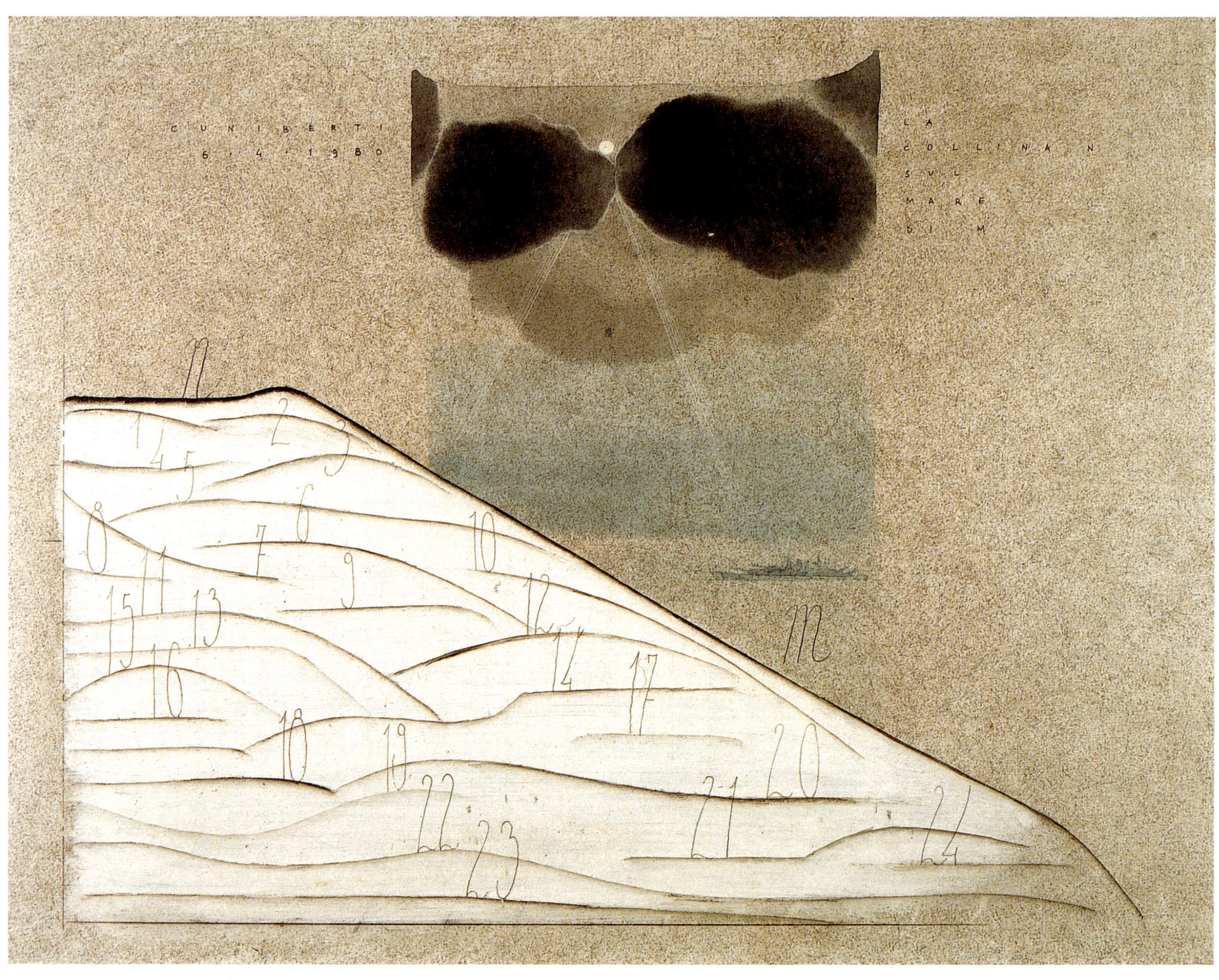

Gli alberi 1. 2. 3. 4. sul crinale P - P', 1981
acrilico, china, grafite su masonite/acrylic, India ink, graphite on masonite, cm 33,7x42,8

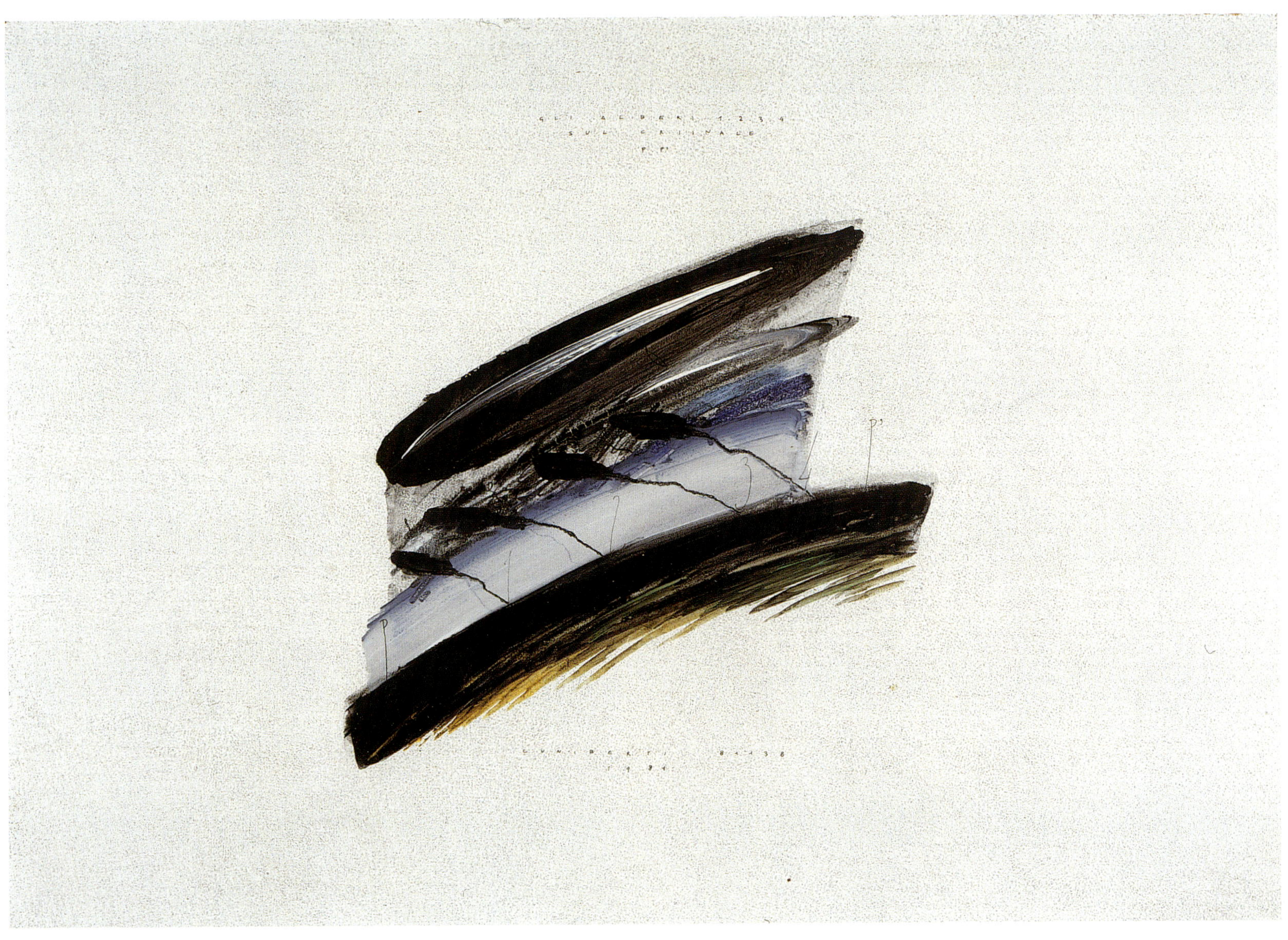

La casa S. al passo X., 1981
pastello, matite colorate, grafite, china su masonite/pastel, colored pencil, graphite, India ink on masonite, cm 33x42,3

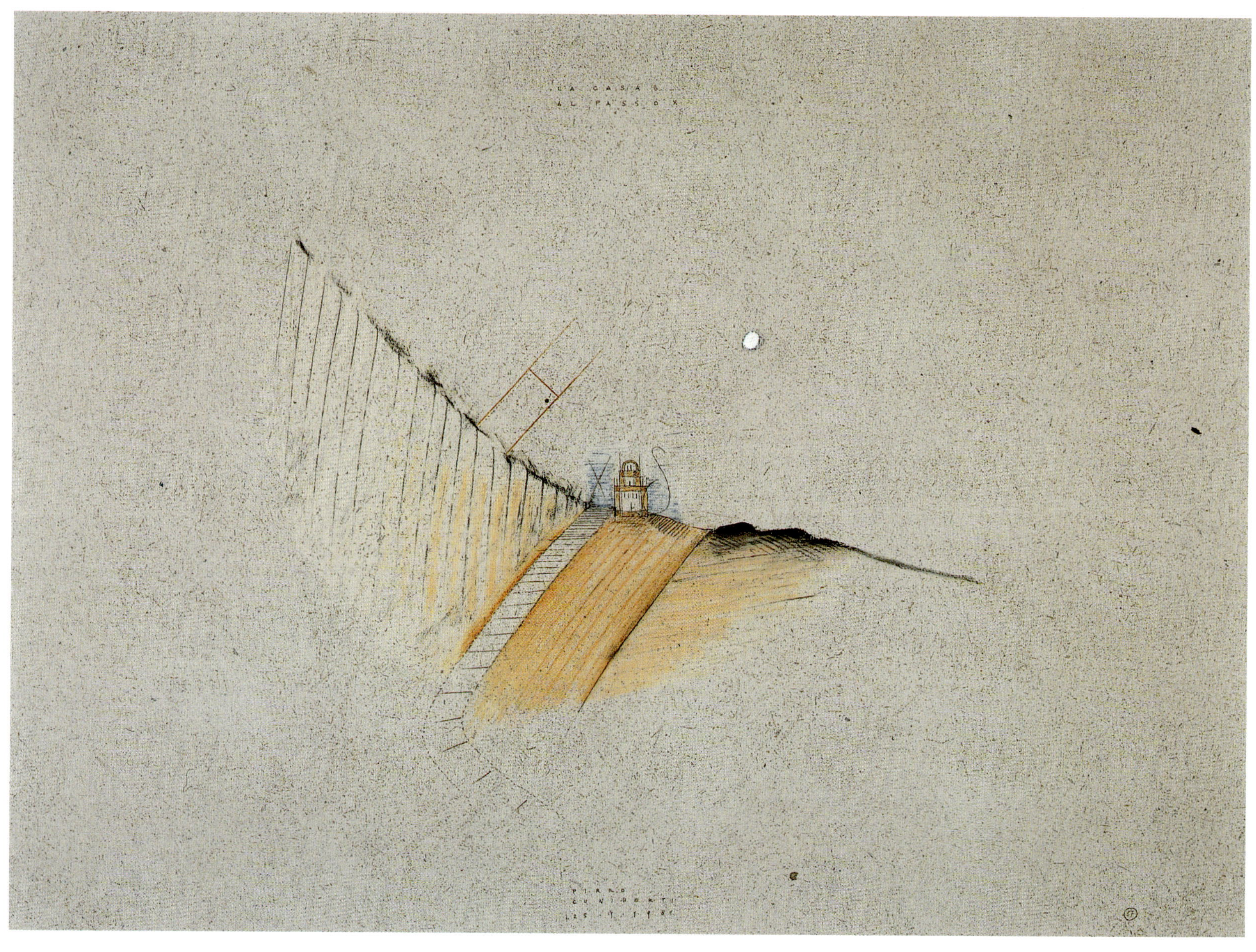

Paesaggio con il triangolo P. Y. R. nei pressi degli alberi M. ed N., 1981
acrilico, matite colorate, china su masonite/acrylic, colored pencil, India ink on masonite, cm 43,3x56

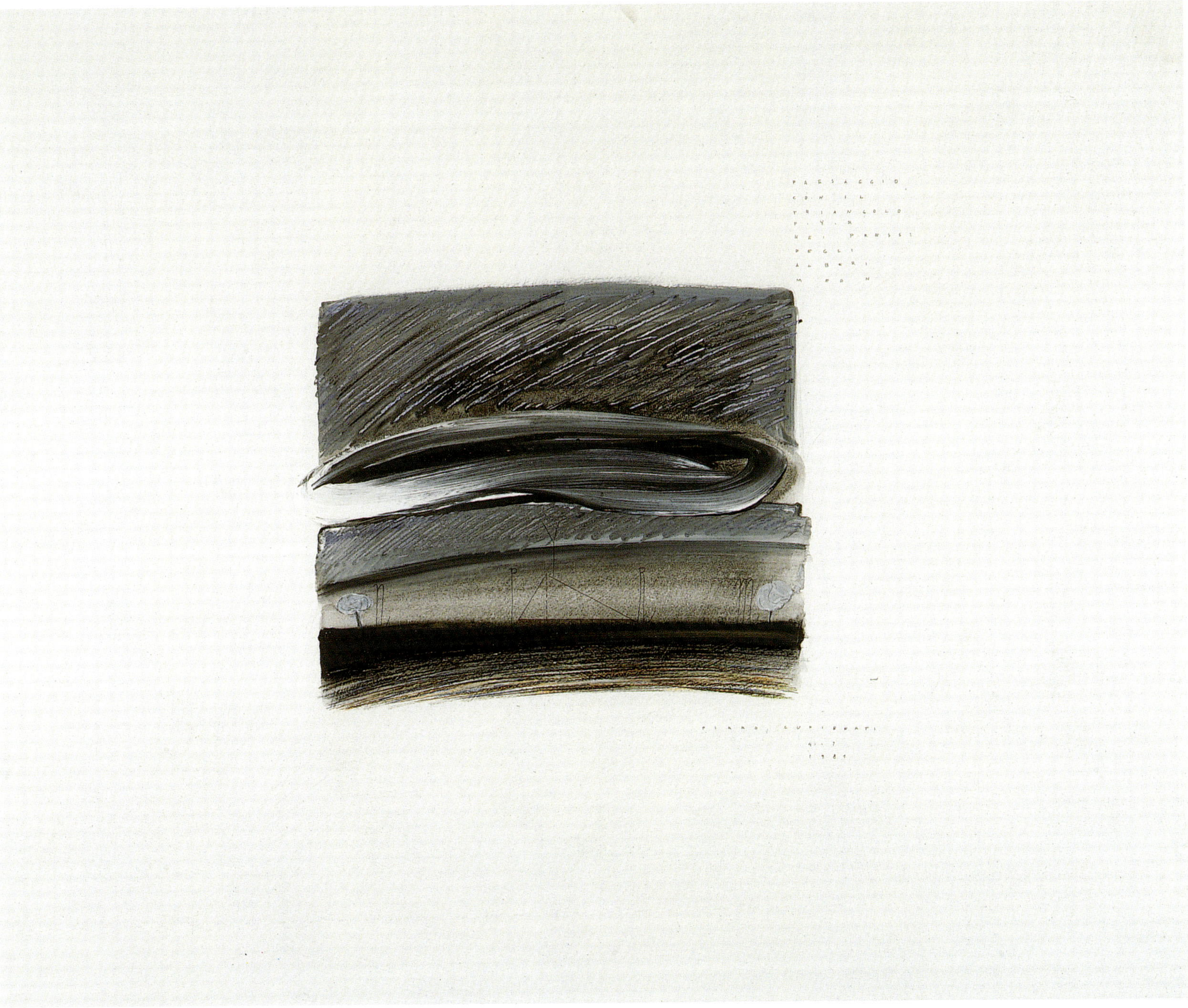

Una foglia da leggere, 1981
grafite, matite colorate su masonite/graphite, colored pensil on masonite, cm 33x42,2

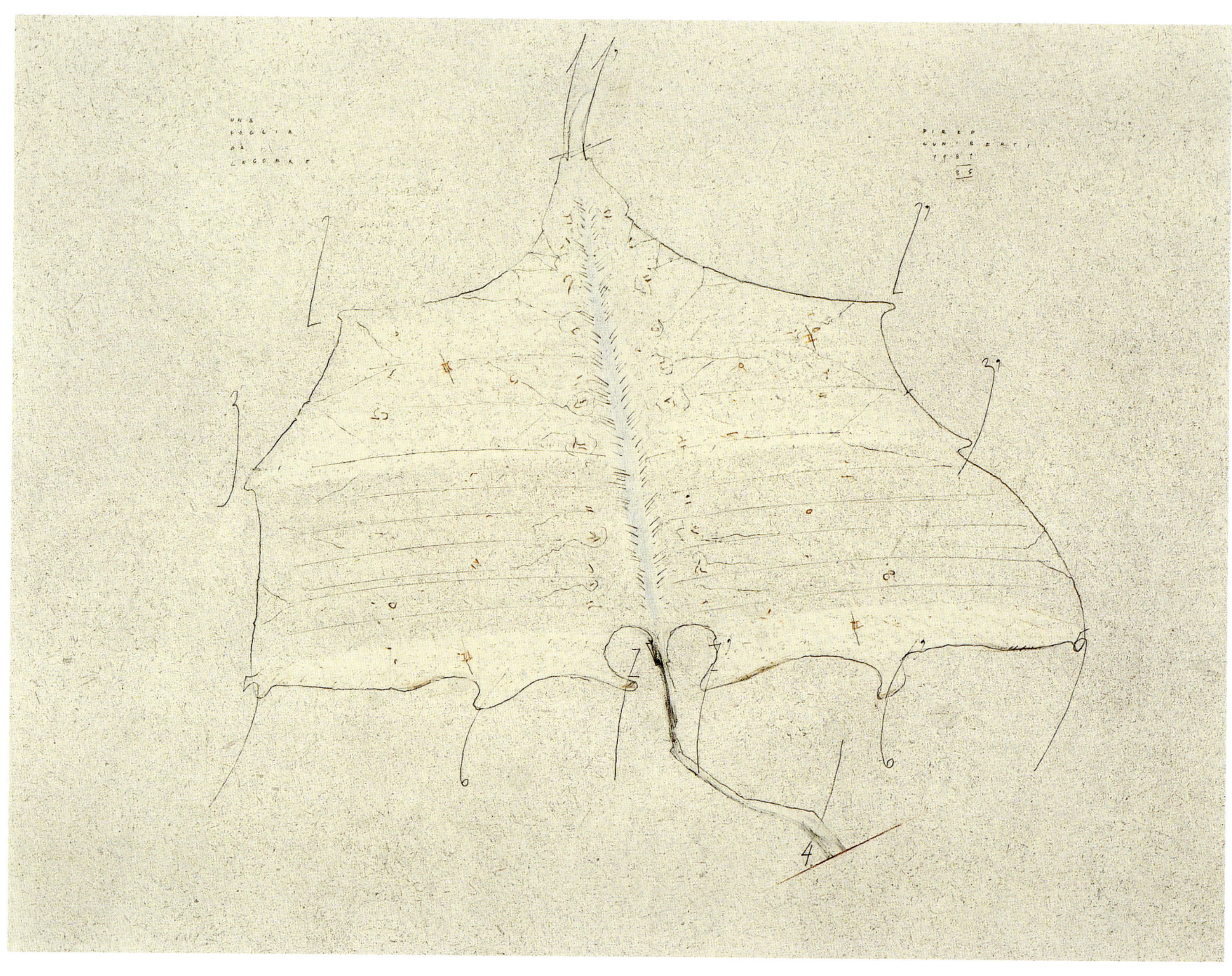

La casa di P. aeronauta mancato nei pressi del passo W., 1981
acrilico, matite colorate, tempera su masonite/acrylic, colored pencil, tempera on masonite, cm 33x42

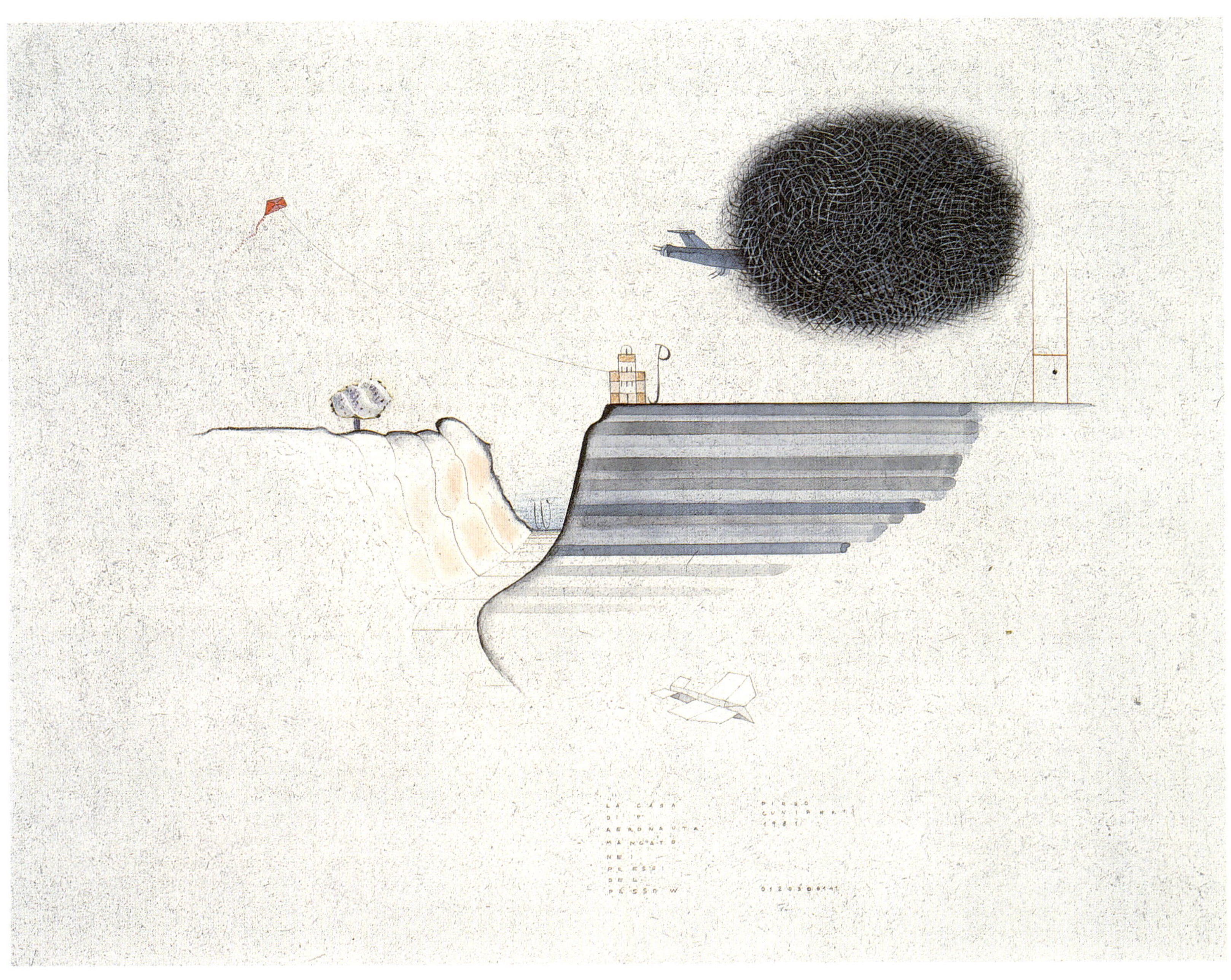

Il signor A adoratore di segni inutili, 1982
acrilico, matite colorate, grafite su masonite/acrylic, colored pencil, graphite on masonite, cm 43x33

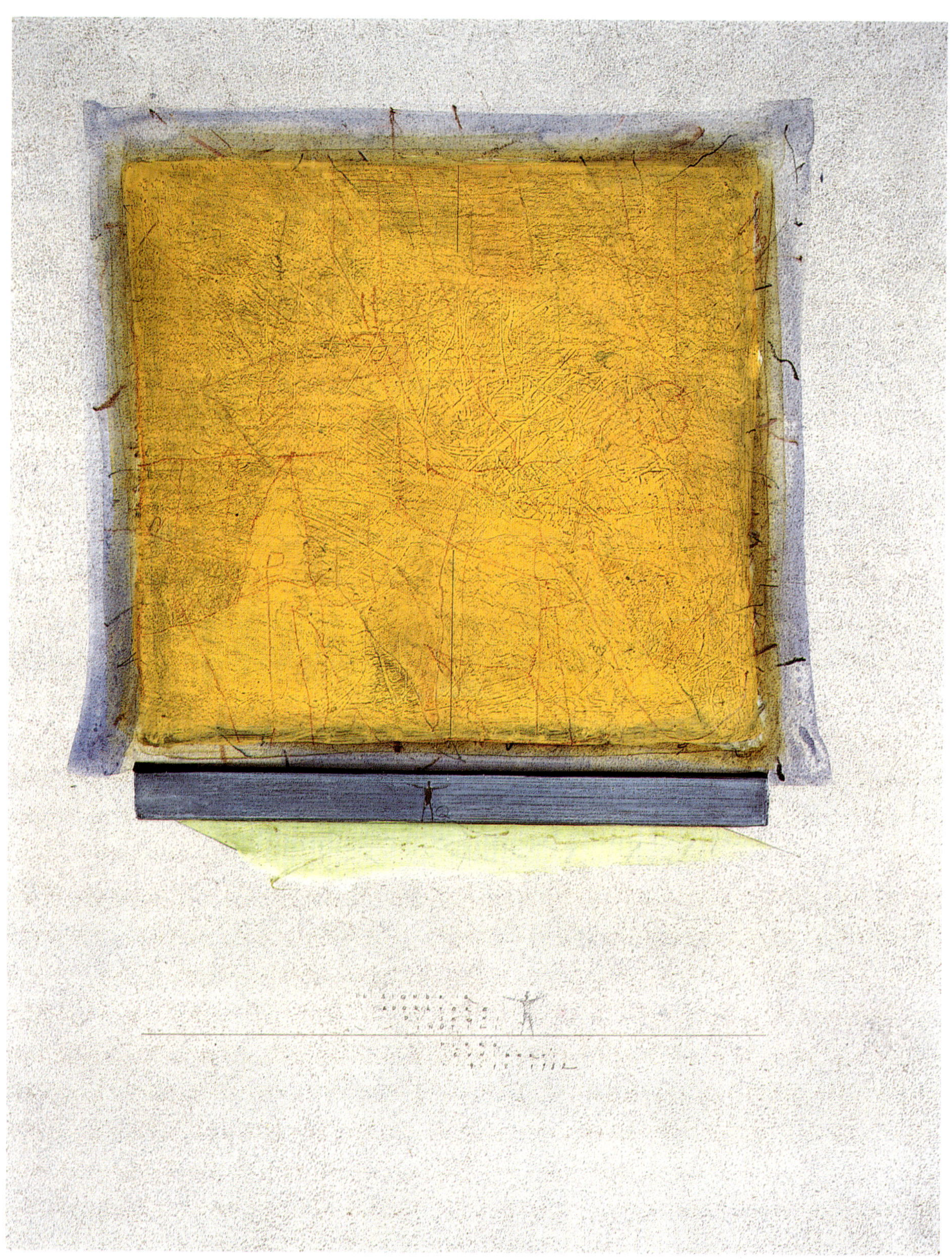

Il paese 666, 1983
acrilico su carta/acrylic on paper, cm 16x19,3

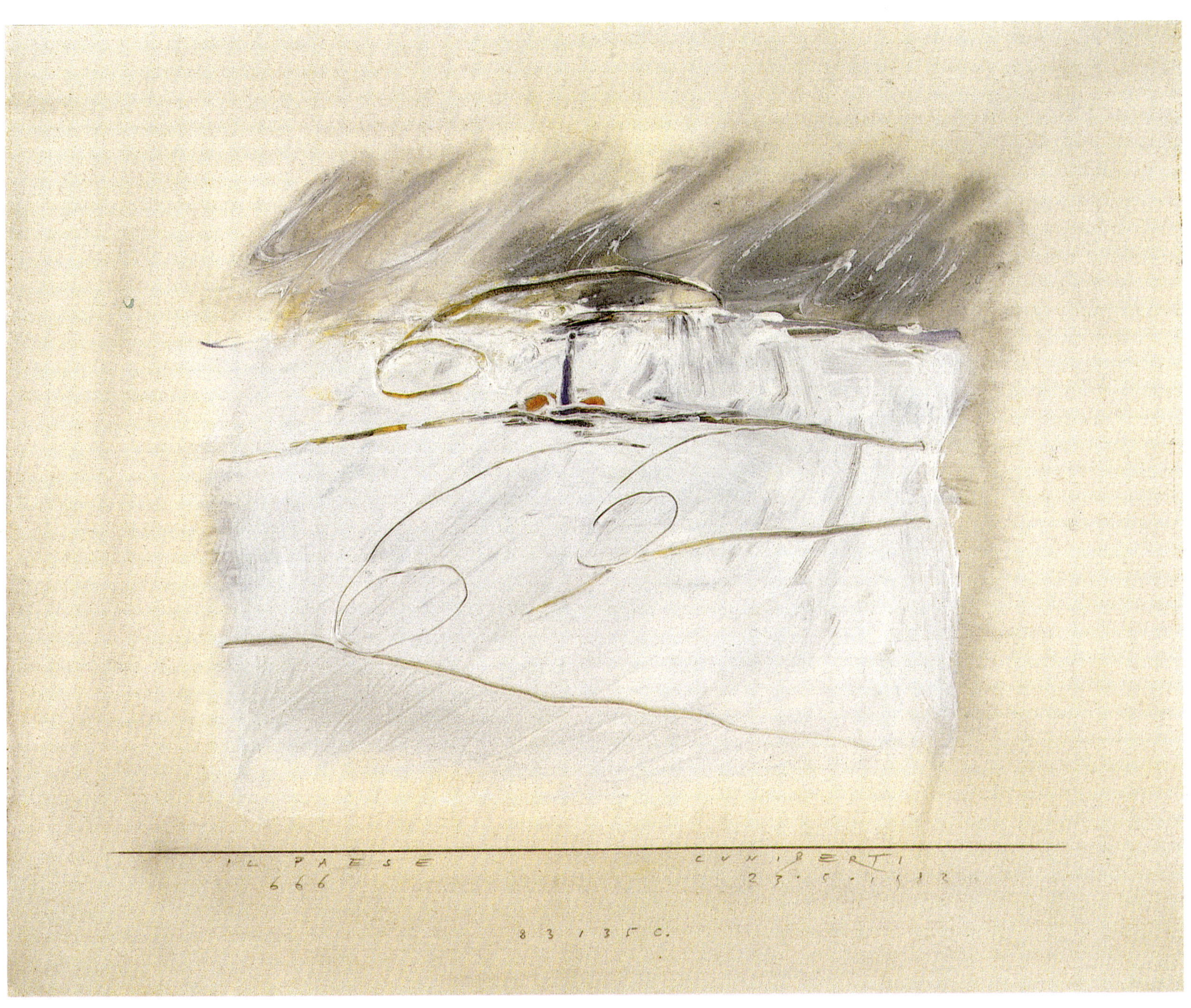

Dai racconti del metereologo P., 1983
acrilico, matite colorate su masonite/acrylic, colored pencil on masonite, cm 32,4x28

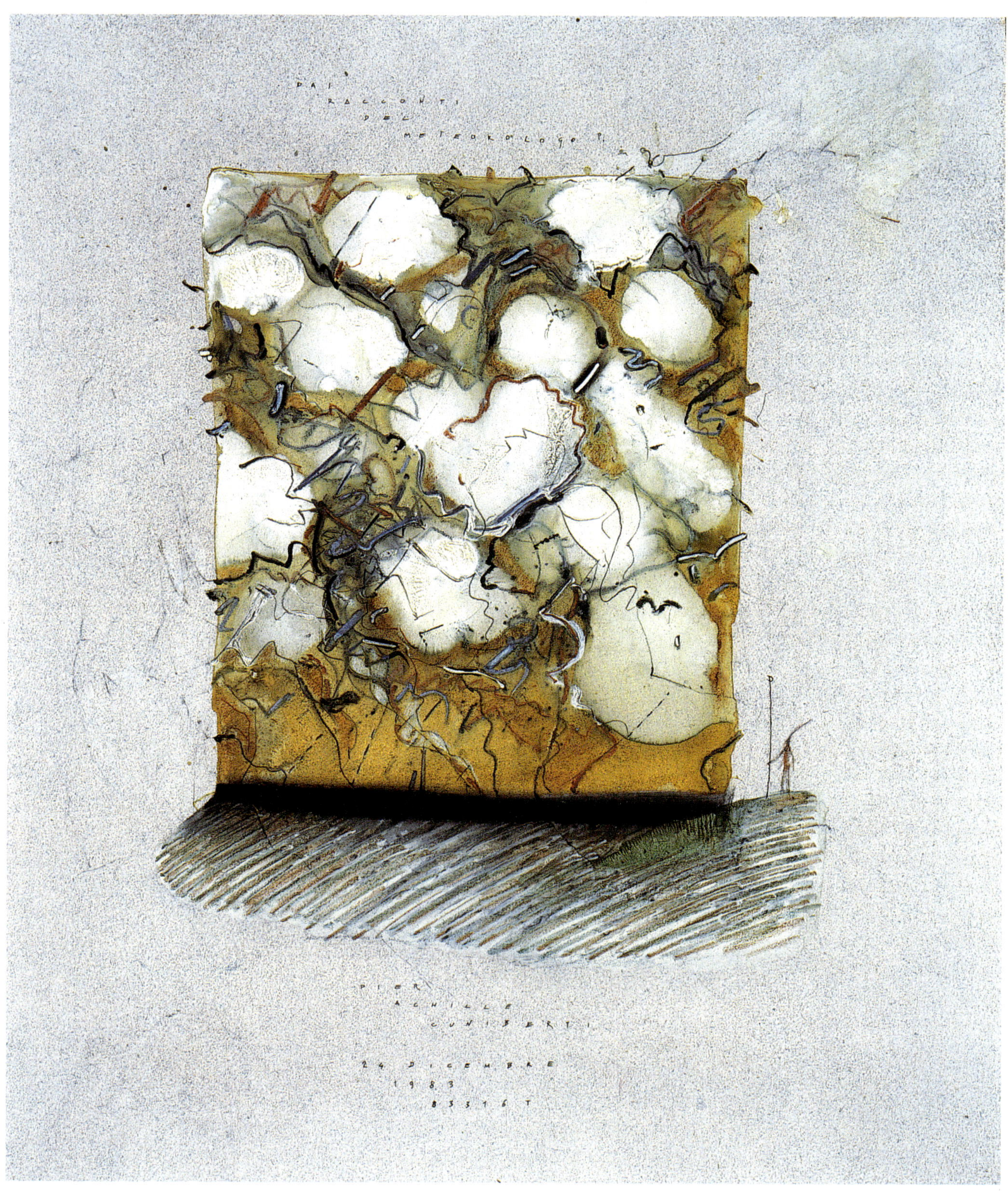

Mappa del paese dei segni, 1983
acrilico, matite colorate, grafite su masonite/acrylic, colored pencil, graphite on masonite, cm 41x33

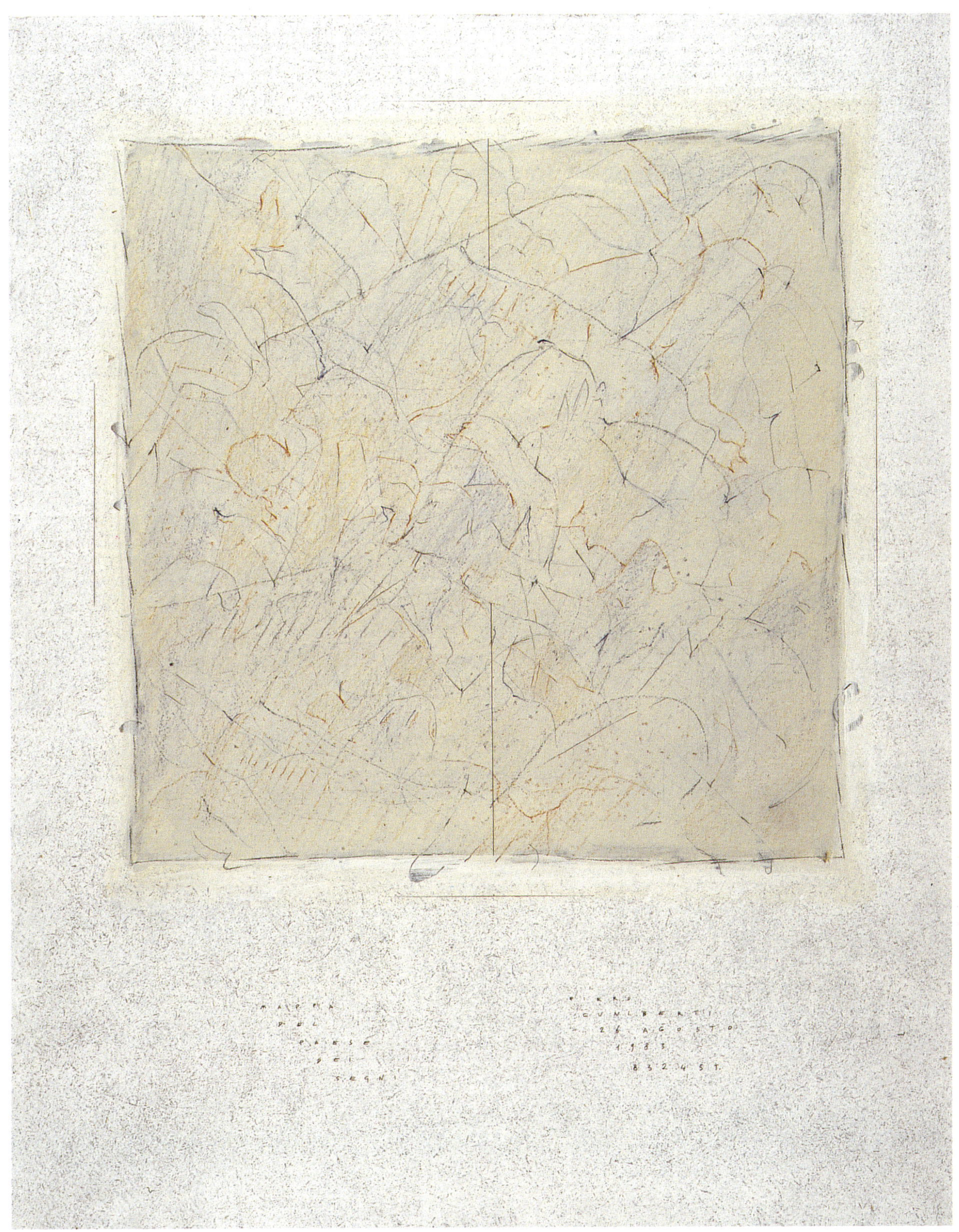

Il primo battito d'ala di Icaro, 1983
acrilico, matite colorate, grafite su masonite/acrylic, colored pencil, graphite on masonite, cm 28,3x32,2

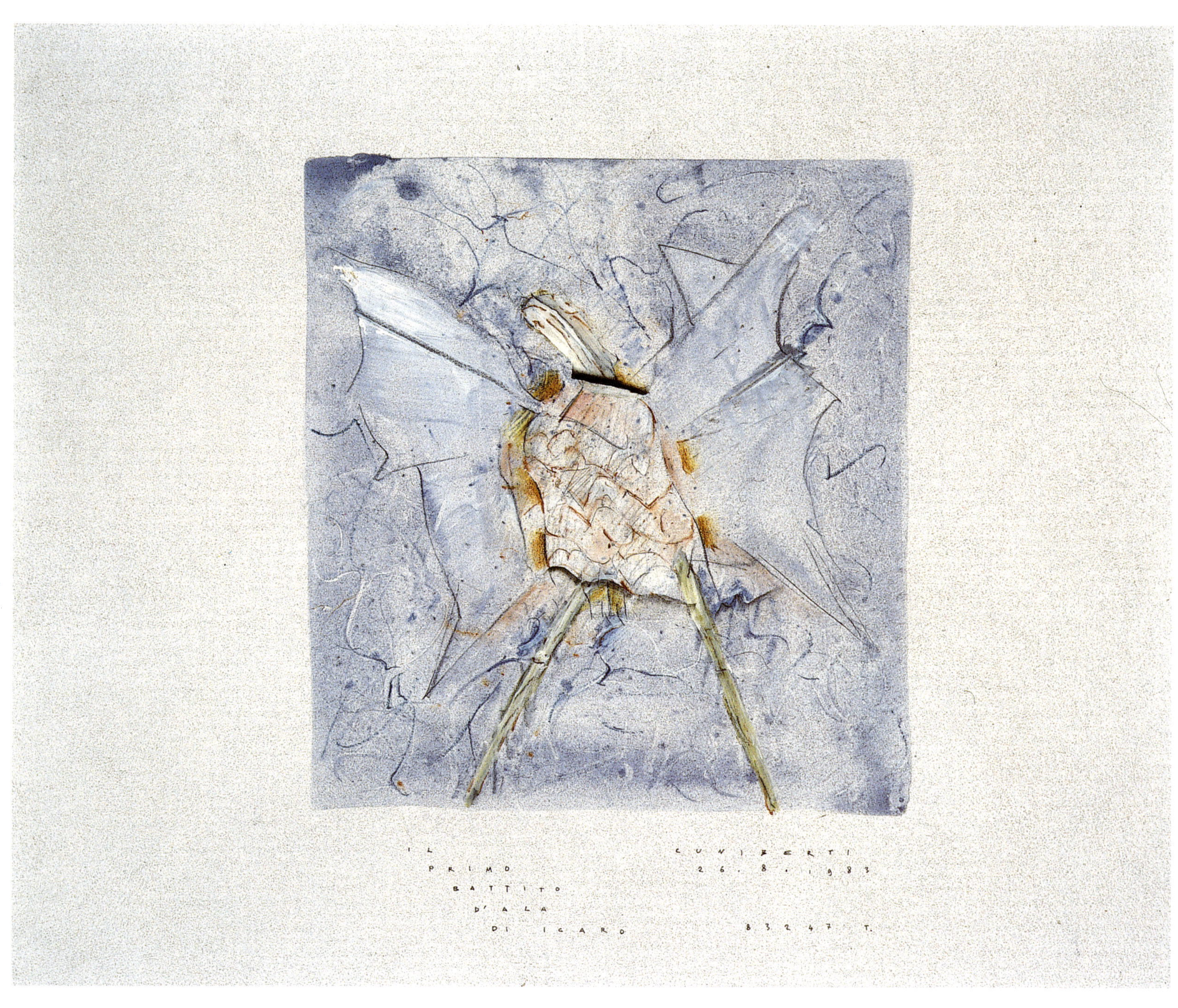

Ecco s'avanza uno strano ingeniere, 1985
acrilico, matite colorate, pastello su masonite/acrylic, colored pencil, pastel on masonite, cm 40, 2x34,5

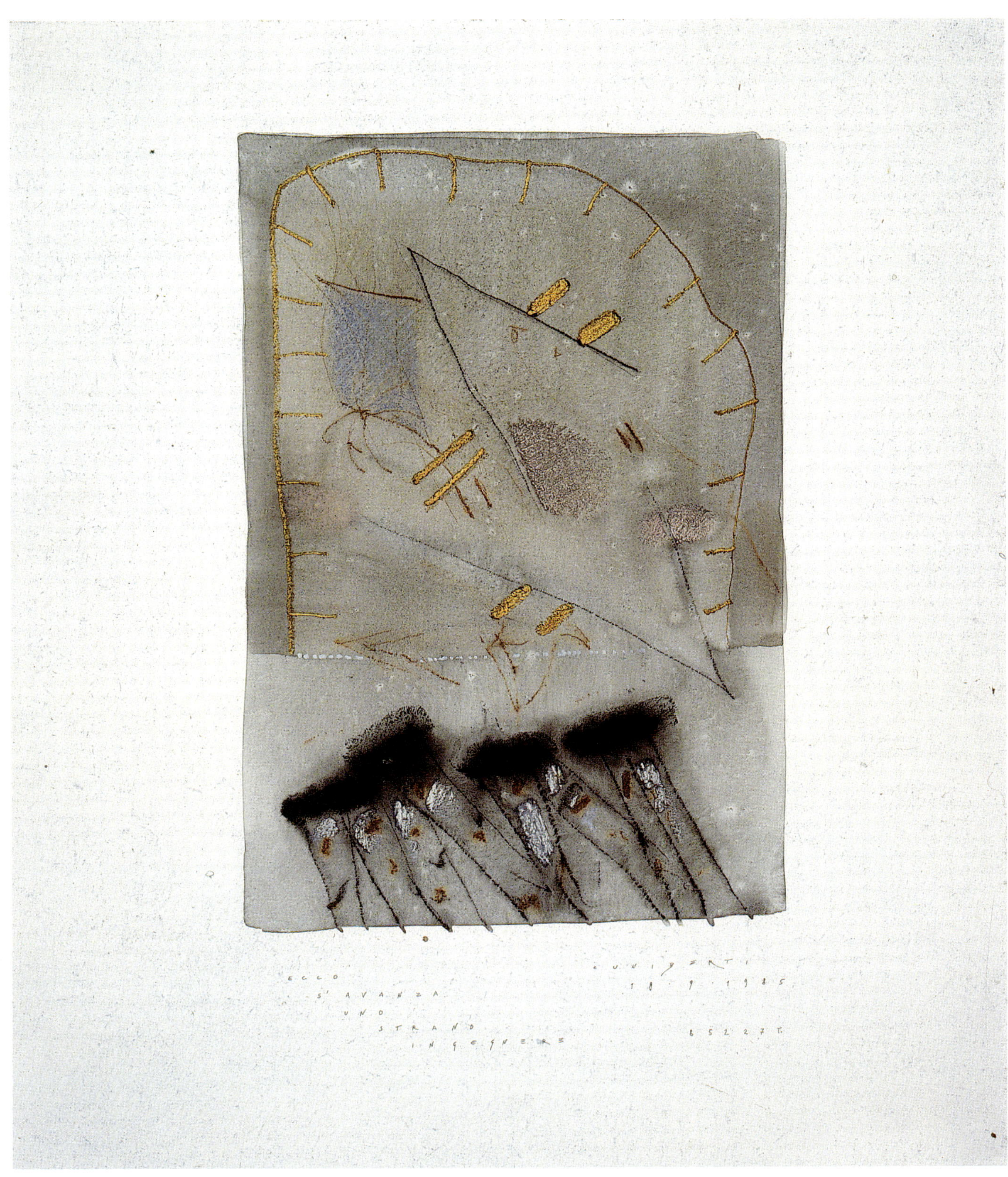

Dopo la lettura di una favola inquietante, 1985
acrilico, matite colorate, grafite su masonite/acrylic, colored pencil, graphite on masonite, cm 39,5x33,6

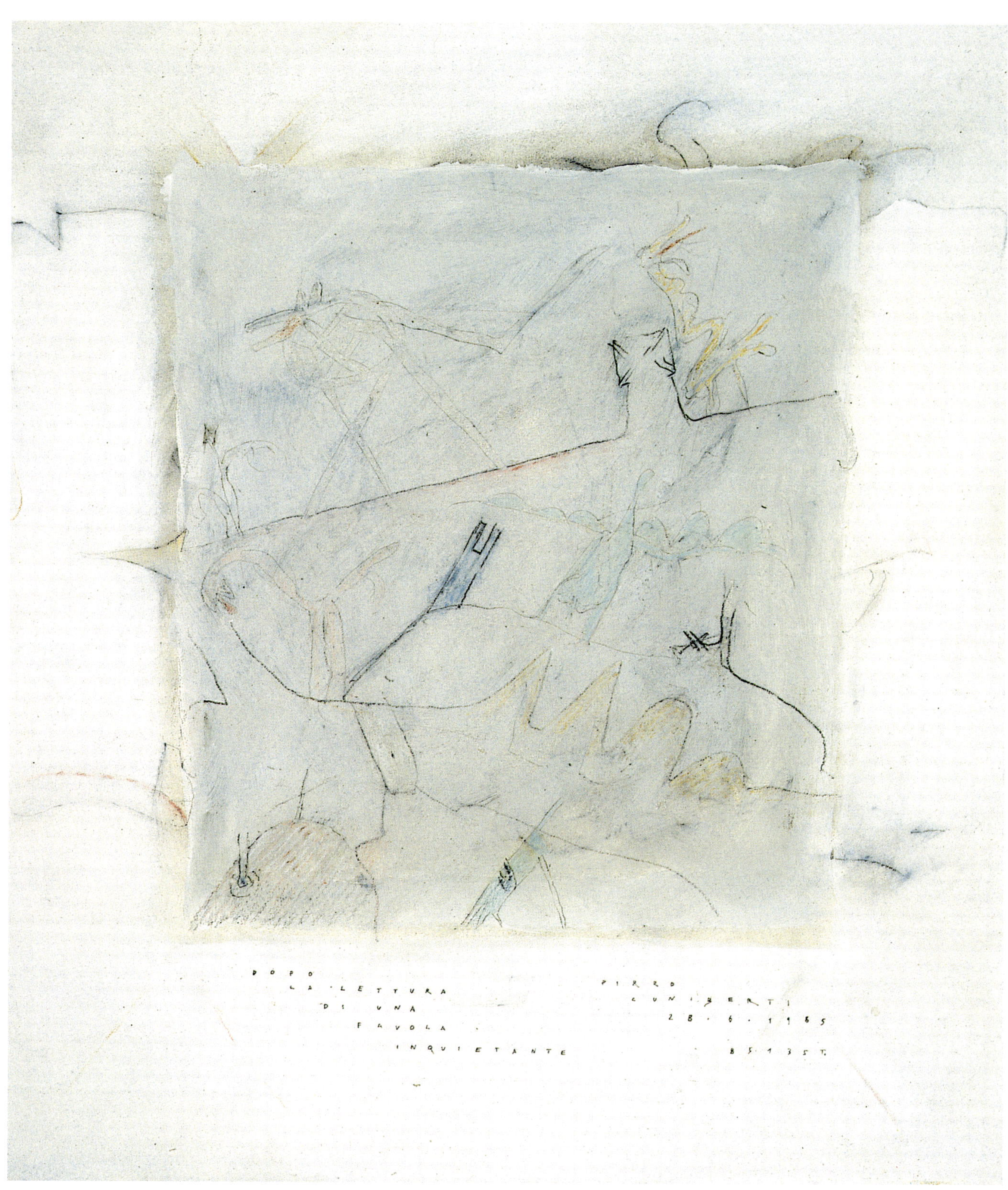

Mappa del lago nero, 1985
acrilico, grafite, matite colorate su masonite/acrylic, graphite, colored pencil on masonite, cm 34,7x40

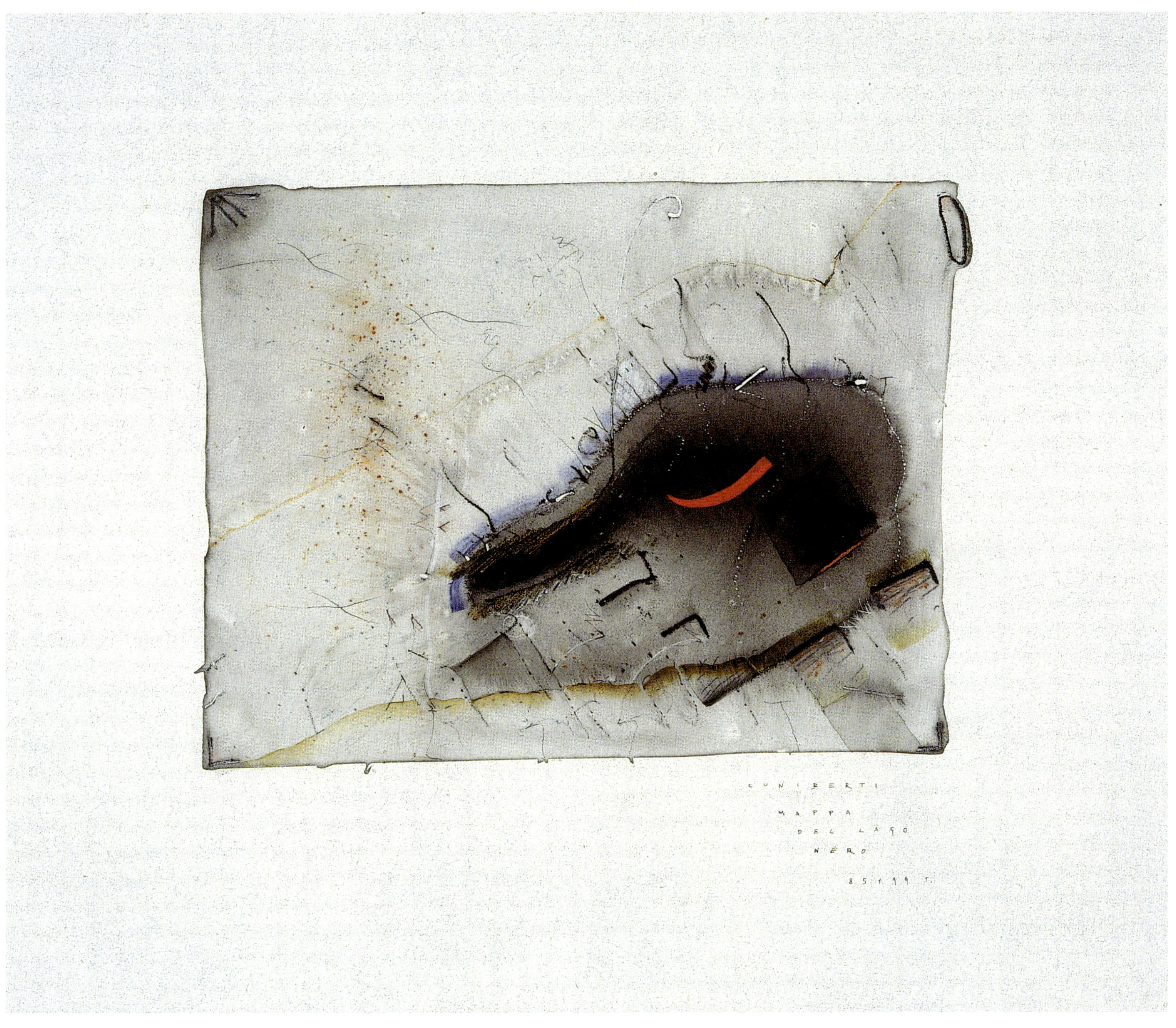

Un rombo giallo in un giardino ben controllato, 1986
acrilico, grafite, matite colorate su masonite/acrylic, graphite, colored pencil on masonite, cm 33x42

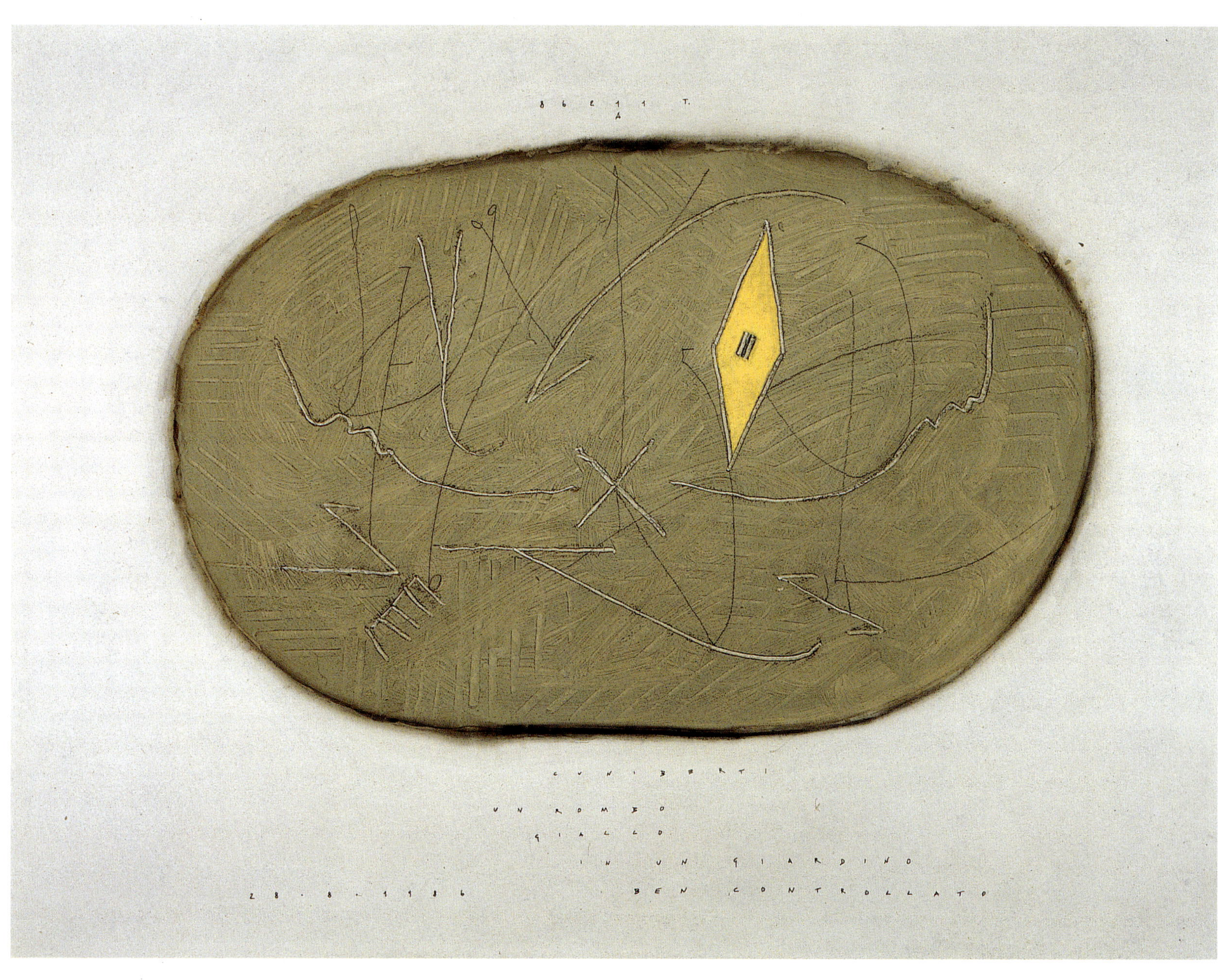

Un rombo in giardino, 1986
acrilico, matite colorate su masonite/acrylic, colored pencil on masonite, cm 33,6x39,6

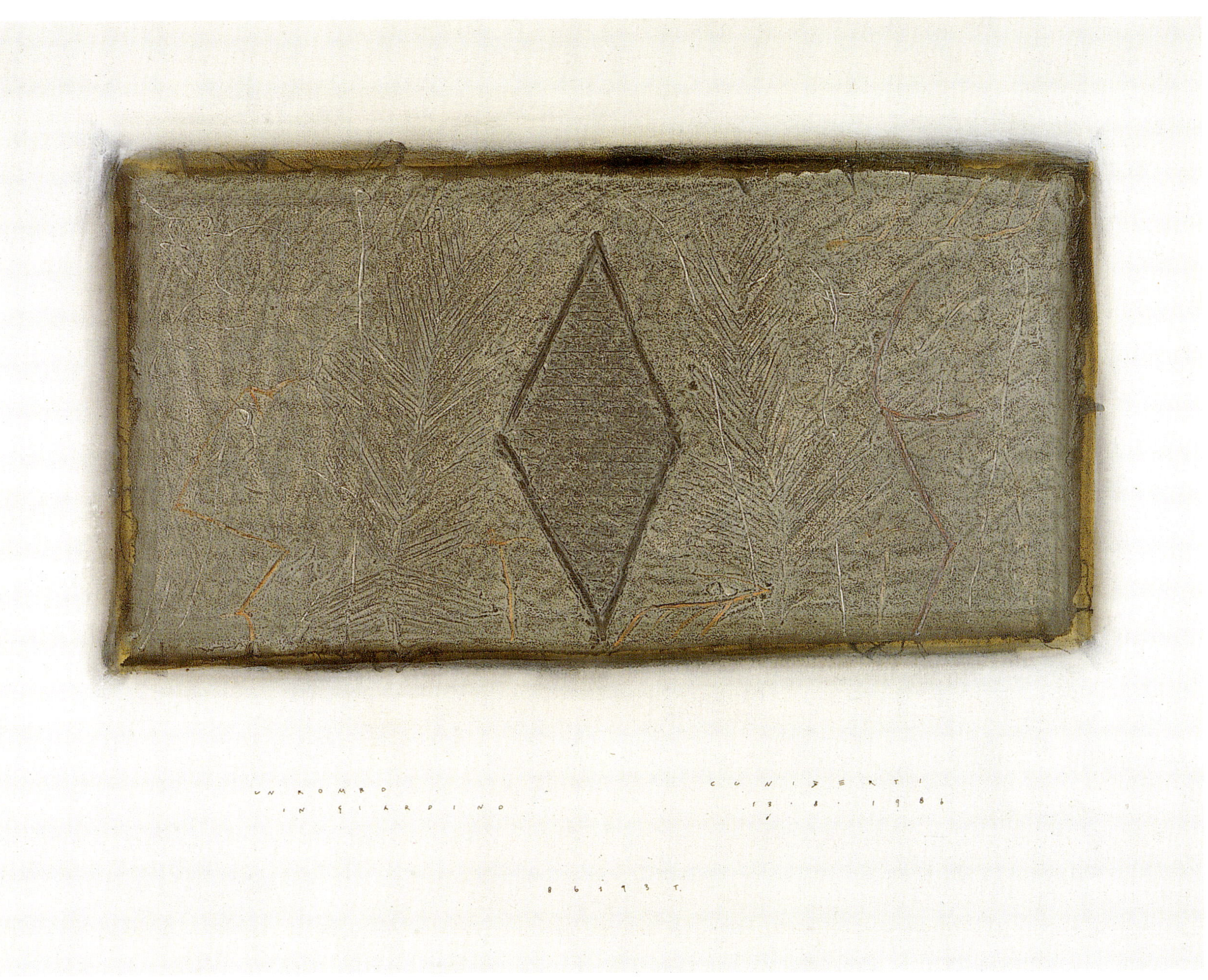

Trappola di un cacciatore di segni, 1986
acrilico, matite colorate su masonite/acrylic, colored pencil on masonite, cm 32,9x28

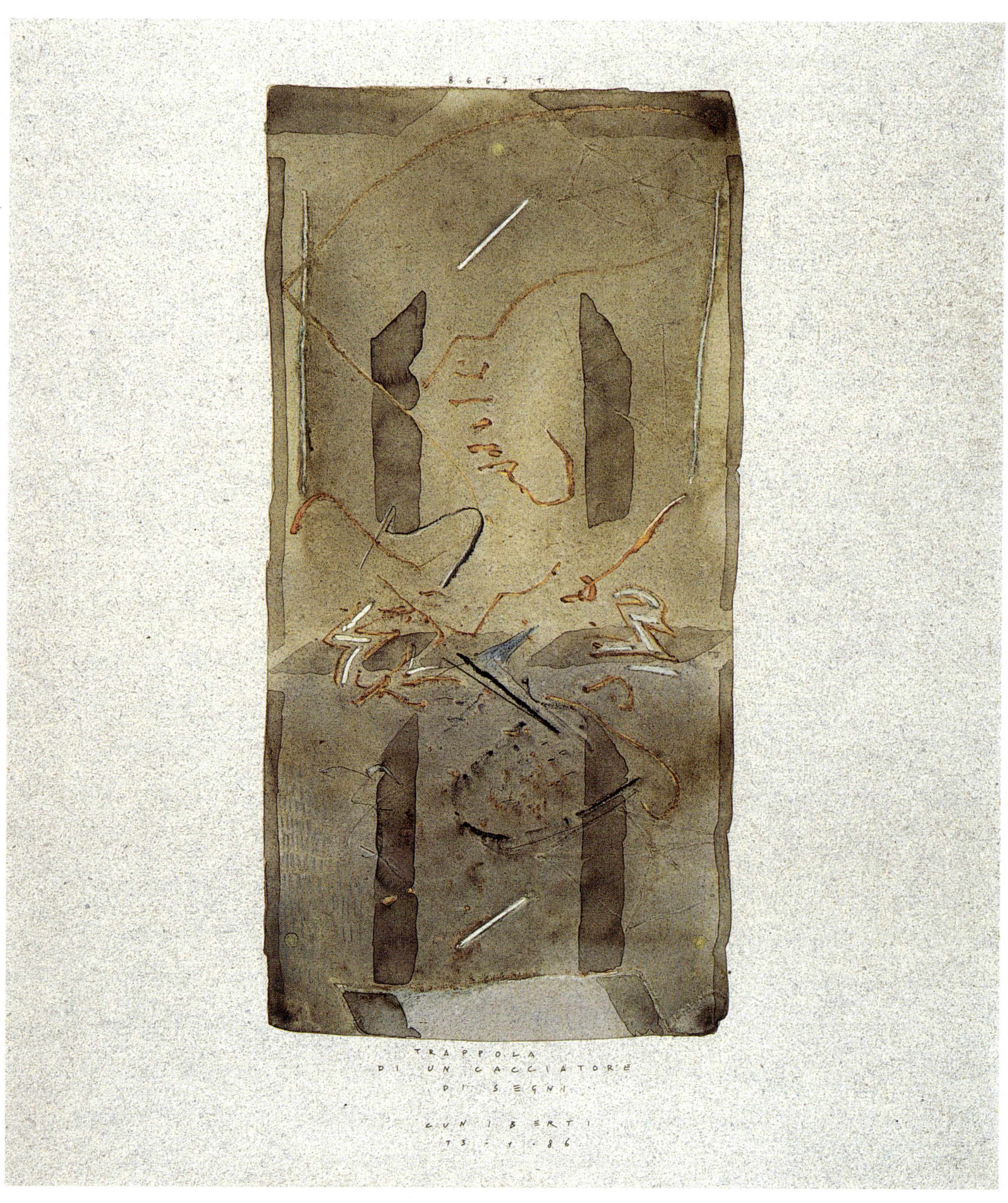

Natura morta in un interno dorato, 1986
acrilico, matite colorate su masonite/acrylic, colored pencil on masonite, cm 39,5x33,7

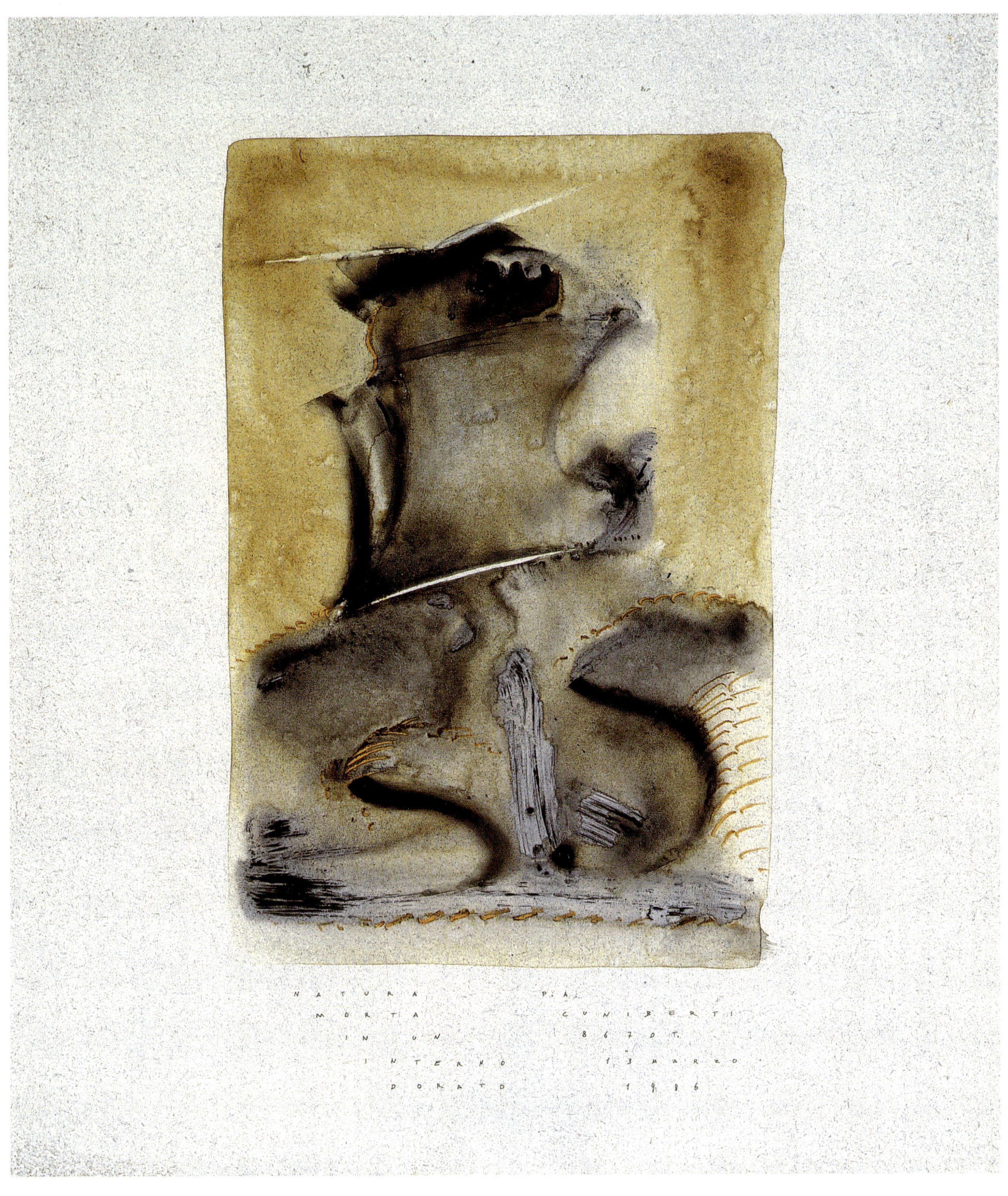

In diretta dalla mia cucina, 1986
acrilico, matite colorate su masonite/acrylic, colored pencil on masonite, cm 42x33

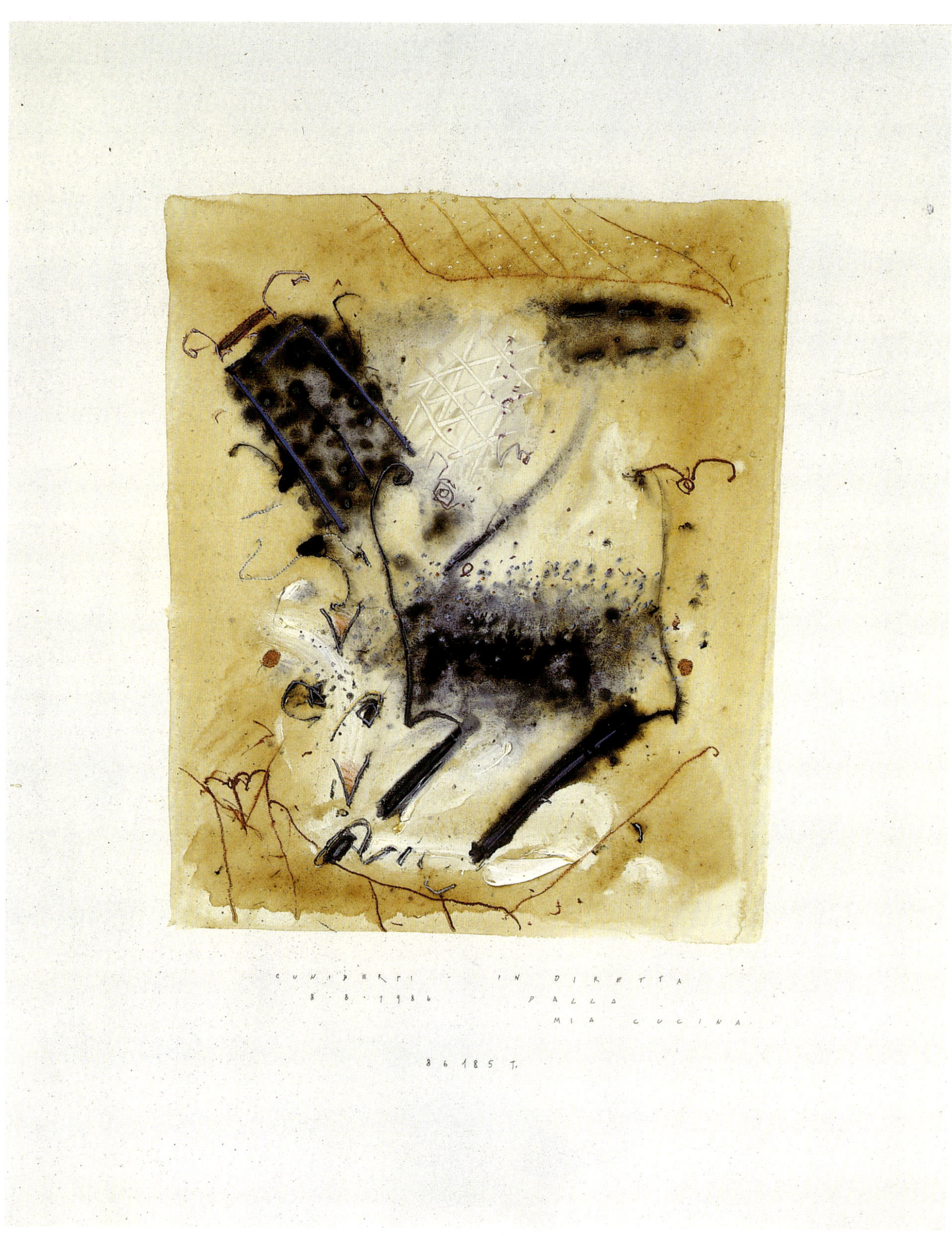

L'Incolto giardino di un Re spodestato, 1986
acrilico su masonite/acrylic on masonite, cm 42x33

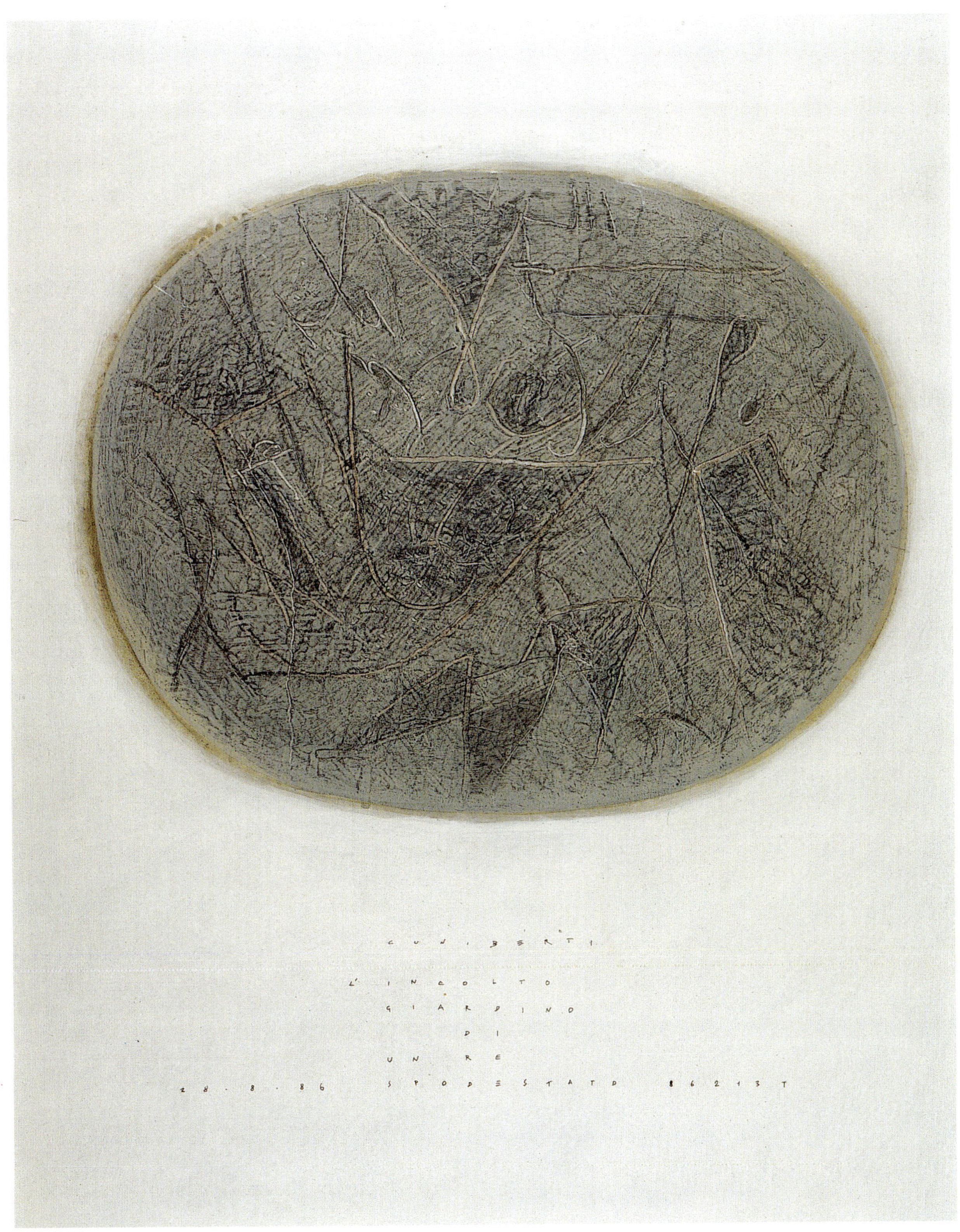

Quattro mappe di un cacciatore di segni, 1987
acrilico su masonite/acrylic on masonite, cm 42,5x170 (polittico/poliptych)

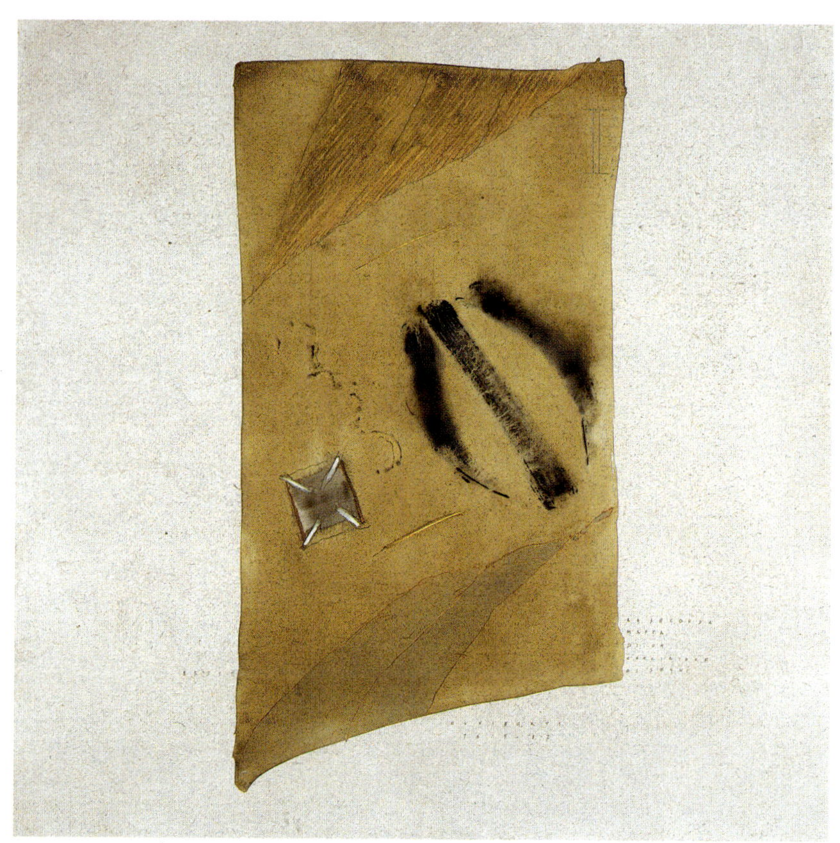

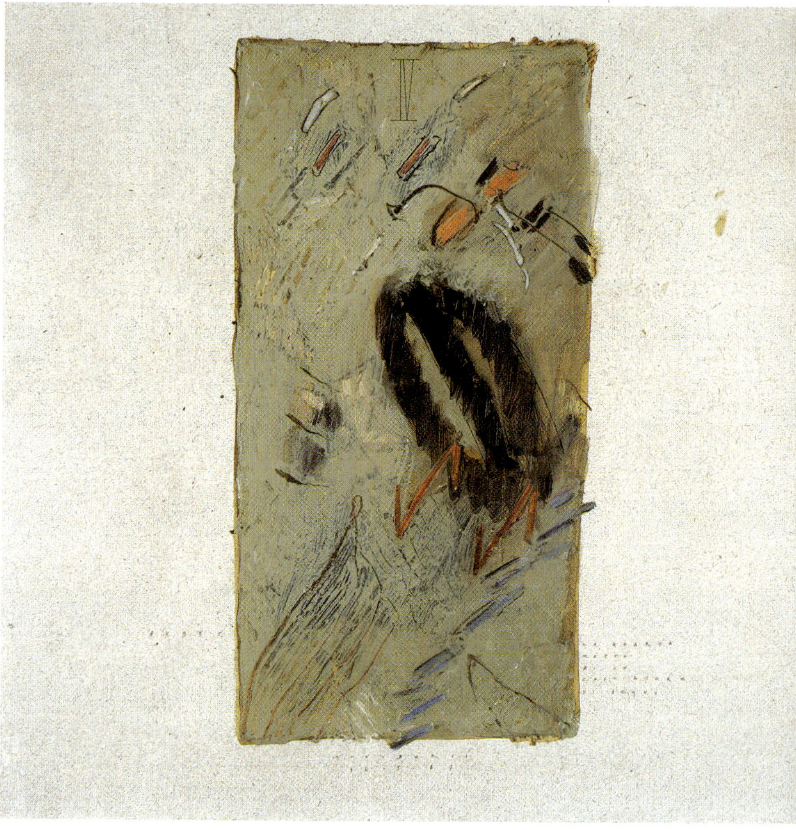

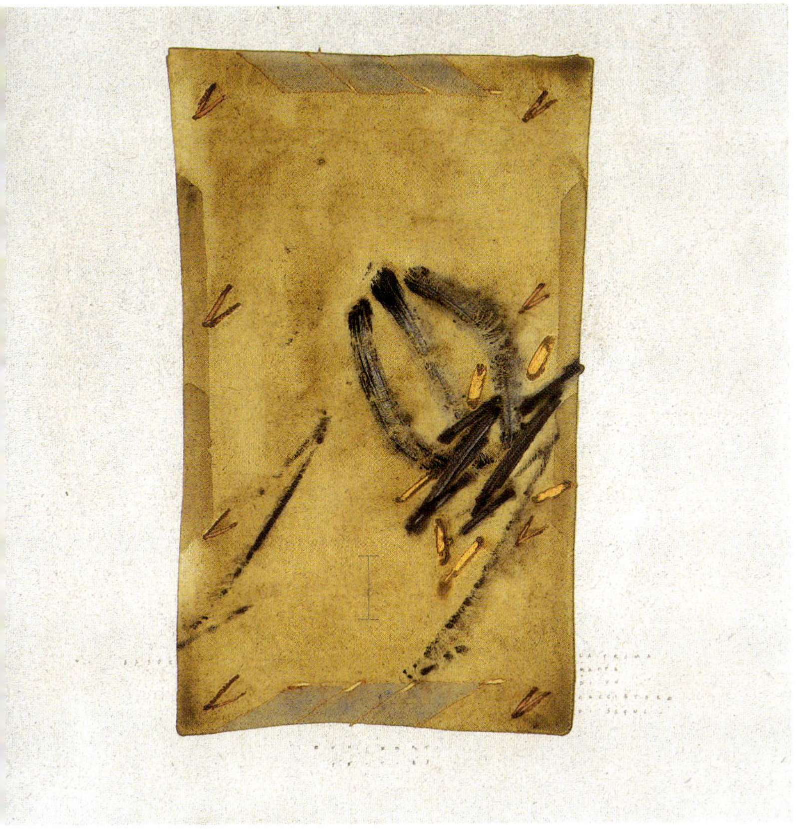

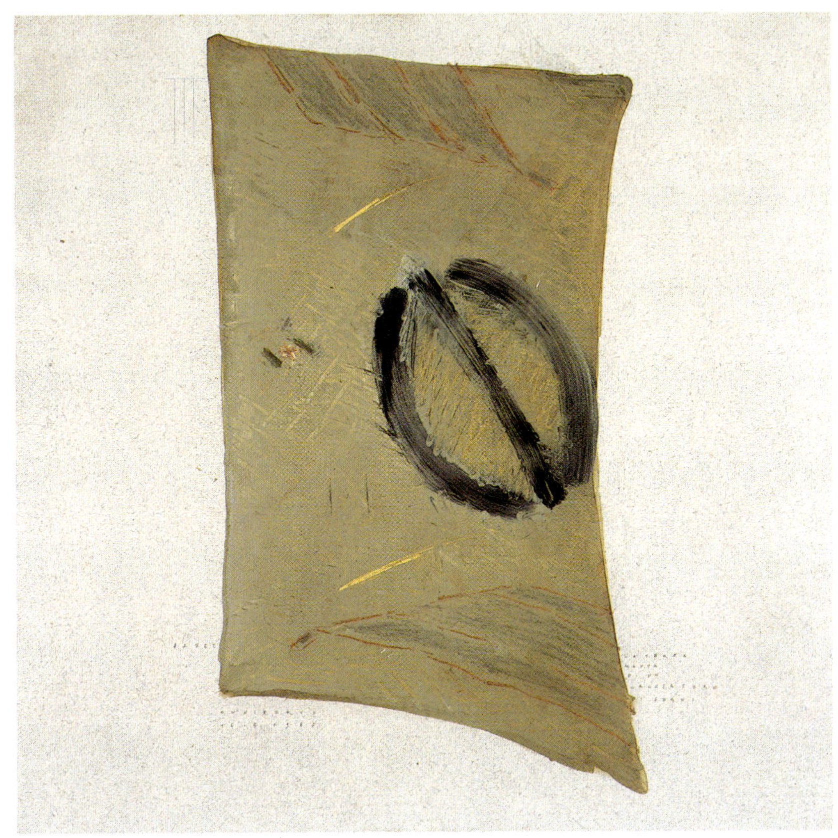

Favola, 1986
pastello, grafite su carta/pastel, graphite on paper, cm 21x29,7

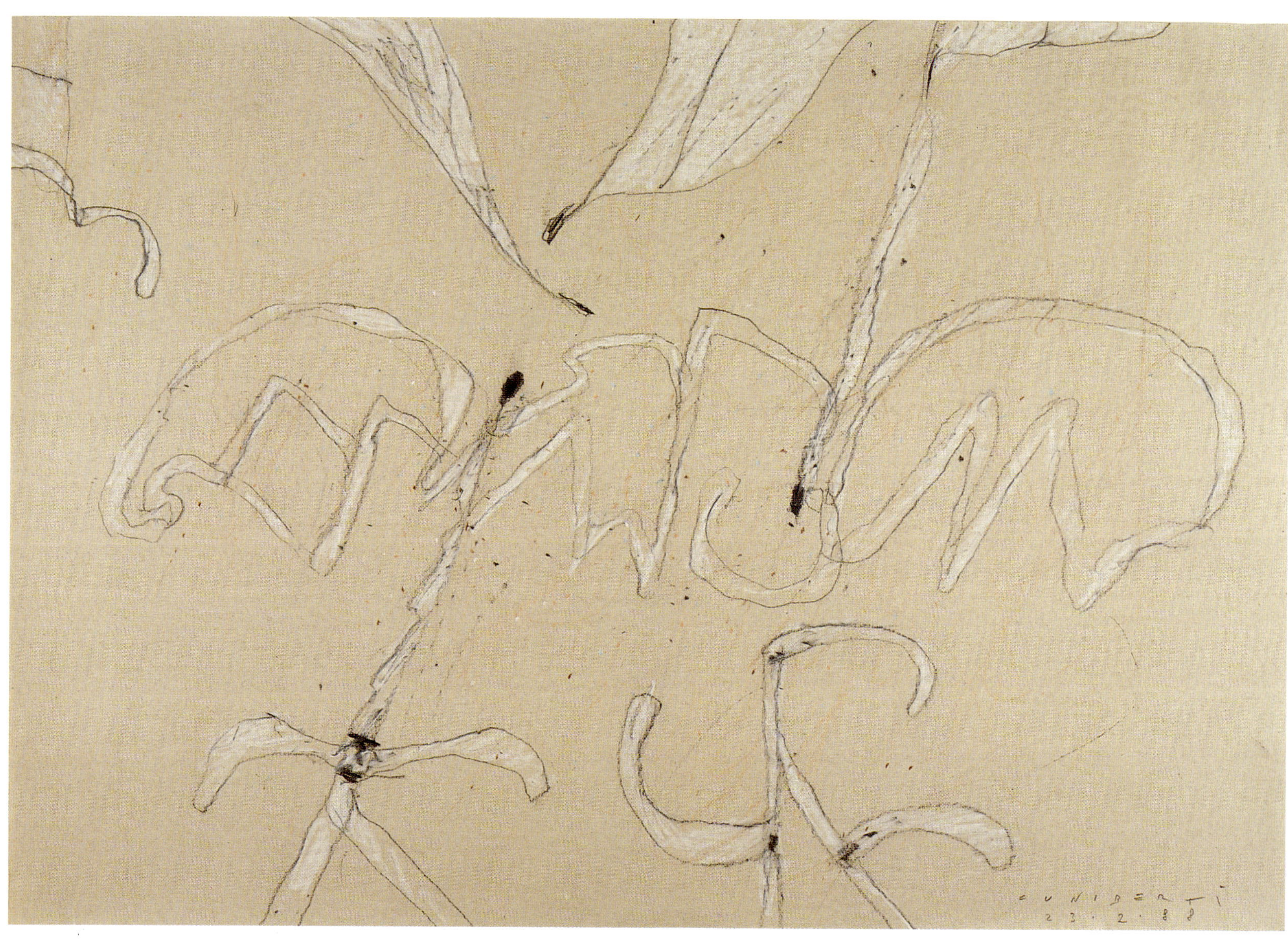

Messaggio per un interlocutore ignoto, 1988
acrilico su masonite/acrylic on masonite, cm 84,5x69,5

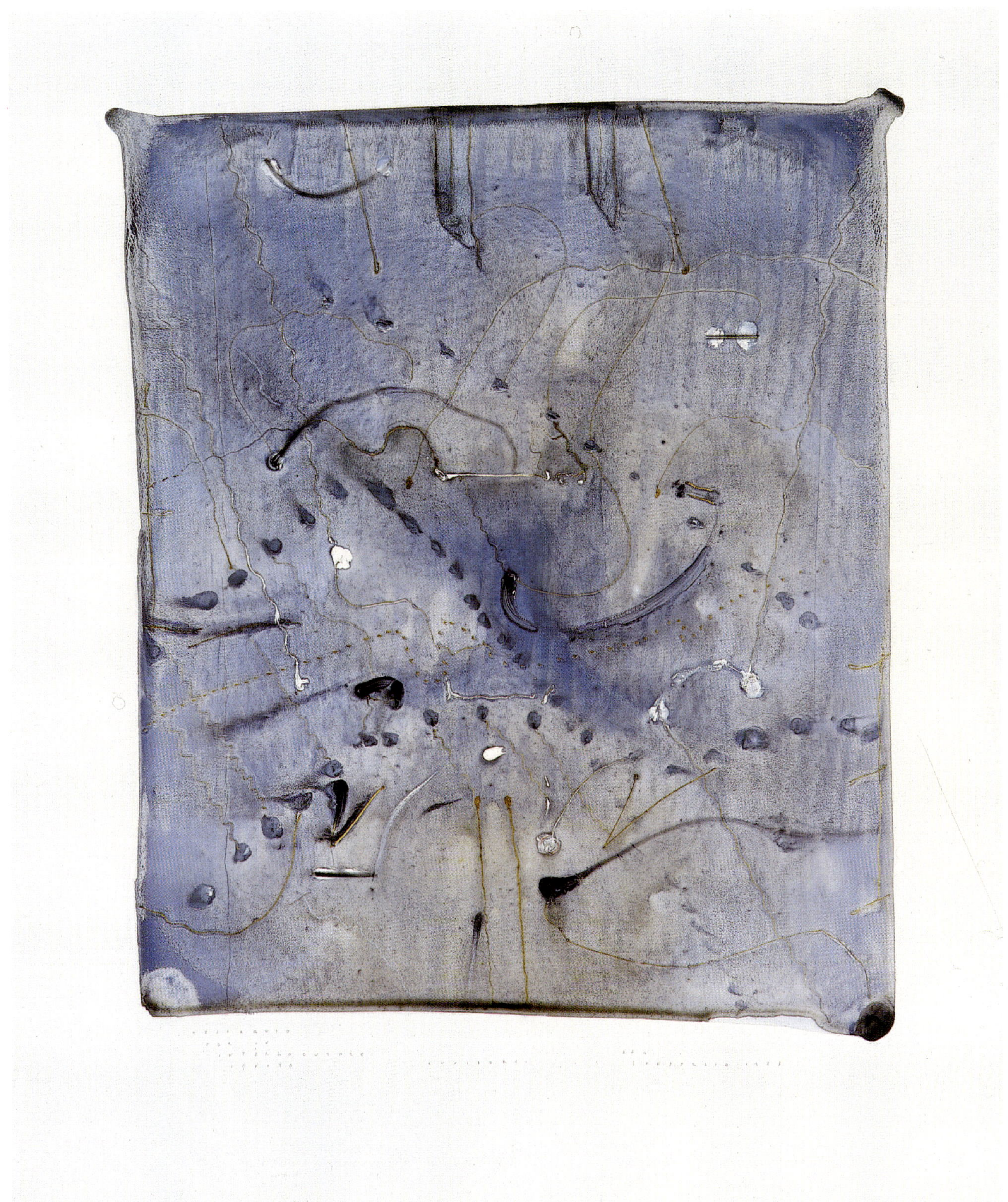

Un triangolo nel campionario, 1988,
acrilico su masonite/acrylic on masonite, cm 45,8x56,2

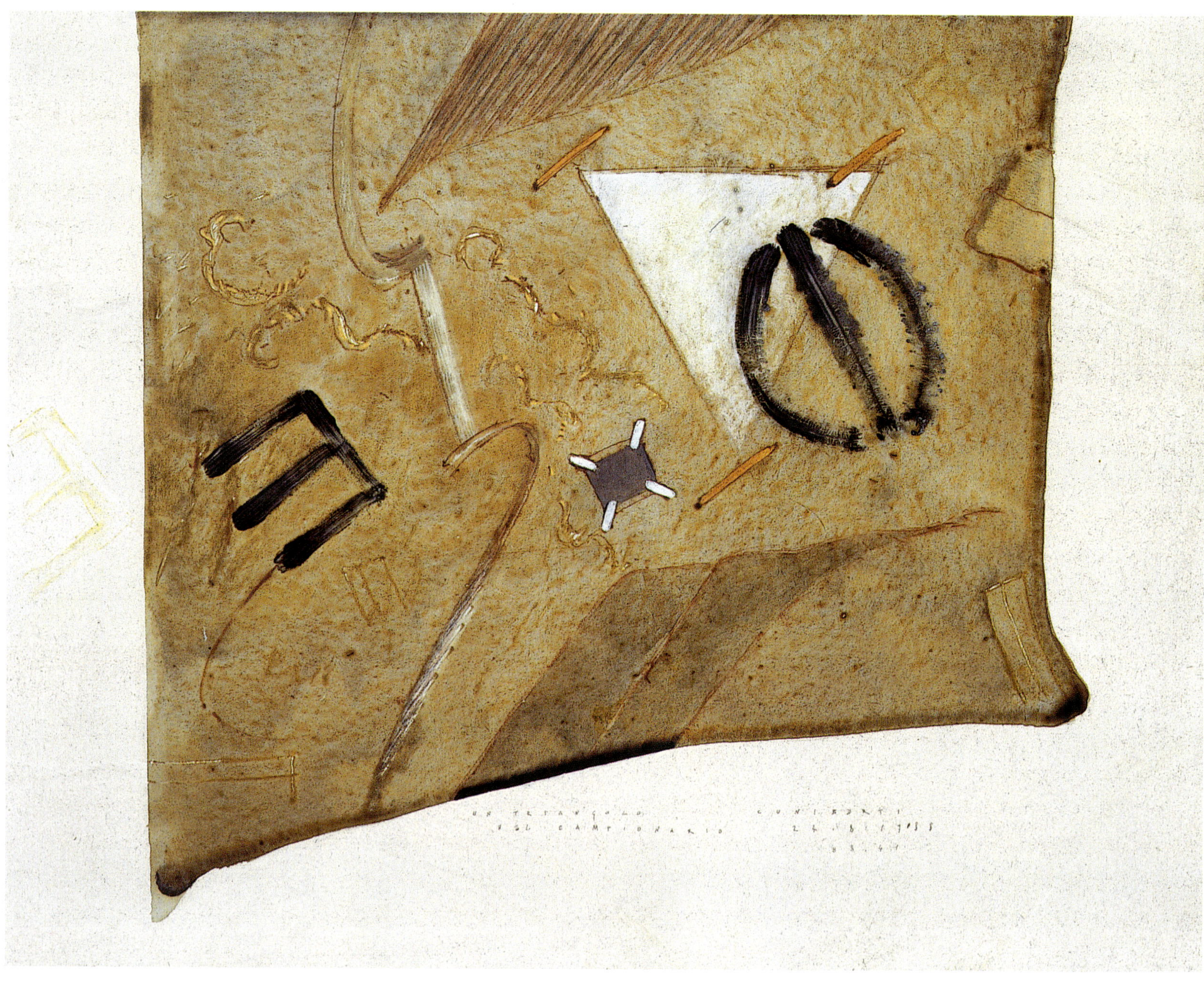

Progetti dimenticati, 1988
acrilico, grafite, matite colorate su masonite/acrylic, graphite, colored pencil on masonite, cm 69,5x84,5

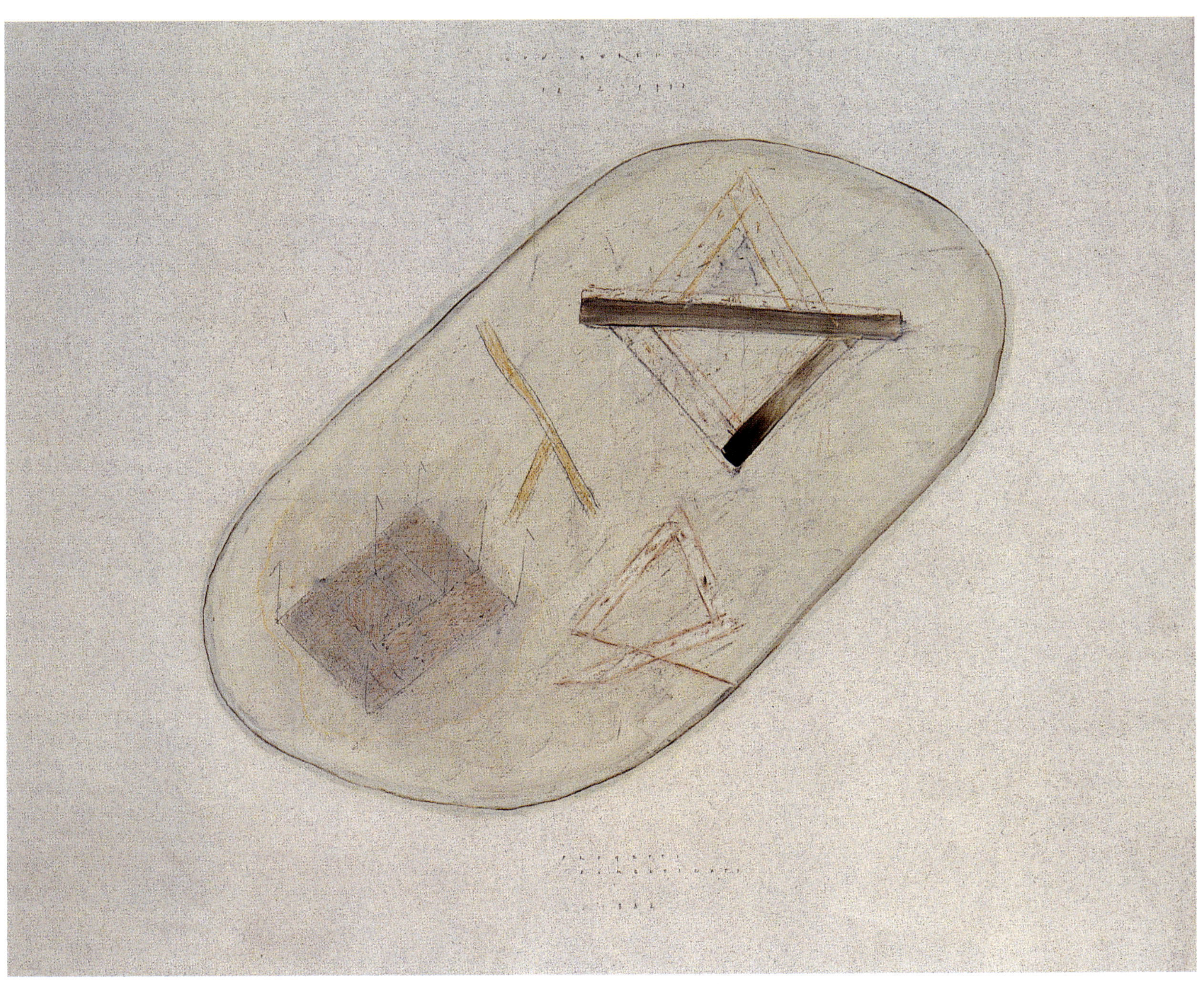

Le cicatrici della malinconia, 1989
acrilico, matite colorate su masonite/acrylic, colored pencil on masonite, cm 54,8x44,8

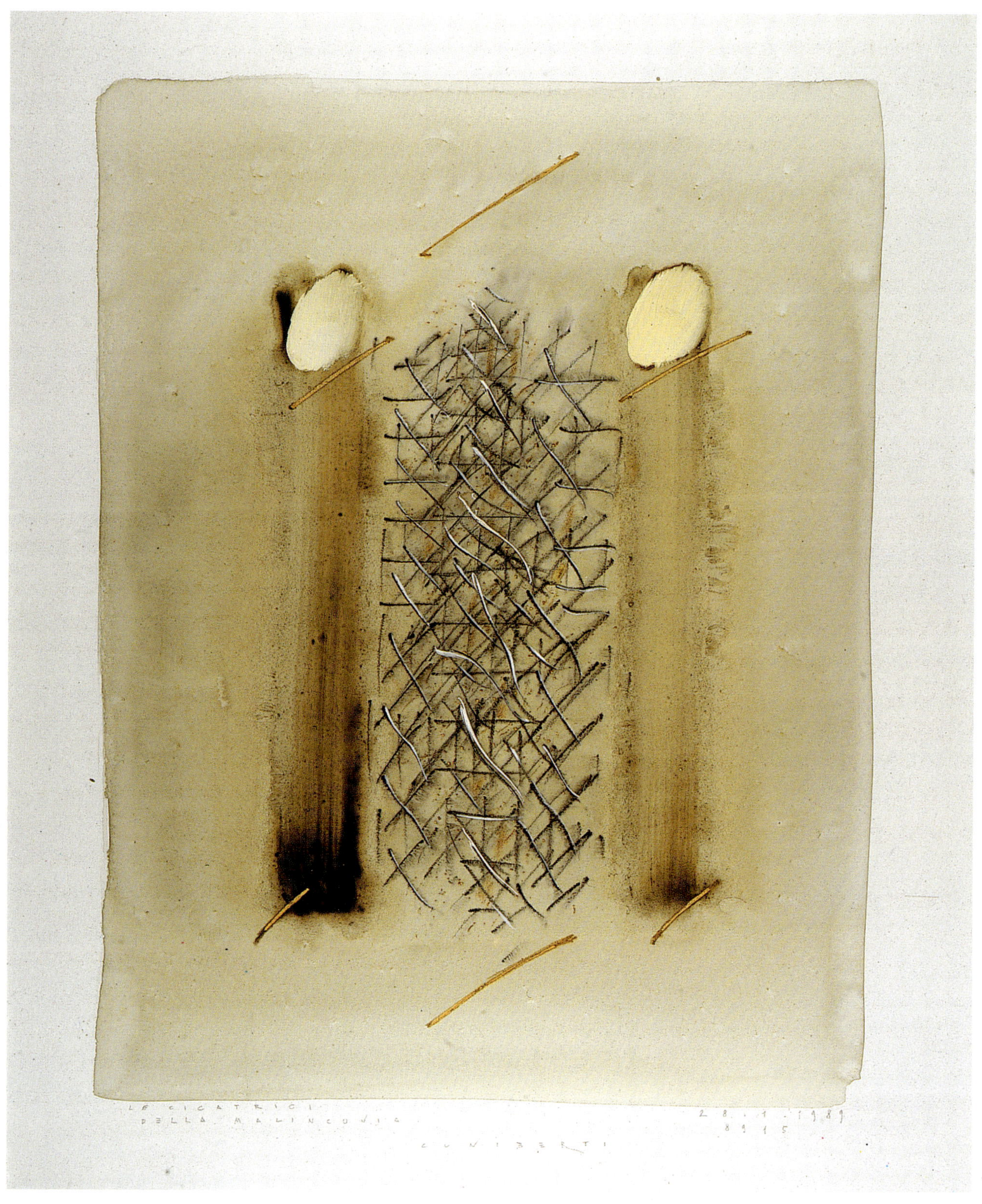

L'arrivo dell'insetto Z. nella terra di T., 1989
acrilico, matite colorate, china, grafite su masonite/acrylic, colored pencil, India ink, graphite on masonite, cm 42x34

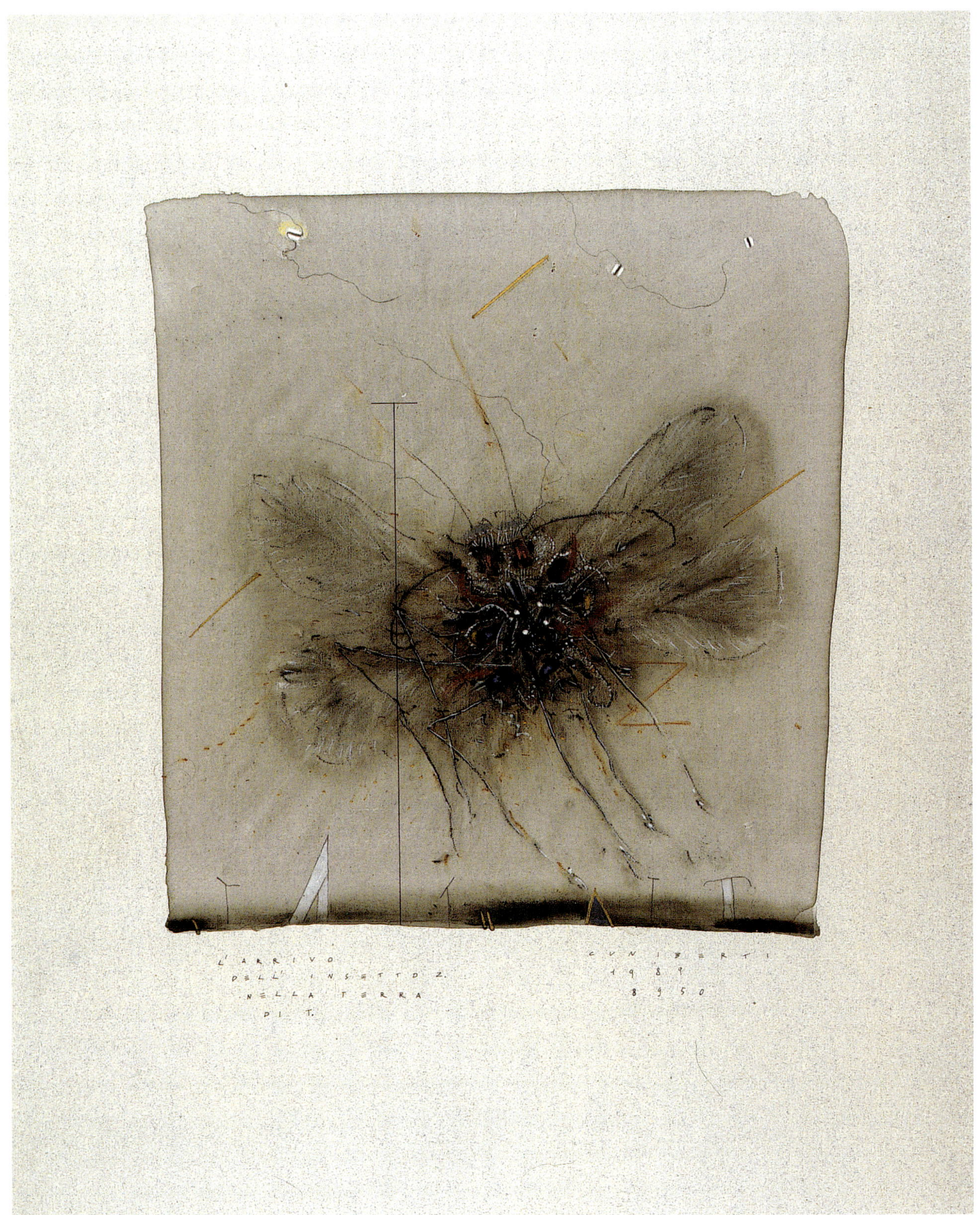

Rapporto ostico, 1989
acrilico, matite colorate su masonite/acrylic, colored pencil on masonite, cm 42x34

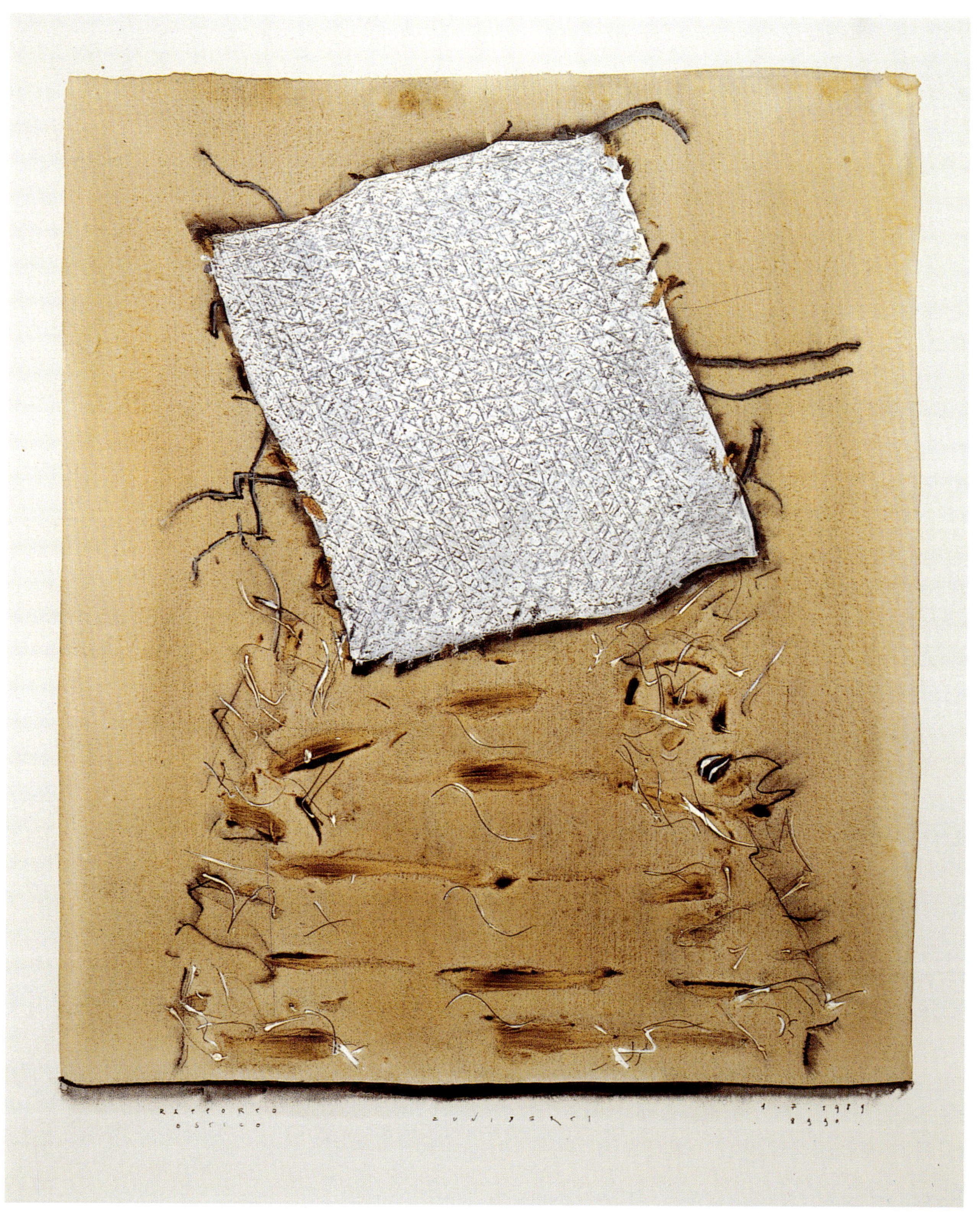

Notturno con le montagne bianche, 1989
acrilico, matite colorate su masonite/acrylic, colored pencil on masonite, cm 42x34

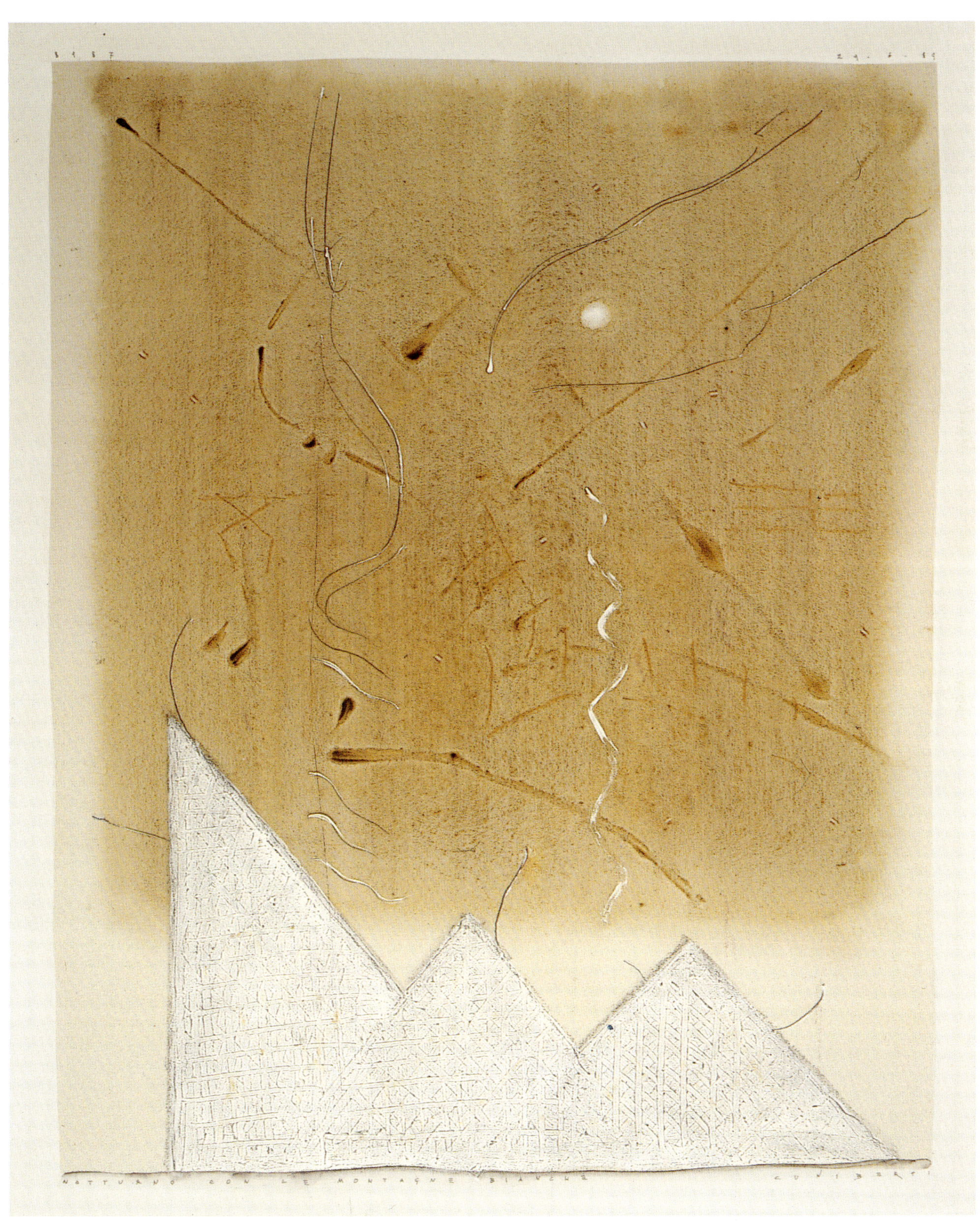

Nel cielo del mio orto, 1989
acrilico su masonite/acrylic on masonite, cm 42x34

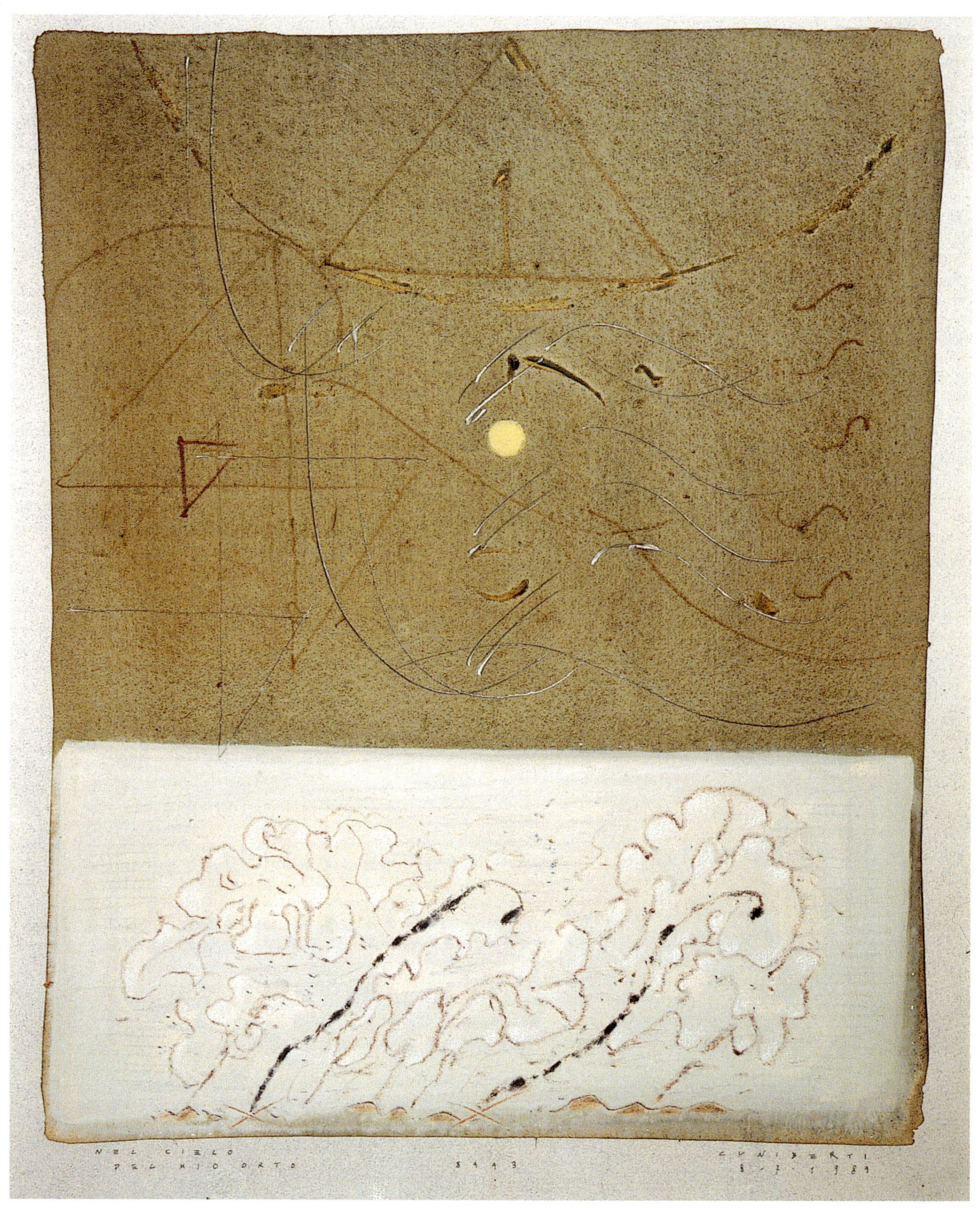

Senza titolo, 1990
pastello, grafite su carta/pastel, graphite on paper, cm 33x24

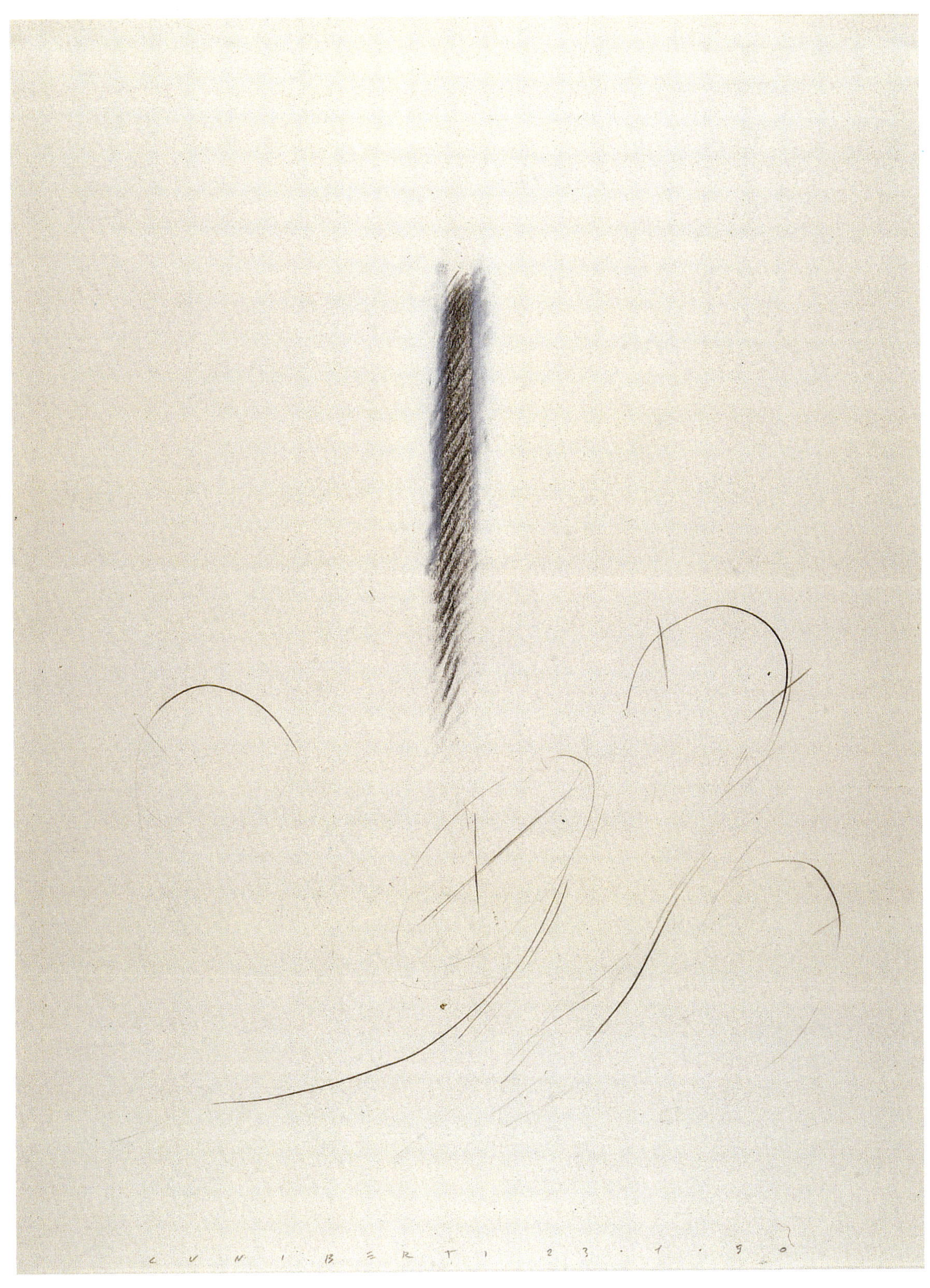

Paesaggio, 1990
acrilico su carta/acrylic on paper, cm 21,7x21,9

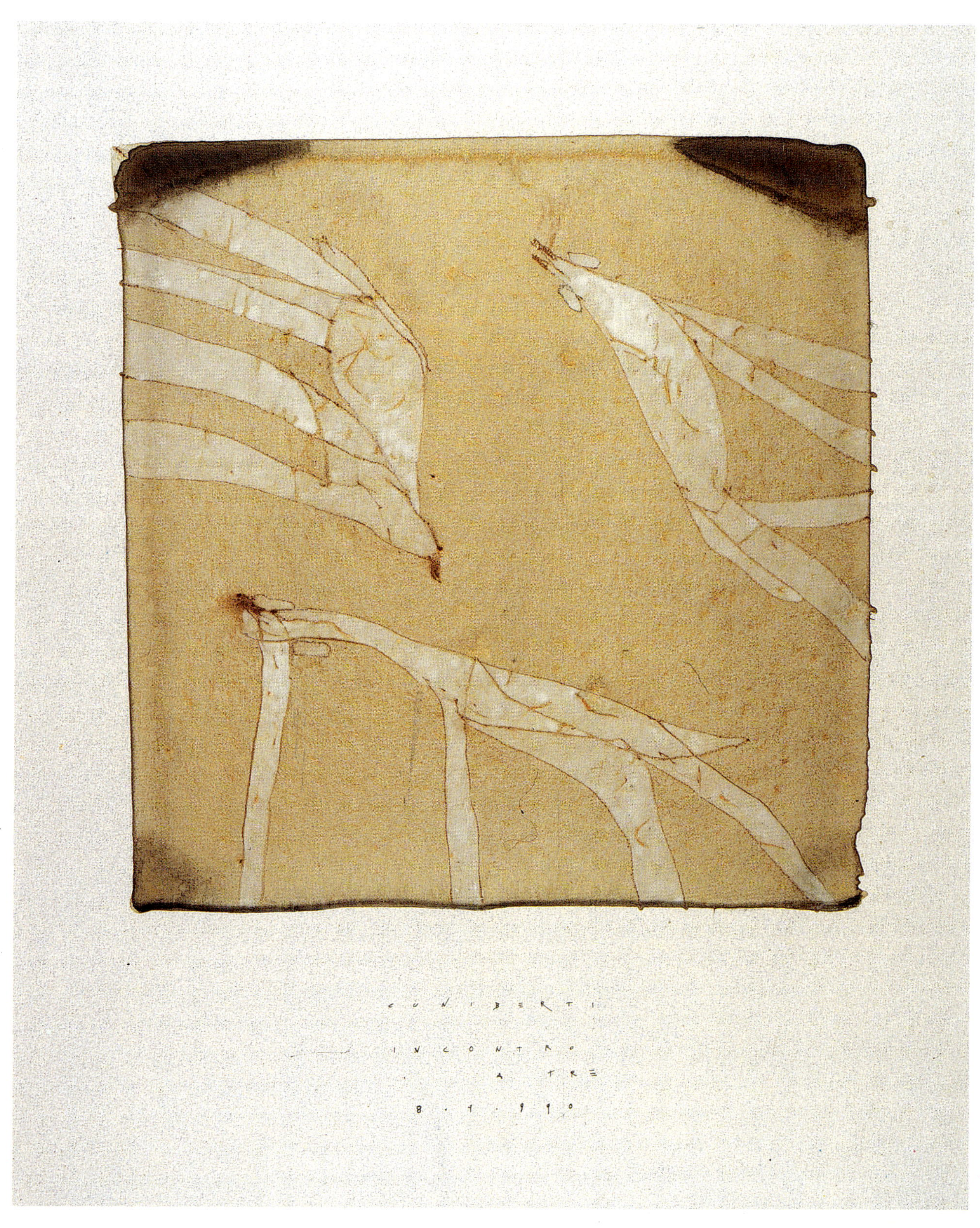

Incontro a tre, 1990
acrilico su masonite/acrylic on masonite, cm 42x33,9

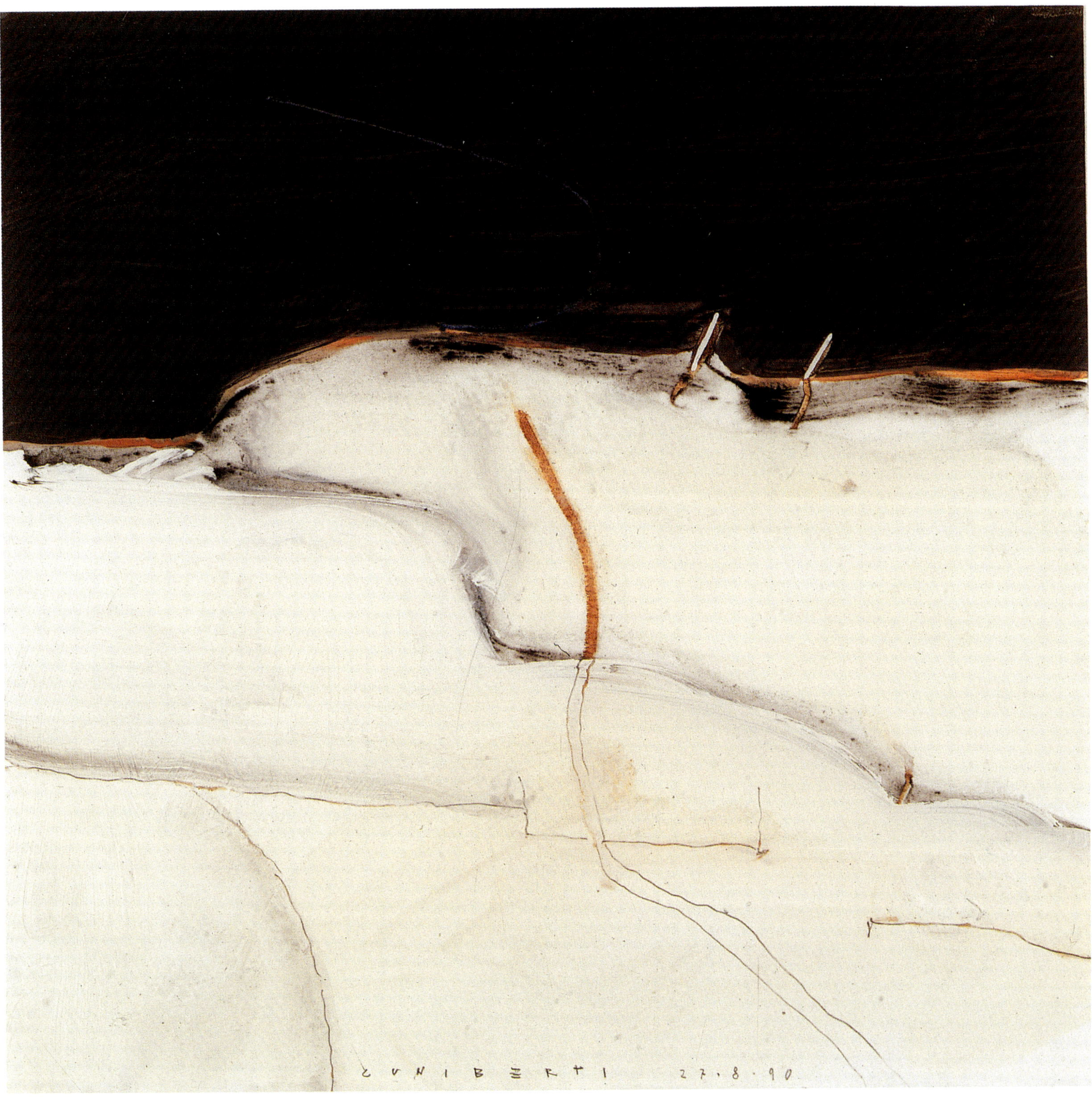

Certificato di cattura di alcuni segni balordi, 1990
acrilico su masonite/acrylic on masonite, cm 42x34

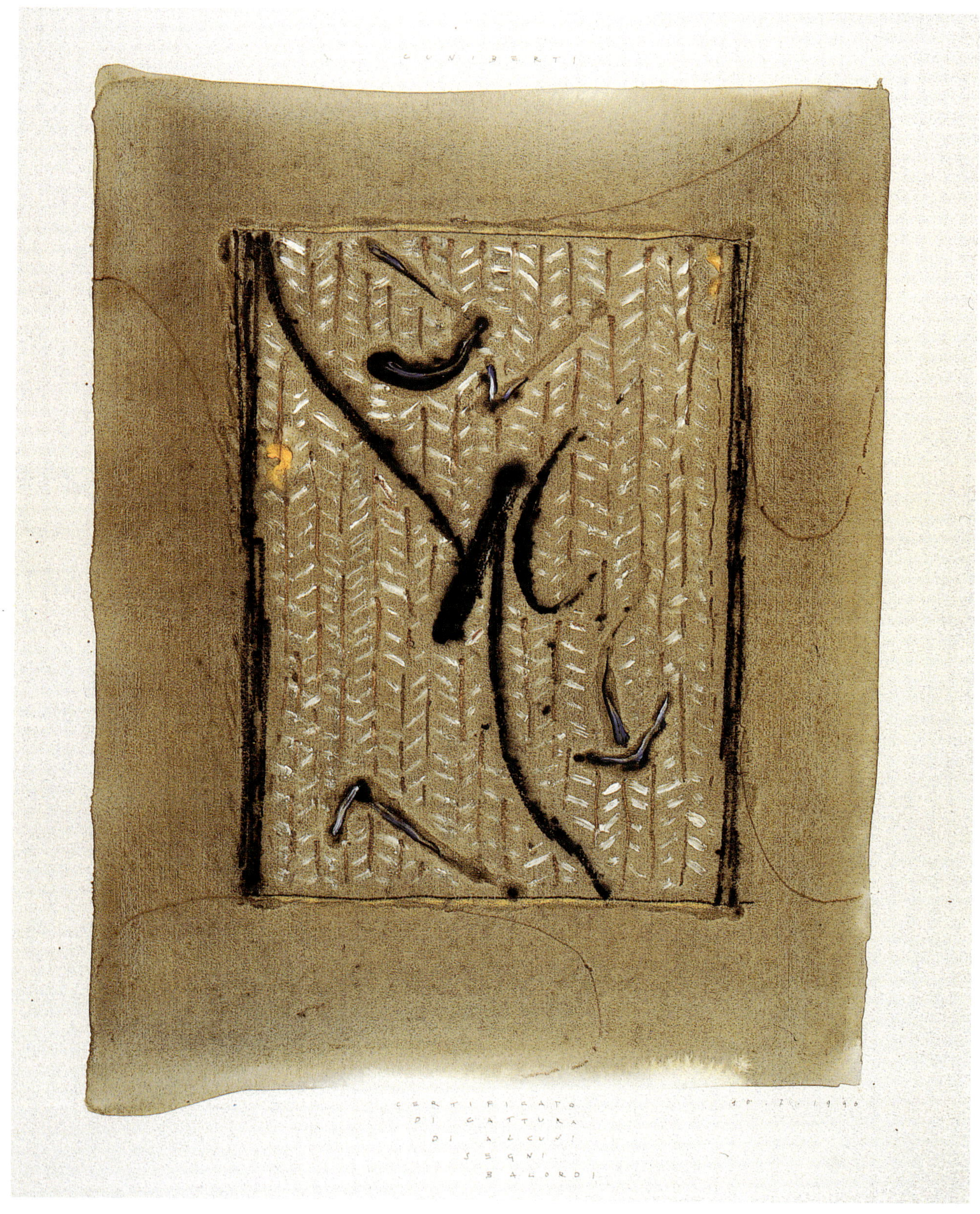

Racconto dedicato agli addetti ai lavori, 1990
acrilico su masonite/acrylic on masonite, cm 52x42

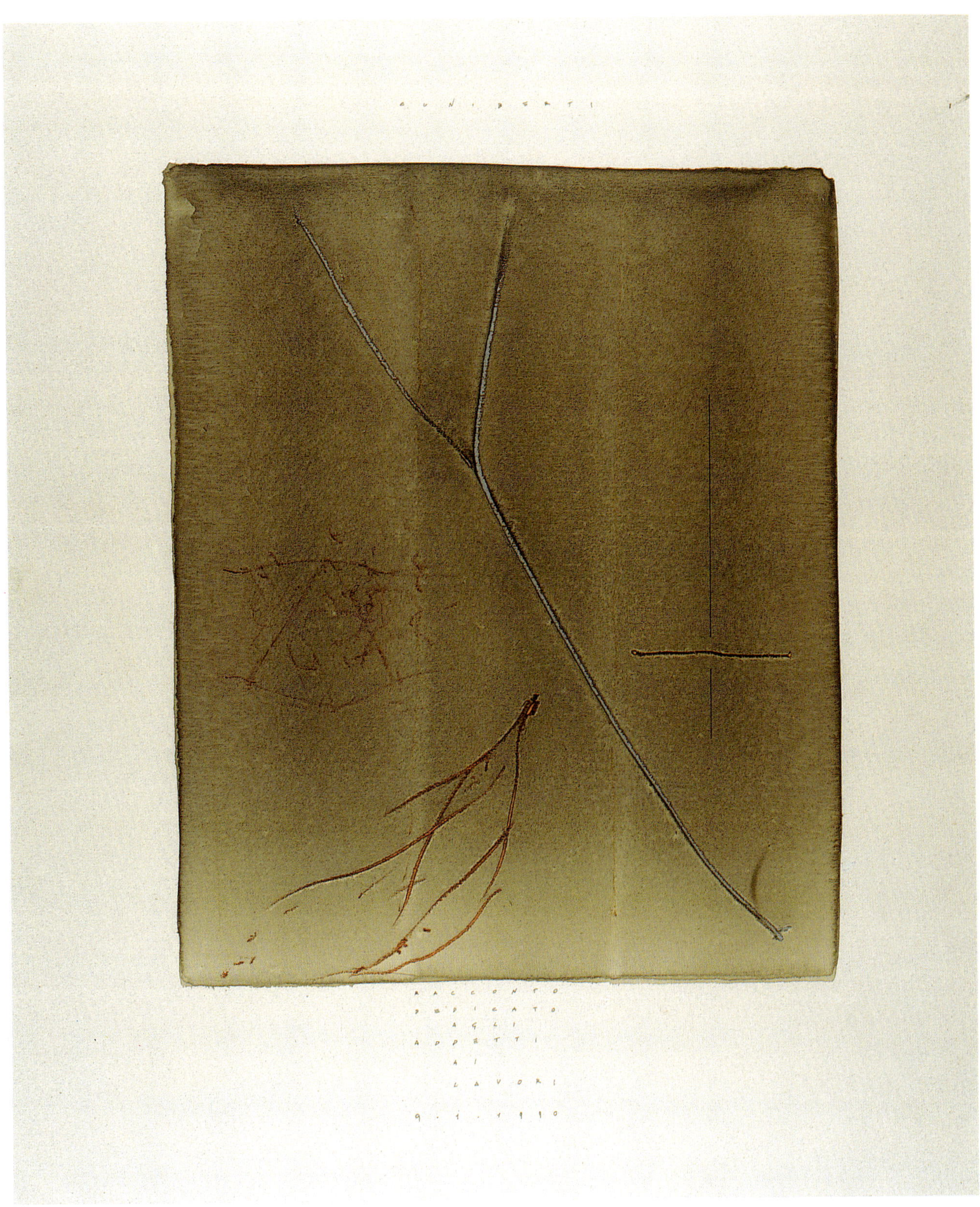

Natura morta nel giardino dell'imperatore, 1990
acrilico su masonite/acrylic on masonite, cm 52x42

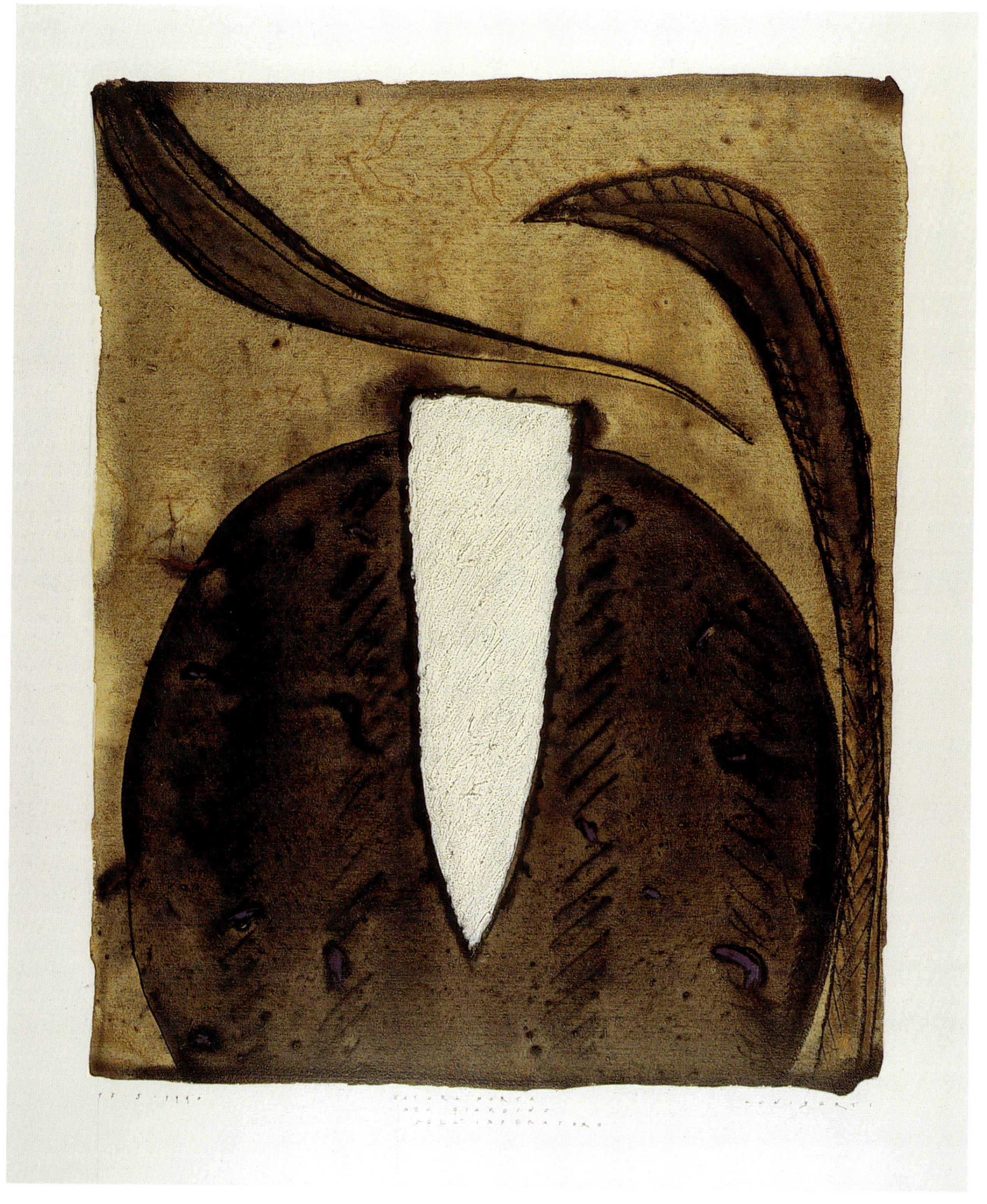

Farfalla notturna ritratta in una notte diafana nei pressi della scultura G., 1990
acrilico, matite colorate su masonite/acrylic, colored pencil on masonite, cm 33,7x42,8

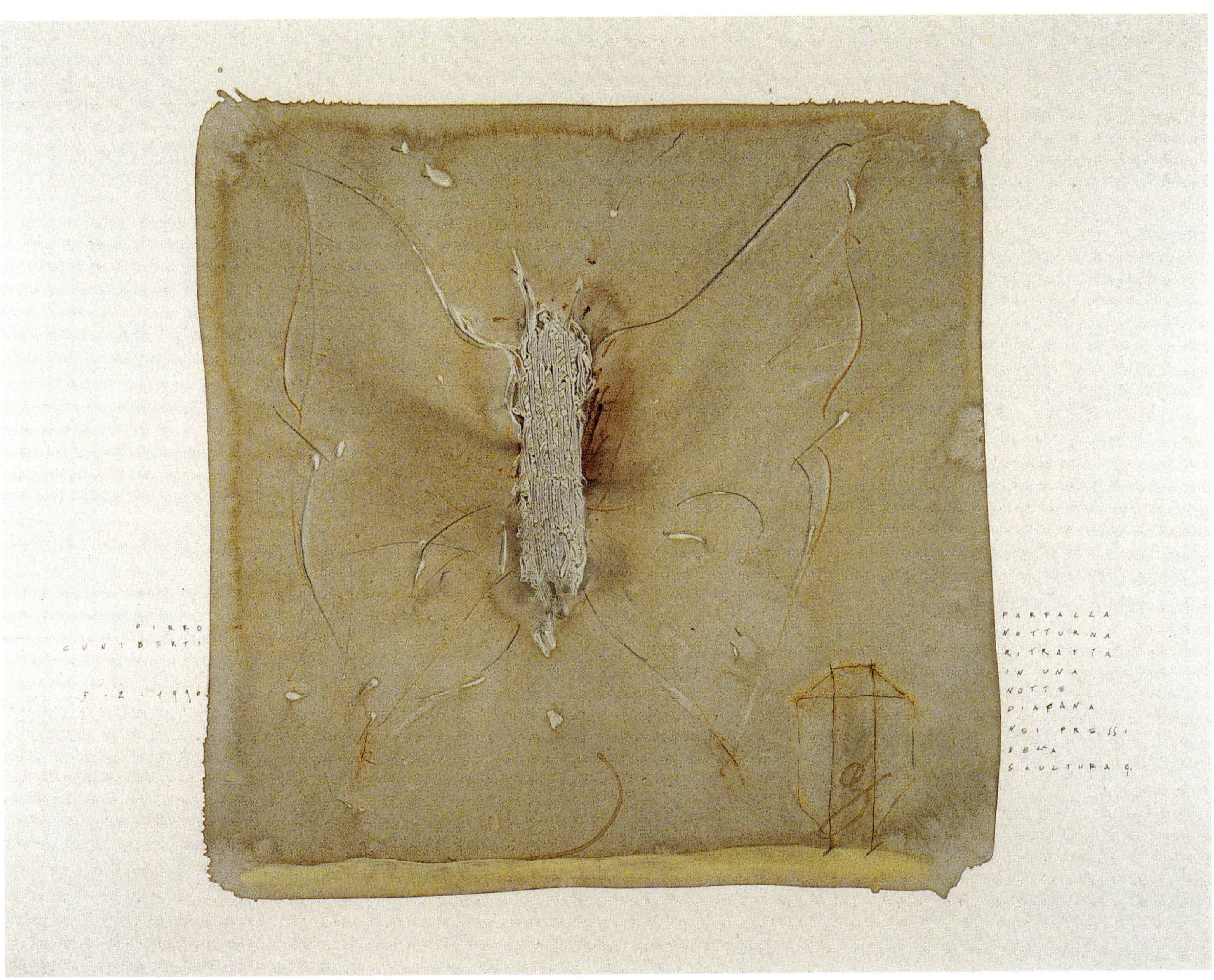

Natura morta con il numero 1, 1991
acrilico, matite colorate su masonite/acrylic, colored pencil on masonite, cm 42x34

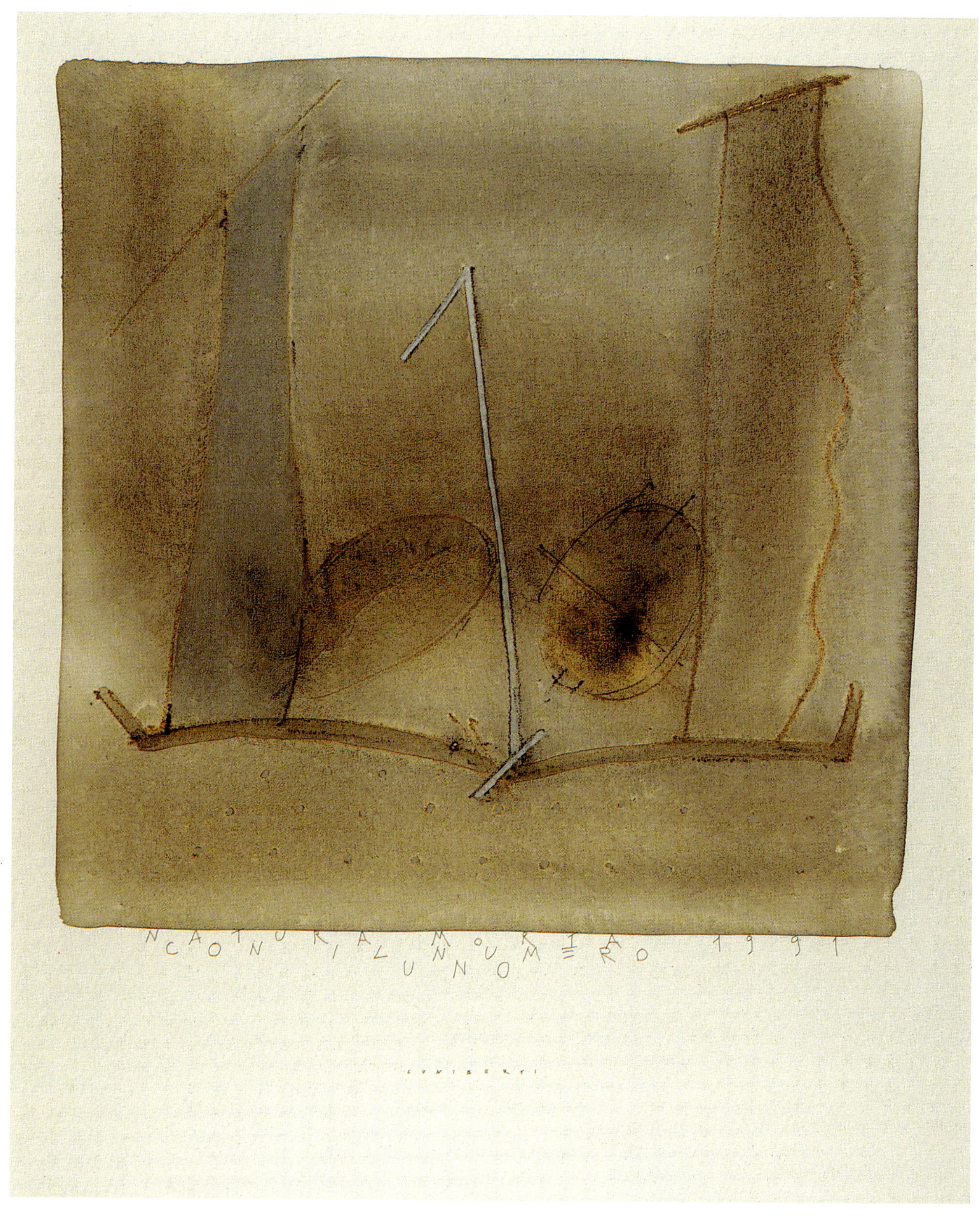

Nei pressi di un rombo bianco, 1991
acrilico su masonite/acrylic on masonite, cm 52x42

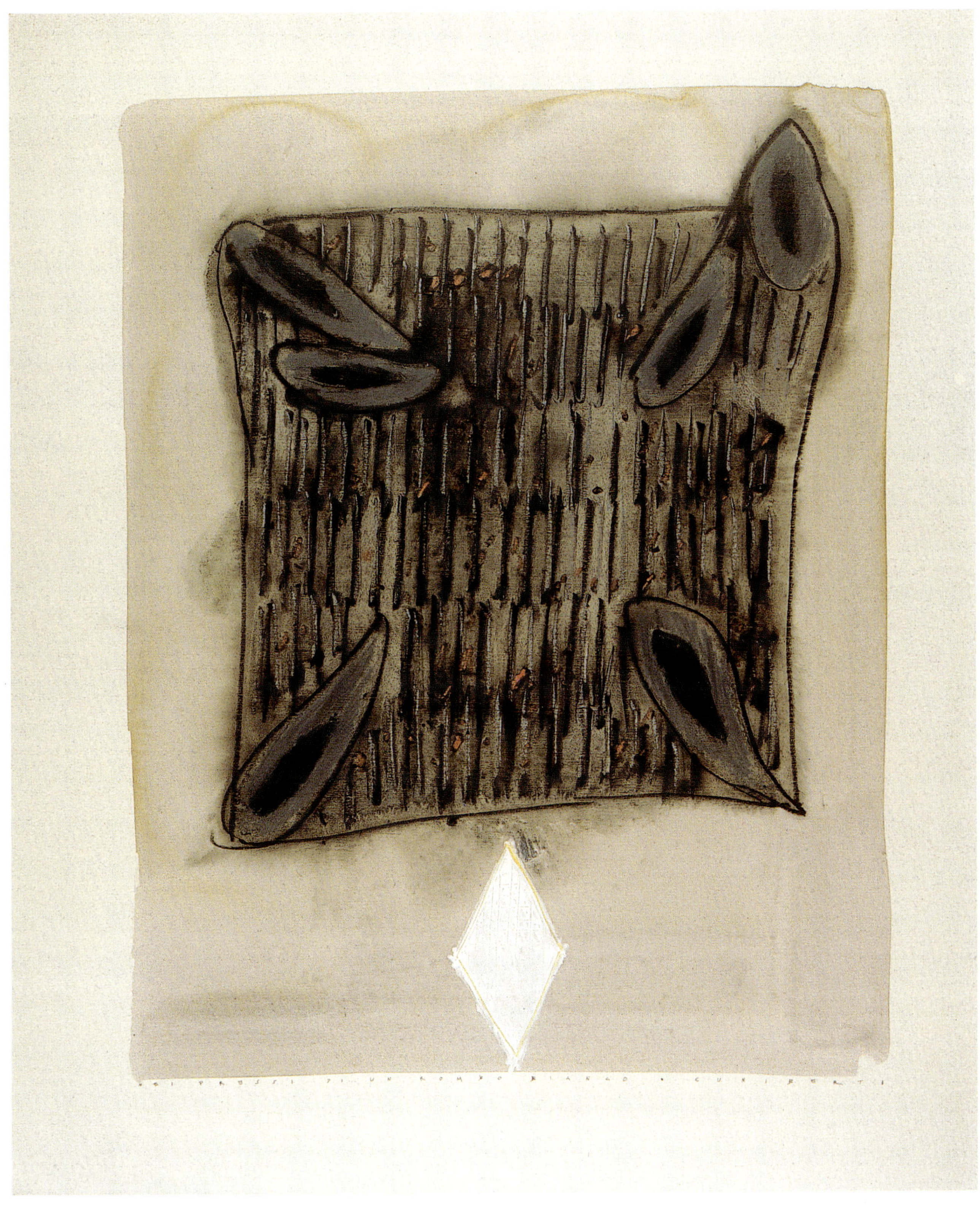

Il giorno seguente l'invenzione della ruota, 1991
acrilico su masonite/acrylic on masonite, cm 34,5x85 (trittico/triptych)

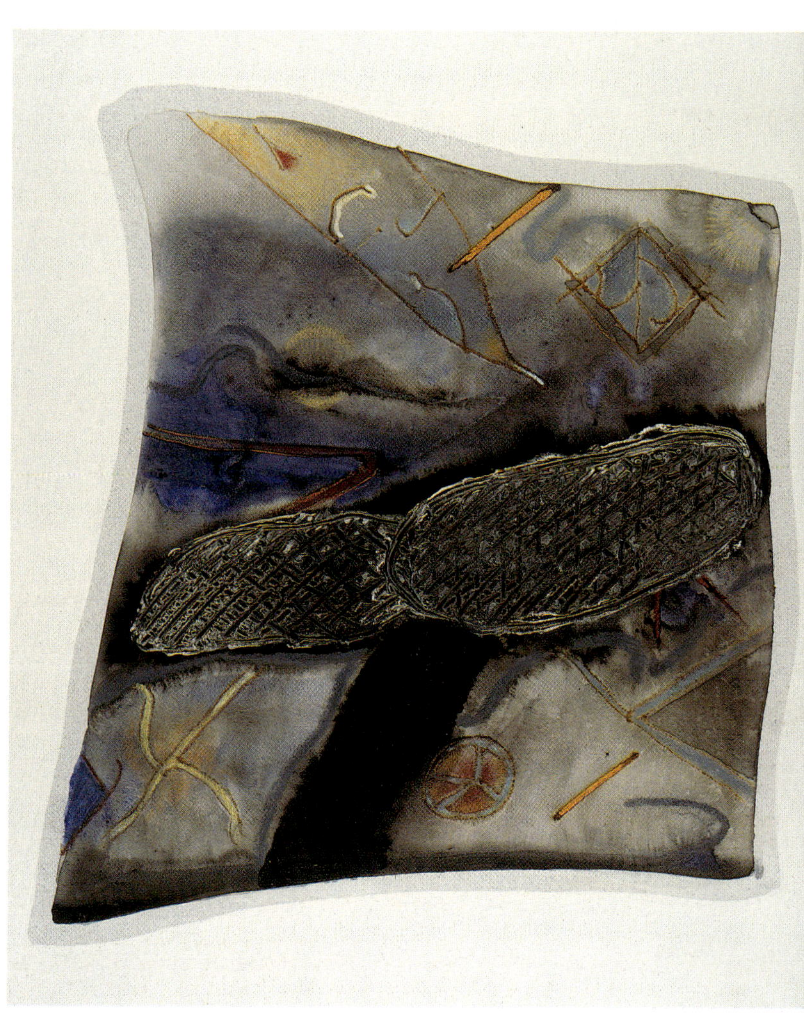

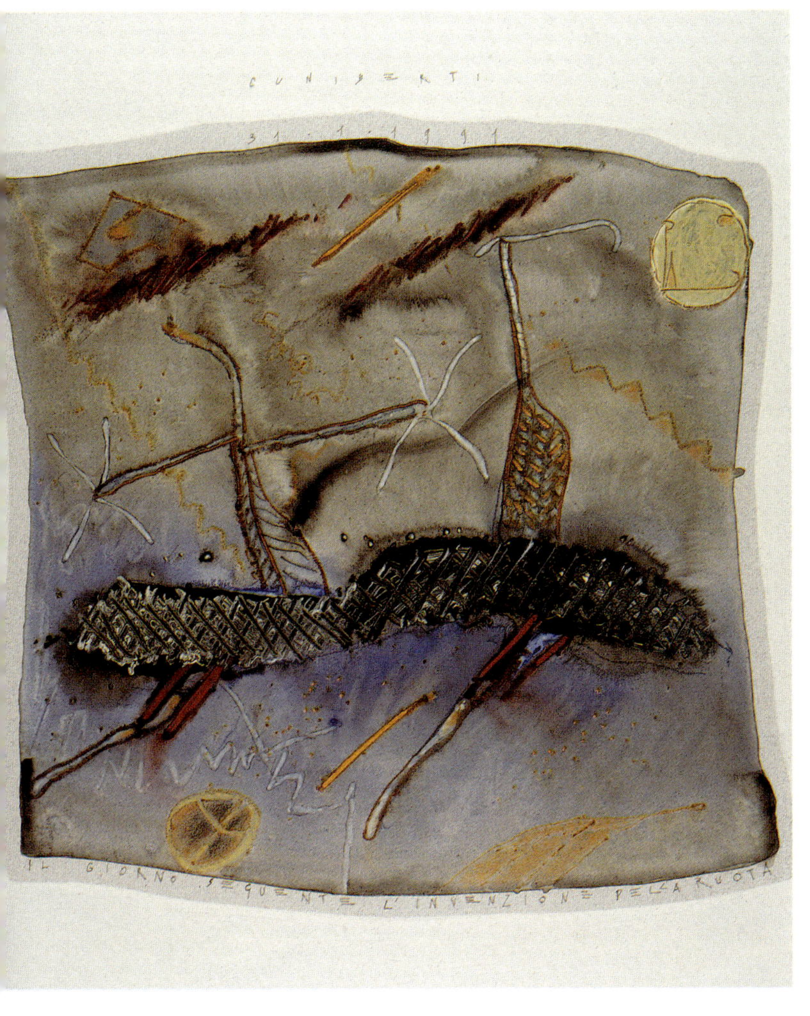
CUNIBERTI
31.1.1991
IL GIORNO SEGUENTE L'INVENZIONE DELLA RUOTA

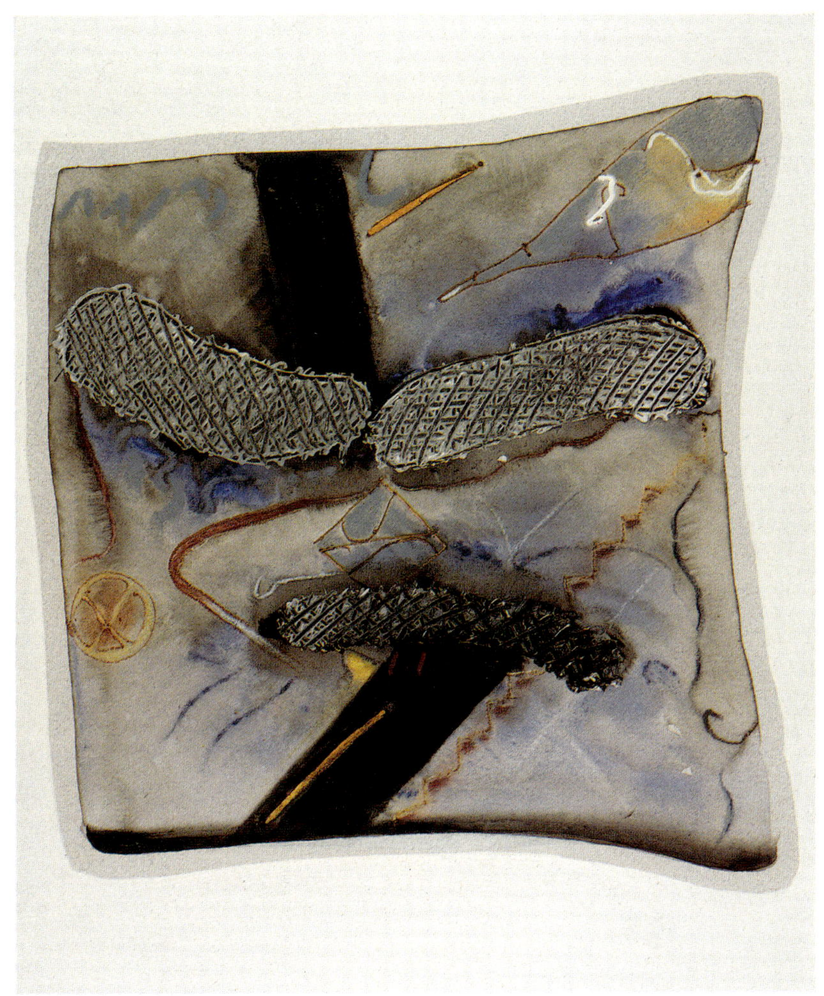

Racconto nell'aria rarefatta, 1991
acrilico, matite colorate su masonite/acrylic, colored pencil on masonite, cm 42x34

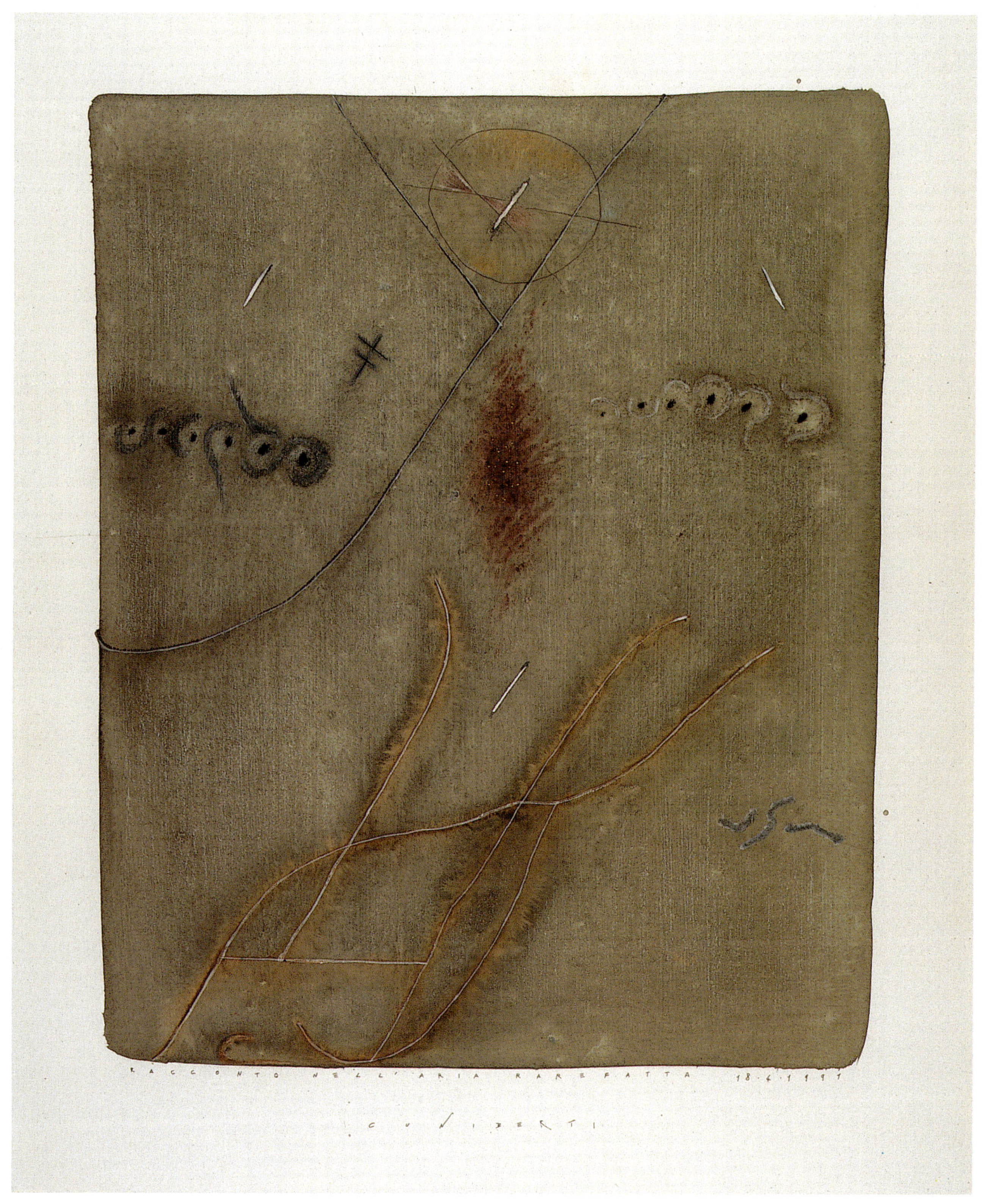

Capriccio semiologico, 1992
acrilico, matite colorate su masonite/acrylic, colored pencil on masonite, cm 52x42

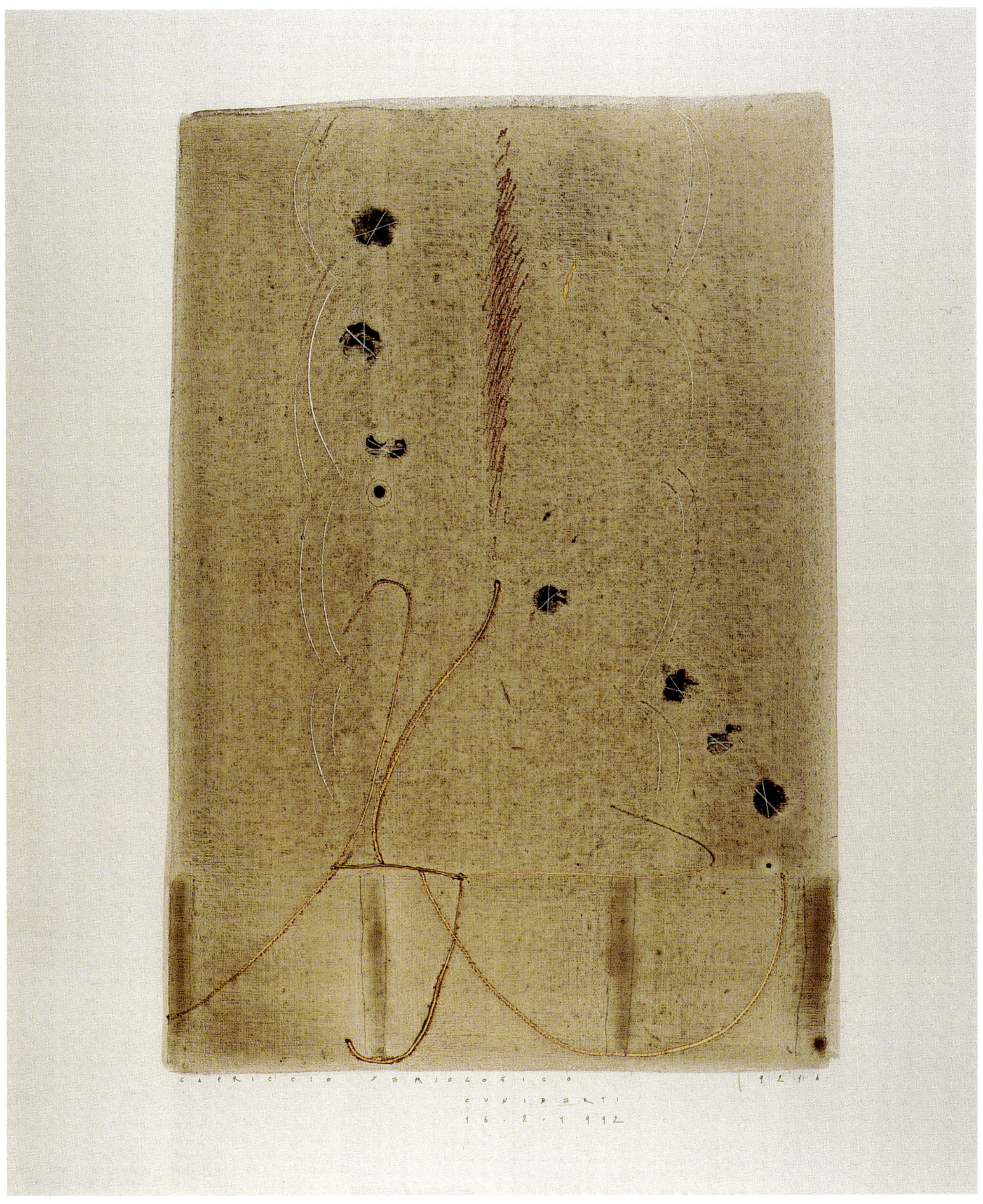

Nel fumo dei miei problemi, 1992
acrilico, matite colorate su masonite/acrylic, colored pencil on masonite, cm 42x52

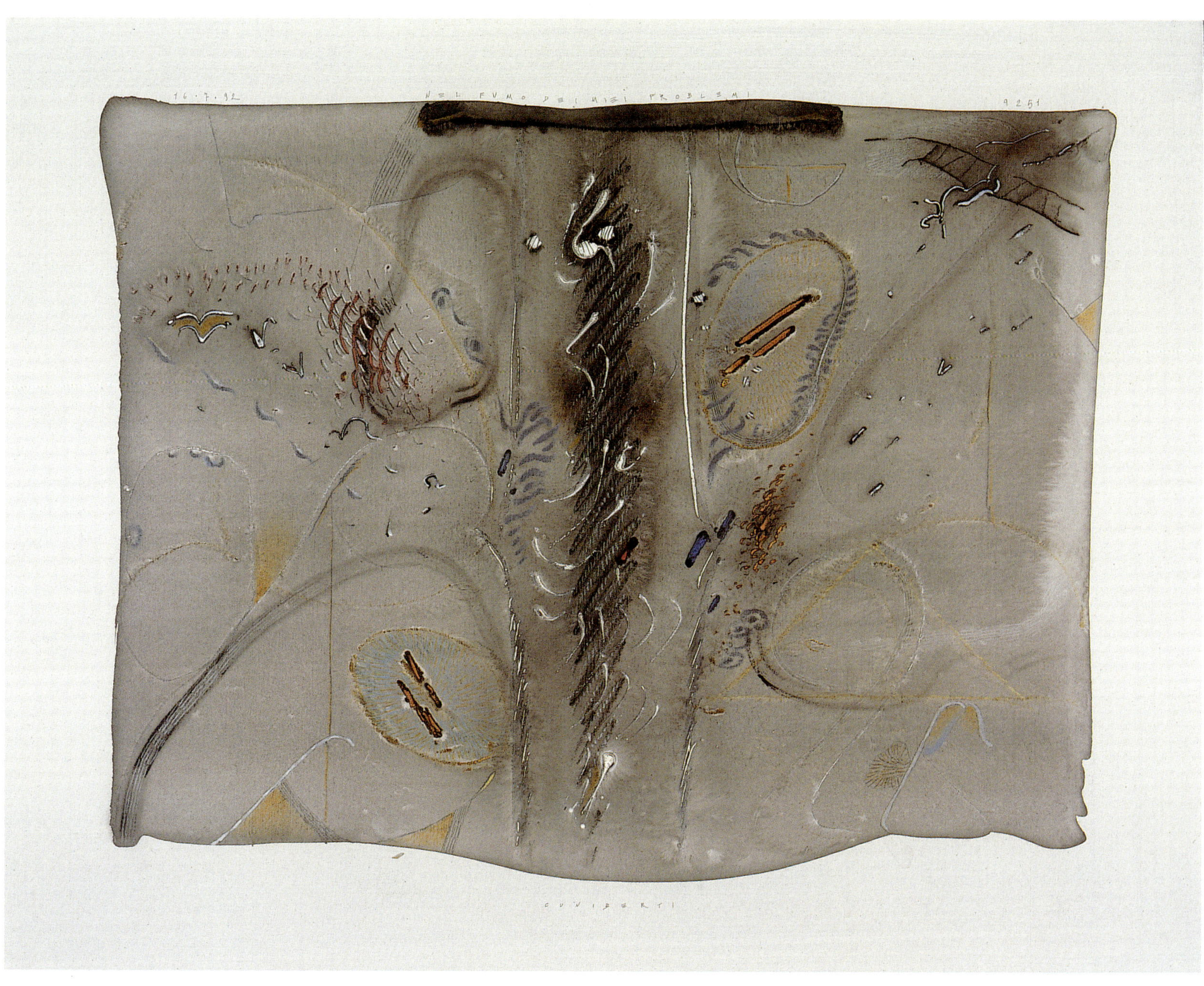

Un portale per quattro segni rossi, 1992
acrilico, matite colorate su masonite/acrylic, colored pencil on masonite, cm 52x42

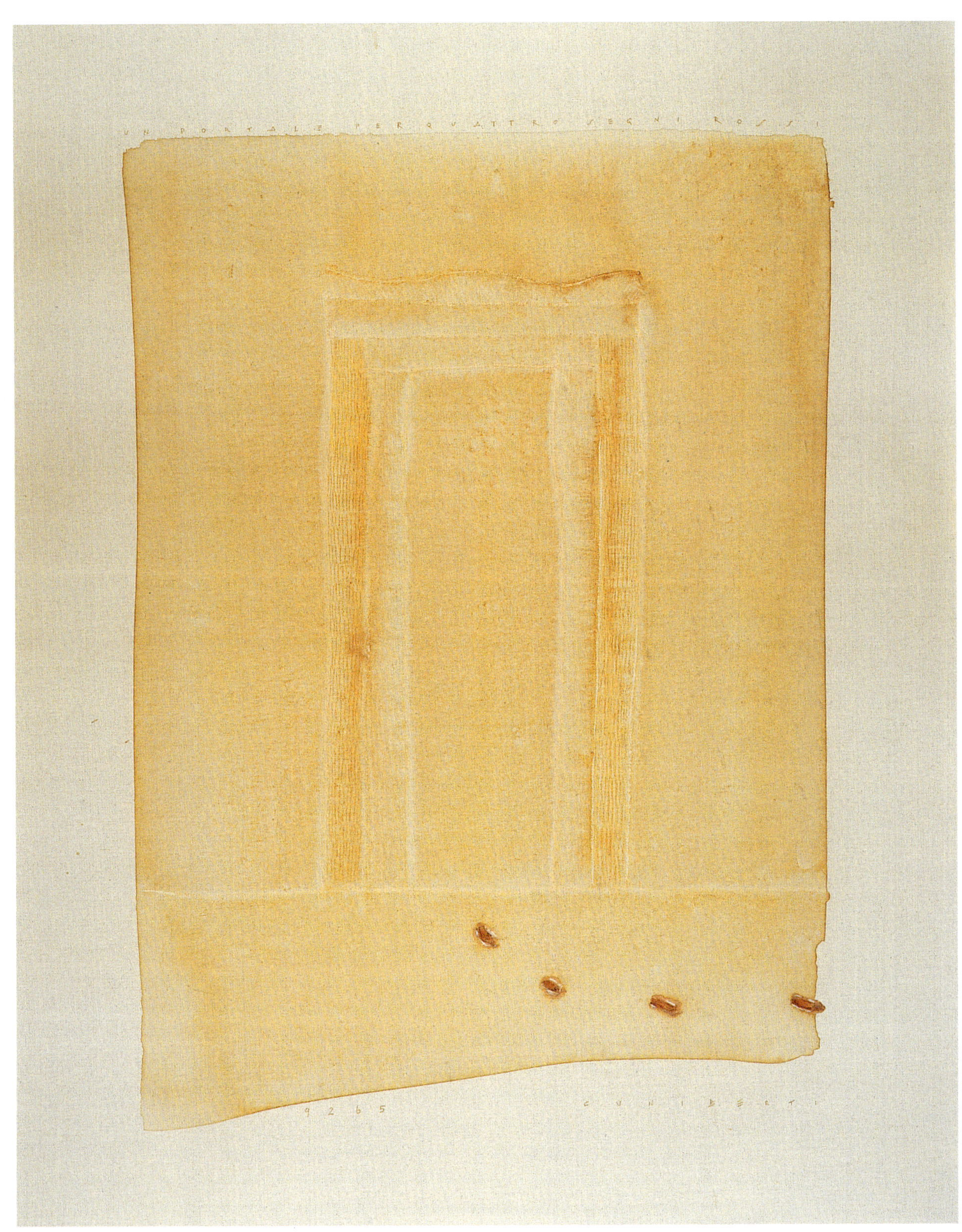

Natura morta, 1992
acrilico su masonite/acrylic on masonite, cm 42x34

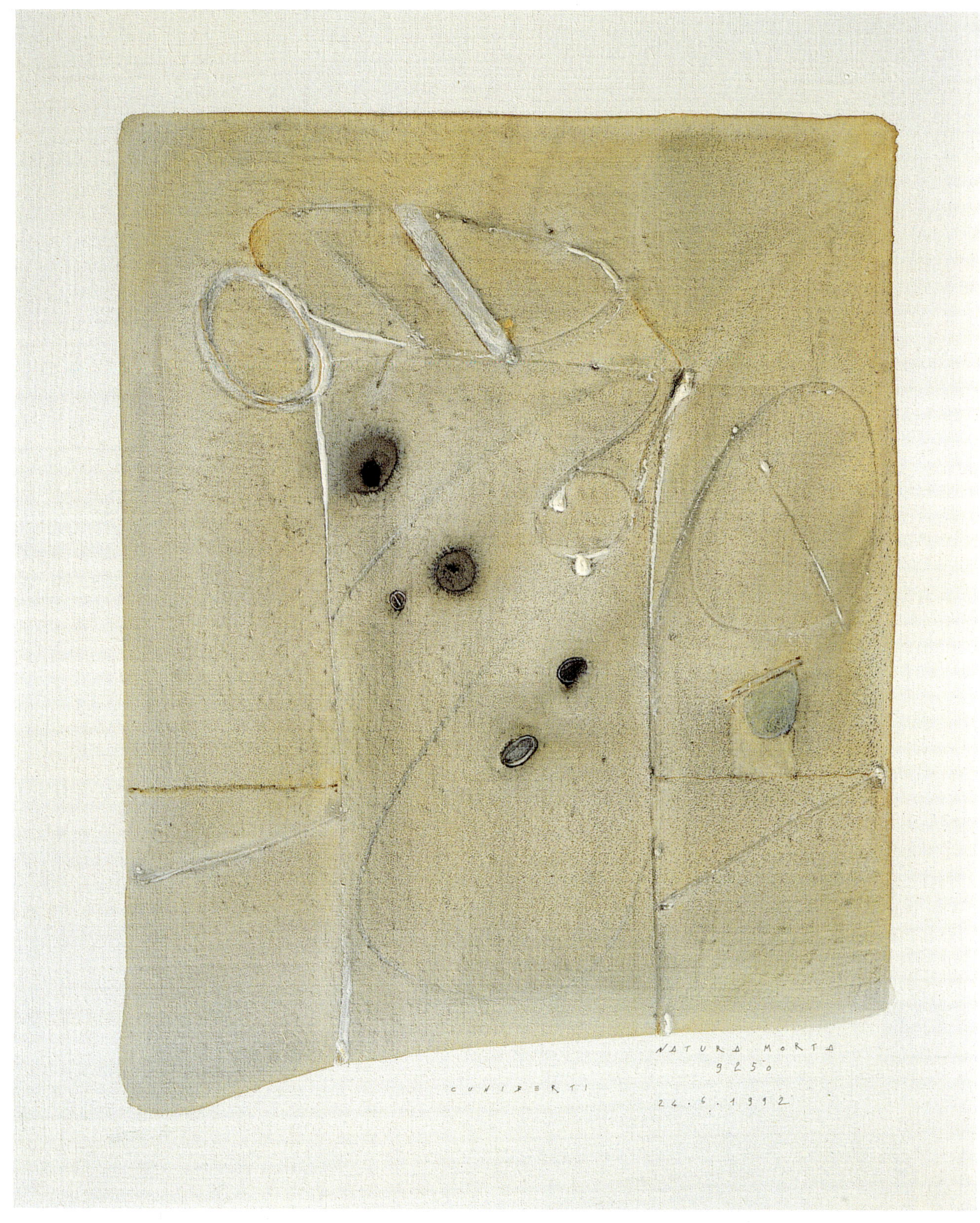

Nell'orto di P. A., 1993
acrilico, matite colorate su masonite/acrylic, colored pencil on masonite, cm 52x42

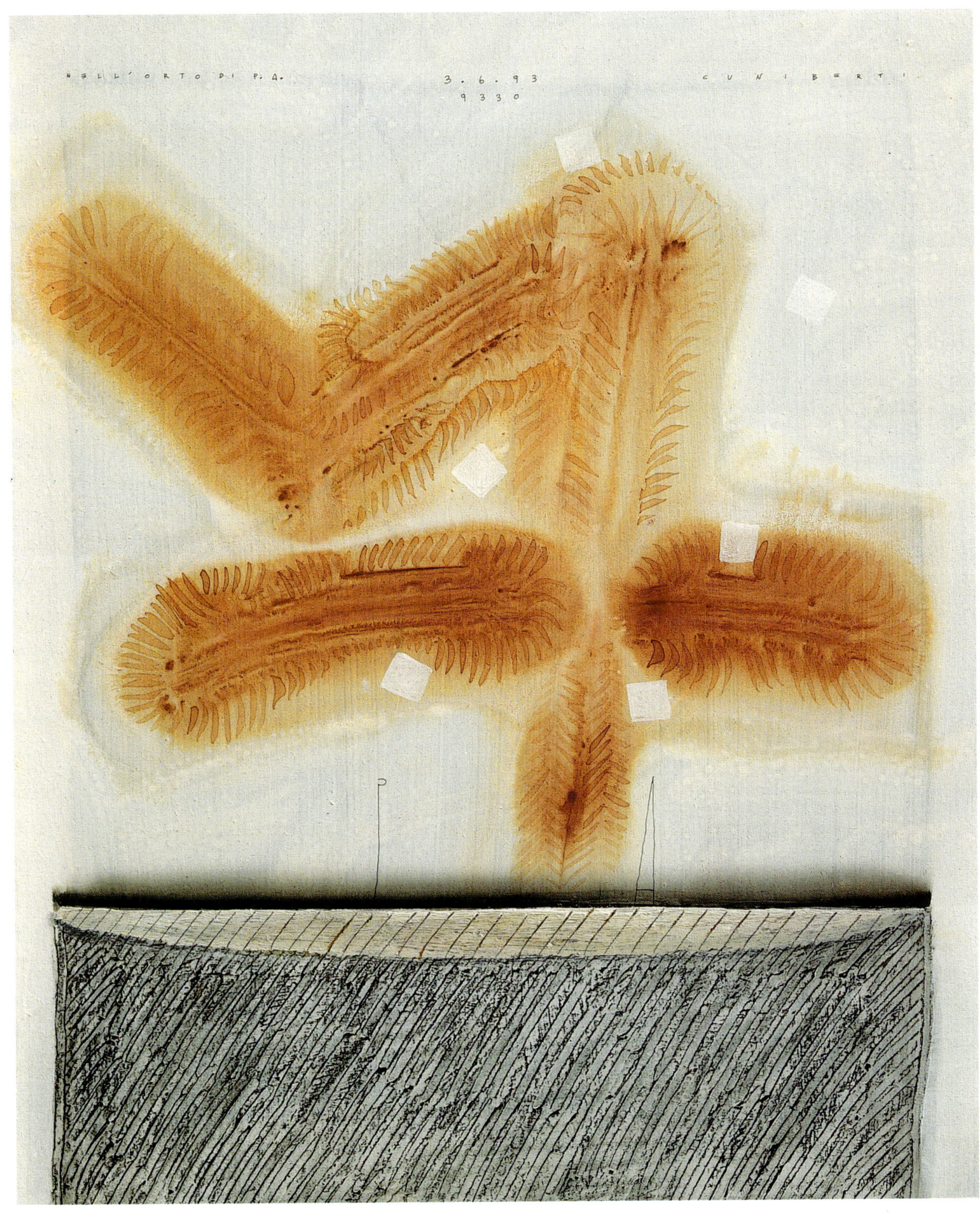

Segnali, 1994
acrilico su carta/acrylic on paper, cm 14,9x21

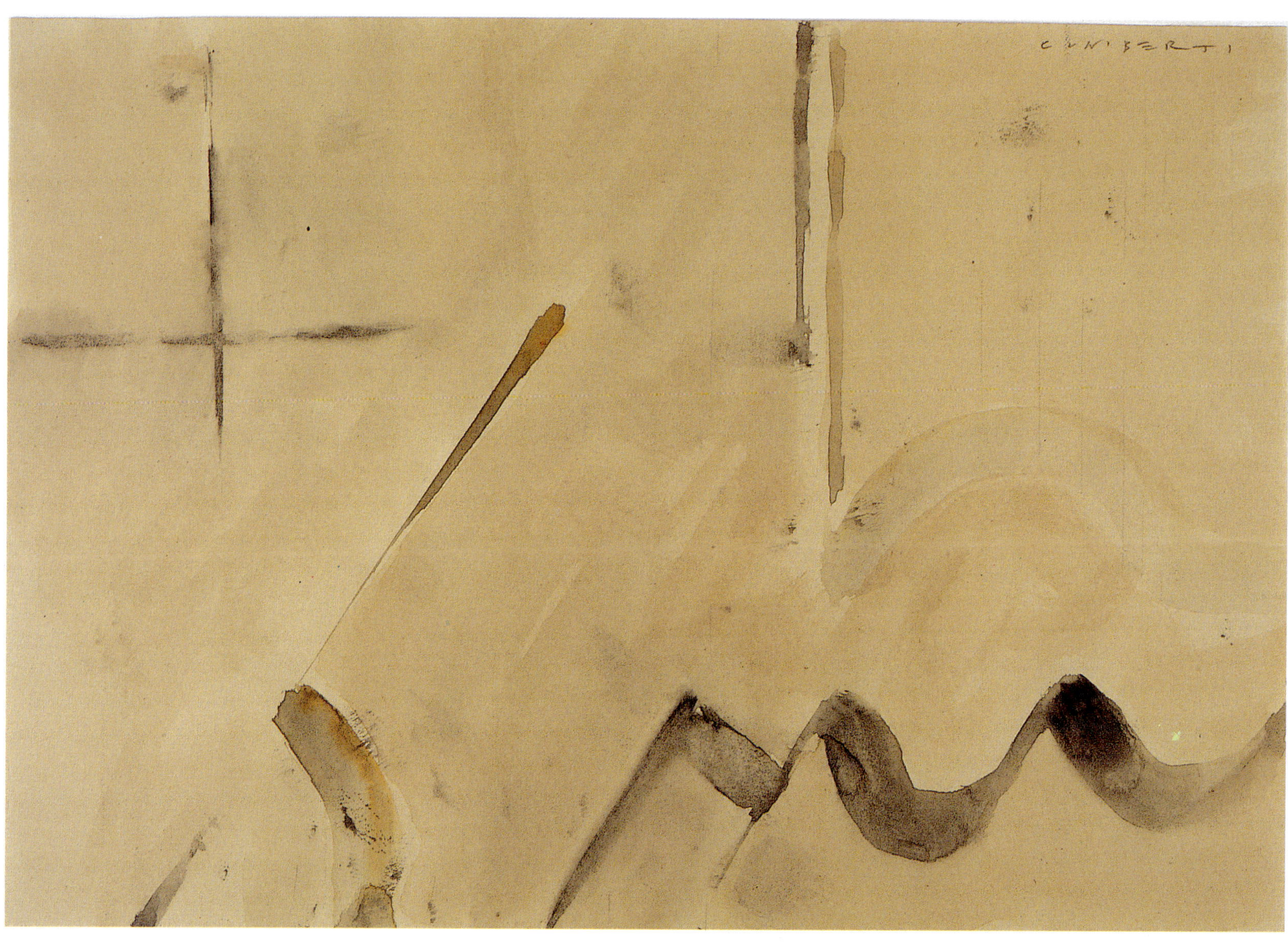

Sotto le cicatrici delle mie angoscie, 1994
acrilico, matite colorate su masonite/acrylic, colored pencil on masonite, cm 42x52

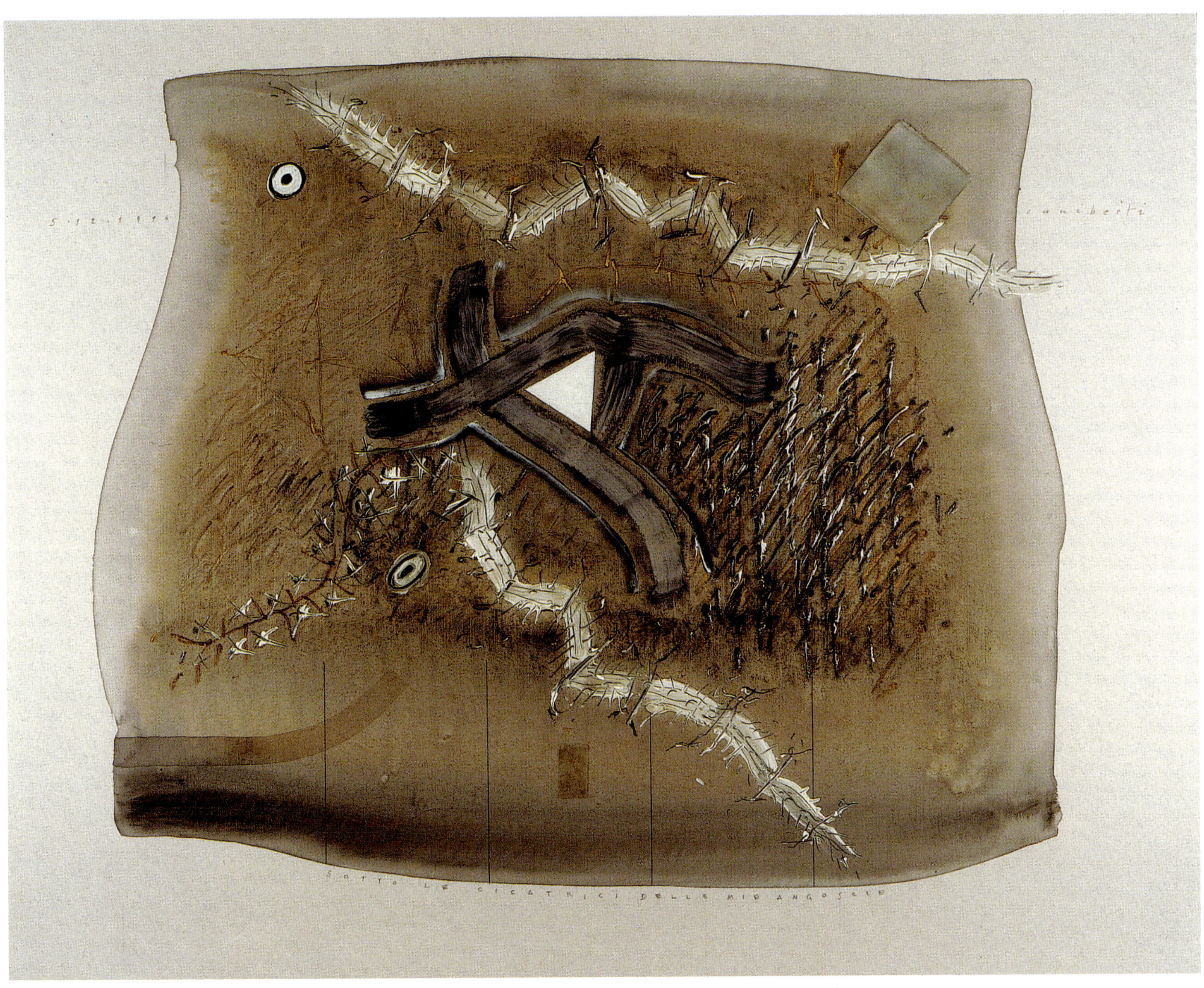

Il tappeto volante S. trasporta le sculture del diavolo, 1995
tecnica mista su masonite/mixed media on masonite, cm 70x60

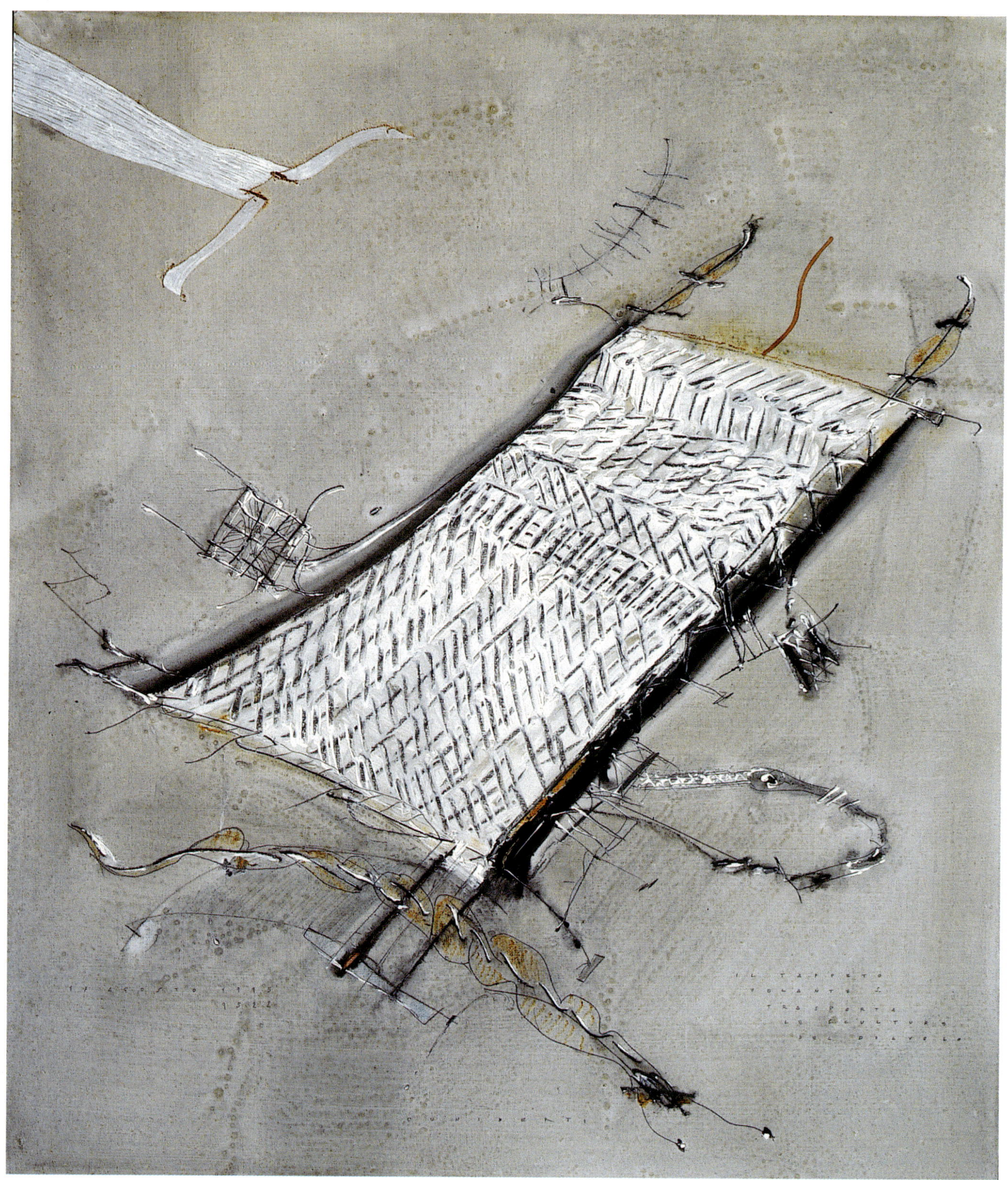

La farfalla R. arriva sul mare di T., 1995
acrilico su masonite/acrylic on masonite, cm 40x33

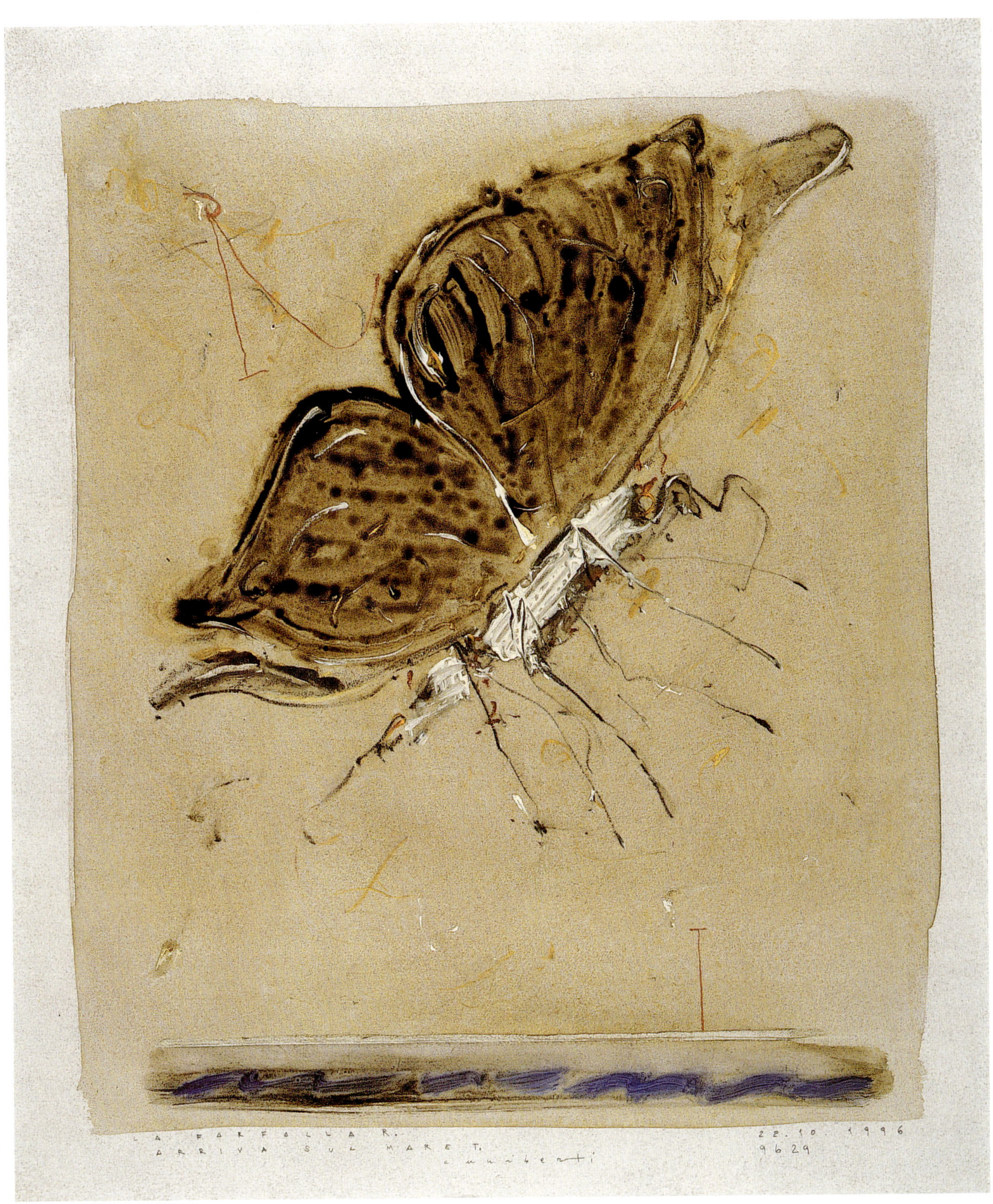

Arrivi e partenze, 1996
grafite su carta/graphite on paper, cm 19,8x29

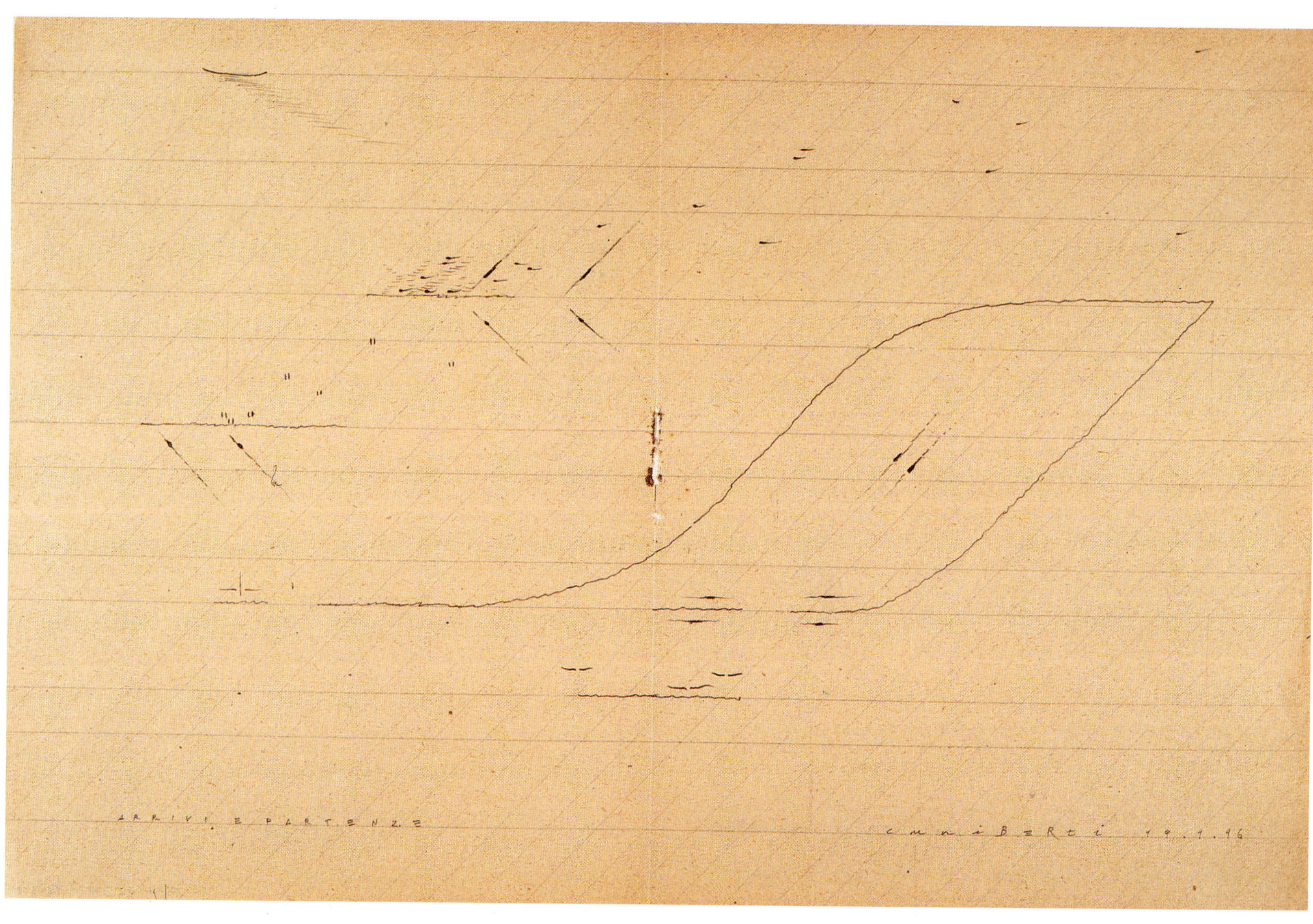

Progetto per la tunica del mago S., 1997
pastello, grafite su carta/pastel, graphite on paper, cm 29,7x21

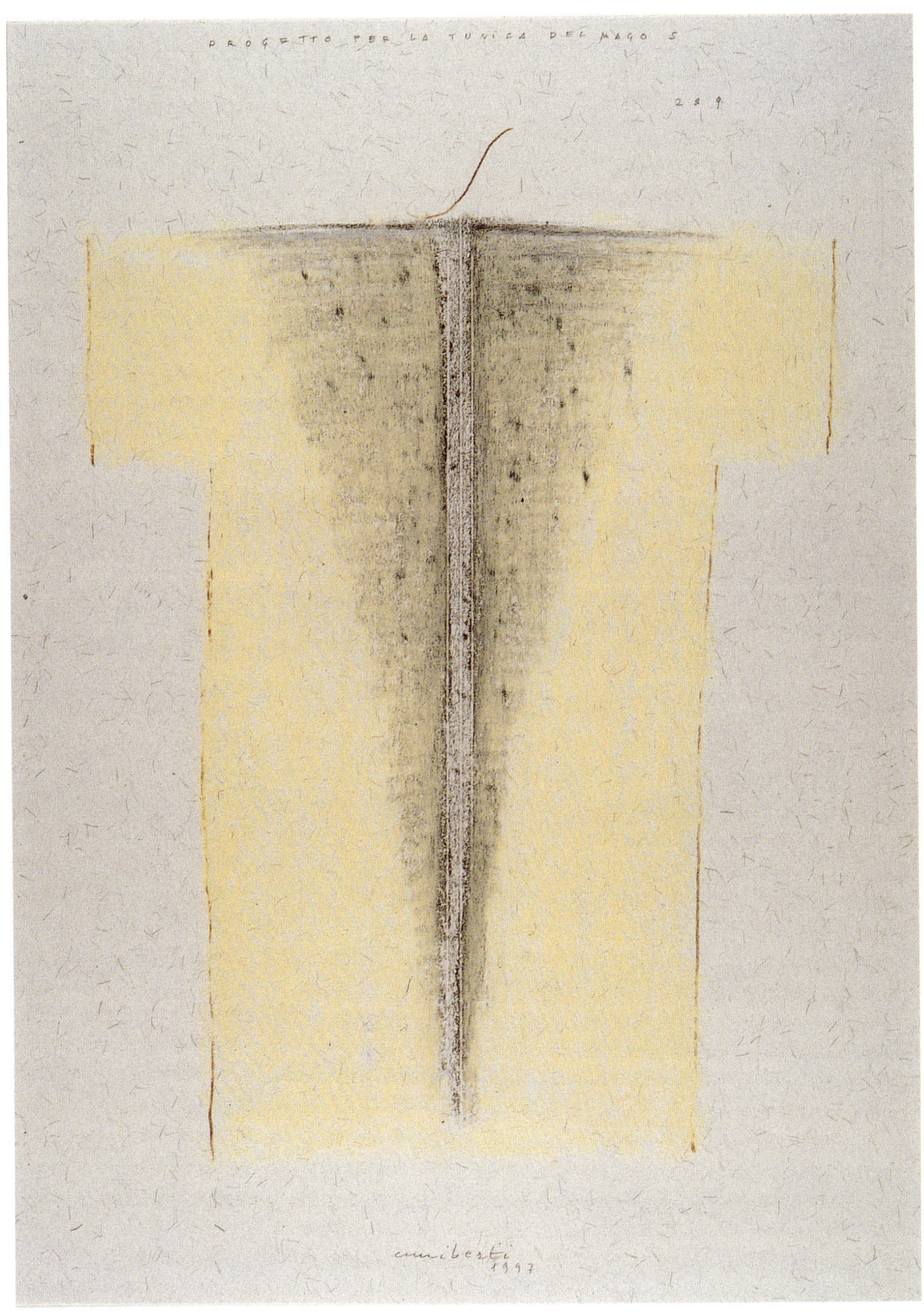

Senza titolo, 1997
pastello, grafite su carta/pastel, graphite on paper, cm 48x33

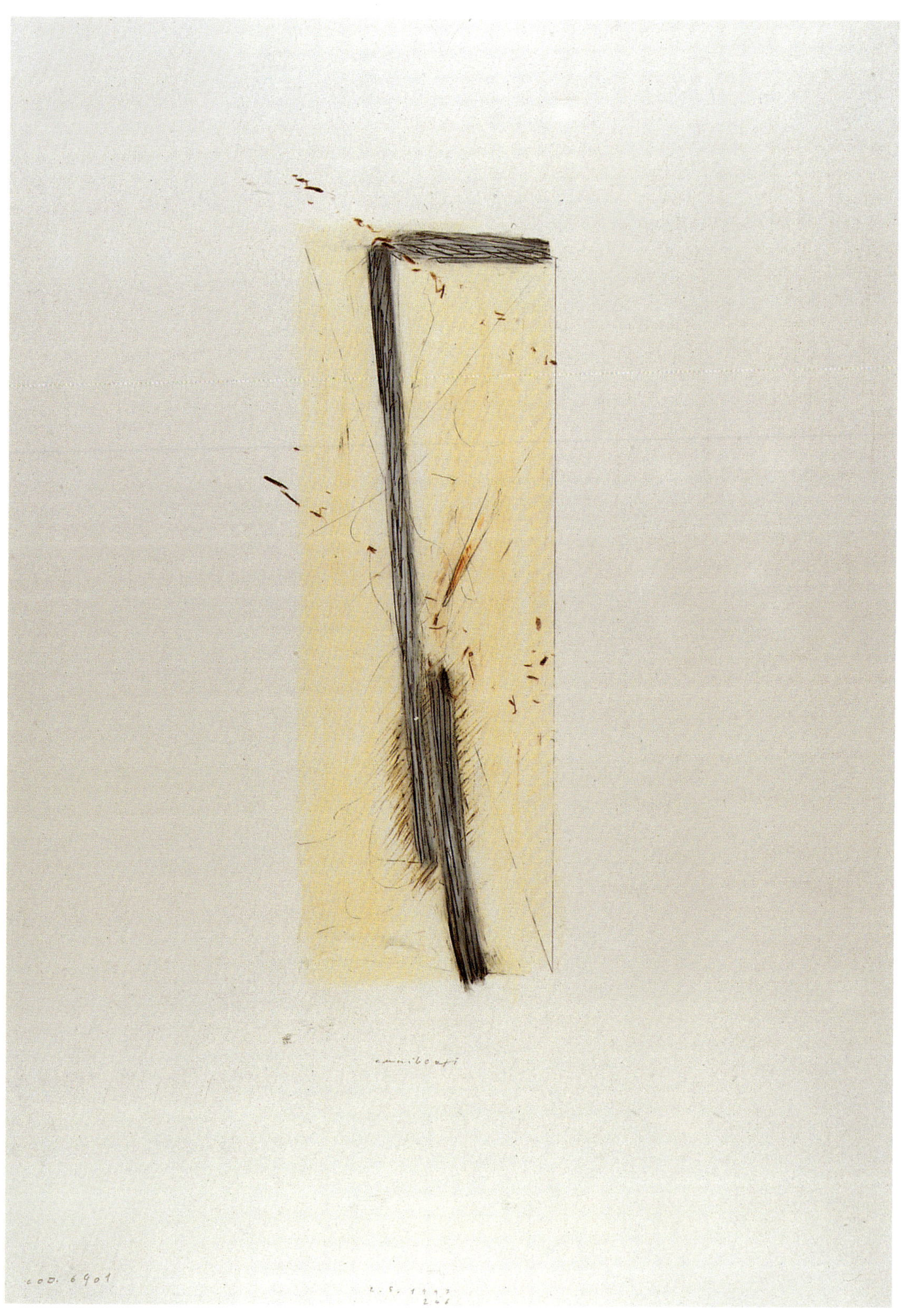

Senza titolo, 1997
pastello su carta/pastel on paper, cm 33x24

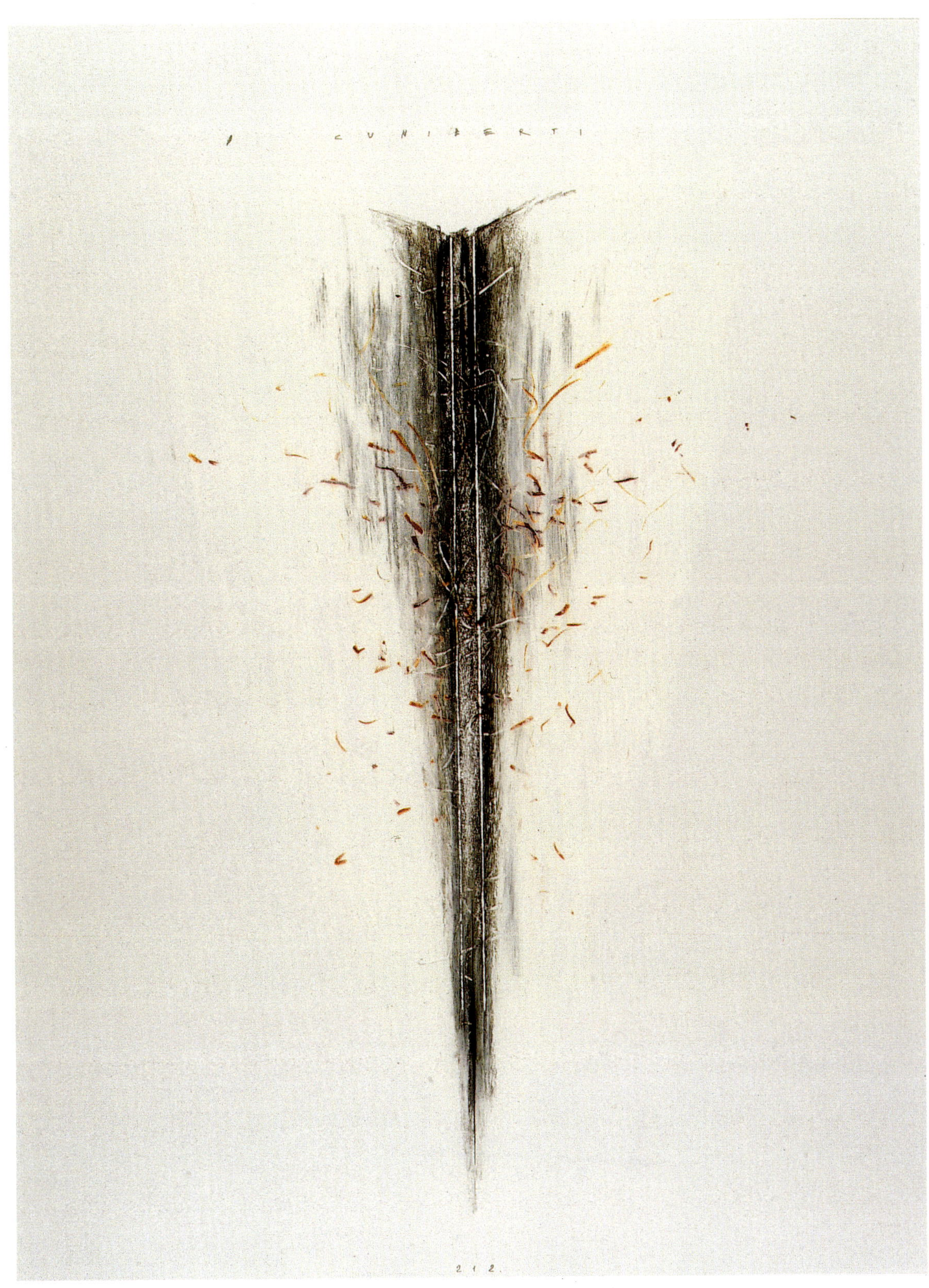

Favola, 1997
acrilico, grafite, matite colorate su masonite/acrylic, graphite, colored pencil on masonite, cm 56x46

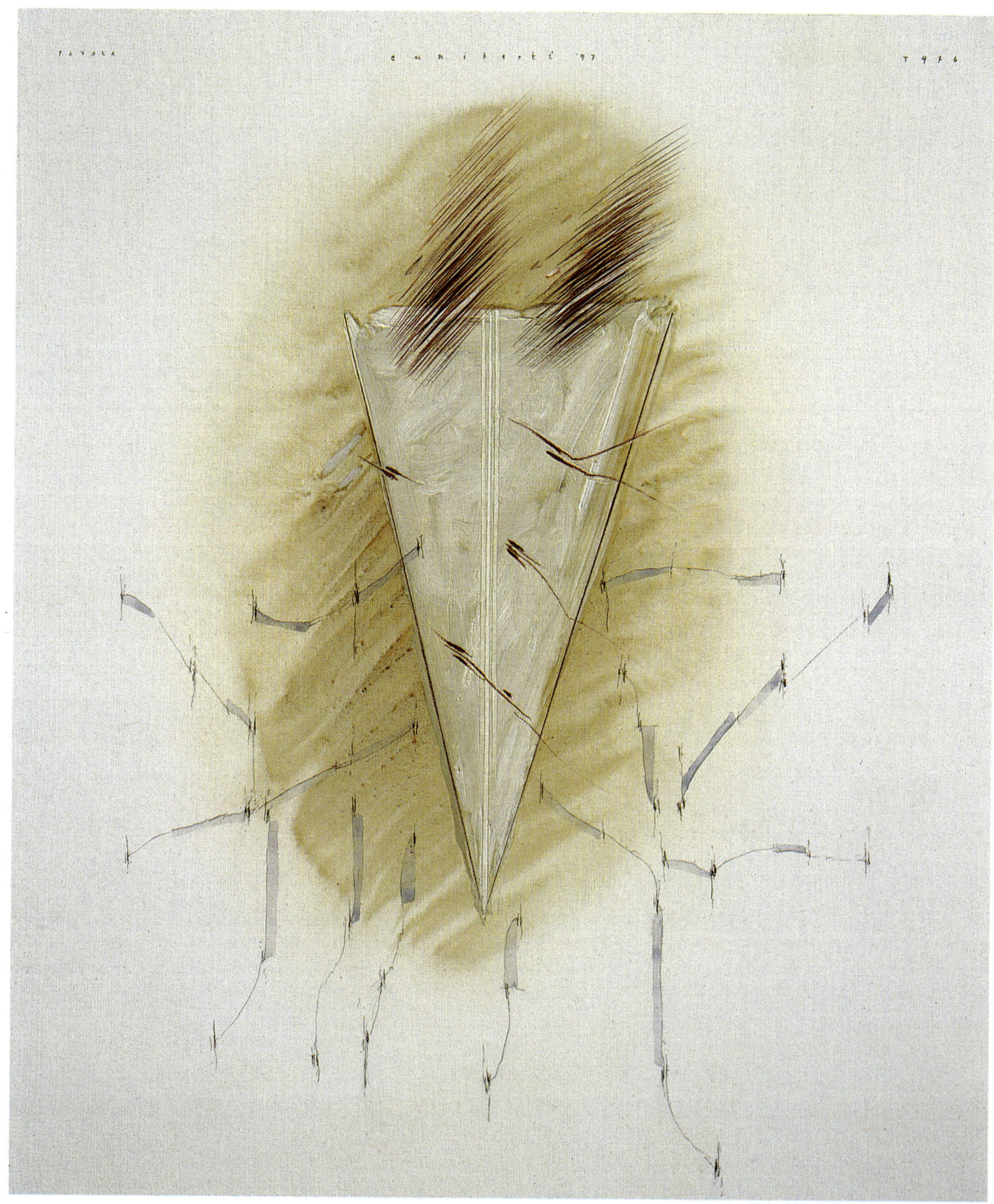

Apparizione, 1997
acrilico su masonite/acrylic on masonite, cm 52x42

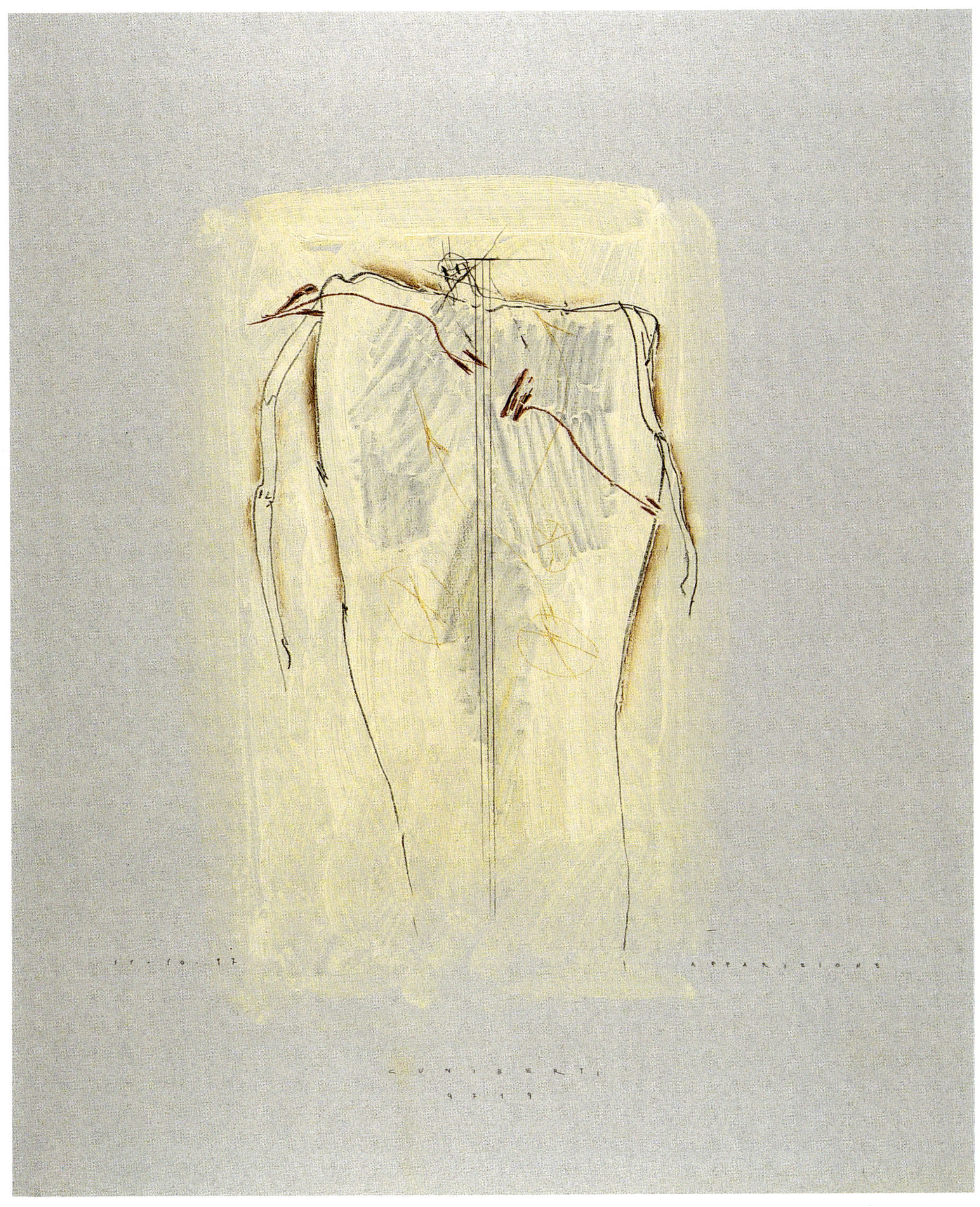

Rapporti, 1997
acrilico su masonite/acrylic on masonite, cm 42x52

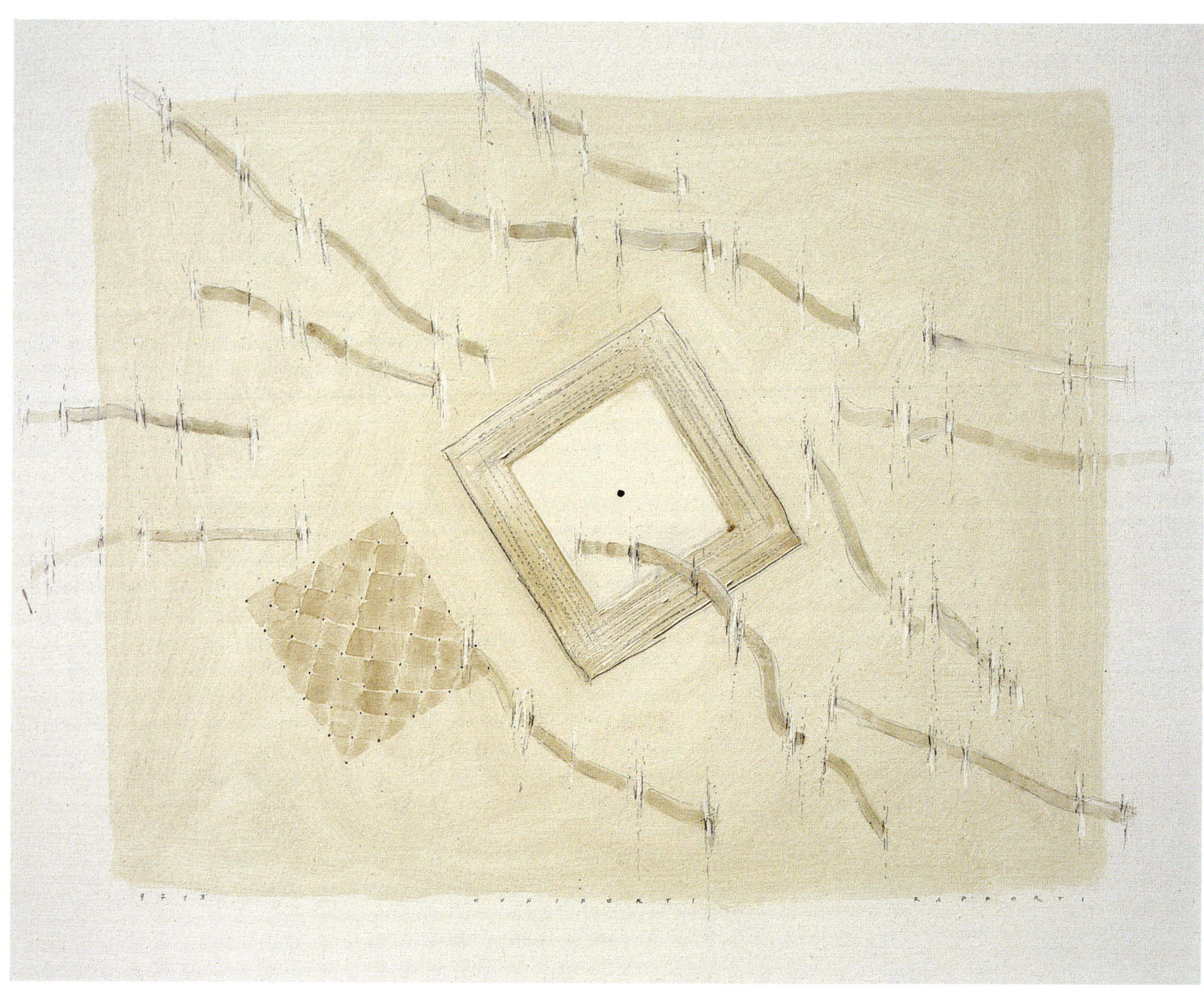

Etichetta per tre segni omologati, 1997
acrilico su masonite/acrylic on masonite, cm 52x42

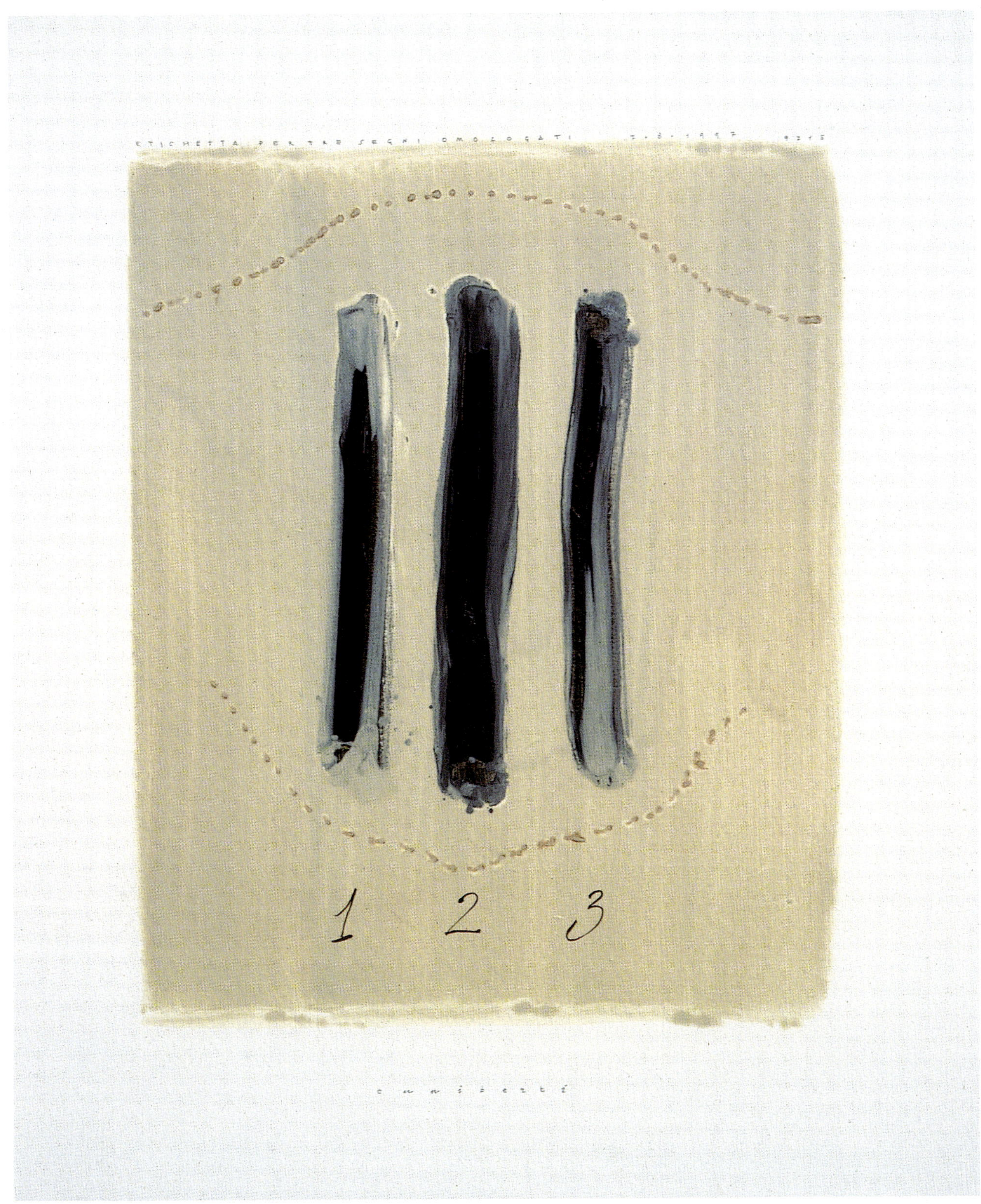

Storia di bruchi sull'orizzonte della luna, 1997
acrilico su masonite/acrylic on masonite, cm 60x70

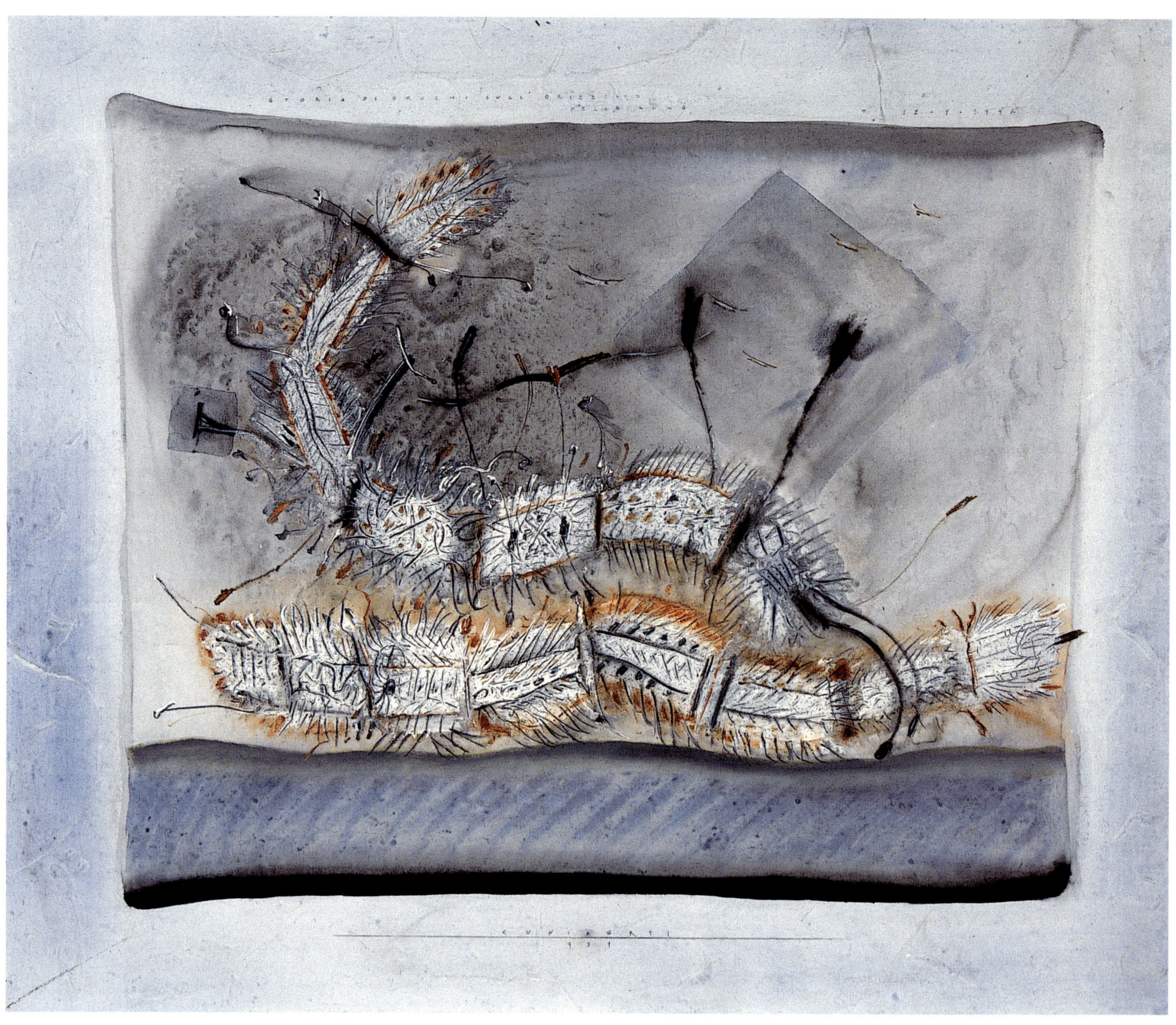

Un bruco della luna, 1998
acrilico su carta/acrylic on paper, cm 22,4x21,3

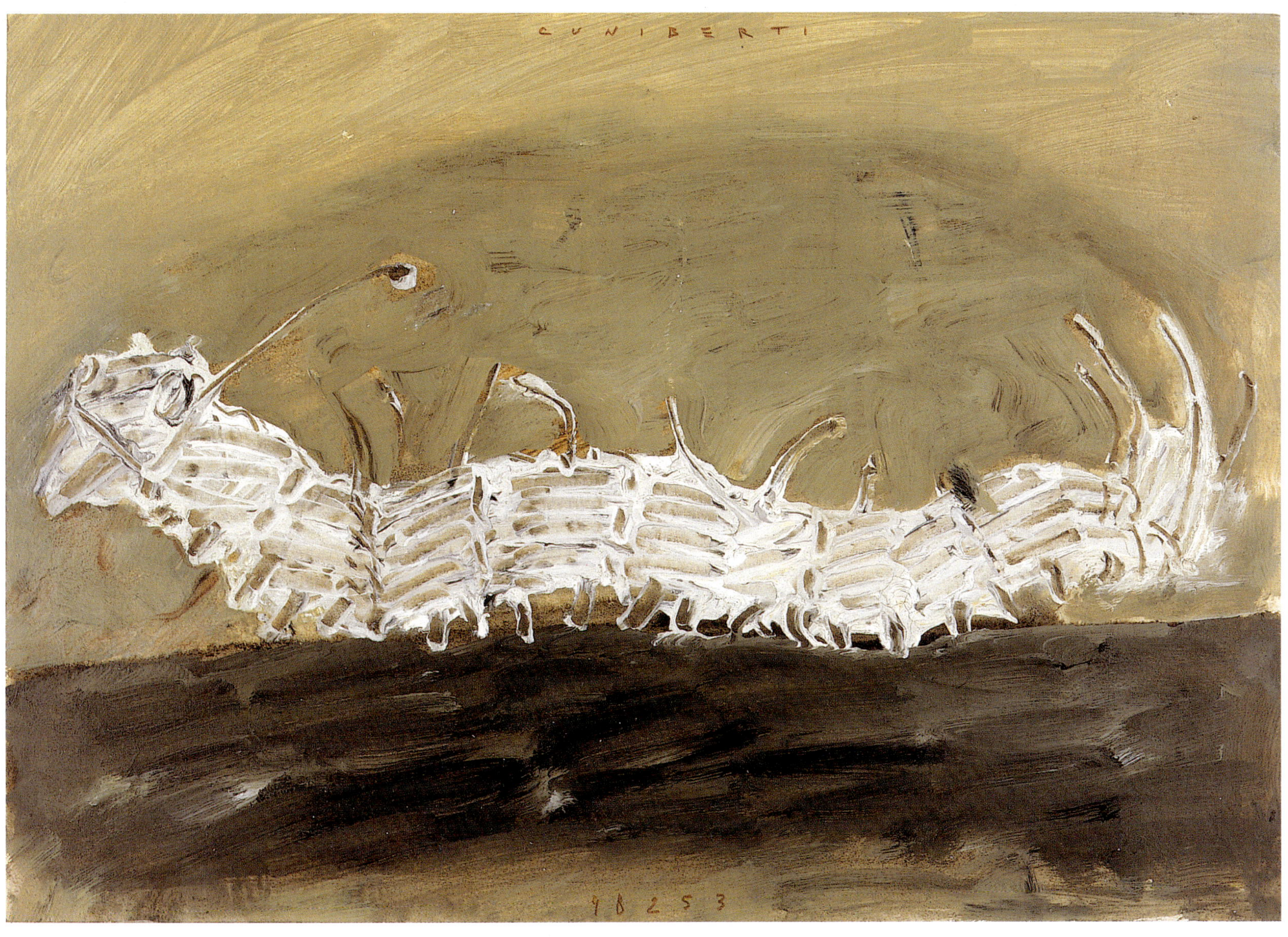

Segni in cerca di una ragione, 1998
pastello, grafite su carta/pastel, graphite on paper, cm 33x48

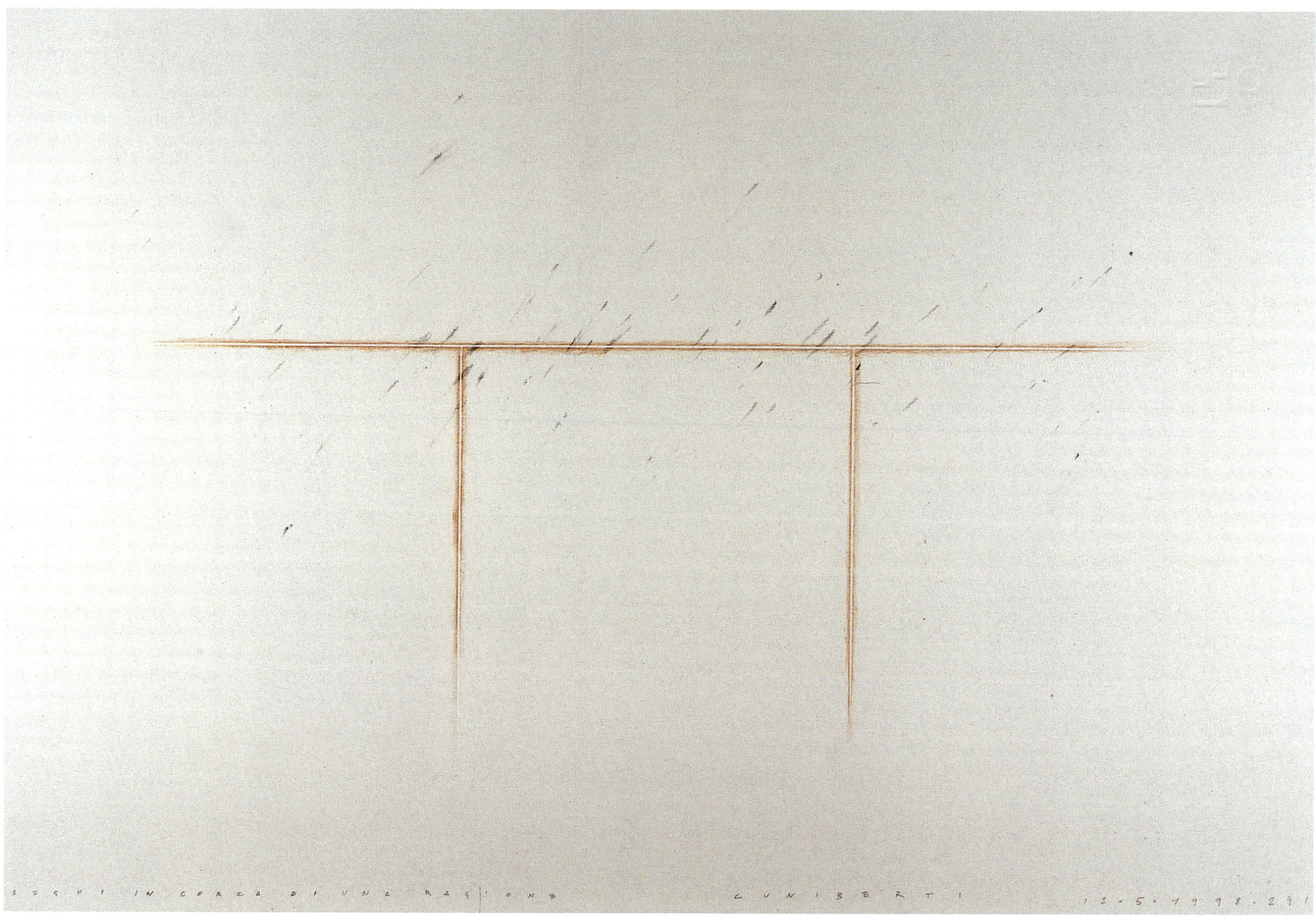

Senza titolo, 2000
grafite su carta/graphite on paper, cm 21x29,7

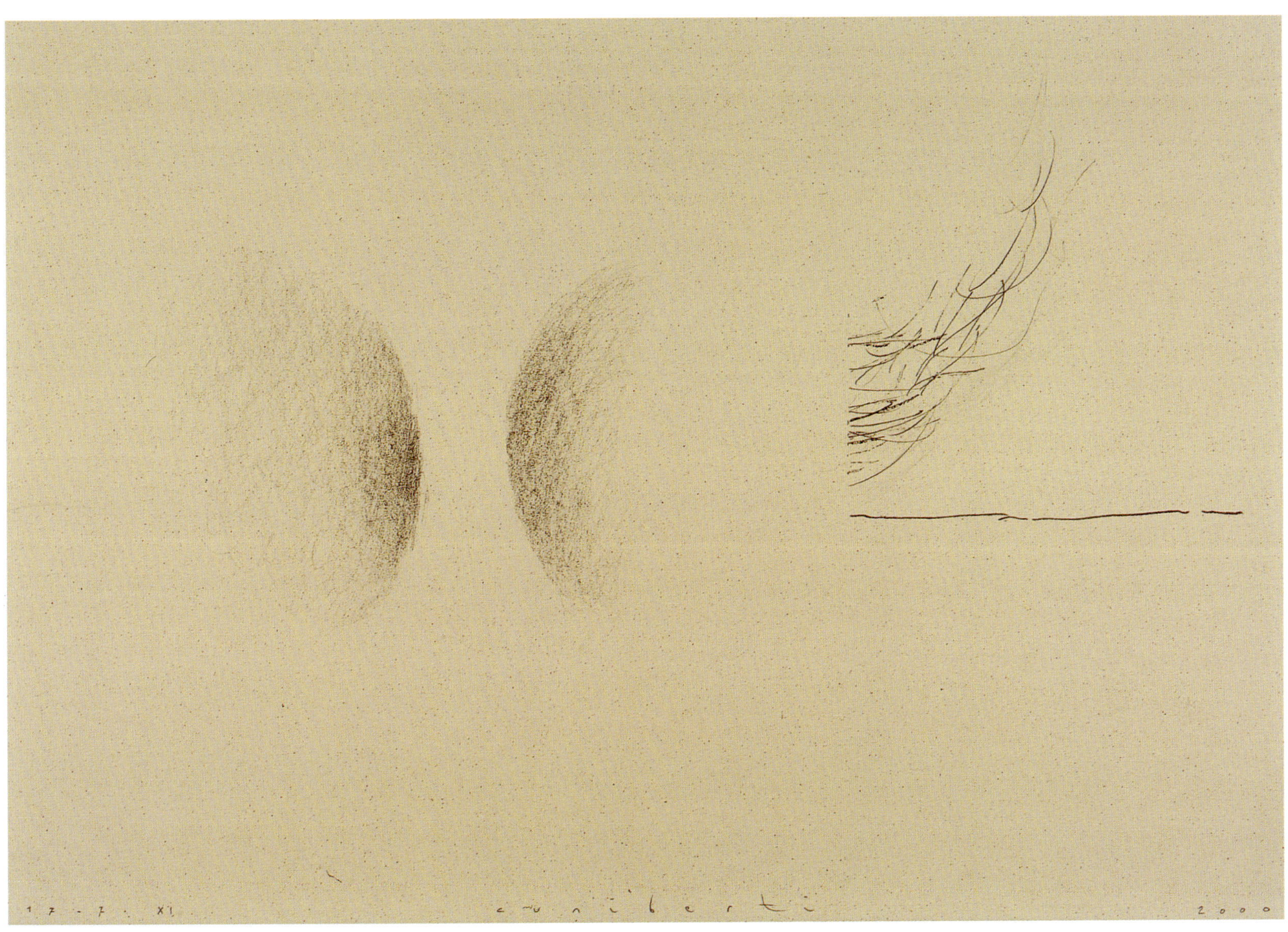

Natura morta, 2000
pastello, grafite su carta/pastel, graphite on paper, cm 24x33

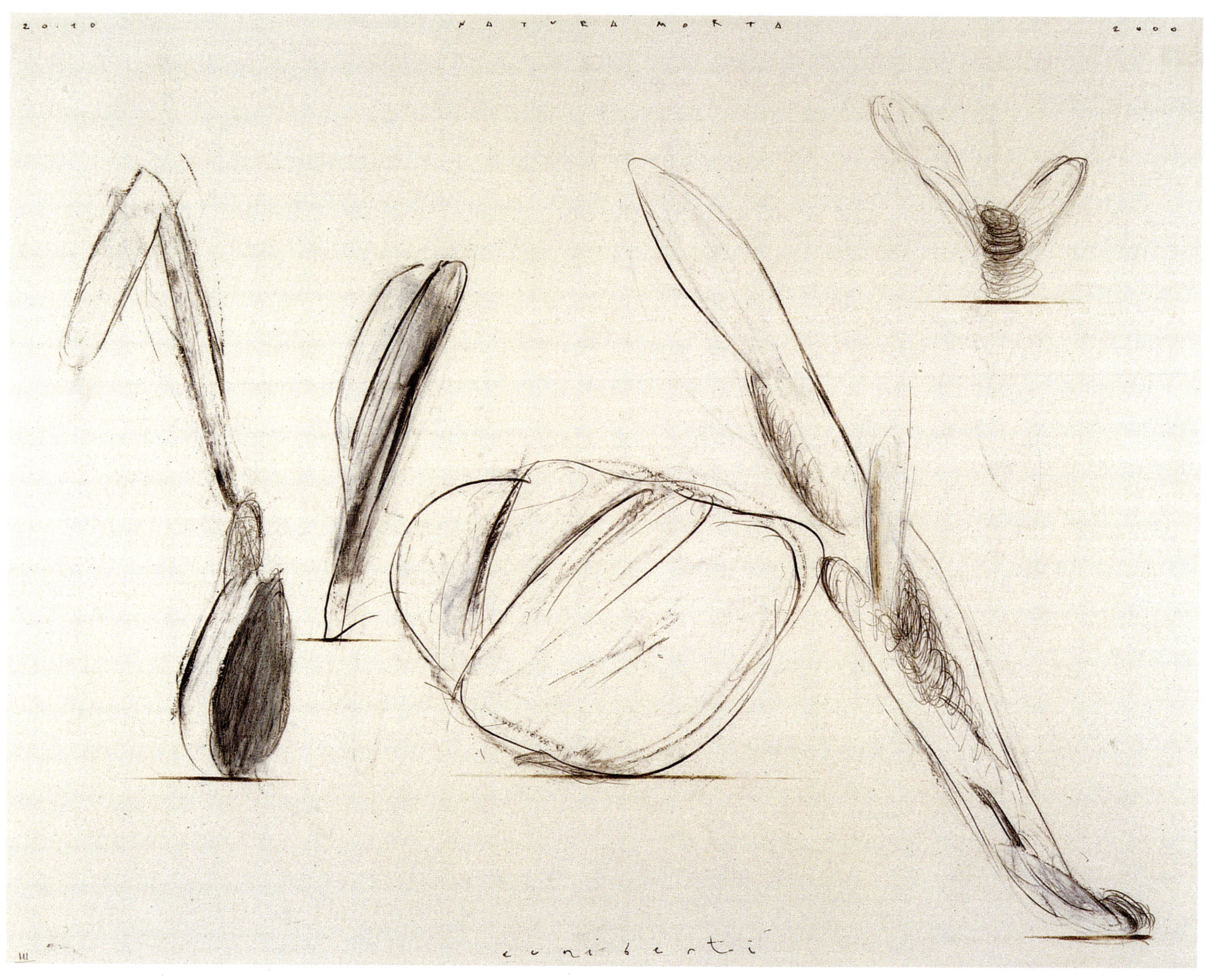

Racconto di terra e di cielo con la presenza degli angeli e dei segni, 2001
acrilico su masonite/acrylic on masonite, cm 40x33

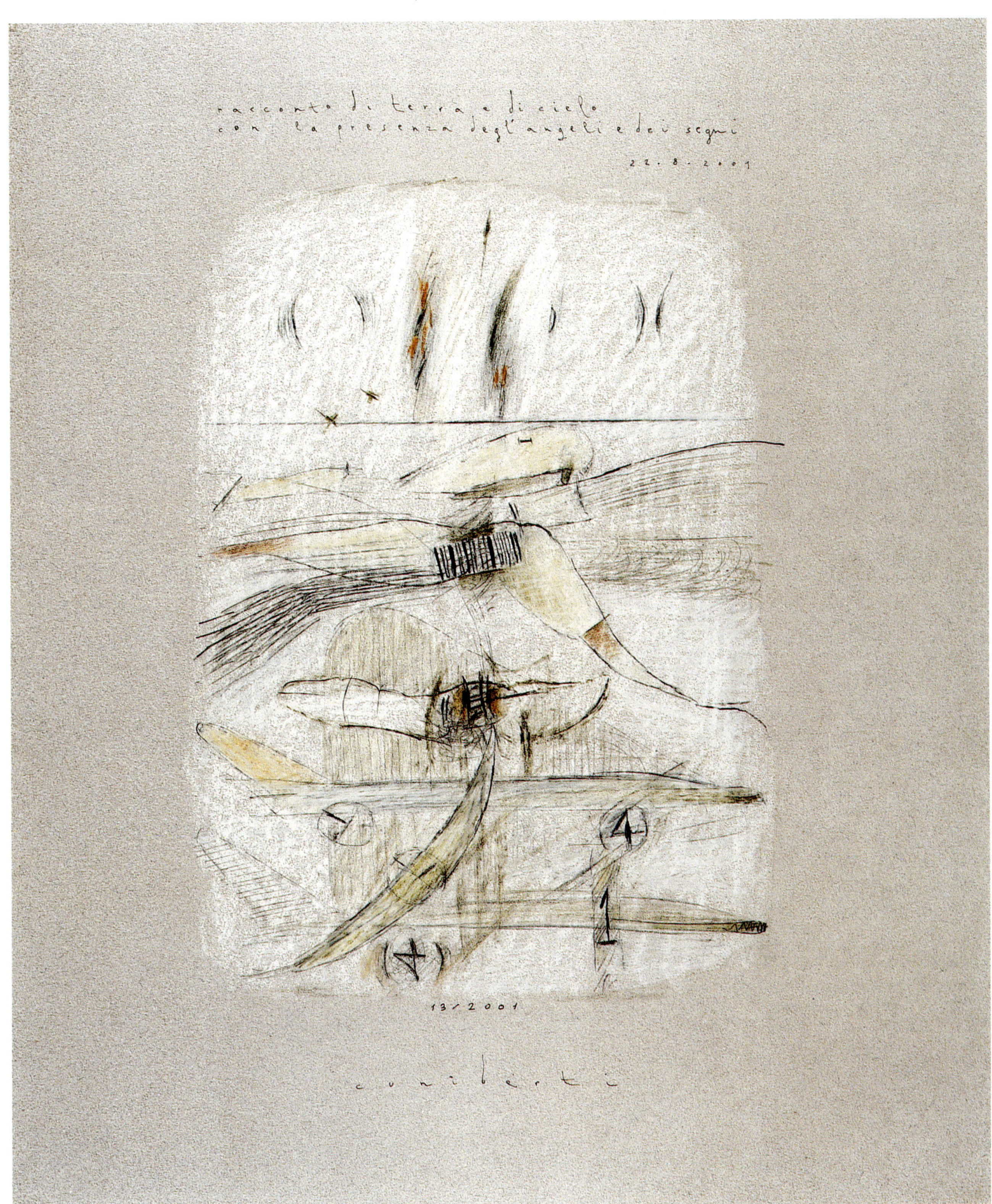

Progetto non realizzabile, 2001
acrilico su masonite/acrylic on masonite, cm 41,9x34

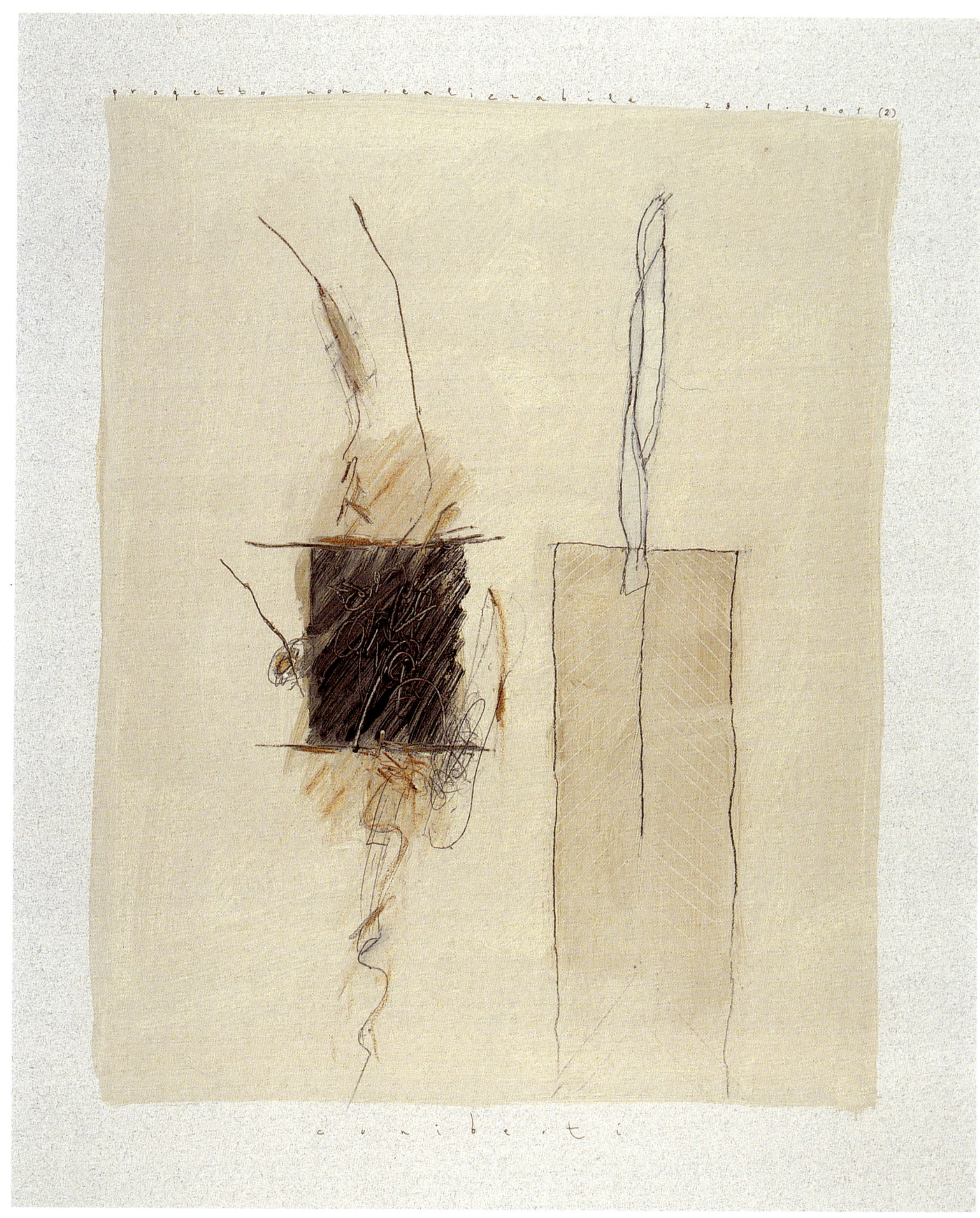

Una natura morta precaria, 2001
pastello, grafite su carta/pastel, graphite on paper, cm 21x29,7

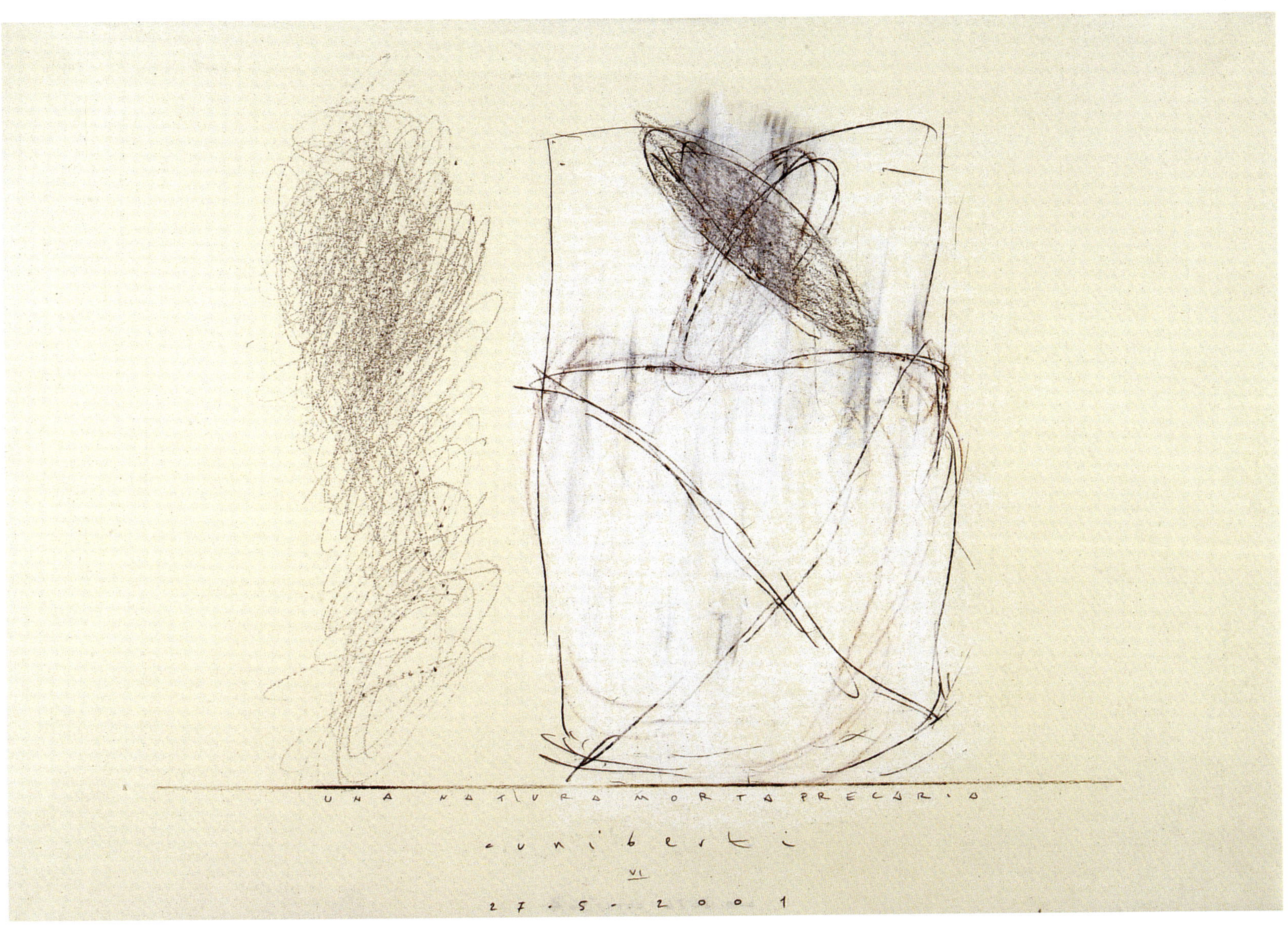

Situazione, 2001
pastello, grafite su carta/pastel, graphite on paper, cm 33x24

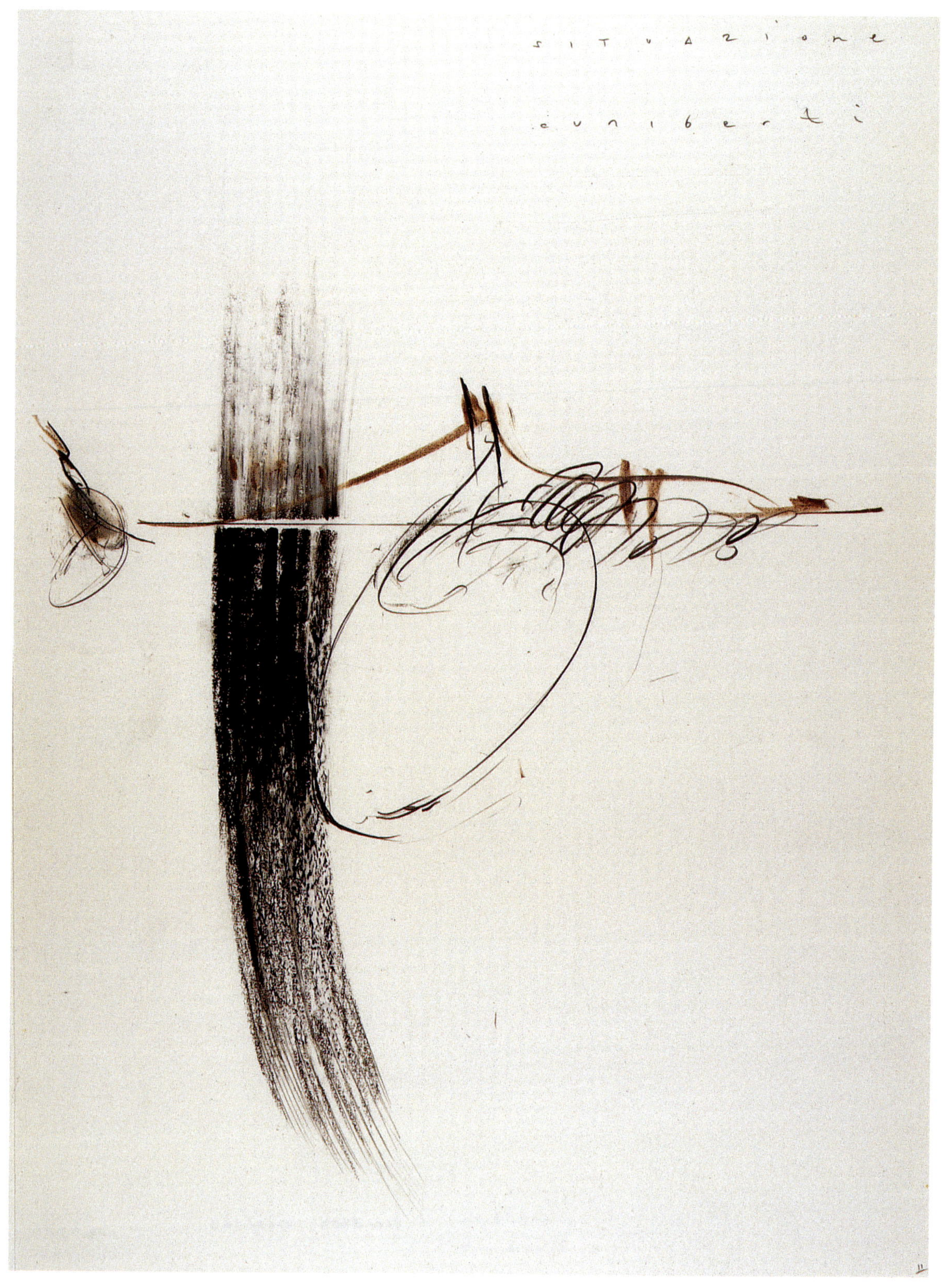

Circostanza, 2001
pastello, grafite su carta/pastel, graphite on paper, cm 25x36,5

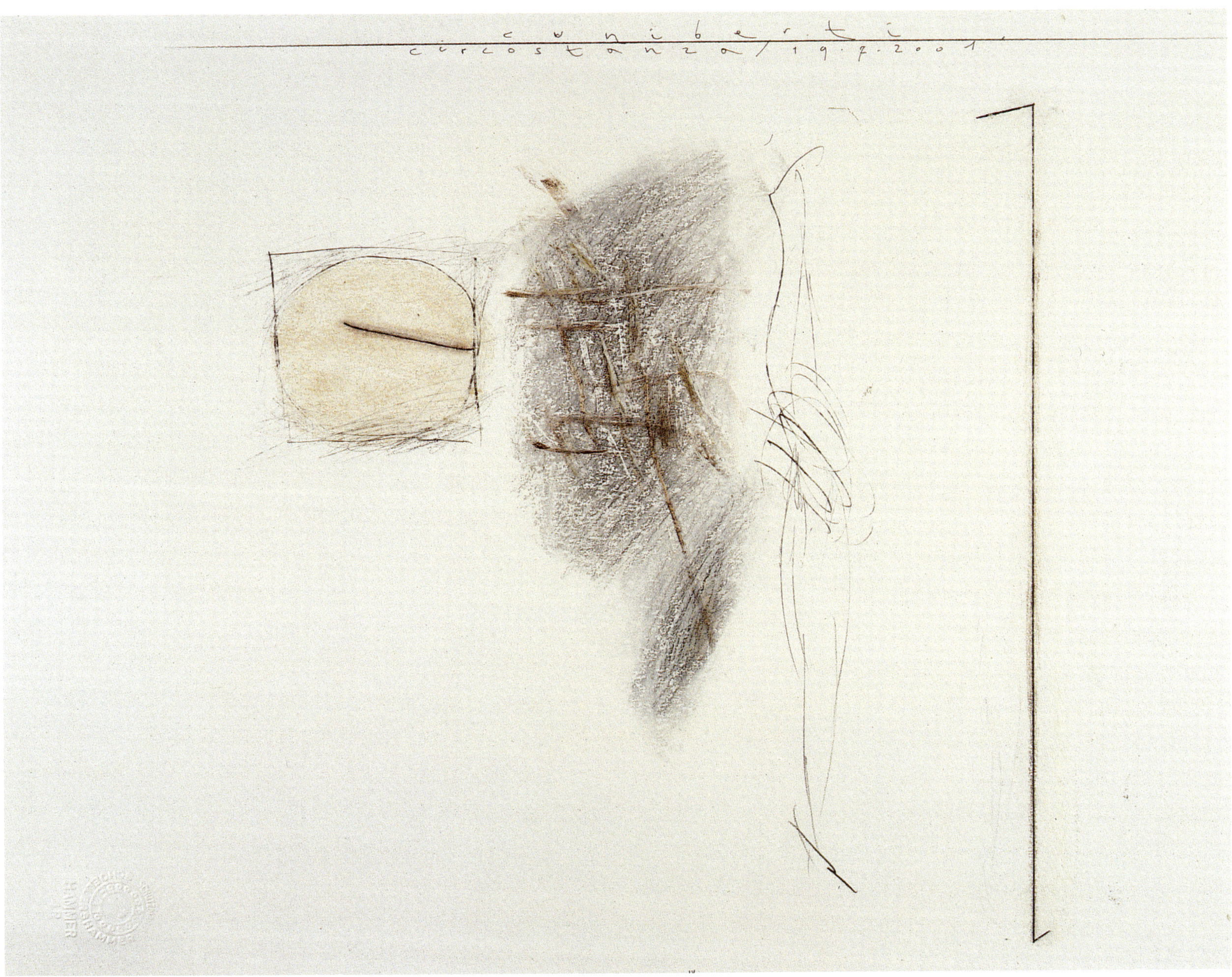

Cronaca di una metamorfosi, 2002
pastello, grafite su carta/pastel, graphite on paper, cm 33x24

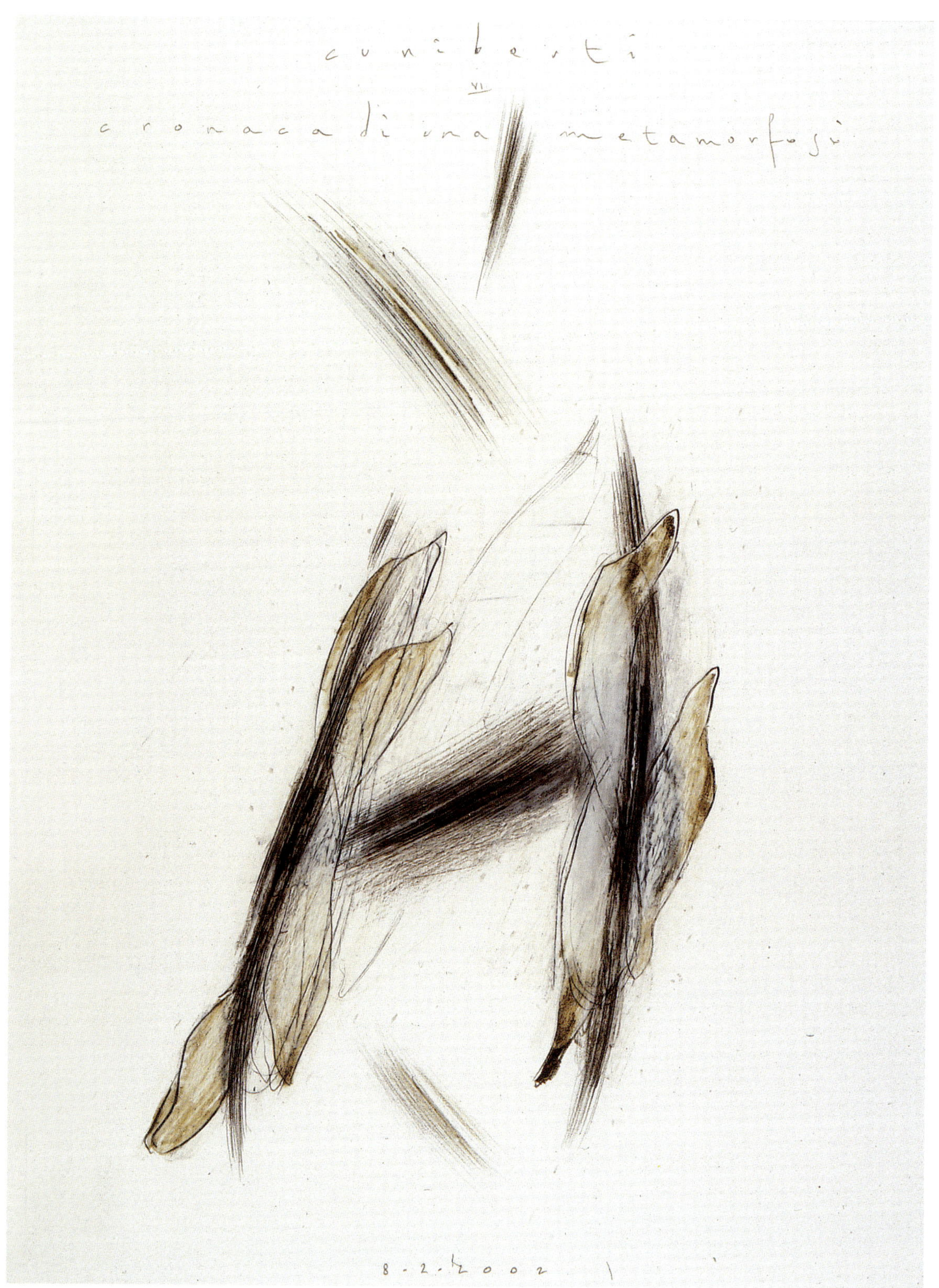

Preparazione di una battaglia, 2002
olio su masonite/oil on masonite, cm 84x69

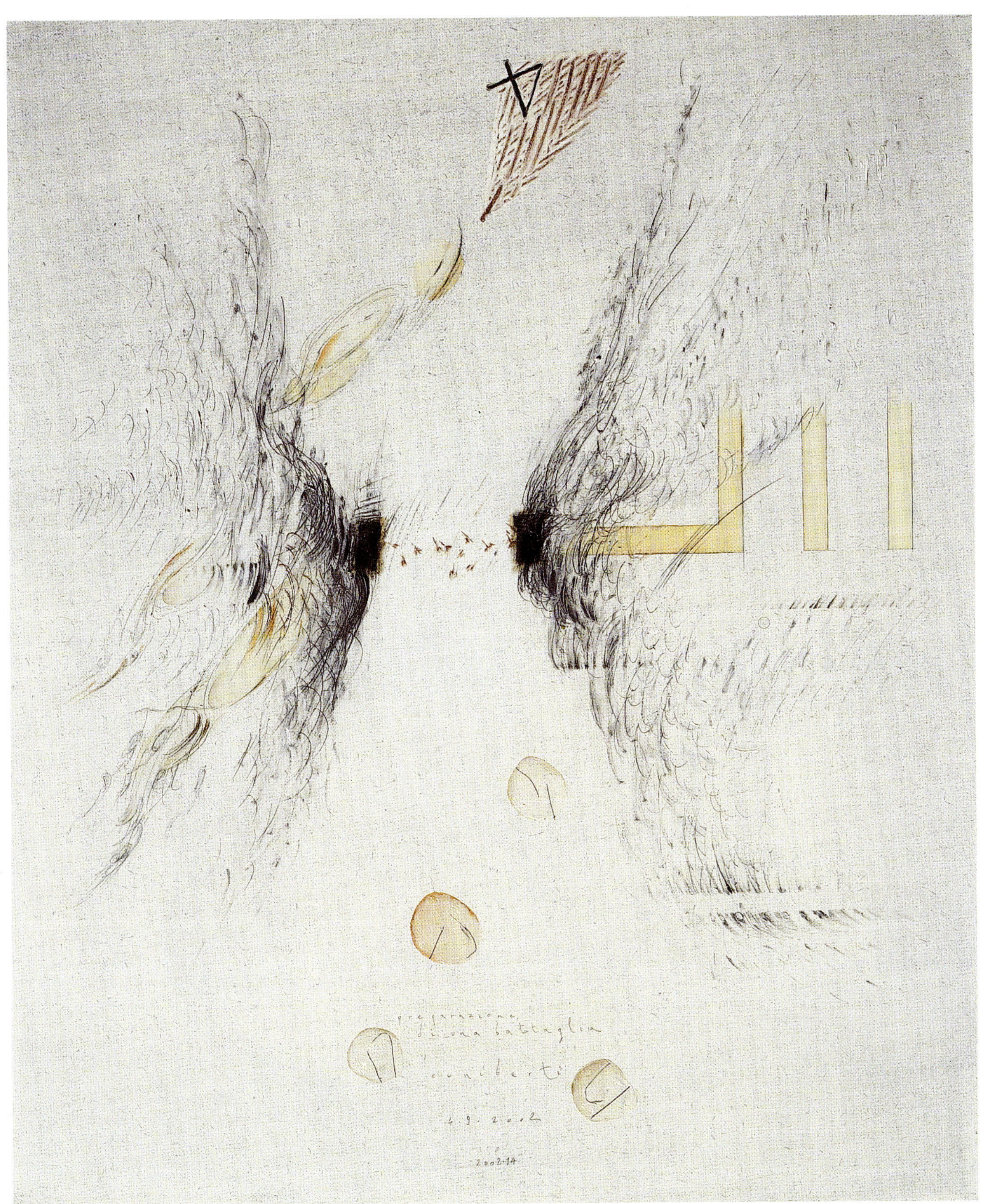

Elenco delle opere
List of Works

Senza titolo/Untitled, 1948
tempera su carta/tempera on paper,
cm 44x29,3
p. 65

Invenzione di pesci/Invention of fish, 1949
grafite su carta/graphite on paper,
cm 31,4x44
p. 66

Finestra/Window, 1950
pastello su carta/pastel on paper,
cm 41,8x26

Senza titolo/Untitled, 1952
biro su carta/ballpoint pen on paper,
cm 28x22
p. 29

Senza titolo/Untitled, 1952
biro su carta/ballpoint pen on paper,
cm 28x22
p. 20

Senza titolo/Untitled, 1953
biro su carta/ballpoint pen on paper,
cm 28x22
p. 67

Senza titolo/Untitled, 1953
biro su carta/ballpoint pen on paper,
cm 28x22

Posto di guida/Driving seat, 1954
biro su carta/ballpoint pen on paper,
cm 28x22
p. 11

Senza titolo/Untitled, 1954
biro su carta/ballpoint pen on paper,
cm 22x28

Senza titolo/Untitled, 1956
tempera, china su carta/tempera, India ink
on paper, cm 21,4x26,7
p. 13

Senza titolo/Untitled, 1956
tempera su carta/tempera on paper,
cm 20,4x30,8

Paesaggio/Landscape, 1957
olio su tela/oil on canvas, cm 60x70
p. 68

Senza titolo/Untitled, 1957
olio su tela/oil on canvas, cm 70x70
p. 69

Senza titolo/Untitled, 1957
olio su tela/oil on canvas, cm 80x60
p. 70

Senza titolo/Untitled, 1957
tempera su carta/tempera on paper,
cm 28x22
p. 71

Senza titolo/Untitled, 1957
tempera, china su carta/tempera, India ink
on paper, cm 28x22
p. 72

Senza titolo/Untitled, 1958
creta su carta/chalk on paper, cm 28x22
p. 73

Senza titolo/Untitled, 1958
creta su carta/chalk on paper, cm 22x28
p. 14

Senza titolo/Untitled, 1958
creta su carta/chalk on paper, cm 22x28

Senza titolo/Untitled, 1959
china, grafite, porporina su carta/India
ink, graphite, bronze powder on paper,
cm 30,2x23
p. 74

Senza titolo/Untitled, 1959
china, tempera su carta/India ink, tempera
on paper, cm 22x28
p. 75

Senza titolo/Untitled, 1959
china su carta/India ink on paper,
cm 21,9x27,9

Senza titolo/Untitled, 1959
china su carta/India ink on paper,
cm 22x28

Senza titolo/Untitled, 1959
acrilico su carta/acrylic on paper,
cm 16,9x14,8
p. 18

Paesaggio/Landscape, 1960
acrilico su carta/acrylic on paper,
cm 23,2x24,9
p. 76

Testa/Head, 1960
acrilico su carta/acrylic on paper,
cm 27x25
p. 77

Senza titolo/Untitled, 1960
pastello su carta/pastel on paper,
cm 28,1x23
p. 78

Senza titolo/Untitled, 1960
pastello su carta/pastel on paper,
cm 28,1x23
p. 32

Testa/Head, 1962
olio su tela/oil on canvas, cm 70x60
p. 79

Ettore e Andromaca/Hector and Andromache, 1962
olio su tela/oil on canvas, cm 55x69
p. 80

Cherubino/Cherub, 1962
olio su tela/oil on canvas, cm 69x55
p. 81

Ettore e Andromaca/Hector and Andromache, 1962
olio su tela/oil on canvas, cm 70x100
p. 82

Cane/Dog, 1962
olio su tela/oil on canvas, cm 80x100
p. 83

Senza titolo/Untitled, 1962
pastello su carta/pastel on paper,
cm 33x48
p. 84

Senza titolo/Untitled, 1962
grafite, acrilico su carta/graphite, acrylic
on paper, cm 36x50,5
p. 85

Angelo/Angel, 1962
pastello su carta/pastel on paper,
cm 28x22,1
p. 23

Senza titolo/Untitled, 1962
biro su carta/ballpoint pen on paper,
cm 22,1x28,2
p. 20

Favola/Fairy tale, 1962
pastello su carta/pastel on paper,
cm 48x66
p. 26

Senza titolo/Untitled, 1962

pastello su carta/pastel on paper, cm 48x66

Dalle parti di una favola/From pieces of a fairy tale, 1963
tecnica mista su carta/mixed media on paper, cm 28x22
p. 87

Donna in fuga/Fleeing woman, 1963
pastello su carta/pastel on paper, cm 28x22,1
p. 25

Senza titolo/Untitled, 1963
pastello su carta/pastel on paper, cm 28x22,1
p. 25

Senza titolo/Untitled, 1963
pastelli a olio su carta/oil pastel on paper, cm 28x22,2

Senza titolo/Untitled, 1964
olio su tela/oil on canvas, cm 100x80
p. 86

La crisi delle idee/The crisis of ideas, 1964
olio su tela/oil on canvas, cm 80x100
p. 88

I calunniatori/The slanderers, 1964
olio su tela/oil on canvas, cm 100x100
p. 89

Quattro personaggi/Four characters, 1964
pastello su carta/pastel on paper, cm 23x29
p. 90

Uomo sdraiato/Supine man, 1964
grafite, pastello, olio su carta/graphite, pastel, oil on paper, cm 50x70,2
p. 91

Adamo ed Eva/Adam and Eve, 1964
grafite su carta/graphite on paper, cm 21x29,7
p. 17

Tentativo all'aperto/Open-air endeavor, 1966
olio su tela/oil on canvas, cm 30x45
p. 92

Montagna/Mountain, 1966
olio su tela/oil on canvas, cm 30x40
p. 93

Senza titolo/Untitled, 1966
pastello su carta/pastel on paper, cm 35x50
p. 94

Soldato non calpestare i prati/Don't walk on the grass soldier, 1966–1969
olio e acrilico su tela/oil and acrylic on canvas, cm 150x200
p. 95

Contratto per il lotto A./Contract for lot A., 1966
biro, grafite su carta/ballpoint pen, graphite on paper, cm 35x50

Cherubino/Cherub, 1966
grafite, pastello, biro su carta/graphite, pastel, ballpoint pen on paper, cm 35x50
p. 21

Orizzonti/Horizons, 1967
biro, grafite, matite colorate su carta/ballpoint pen, graphite, colored pencil on paper, cm 35x50
p. 31

Paesaggio/Landscape, 1967
biro su carta/ballpoint pen on paper, cm 22x28

Il missile con le penne/The feathered missile, 1969
tecnica mista su tela/mixed media on canvas, cm 150x200
p. 96

La farfalla presuntuosa/The presumptuous butterfly, 1969
tecnica mista su tela/mixed media on canvas, cm 150x200
p. 97

Giocando Giocando/Playing Playing, 1969
tecnica mista su tela/mixed media on canvas, cm 150x200
p. 98

Nubi/Clouds, 1969
biro su carta/ballpoint pen on paper, cm 21,5x31,8
p. 31

Senza titolo/Untitled, 1969
biro su carta/ballpoint pen on paper, cm 22x28

L'arrivo/The arrival, 1970
tecnica mista su tela/mixed media on canvas, cm 100x120
p. 99

Natura morta nel sole/Still life in the sun, 1970
olio su tela/oil on canvas, cm 100x120
p. 100

Senza titolo/Untitled, 1971
frottage e biro su carta/rubbing and ballpoint pen on paper, cm 22,2x28
p. 101

Progetto di sistemazione di una collina/Systematic project for a hill, 1972
tecnica mista su tela/mixed media on canvas, cm 100x120
p. 102

L'angelo del mattino controlla l'agricoltura/The morning angel inspects the fields, 1972
olio su tela/oil on canvas, cm 100x120
p. 103

Qualche segno povero/Some poor signs, 1973
china, pastello su carta/India ink, pastel on paper, cm 50x70
p. 40

Senza titolo/Untitled, 1973
tecnica mista su carta/mixed media on paper, cm 22x28

Pioppi due/Two poplar, 1974
tecnica mista su tela/mixed media on canvas, cm 40x50
p. 104

Dalle cronache/From the chronicles, 1974
china, pastello su carta/India ink, pastel on paper, cm 22,5x28,4
p. 105

L'Isola sconsigliata/The unadvised island, 1974
tecnica mista su carta/mixed media on paper, cm 22x27,8
p. 106

Senza titolo/Untitled, 1974,
china, biro su carta/India ink, ballpoint pen on paper, cm 22,5x28,5
p. 107

Senza titolo/Untitled, 1974
china, biro, grafite su carta/India ink, ballpoint pen, graphite on paper, cm 22,5x28,5
p. 39

Senza titolo/Untitled, 1974
grafite, china, pastello, biro su carta/graphite, India ink, pastel, ballpoint pen on paper, cm 22x28
p. 40

Senza titolo/Untitled, 1974
pastello, biro, china su carta/pastel, ballpoint pen, India ink on paper, cm 22x28

Senza titolo/Untitled, 1974
pastello, china su carta/pastel, India ink on paper, cm 22,5x28,5
p. 39

Museo/Museum, 1975
pastello, china su carta/pastel, India ink on paper, cm 22x28
p. 108

Museo di segni/Museum of signs, 1975
pastello, china su carta/pastel, India ink on paper, cm 22,5x27,7
p. 109

Senza titolo/Untitled, 1975
china, pastello, grafite su carta/India ink, pastel, graphite on paper, cm 22x28
p. 43

Senza titolo/Untitled, 1975
pastello, china su carta/pastel, India ink on paper, cm 22x28

Urla/Shout, 1975
pastello, china su carta/pastel, India ink on paper, cm 27x21

Sfinge/Sphinx, 1976
pastello, acrilico su carta/pastel, acrylic on paper, cm 22x28
p. 110

Senza titolo/Untitled, 1976
china su carta/India ink on paper, cm 27,7x22

Quattro/Four, 1977
tecnica mista su tela/mixed media on canvas, cm 80x99,5
p. 113

Raccolta di lacrime/Collection of tears, 1977
tecnica mista su tela/mixed media on canvas, cm 50x75
p. 114

Senza titolo/Untitled, 1977
acrilico, pastello, biro su carta/acrylic, pastel, ballpoint pen on paper, cm 22x28
p. 111

Senza titolo/Untitled, 1977
china, pastello, grafite su carta/India ink, pastel, graphite on paper, cm 22,5x28
p. 112

Natura morta con tre piani e sette segni inutili/Still life with three planes and seven useless signs, 1979
acrilico, biro su masonite/acrylic, ballpoint pen on masonite, cm 28,2x32,2
p. 115

La mia geometria è malata/My geometry is sick, 1979
acrilico, biro su masonite/acrylic, ballpoint pen on masonite, cm 25,2x32,2
p. 116

Casa S. nei pressi del lago N. e dei monti 1 2 3/House S. near Lake N. and the mountains 1 2 3, 1979
acrilico, china, grafite su masonite/acrylic, India ink, graphite on masonite, cm 25,1x31,7
p. 117

Sono in scena i vegetali "A" e "B"/ Vegetables "A" and "B" are on stage, 1979
acrilico, china, grafite su masonite/acrylic, India ink, graphite on masonite, cm 26,2x34
p. 118

Collezione foglio 9/Folio collection 9, 1979
china, acrilico, collage su carta/India ink, acrylic, collage on paper, cm 53x50

Vegetali in scena/Staged vegetables, 1979
acrilico, pastello, grafite su carta/acrylic, pastel, graphite on paper, cm 25x32,4
p. 35

La frana M - N nei pressi della casa R/ Landslide M - N near house R, 1980
acrilico, china, matite colorate su masonite/ acrylic, India ink, colored pencil on masonite, cm 28x32,9
p. 119

La collina N sul mare di M/Hill N on sea of M, 1980
acrilico, china, grafite su masonite/acrylic, India ink, graphite on masonite, cm 25x31,8
p. 120

Gli alberi 1. 2 . 3. 4. sul crinale P - P'/ Trees 1. 2. 3. 4. on ridge P - P', 1981
acrilico, china, grafite su masonite/acrylic, India ink, graphite on masonite, cm 33,7x42,8
p. 121

La casa S. al passo X./House S. at pass X., 1981
pastello, matite colorate, grafite, china su masonite/pastel, colored pencil, graphite, India ink on masonite, cm 33x42,3
p. 122

Paesaggio con il triangolo P. Y. R. nei pressi degli alberi M. ed N./Landscape with triangle P. Y. R. nearby trees M. and N., 1981
acrilico, matite colorate, china su masonite/ acrylic, colored pencil, India ink on masonite, cm 43,3x56
p. 123

Una foglia da leggere/A leaf to read, 1981
grafite, matite colorate su masonite/ graphite, colored pencil on masonite, cm 33x42,2
p. 124

La casa di P. aeronauta mancato nei pressi del passo W./House of P. would-be aviator nearby pass W., 1981
acrilico, matite colorate, tempera su masonite/acrylic, colored pencil, tempera on masonite, cm 33x42
p. 125

Senza titolo/Untitled, 1981
pastello, grafite su carta/pastel, graphite on paper, cm 25x35

Senza titolo/Untitled, 1981
pastello, grafite su carta/pastel, graphite on paper, cm 24x33

Il signor A adoratore di segni inutili/ Mr. A worshipper of useless signs, 1982
acrilico, matite colorate, grafite su masonite/acrylic, colored pencil, graphite on masonite, cm 43x33,8
p. 126

Una favola per me/A fairy tale for me, 1982
pastello, grafite su carta/pastel, graphite on paper, cm 48x33

Esercizio nello spazio/Exercise in space, 1982
pastello, grafite su carta/pastel, graphite on paper, cm 33x48

Dai racconti del metereologo P./From the tales of the weatherman P., 1983
acrilico, matite colorate su masonite/ acrylic, colored pencil on masonite, cm 32,4x28
p. 128

Mappa del paese dei segni/Map of the country of signs, 1983
acrilico, matite colorate, grafite su masonite/ acrylic, colored pencil, graphite on masonite, cm 41x33
p. 129

Il primo battito d'ala di Icaro/The first beat of Icarus' wings, 1983
acrilico, matite colorate, grafite su masonite/ acrylic, colored pencil, graphite on masonite, cm 28,3x32,2
p. 130

Il paese 666/Land 666, 1983
acrilico su carta/acrylic on paper, cm 16x19,3
p. 127

La nascita programmata del paese H.H.H./ The planned birth of village H.H.H., 1983
acrilico su carta/acrylic on paper, cm 23x24,6

Natura morta/Still life, 1983
acrilico su carta/acrylic on paper, cm 20,5x19,9

Senza titolo/Untitled, 1984
pastello, grafite su carta/pastel, graphite on paper, cm 22,7x28
p. 57

La caduta di un rombo nel paradiso terrestre/ The fall of a diamond in the earthly paradise, 1984
pastello, grafite su carta/pastel, graphite on paper, cm 22,7x28
p. 54

Ecco s'avanza uno strano ingeniere/ Along comes a strange engineer, 1985
acrilico, matite colorate, pastello su masonite/acrylic, colored pencil, pastel on masonite, cm 40,2x34,5
p. 131

Dopo la lettura di una favola inquietante/ After reading a disturbing fairy tale, 1985
acrilico, matite colorate, grafite su masonite/acrylic, colored pencil, graphite on masonite, cm 39,5x33,6
p. 132

Mappa del lago nero/Map of the black lake, 1985
acrilico, grafite, matite colorate su masonite/ acrylic, graphite, colored pencil on masonite, cm 34,7x40
p. 133

Due animali in un giardino/Two animals in a garden, 1985
pastello, grafite su carta/pastel, graphite on paper, cm 24x33
p. 54

Un rombo giallo in un giardino ben controllato/A yellow diamond in a well-controlled garden, 1986
acrilico, grafite, matite colorate su masonite/ acrylic, graphite, colored pencil on masonite, cm 33x42
p. 134

Trappola di un cacciatore di segni/ Trap of a sign hunter, 1986
acrilico, matite colorate su masonite/ acrylic, colored pencil on masonite, cm 32,9x28
p. 136

Un rombo in giardino/A diamond in the garden, 1986
acrilico, matite colorate su masonite/ acrylic, colored pencil on masonite, cm 33,6x39,6
p. 135

Natura morta in un interno dorato/ Still life in a golden interior, 1986
acrilico, matite colorate su masonite/ acrylic, colored pencil on masonite, cm 39,5x33,7
p. 137

In diretta dalla mia cucina/Live from my kitchen 1986
acrilico, matite colorate su masonite/ acrylic, colored pencil on masonite, cm 42x33
p. 138

L'Incolto giardino di un Re spodestato/ The unkempt garden of a deposed King, 1986
acrilico su masonite/acrylic on masonite, cm 42x33
p. 139

Senza titolo/Untitled, 1986
pastello, grafite su carta/pastel, graphite on paper, cm 22, 6x28

Favola/Fairy tale, 1986
pastello, grafite su carta/pastel, graphite on paper, cm 21x29,7
p. 142

Quattro mappe di un cacciatore di segni/ Four maps of a sign hunter, 1987
acrilico su masonite/acrylic on masonite, cm 42,5x170 (polittico/poliptych)
p. 140-141

Messaggio per un interlocutore ignoto/ Message for an unknown interlocutor, 1988
acrilico su masonite/acrylic on masonite, cm 84,5x69,5
p. 143

Un triangolo nel campionario/A triangle among samples, 1988
acrilico su masonite/acrylic on masonite, cm 45,8x56,2
p. 144

Progetti dimenticati/Forgotten projects, 1988
acrilico, grafite, matite colorate su masonite/acrylic, graphite, colored pencil on masonite, cm 69,5x84,5
p. 145

Senza titolo/Untitled, 1988
pastello, grafite su carta/pastel, graphite on paper, cm 21x29,7

Le cicatrici della malinconia/The scars of melancholy, 1989
acrilico, matite colorate su masonite/ acrylic, colored pencil on masonite, cm 54,8x44,8
p. 146

L'arrivo dell'insetto Z. nella terra di T./The arrival of insect Z. in the land of T., 1989
acrilico, matite colorate, china, grafite su masonite/acrylic, colored pencil, India ink, graphite on masonite, cm 42x34
p. 147

Rapporto ostico/Difficult relationship, 1989
acrilico, matite colorate su masonite/ acrylic, colored pencil on masonite, cm 42x34
p. 148

Notturno con le montagne bianche/Night with white mountains, 1989
acrilico, matite colorate su masonite/ acrylic, colored pencil on masonite, cm 42x34
p. 149

Nel cielo del mio orto/In the sky of my vegetable garden, 1989
acrilico su masonite/acrylic on masonite, cm 42x34
p. 150

Incontro a tre/Three people meet, 1990
acrilico su masonite/acrylic on masonite, cm 42x33,9
p. 153

Certificato di cattura di alcuni segni balordi/ Certificate of capture of some crackpot signs, 1990
acrilico su masonite/acrylic on masonite, cm 42x34
p. 154

Racconto dedicato agli addetti ai lavori/ Tale dedicated to the pundits, 1990
acrilico su masonite/acrylic on masonite, cm 52x42
p. 155

Natura morta nel giardino dell'imperatore/ Still life in the garden of the emperor, 1990
acrilico su masonite/acrylic on masonite, cm 52x42
p. 156

Farfalla notturna ritratta in una notte diafana nei pressi della scultura G./Moth portrayed in a diaphanous night near sculpture G., 1990
acrilico, matite colorate su masonite/ acrylic, colored pencil on masonite, cm 33,7x42,8
p. 157

Senza titolo/Untitled, 1990
pastello, grafite su carta/pastel, graphite on paper, cm 33x24
p. 151

Paesaggio/Landscape, 1990
acrilico su carta/acrylic on paper, cm 21,7x21,9
p. 152

Senza titolo/Untitled, 1990
pastello, grafite su carta/pastel, graphite on paper, cm 32,4x23,7
p. 47

Senza titolo/Untitled, 1990
pastello, grafite su carta/pastel, graphite on paper, cm 25x35
p. 63

Natura morta con il numero 1/Still life with the number 1, 1991
acrilico, matite colorate su masonite/ acrylic, colored pencil on masonite, cm 42x34
p. 158

Nei pressi di un rombo bianco/Near a white diamond, 1991
acrilico su masonite/acrylic on masonite, cm 52x42
p. 159

Racconto nell'aria rarefatta/Tale in rarefied air, 1991
acrilico, matite colorate su masonite/ acrylic, colored pencil on masonite, cm 42x34
p. 162

Il giorno seguente l'invenzione della ruota/ The day after the invention of the wheel, 1991
acrilico su masonite/acrylic on masonite, cm 34,5x85 (trittico/triptych)
p. 160-161

Capriccio semiologico/Semiological whim, 1992
acrilico, matite colorate su masonite/ acrylic, colored pencil on masonite, cm 52x42
p. 163

Nel fumo dei miei problemi/In the fog of my problems, 1992
acrilico, matite colorate su masonite/ acrylic, colored pencil on masonite, cm 42x52
p. 164

Un portale per quattro segni rossi/ A portal for four red signs, 1992
acrilico, matite colorate su masonite/ acrylic, colored pencil on masonite, cm 52x42
p. 165

Natura morta/Still life, 1992
acrilico su masonite/acrylic on masonite, cm 42x34
p. 166

Incontro/Encounter, 1992
pastello, grafite su carta/pastel, graphite on paper, cm 33x24

Progetto S./Project S., 1992
pastello, grafite su carta/pastel, graphite on paper, cm 24x33

Nell'orto di P.A./In P.A.'s vegetable garden, 1993
acrilico, matite colorate su masonite/ acrylic, colored pencil on masonite, cm 52x42
p. 167

Sotto le cicatrici delle mie angoscie/ Under the scars of my anxieties, 1994
acrilico, matite colorate su masonite/ acrylic, colored pencil on masonite, cm 42x52
p. 169

Segnali/Signals, 1994
acrilico su carta/acrylic on paper, cm 14,9x21
p. 168

Nudo/Naked, 1994
grafite, matita colorata su carta/graphite, colored pencil on paper, cm 48x32,5

Il tappeto volante S. trasporta le sculture del diavolo/Flying carpet S. transports the devil's sculptures, 1995
tecnica mista su masonite/mixed media on masonite, cm 70x60
p. 170

La farfalla R. arriva sul mare di T./ Butterfly R. comes to the sea of T., 1995
acrilico su masonite/acrylic on masonite, cm 40x33
p. 171

Senza titolo/Untitled, 1995
pastello, grafite su carta/pastel, graphite on paper, cm 27,8x22,5

Arrivi e partenze/Arrivals and departures, 1996
grafite su carta/graphite on paper, cm 19,8x29
p. 172

Senza titolo/Untitled, 1996
pastello, grafite su carta/pastel, graphite on paper, cm 48x33
p. 44

Favola/Fairy tale, 1997
acrilico, grafite, matite colorate su masonite/acrylic, graphite, colored pencil on masonite, cm 56x46
p. 176

Apparizione/Apparition, 1997
acrilico su masonite/acrylic on masonite, cm 52x42
p. 177

Rapporti/Relationships, 1997
acrilico su masonite/acrylic on masonite, cm 42x52
p. 178

Etichetta per tre segni omologati/Label for three standardized signs, 1997
acrilico su masonite/acrylic on masonite, cm 52x42
p. 179

Storia di bruchi sull'orizzonte della luna/ Story of caterpillars on the moon's horizon, 1997
acrilico su masonite/acrylic on masonite, cm 60x70
p. 180

Progetto per la tunica del mago S./ Project for the cape of magician S., 1997
pastello, grafite su carta/pastel, graphite on paper, cm 29,7x21
p. 173

Senza titolo/Untitled, 1997
pastello, grafite su carta/pastel, graphite on paper, cm 48x33
p. 174

Senza titolo/Untitled, 1997
pastello su carta/pastel on paper, cm 33x24
p. 175

Un bruco della luna/A moon caterpillar, 1998
acrilico su carta/acrylic on paper, cm 22,4x21,3
p. 181

Segni in cerca di una ragione/Signs in search of a reason, 1998
pastello, grafite su carta/pastel, graphite on paper, cm 33x48
p. 182

Una favola per Icaro/A fairy tale for Icarus, 1999
pastello, grafite su carta/pastel, graphite on paper, cm 21x29,7

Senza titolo/Untitled, 1999
pastello, grafite su carta/pastel, graphite on paper, cm 34x25
p. 48

Episodio T./Episode T., 1999
pastello, grafite su carta/pastel, graphite on paper, cm 29,7x21

Senza titolo/Untitled, 2000
grafite su carta/graphite on paper, cm 21x29,7
p. 183

Natura morta/Still life, 2000
pastello, grafite su carta/pastel, graphite on paper, cm 24x33
p. 184

Una storia di segni/A story of signs, 2000
pastello, grafite su carta/pastel, graphite on paper, cm 30,1x21
p. 36

Senza titolo/Untitled, 2000
pastello, grafite su carta/pastel, graphite on paper, cm 29,7x21
p. 59

Apparizione/Apparition, 2000
pastello e grafite su carta/pastel and graphite on paper, cm 33x24

Racconto di terra e di cielo con la presenza degli angeli e dei segni/Tale of earth and sky with presence of angels and signs, 2001
acrilico su masonite/acrylic on masonite, cm 40x33
p. 185

Progetto non realizzabile/Unfeasible project, 2001
acrilico su masonite/acrylic on masonite, cm 41,9x34
p. 186

Una natura morta precaria/A precarious still life, 2001
pastello, grafite su carta/pastel, graphite on paper, cm21x29,7
p. 187

Situazione/Situation, 2001
pastello, grafite su carta/pastel, graphite on paper, cm 33x24
p. 188

Circostanza/Circumstance, 2001
pastello, grafite su carta/pastel, graphite on paper, cm 25x36,5
p. 189

Senza titolo/Untitled, 2001
pastello, grafite, matite colorate su carta/ pastel, graphite, colored pencil on paper, cm 21x29,7
p. 60

Assemblea/Assembly, 2001
pastello e grafite su carta/pastel and graphite on paper, cm 28x22,5

Identikit del mio angelo custode/Identikit of my guardian angel, 2001
pastello e grafite su carta/pastel and graphite on paper, cm 21x29,7

Avventura nel continente grigio/ Adventure in the gray continent, 2001
pastello e grafite su carta/pastel and graphite on paper, cm 33x24

Anche le ali degli angeli si rompono/Even angels' wings break, 2001
pastello e grafite su carta/pastel and graphite on paper, cm33x24

Preparazione di una battaglia/ Preparation of a battle, 2002
olio su masonite/oil on masonite, cm 84x69
p. 191

Cronaca di una metamorfosi/Chronicle of a metamorphosis, 2002
pastello, grafite su carta/pastel, graphite on paper, cm 33x24
p. 190

Racconto dei segni quasi liber/Tale of almost free signs, 2002
pastello, grafite su carta/pastel, graphite on paper, cm 24x33
p. 61

La strada interrotta/Dead end, 2003
pastello e grafite su carta/pastel and graphite on paper, cm 21x29,7

Situazione paesistica/Landscape situation, 2003
pastello e grafite su carta/pastel and graphite on paper, cm 29,7x21

Evocazione/Evocation, 2003
pastello e grafite su carta/pastel and graphite on paper, cm 33x24

Luogo segnato/Marked place, 2003
pastello e grafite su carta/pastel and graphite on paper, cm 21x29,7

Ritratto di famiglia/Family portrait, 2003
pastello e grafite su carta/pastel and graphite on paper, cm 29,7x21

Racconto orizzontale/Horizontal tale, 2003
pastello e grafite su carta/pastel and graphite on paper, cm 21,5x33

Relazione menzognera/Deceitful relationship, 2003
pastello e grafite su carta/pastel and graphite on paper, cm 24x33

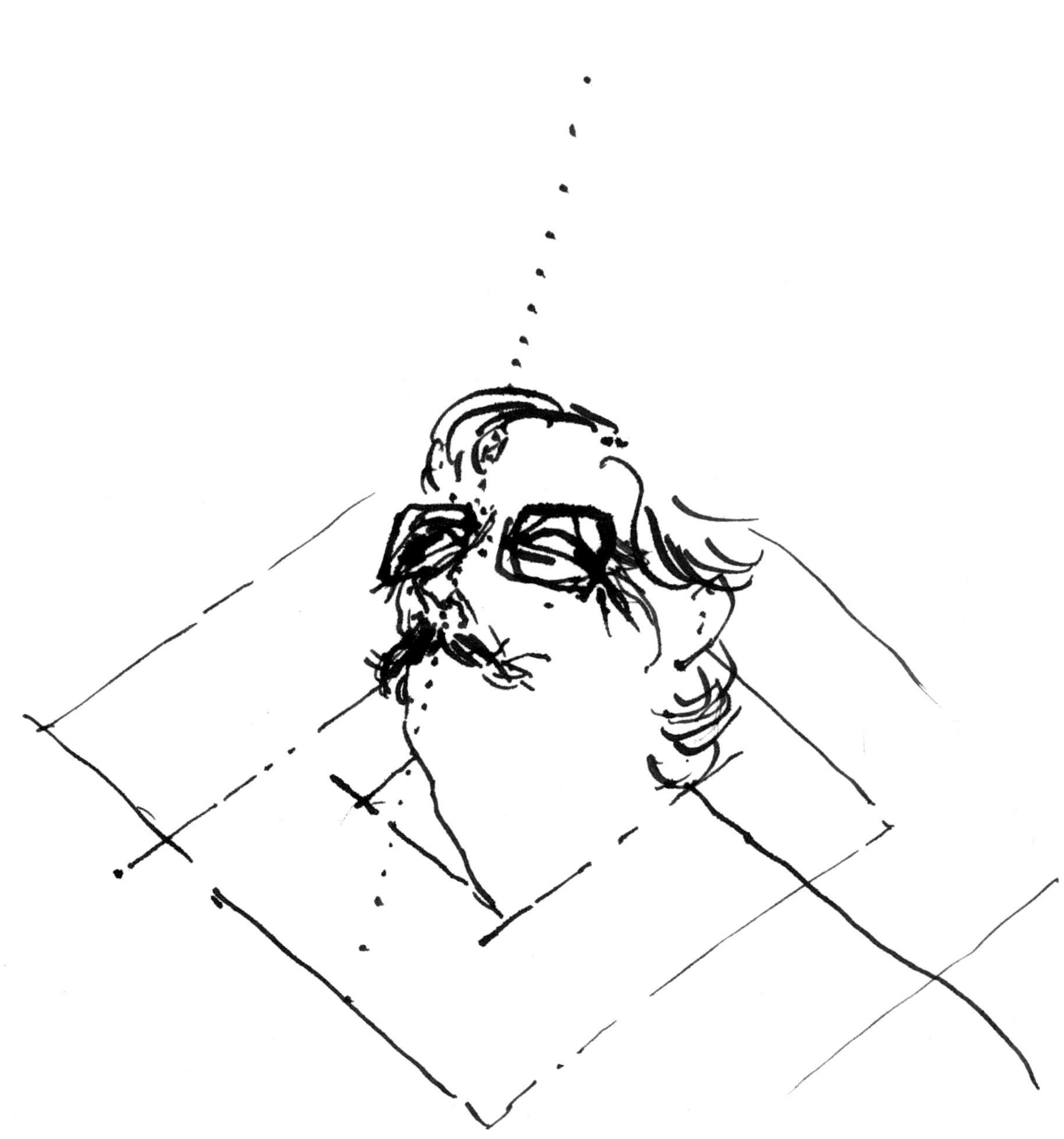

Apparati / Appendix

a cura di/edited by Dario Trento

Pirro Cuniberti, scartafaccio

Testimonianza raccolta da Claudio Cerritelli e Dario Trento

p. 198
Autoritratto, 1987

Autoritratto, 2003

Pier Achille (Pirro) nasce il 10 settembre 1923 a Padulle di Sala Bolognese.
Il padre Emilio (Pavullo nel Frignano, 1890-Bologna, 1962), ultimo di cinque fratelli, emigra negli Stati Uniti nel 1911, per rientrare in Italia nel 1915 per arruolarsi, volontario, alla Prima Guerra Mondiale. Accanito lettore notturno, ama il teatro e farà il rappresentante.
La madre Zaira Monari (Bologna, 1902-1992) ricama, suona il piano e crescerà cinque figli: Pier Achille, Maria, Clelia, Nando, Emanuele.
Dal 1929 al 1934 frequenta le scuole elementari, dove dimostra grande interesse per il disegno.
Nel 1933 vince gli "Agonali" per il disegno organizzati dall'Opera Nazionale Balilla.
Nel 1934, bocciato all'ammissione al Ginnasio, è iscritto all'Avviamento Commerciale che frequenta svogliatamente. Buoni soltanto i risultati in disegno e nelle materie letterarie.
Faticosamente diplomato all'Avviamento Commerciale, si iscrive nel 1939 alla Regia Scuola per Industrie Artistiche di Bologna. Seguirà entusiasta le lezioni dei professori Ferdinando e Ruggero Rossi dei quali dirà: "sono loro che mi hanno insegnato tutto quello che mi è veramente servito nel tentativo di fare arte". Fa esperienze in pittura, intaglio e intarsio del legno e anche un primo timido incontro con la ceramica.
Nel febbraio 1943, chiamato alle armi, è destinato al II° Reggimento Granatieri di Sardegna; ne seguirà le sorti anche nei tragici giorni della difesa di Roma. La sera del 10 settembre il caposaldo 11 sulla via Casilina, dove Cuniberti è telefonista, viene attaccato e i soldati dispersi. Raggiungerà Bologna il giorno 15.
Nel giugno dello stesso anno era stato ammesso all'Accademia di Belle Arti di Bologna.
Nel febbraio 1944 è richiamato alle armi e trasferito in Germania per l'addestramento nella Selva Nera, dove casualmente trova la riproduzione a stampa di "una povera stanza con un letto, un tavolino e due sedie impagliate". Racconterà più tardi: "Mi colpì la semplicità di quella 'pittura disegnata'. Riguardavo spesso quel foglio che portava scritto: 'Vincent Van Gogh, *Chambre d'Arles*, 1889' ". A guerra finita la ricerca attorno allo "sconosciuto" Van Gogh lo porterà presto a scoprire lo straordinario universo dell'arte moderna, fonte per lui di grandi emozioni.
Tra il 1945 e il 1948 è allievo all'Accademia di Belle Arti di Giorgio Morandi e Giovanni Romagnoli.
Nel 1949 segue il corso di Virgilio Guidi, anche se di fatto svolge il lavoro di ricerca in casa, in viale Oriani a Bologna. Realizza molti disegni, pastelli, tempere su carta, piccole tele a olio, ma di questa fase iniziale quasi niente si salva dai furori autocritici.
Avvia incontri e amicizie fertili, che dureranno nel tempo, con Vasco Bendini, Sergio Romiti e Sergio Vacchi. Con Franco Lodoli, ex compagno di scuola, scopre la poesia francese e discute dei risultati davanti ai lavori stessi.
Nel 1948 collabora con lo studio di pubblicità Mingozzi (tra i clienti, Barbisio, Carlo Erba, Ferrania) e con l'ufficio propaganda della Ducati (moto, radio, fotografia), diretto da Enzo Biagi.
Il 1948 è anche l'anno della prima Biennale del dopoguerra. Cuniberti va a Venezia per "vedere", e vede finalmente Van Gogh. L'incontro con *La camera di Arles* è un'emozione da svenire, ma qualche sala avanti "incontra" quello che lui definirà il suo "babbo": Paul Klee, e inoltre Moore, Rodko, Max Ernst e Turner, un'emozione che durerà tutta la vita.
Trascorre giornate alla libreria Parolini, tra libri d'arte e non. Tante rivelazioni e non solo in pittura: Kafka, Rimbaud, Lorca, gli americani, *La jeune école de Paris*, Vieira da Silva, Tápies.

Dai primi anni Cinquanta collabora con Dino Gavina nella realizzazione di vetrine e allestimenti fieristici. Progetta e realizza una sedia, la *Ponca*. Per la ditta SIVA di Poggibonsi progetta oggetti e decora piatti in ferro smaltato.
Nel 1952 realizza disegni con le penne a sfera sulla carta da macchina. Prima galli, gatti, buoi, rospi, tartarughe, quindi studi accurati di insetti, formiche ragni, mantidi che, in forme esasperate, approdano all'astrazione.
Nel marzo 1953 riceve l'incarico per l'insegnamento del Disegno Professionale nella sezione di Decorazione Pittorica della scuola d'Arte di Bologna. In seguito ne dirigerà il laboratorio e successivamente dirigerà il laboratorio di Arte della Ceramica. I suoi allievi saranno spesso premiati in numerose mostre in Italia e all'estero. Lascerà l'insegnamento nel 1978, amareggiato dallo stato di caos che regna nelle scuole.
Vince il *Premio O.R.U.B. Pittura e Bianco e nero* dell'Università di Bologna nel 1954 con quattro disegni eseguiti con la penna a sfera. In commissione ci sono Francesco Arcangeli, Virgilio Guidi, Rodolfo Pallucchini, Giovanni Romagnoli e Carlo Volpe.
Il 15 giugno 1955 sposa Laura (Lalla) Baisi (Pavullo nel Frignano, 1930). Avrà tre figlie, Barbara, Monica, Emanuela. Lalla sarà anche la curatrice instancabile della bibliografia e della catalogazione delle opere del marito.
Progetti mai realizzati nel campo della scenografia con una compagnia milanese, bozzetti per le scene della rivista "Chiarissimo" di Valter Chiari.
Nel 1956 nasce la figlia Barbara.
Nel 1957 è presente alla mostra *14+2* al Circolo di Cultura di Bologna, a cura di Franco Lodoli, e a dicembre, nella stessa sede, inaugura la sua prima personale, presentato da Francesco Arcangeli.
Nel 1958 nasce la figlia Monica.
È dello stesso anno una serie di disegni eseguiti con crete colorate e del 1959 una folta serie di disegni astratti, eseguiti con penna, china e grafite.

Nel 1960 nasce la figlia Emanuela.
Dipinge e disegna teste, paesaggi anche di piccole dimensioni.
Nel 1961, alla mostra *Italia 61* a Torino, assistito dal cognato Giorgio Baisi, esegue nei padiglioni dell'Emilia Romagna diverse opere, tra cui una grande scultura orizzontale in cemento e ferro.
Il 1962 è caratterizzato da una fase di deciso ritorno all'immagine, alla figura, al paesaggio, al racconto. Oli e pastelli: cani, badesse, personaggi, Ettore e Andromaca, un cherubino, cavalli e cavalieri.
Nel 1963 alla Galleria De' Foscherari di Bologna con De Vita e Pozzati partecipa all'operazione *Tre Progressioni*, dove dipinge due grandi quadri (300x280 cm): *Il sogno di un cane* e *Cinque teste*. Donerà quest'ultimo al Centro Studi e Archivio della Comunicazione dell'Università di Parma.
La satira, la narrazione, le favole ironiche e amare di Cuniberti richiamano tra il 1964 e il 1965 l'attenzione di alcuni critici: Giorgio di Genova, Mario De Micheli, Antonio del Guercio, Luigi Lambertini, Marcello Venturoli.
Nel 1965 è invitato alla Quadriennale di Roma e a Bologna a *Presente Contestato* al Museo Civico, e nel 1966 al XII Premio Spoleto, dove viene premiato il quadro *Tentativo di dialogo con un ufficiale di fanteria*.

1970, realizza pochi grandi quadri (*L'arrivo*, *Natura morta al sole*), ma produce un intenso lavoro sulla carta che sarà anche la costante degli anni Settanta. Invitato nel 1972 alla *X° Quadriennale d'Arte di Roma*, presenta le opere *Il desiderio del volo*, *Progetto di sistemazione di una collina*, *Il motociclista biondo*, *L'angelo del mattino controlla l'agricoltura*, *La favola dell'inquinatore*, *Senza titolo*.
Il direttore de "Il Resto del Carlino" Enzo Biagi lo invita a curare la veste grafica degli inserti del quotidiano.
Nel 1976 la Galleria San Luca di Bologna espone *I disegni di Cuniberti 1948-1975*, oltre cento disegni scelti e presentati da Pier Giovanni Castagnoli. È l'inizio di un'amicizia nel lavoro, che gli farà incontrare altri grandi amici preziosi: Paolo Fossati, Claudio Cerritelli e Dario Trento.
Nel 1979 abbandona la tela per dipingere su tavole di masonite (laminato di legno pressato). Predilige le piccole dimensioni; le tavole sono preparate con base acrilica applicata a tampone e dipinte con colori acrilici, inizialmente molto diluiti con interventi di pastelli e grafiti.

Nel 1980 il Lion's Club di Bologna premia Cuniberti con il Nettuno d'oro quale artista dell'anno.
Nel 1982 è a Parigi con *Livres d'Art et d'Artistes* al Centre Georges Pompidou.
Nello stesso anno a Pieve di Cento (Bologna) allestisce una mostra alla Pinacoteca Comunale che segna l'inizio della solida amicizia con Graziano Campanini, organizzatore appassionato e instancabile.
Nel 1984, nella sezione didattica della Pinacoteca Nazionale di Bologna, presenta *Vita d'Artista*, la sua prima antologica inventata e presentata da Andrea Emiliani e curata da Paolo Fossati e Dario Trento. Con l'amico Emiliani Cuniberti ha lavorato a partire dagli anni Cinquanta, curando la grafica di numerose pubblicazioni.
L'Editore Feltrinelli pubblica nel 1984 il volume *Stranalandia*, frutto di un'estate di lavoro a due con Stefano Benni: idee, proposte e tanti disegni (quindicesima edizione nel 2003). Stefano e Pirro si erano incontrati lavorando a "Il Resto del Carlino".
Nel 1987 dipinge un grande pannello per la sede della Regione Emilia-Romagna.

Nel 1991, invitato da Franco Farina, allestisce a Ferrara al Palazzo dei Diamanti un'antologica presentata da Claudio Cerritelli.

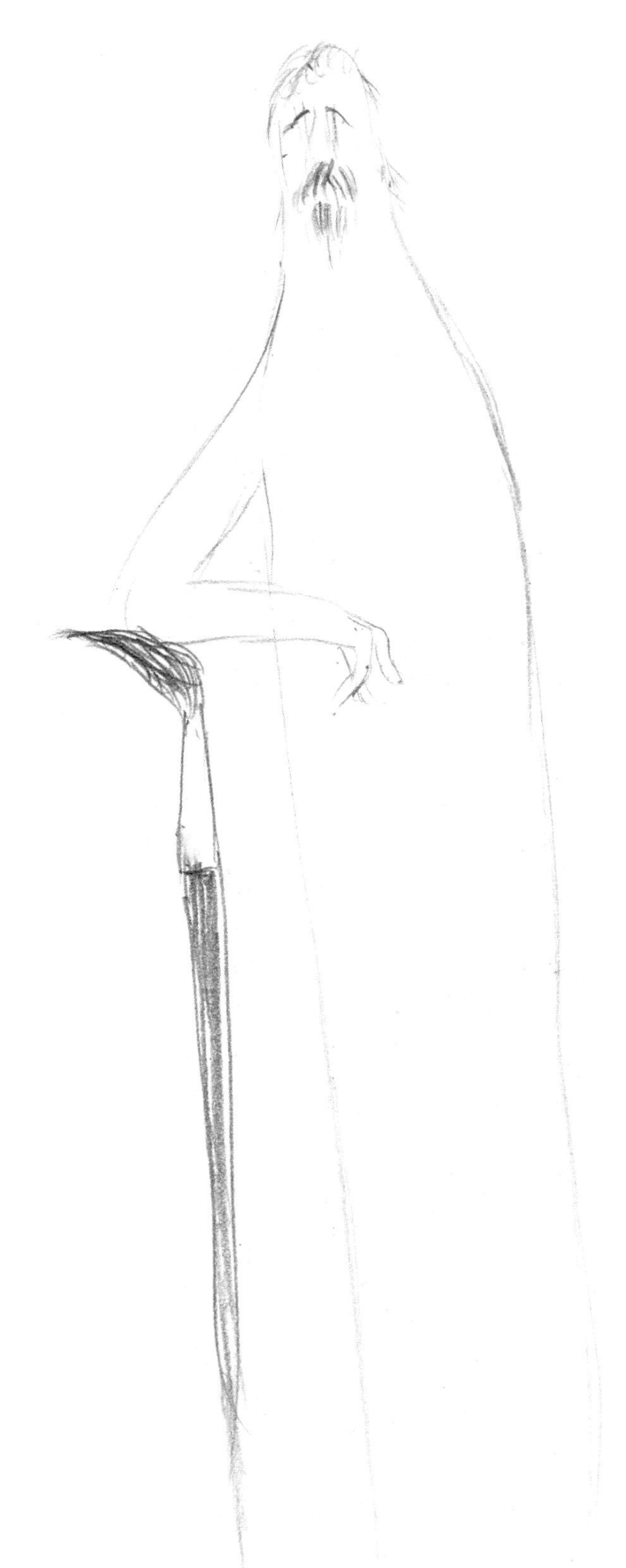

Nel 1992 realizza con Giosetta Fioroni il libro *Mano Doble* con disegni a quattro mani commentati da Mario Quesada (Edizioni Exit, Lugo).
La professoressa Paola Barocchi nel 1996 lo invita per un seminario condotto da Paolo Fossati alla Scuola Normale Superiore di Pisa.
Nello stesso anno illustra, per la casa editrice Einaudi, *La trilogia del Capitano Nemo* di Jules Verne con paesaggi di fantasia, che verranno raccolti in volume da Alvaro Beccattini per le edizioni Exit di Lugo, con un saggio di Paolo Fossati.
Nel 1998 la rivista "Parol-quaderni d'arte" diretta da Luciano Nanni gli dedica la sezione monografica, a cura di Silvia Pegoraro con interventi di Claudio Cerritelli, Paolo Fossati, Silvia Pegoraro, Giorgio Sandri, Claudio Spadoni e Dario Trento.
Nello stesso anno Silvia Pegoraro organizza e cura l'antologica *Pirro Cuniberti. Voli vibrazioni fiabe*, con testi di Giulio Guberti, Roberto Pasini e Dario Trento, Ravenna, Loggetta Lombardesca, catalogo Electa.
Nel 1999 disegna il logotipo per "Bologna 2000 Città Europea della Cultura".

Dal 1962 Cuniberti dipinge e disegna tutte le pagine destre di volumi intonsi, di formati e consistenze diverse. Non si tratta di libri di appunti o schizzi, ma di opere risolte.
Alcuni di questi sono stati presentati nel corso di mostre in Italia e all'estero.
Il fotografo Peter Schalchli di Zurigo ha avviato la campagna di rilevazione fotografica-sistematica di questi libri-mostra.

Pirro Cuniberti, jottings

Impressions gathered by Claudio Cerritelli and Dario Trento

Pier Achille (Pirro) is born on the 10th of September, 1923, in Padulle di Sala Bolognese. His father Emilio (Pavullo nel Frignano, 1890–Bologna, 1962), the youngest of five children, emigrates to the United States in 1911 and returns to Italy in 1915 to fight as a volunteer soldier in the First World War. He adores the theater, devours books by night, and works as a sales representative. His mother Zaira Monari (Bologna, 1902–1992) works at embroidery, plays the piano and brings up five children: Pier Achille, Maria, Clelia, Nando and Emanuele.

1929–1934. Cuniberti goes to primary school, showing a great deal of interest in drawing; in 1933 he wins the "Agonali" for drawing organized by the Opera Nazionale Balilla.

In 1934, failing the grammar school entrance exam, he enrolls in business school which he attends listlessly, doing well only in drawing and literary subjects.

After struggling through business school, in 1939 he enrolls at the Regia Scuola per Industrie Artistiche in Bologna. He enthusiastically attends the lessons of Professors Ferdinando and Ruggero Rossi, of whom he will go on to say: "They were the ones who taught me all I really needed to know in my effort to make art." He gains experience in painting, wood carving and inlay. He also has an initial, timid encounter with ceramics.

In February of 1943 he receives his draft notice and is sent to the II° Grenadier Regiment of Sardinia; fate will also intervene in the tragic days defending Rome. On the evening of the 10th of September, the military stronghold no. 11 on Via Casilina, where Cuniberti is a telephone operator, is attacked and its soldiers are scattered. He will reach Bologna five days later.

In June of the same year he is accepted at the Bologna Fine Arts Academy.

In February of 1944 he is called for service again and assigned to Germany to train in the Black Forest, where he happens upon a print reproduction of "a modest room with a bed, a small table and two straw chairs." He will later comment: "I was struck by the simplicity of that 'sketched painting.' I often went back to look at that print which had these words written on it: Vincent Van Gogh, *Chambre d'Arles*, 1889."

At the end of the war, research into the "unknown" Van Gogh will lead him to the thrilling discovery of the extraordinary world of modern art.

1945–1948. At the Fine Arts Academy he is a pupil of Giorgio Morandi and Giovanni Romagnoli. In 1949 he attends a course held by Virgilio Guidi, but he does his research at home in Bologna in Viale Oriani. He makes many drawings, pastels, tempera on paper and small oil canvases. In this initial phase almost nothing escapes his furious self-criticism.

He meets and makes fruitful, lasting friendships with Vasco Bendini, Sergio Romiti and Sergio Vacchi. With ex-schoolmate Franco Lodoli he discovers French poetry and discusses works of art.

In 1948 he works with the Mingozzi advertising studio (clients: Barbisio, Carlo Erba, Ferrania) and with the publicity department of Ducati (motorbikes, radios, photography) under the direction of Enzo Biagi.

1948 is also the year of the first postwar Biennial. Cuniberti goes to Venice "to see" and finally sees Van Gogh's *Chambre d'Arles:* he almost swoons with the thrill of it, but a few rooms further on he "meets" who he will go on to define as his "daddy": Paul Klee, as well as Henry Moore, Mark Rothko, Max Ernst and J.M.W. Turner, a thrill which will endure for the rest of his life.

He spends days at the Parolini bookshop among art books and companions. There are many revelations: Kafka, Rimbaud, Lorca, the Americans (and not just painting), *La jeune école de Paris*, Vieira da Silva, Tápies.

From the early 1950s he works with Dino Gavina on displays and stands for the trade fair. He designs and makes a chair, the "Ponca."

For the company SIVA of Poggibonsi he designs objects and decorates plates in enameled iron.

In 1952 he makes drawings in ballpoint pen on typing paper. First chickens, cats, oxen, toads, tortoises, then careful studies of insects: spiders, ants and praying man-

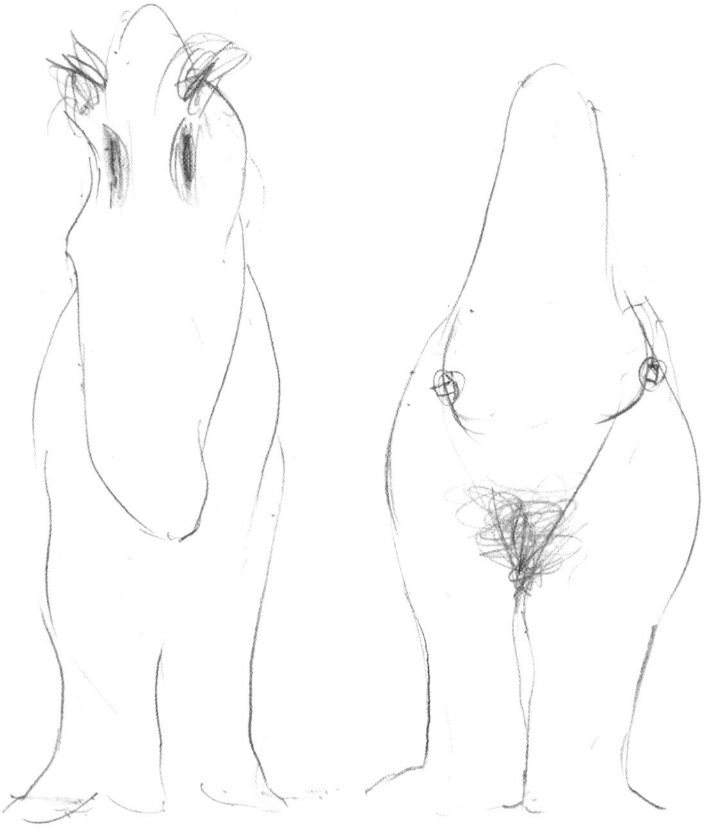

Senza titolo, 2003

p. 203
Senza titolo, 2003

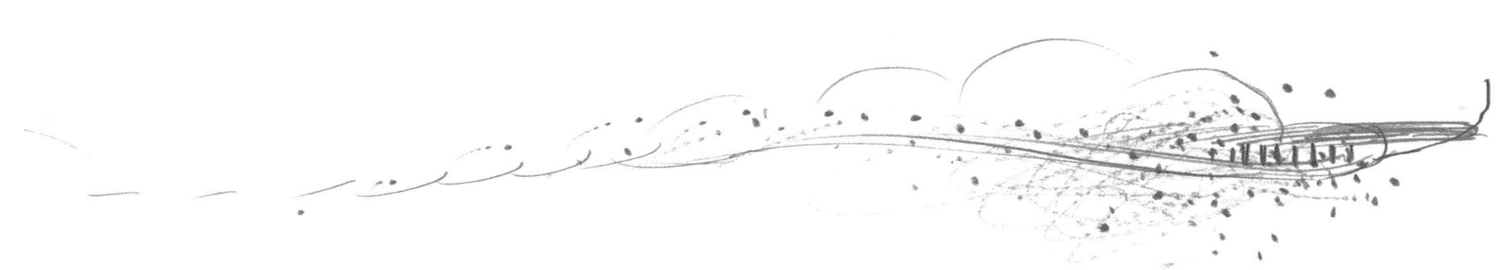

tises which, in exaggerated forms, achieve abstraction.
In March of 1953 he gets a job at the Bologna Art School teaching Professional Drawing in the Department of Artistic Decoration. He will go on to direct its workshop. Subsequently, he directs the Ceramic Arts workshop. His pupils will often win prizes at numerous exhibitions in Italy and abroad. He leaves teaching in 1978, embittered by the state of chaos prevailing in schools.
In 1954, with four drawings done in ballpoint pen, he wins the "Premio O.R.U.B. Pittura e Bianco e Nero" of the University of Bologna. On the committee: Francesco Arcangeli, Virgilio Guidi, Rodolfo Pallucchini, Giovanni Romagnoli and Carlo Volpe.
On the 15th of June, 1955, he marries Laura (Lalla) Baisi (Pavullo nel Frignano, 1930). They will have three daughters: Barbara, Monica and Emanuela. Lalla will also be the indefatigable bibliographer and cataloger of her husband's works.
Projects in the field of set design for a Milanese theatrical company are left unfinished. He makes sketches for photo shoots in Valter Chiari's magazine *Chiarissimo*.
In 1956 his daughter Barbara is born.
In December he participates in the exhibition "14 + 2" at the Circolo di Cultura in Bologna. The exhibition is accompanied by a catalogue edited by Franco Lodoli.
In December, presented by Francesco Arcangeli, he inaugurates his first solo exhibition, again at Circolo di Cultura in Bologna.
In 1958 his daughter Monica is born.
That same year he makes a series of drawings done in colored clays. In 1959 he begins a series of dense, abstract drawings done in pen, India ink and graphite.

In 1960 his daughter Emanuela is born. He paints and draws heads and landscapes, including small-scale landscapes.
In 1961, at the exhibition "Italia 61" in Turin, assisted by his brother-in-law Giorgio Biasi, he does various works, including a large horizontal sculpture made of cement and iron in the Emilia Romagna pavilions.
1962 is a phase characterized by a decisive return to figuration, landscape and narrative images: he makes oil and pastel renderings of dogs, abbesses, Hector and Andromache, cherubs, horses and riders.
In 1963, at Galleria De' Foscherari in Bologna, he exhibits with De Vita and Pozzati in "Tre Progressioni." During the event he paints two large paintings (300 x 280 cm): *Il sogno di un cane* and *Cinque teste*. He will donate the latter to the Centre for Communication Studies and Archive at the University of Parma.
Satire, narrative, and ironic and bitter fairy-tales are scattered over Cuniberti's canvases, once again attracting the attention of critics Giorgio di Genova, Mario De Micheli, Antonio del Guercio, Luigi Lambertini and Marcello Venturoli.
In 1965 he is invited to the Quadriennale of Rome and to the "Presente Contestato" at the Museo Civico in Bologna. In 1966 he participates in the "XII Premio Spoleto," where he wins an award for his painting *Tentativo di dialogo con un ufficiale di fanteria*.

In 1970 he makes few large paintings (*L'arrivo, Natura morta al sole*) but undertakes an intense work on paper, which will be a recurring direction in the 1970s.
In 1972, invited to the "X Quadriennale d'Arte" of Rome, he presents several works from that same year: *Il desiderio del volo, Progetto di sistemazione di una collina, Il motociclista biondo, L'angelo del mattino controlla l'agricoltura, La favola dell'inquinatore*, and *Senza titolo*.
Enzo Biagi, director of "Il Resto del Carlino," invites him to oversee the graphic layout of their publications.
In 1976 he mounts the exhibit "I disegni di Cuniberti 1948-1975," over one hundred drawings presented by Pier Giovanni Castagnoli at Galleria San Luca in Bologna. It is the beginning of a working friendship with Castagnoli that will allow them to make other precious friends: Paolo Fossati, Claudio Cerritelli and Dario Trento.
In 1979 Cuniberti abandons canvas to paint on masonite panels (pressed wood laminate), favoring small-scale works. His paintings are rendered in acrylic over a brushed acrylic base, initially accompanied by pastels and graphite.

In 1980 The Lion's Club of Bologna awards Cuniberti the "Nettuno d'oro" artist of the year award.
In 1982 he participates in "Livres d'Art et d'Artistes" at the Centre Georges Pompidou, Paris.
In the same year he exhibits at the Pinacoteca Comunale, Pieve di Cento, Bologna; the exhibition marks the beginning of a firm friendship with keen and tireless organizer Graziano Campanini.
In 1984, in the educational section of the Pinacoteca Nazionale in Bologna, he presents "Vita d'Artista"; it is Cuniberti's first survey exhibition, conceived and presented by Andrea Emiliani and curated by Paolo Fossati and Dario Trento. Since the 1950s Cuniberti has worked with friend Emiliani editing the graphics of numerous publications.
Feltrinelli publishes *Stranalandia*, a book written by Stefano Benni and Pirro Cuniberti, the result of a summer spent working together on ideas, proposals and many drawings (fifteenth edition published in 2003). Stefano and Pirro had met while working at *Il Resto del Carlino*.
In 1987 Pirro paints a large panel for the headquarters of the Regione Emilia-Romagna.

In 1991, invited by Franco Farina, he mounts an exhibition with a retrospective slant at the Palazzo dei Diamanti, Ferrara. A monograph by Claudio Cerritelli is published to accompany the exhibition.
In 1992 he produces the book *Mano Doble* (Edizioni Exit, Lugo) in collaboration with Giosetta Fioroni. With drawings by both, the volume also includes commentary by Mario Quesada.
In 1996 Professor Paola Barocchi invites him to the Scuola Normale Superiore of Pisa for a seminar conducted by Paolo Fossati.
That same year he illustrates *La trilogia del Capitano Nemo* by Jules Verne for the publisher Einaudi. These fantastic landscapes will subsequently be collected in a volume by Alvaro Beccattini, with an essay by Paolo Fossati, for Edizioni Exit of Lugo.
In 1998 the magazine *Parol - quaderni d'arte*, under the direction of Luciano Nanni (editor), dedicates its monographic section to Cuniberti, curated by S. Pegoraro with contributions by Claudio Cerritelli, Paolo Fossati, Silvia Pegoraro, Giorgio Sandri, Claudio Spadoni and Dario Trento.
In that same year Silvia Pegoraro organizes and curates the substantial retrospective "Pirro Cuniberti. Voli vibrazioni fiabe" at Loggetta Lombardesca in Ravenna. The catalogue is published by Electa, with an essay by Cuniberti and texts by Giulio Guberti, Roberto Pasini, and Dario Trento.
In 1999 Cuniberti designs the logo for the Bologna 2000 European City of Culture.

Since 1962 Cuniberti has painted and drawn on the right-hand pages of books that contain blank pages of different sizes and textures. These are not notes or sketches but completed works. Some of these volumes have been presented as part of exhibitions in Italy and abroad. Zurich photographer Peter Schalchli has already photographed many of these exhibition-books.

Esposizioni / Exhibitions

3 *Progressioni*, Galleria De' Foscherari, Bologna, 1963
Photo Antonio Masotti

Mostre personali/Solo Exhibitions

1957-1958
Pirro Cuniberti, Circolo di Cultura, Bologna, 22 dicembre/December-8 gennaio/January

1960
Cuniberti, Galleria Il Cancello, Bologna, maggio/May

Opere di Piero A. Cuniberti, Salone Annunciata, Milano, 2-15 aprile/April

1961
Cuniberti, Galleria Il Libraio, Bologna, 4-16 marzo/March

Pirro Cuniberti, Galleria del Teatro, Parma, 6-18 aprile/April

1963
Pirro Cuniberti, Galleria De' Foscherari, Bologna, 2-15 marzo/March

1964
Cuniberti, Studio d'Arte I Balestrari, Roma, 18-30 aprile/April

Pirro Cuniberti, Galleria d'Arte La Colomba, Bologna, 19-31 ottobre/October

1965
Cuniberti, Galleria La Carabaga, Genova, 30 gennaio/January-14 febbraio/February

1966
Cuniberti, Galleria Due Mondi, Roma, 7-24 maggio/May

Cuniberti, Galleria della Sala di Cultura, Modena, 6-24 marzo/March

1967
Cuniberti, Galleria Mantellini, Forlì, 25 marzo/March-7 aprile/April

1968
Cuniberti, Galleria Sanluca, Bologna, 4 giugno/June

1970
P. A. Cuniberti, Galleria De' Foscherari, Bologna, febbraio/February-marzo/March

1973
Pirro Cuniberti, Galleria De' Foscherari, Bologna, 31 marzo/March-aprile/April
Galleria Il Portico, Cesena

Pirro Cuniberti, Galleria G4, Teramo, 24 novembre/November-15 dicembre/December

1974
Tante tempere e tanti disegni di Pirro Cuniberti, Studio Rolandino, Bologna, 19 ottobre/October-8 novembre/November

1976
I disegni di Cuniberti: 1948-1975, Galleria San Luca, Bologna, gennaio/January

1977
Galleria L'Incontro, Imola, Bologna

1978
Pirro Cuniberti, Galleria Nuova 13, Alessandria, aprile/April

Galleria Tre A, Torino

1980
Pirro Cuniberti. "Paesaggi di invenzione", Galleria Trimarchi, Bologna, 24 gennaio/January- febbraio/February

Pirro Cuniberti, Galleria Il Sole, Bolzano, 22 novembre/November -18 dicembre/December

1981
Pirro Cuniberti, Sala d'Arte "Benvenuto Tisi", Palazzo dei Diamanti, Ferrara, 8 marzo/March-20 aprile/April

1982
Pirro Cuniberti, Galleria Il Mercato del Sale, Milano, 13 gennaio/January-9 febbraio/February

Cuniberti. Dipinti e disegni attorno al paesaggio, Pinacoteca Civica, Pieve di Cento, Bologna, 30 maggio/May-27 giugno/June

Pirro Cuniberti, Galleria Spazia, Bologna, 16 ottobre/October- 14 novembre/November

1983
Cuniberti, Galleria Martano, Torino, gennaio/January-febbraio/February

1984
Cuniberti, Saletta Comunale d'Esposizione, Castel San Pietro Terme, Bologna, 4-23 marzo/March

Nella cucina del pittore. Pirro Cuniberti 1980/1984, Istituto di Cultura Germanica, Bologna, 19-29 giugno/June

Pirro Cuniberti, Galleria Il Sole, Bolzano, 15 settembre/September-2 ottobre/October

Mostra personale di Pirro Cuniberti, Libreria Giulia, Roma, 5 ottobre/October

1984-1985
Vita d'artista. Pirro Cuniberti, Pinacoteca Nazionale, Sezione didattica, Palazzo Pepoli Campogrande, Bologna, dicembre/December-gennaio/January; altre sedi: Centro Civico di Porta Modena, Crevalcore, Bologna, 16 febbraio/February-17 marzo/March; Galleria Comunale Oreste Marchesi, Copparo, Ferrara, 24 marzo/march-14 aprile/ April; Galleria Comunale, San Pietro in Casale, Bologna

1985
Pirro Cuniberti ... e paesaggi, Sala Mostre Municipale, Grizzana Morandi, Bologna, 18 luglio/July-15 settembre/September

1986
Pirro Cuniberti. Disegni a corpo libero, Galleria N2/Nuova 2000, Bologna, 24 gennaio/January-febbraio/February

Pirro Cuniberti Piero Manai. "Opere inedite", Galleria L'Incontro, Imola, Bologna, 22 febbraio/February-16 marzo/March

Pirro Cuniberti, Galleria Graziano Vigato, Alessandria, 1 marzo/March

Pirro Cuniberti. Disegni e pitture, Galleria Comunale d'Arte Moderna, Pavullo nel Frignano, Modena, 21 giugno/June-13 luglio/July

1987
Pirro Cuniberti, Queen's Hall, Edinburgh, 6 aprile/April-2 maggio/May

Pier Achille Cuniberti, Pinacoteca Comunale, Santa Maria delle Croci, Ravenna, 8 maggio/May-7 giugno/June

Cuniberti. Carte segnate 1953/1986, Gallerie Dell'Oca, Il Segno, L'Arco, Roma, 11 giugno/June-luglio/July

Cuniberti, Galleria La Panchetta, Bari, 16 ottobre/October-4 novembre/November

Pirro Cuniberti. L'orto degli sguardi, Galleria Rossanaferri, Modena, 10 ottobre/October-6 dicembre/December

1988
Il Paesaggio della Pianura di Pirro Cuniberti, Galleria d'Arte il Portichetto, Baricella, Bologna, 24 aprile/April-8 maggio/May

Pirro Cuniberti. Opere (1957-1988), Centro della Pesa, Riccione, 25 giugno/June-5 agosto/August

1989
Pirro Cuniberti, Galleria Forni Tendenze, Bologna, 8 aprile/April

Cuniberti, Galleria Forni, Tokyo

Pirro Cuniberti. Nudi, Civici Musei, Reggio Emilia, 6-28 maggio/May

Pirro Cuniberti. Tavole e disegni, Centro Einaudi, Mantova, 21 settembre/September-10 novembre/November

1990
Pirro Cuniberti. Opere 1980-1989, Galleria Giulia, Roma, 2 febbraio/february-7 marzo/March

Pirro Cuniberti, Studio Steffanoni, Milano, 3 maggio/May-2 giugno/June

Pirro Cuniberti, Galleria Il Sole, Bolzano, 16 novembre/November-5 dicembre/December

1991
Pirro Cuniberti, Gallerie Civiche d'Arte Moderna, Palazzo dei Diamanti, Ferrara, 24 novembre/November-dicembre/December

1992
Pirro Cuniberti, Sala di Cultura, Comune di Bondeno, Ferrara

Pirro Cuniberti. Dipinti e opere su carta 1981-1991, Galleria d'Arte Bambaia, Busto Arsizio, Varese, 22 febbraio/February-29 marzo/March

Pirro Cuniberti. Opere recenti, Galleria La Sanseverina, Parma, 21 marzo/March-aprile/April

Felsina Electa, San Giovanni in Monte, Bologna, 4 aprile/April

Pirro Cuniberti Piero Ruggeri. Carte recenti, Chiesa della Confraternita dei Battuti Bianchi, Carignano, Torino, maggio/May

Pirro Cuniberti, Bottega d'Arte Excelsior, Marina di Massa, Massa Carrara, giugno/June

Pirro Cuniberti, Galleria Alberto Peola, Torino, 17 novembre/November-23 dicembre/December

1993
Découvertes 93, Galleria Forni, Grand Palais, Paris, 3-8 febbraio/February

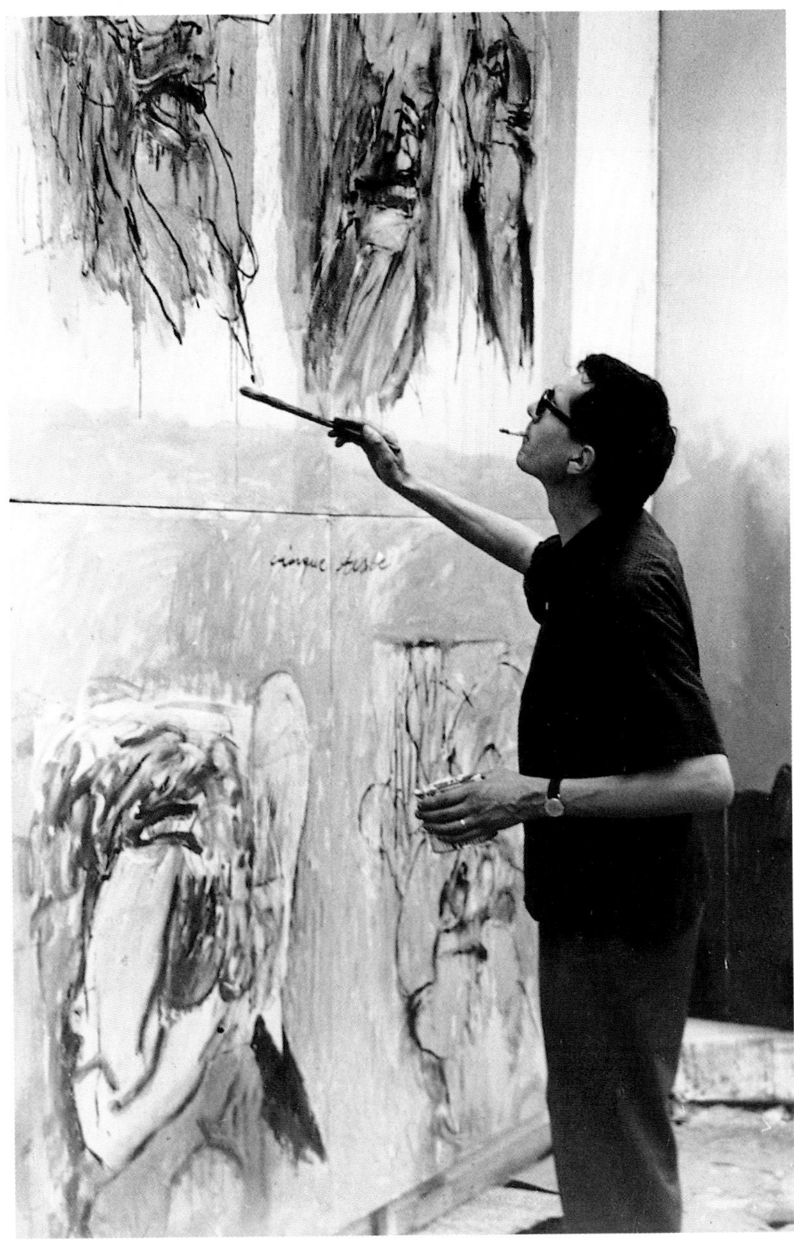

Pirro Cuniberti. Disegni, Galleria Il Triangolo Nero, Alessandria, 6-24 marzo/March

Pirro Cuniberti. Opere dal 1960 al 1993, Biblioteca Comunale, Sant'Ilario D'Enza, Reggio Emilia, 22 maggio/May-13 giugno/June

1993-1994
Pirro Cuniberti. Sette stazioni dell'avventuroso viaggio, Casa Comunale, Sala Bolognese, Bologna, 10 settembre/September-10 ottobre/October, Rocca dei Bentivoglio, Bazzano, Bologna, 11 settembre/September-10 ottobre/October; Palazzo S.S. Salvatore, S. Giovanni in Persiceto, Bologna, febbraio/February-marzo/March

1994
Pirro Cuniberti. Segmenti, Galleria La Gibigianna, Bra, Cuneo, 30 ottobre/October-27 novembre/November

1995
Pirro Cuniberti/Silvio Lacasella, Galleria Forni Tendenze, Bologna, 21 gennaio/January-16 febbraio/February

Pirro Cuniberti Piero Ruggeri "Carte d'Identità", Galleria La Gibigianna, Bra, Cuneo, 9 aprile/April-7 maggio/May

Pirro Cuniberti. Opere su carta, Associazione Culturale Italo-Francese, Bologna, 6 giugno/June -14 luglio/July

1995-1996
Pirro Cuniberti. La trilogia del Capitano Nemo, Studio Ercolani, Bologna, 18 dicembre/December-gennaio/January

1996
Disegni di Pier Achille Cuniberti per la Trilogia del Capitano Nemo, Casa Rossini, Lugo, Ravenna, 2 marzo/March

Pirro Cuniberti. Disegni, Libreria Einaudi e Galleria Mazzocchi, Parma, 11 aprile/April-8 maggio/May

Pier Achille Cuniberti. Figure e luoghi della pittura, Sala delle Colonne, Nonatola, Modena, 4 maggio/May-16 giugno/June

4. Velika Nagrada Risbe Alpe-Jadran/4.th Grand Prix of Drawing Aps-Adria, Galleria Tivoli, Lubliana, Ljubljana, 13 giugno/June-31 agosto/August

Pirro Cuniberti. Dipinti 1992-1996 e *opere su carta*, Galleria d'Arte Bambaia, Busto Arsizio, Varese, 5 ottobre/October-24 novembre/November

1996-1997
Pirro Cuniberti, Galleria Estense, Ferrara, 16 novembre/November-6 gennaio/January

1997
Maurizio Bottarelli. Variazioni sul nudo-Pirro Cuniberti. Paesi figure favole, Galleria Forni, Bologna, 15 novembre/November-11 dicembre/December

1998-1999
Pirro Cuniberti. Voli vibrazioni fiabe (1948-1998), Pinacoteca Comunale, Loggetta Lombardesca, Ravenna, 18 ottobre/October-6 gennaio/January

1999
Pirro Cuniberti, Galleria Punto Arte, Modena,

27 febbraio/February-17 marzo/March

2000
Pirro Cuniberti Piero Manai, Galleria De' Foscherari, Bologna, 20 aprile/April-maggio/May

2001
Mostre a Castello: l'artista al lavoro. Pirro Cuniberti, Galleria Comunale d'Arte Contemporanea, Castel San Pietro Terme, Bologna, 3 marzo/March-3 aprile/April
Pirro Cuniberti "Opere storiche", Trimarchi Arte Moderna, Bologna, 18 ottobre/October-novembre/November

Dalle storie di P. aeronauta mancato, Pinacoteca Civica, Bondeno, Ferrara, 10 novembre/November- dicembre/December

2002
La Donazione Cuniberti alla Pinacoteca Civica di Pieve di Cento, Casa Giorgio Cini, Ferrara, 25 gennaio/January-24 marzo/March; Pinacoteca civica, Pieve di Cento, Bologna, 7 aprile/April-30 giugno/June

Cuniberti. Disegni pastelli acrilici, Galleria Cavenaghi Arte, Milano, 11 aprile/April-18 maggio/May

IBC. Le immagini e i segni. I fotografi in rivista. Omaggio a Pirro Cuniberti, Contemporanea, Fiera di Forlì, Forlì, 23-24 novembre/November

2003
Immagini e Segni . IBC La rivista illustrata. I fotografi in rivista. Omaggio a Pirro Cuniberti, Castello degli Agolanti, Riccione, Rimini, 7-22 giugno/June

Pirro Cuniberti, Museo Archeologico, Bologna, 15 novembre/November-28 gennaio/January 2004

Mostre Collettive /Group Exhibitions

1947
I Mostra Bolognese Goliardica d'Arte, Università degli Studi, Accademia Belle Arti, Sala degli Svizzeri, Palazzo D'Accursio, Bologna, 8-18 febbraio/February

1948
3° mostra. Bianco e nero, Sindacato Nazionale Artisti Pittori e Scultori, Palazzo Re Enzo, Bologna, 5-11dicembre/December

1949
2° Mostra Regionale Emiliana del Sindacato Nazionale Artisti, Sindacato Nazionale Artisti Pittori e Scultori, Palazzo Re Enzo, Bologna, 15 marzo/March

1954
Premio O.R.U.B. 1954. Pittura Bianco e Nero, Centro Universitario Arti Figurative, Università, Bologna, 9-30 maggio/May

1957
Terza Mostra d'Arte contemporanea, Federazione Nazionale degli Artisti, Salone del Podestà, Bologna, 1-17 novembre/November

14 + 2, Circolo di Cultura, Bologna, 21 novembre/November- dicembre/December

Premio Morgan's Paint. Biennale per la Pittura la Scultura e il Bianco e Nero, Palazzo dell'Arengo, Rimini, 1 agosto/August-15 settembre/September

1958
Il Giorno. Giovani Artisti Italiani, Palazzo della Permanente, Milano, 20 aprile/April-16 maggio/May

1959
Barilli Ciangottini Cuniberti De Vita Ghermandi Nanni, Galleria Numero, Firenze, 18 marzo/March-3 aprile/April

2° Premio Morgan's Paint. Biennale per la Pittura la Scultura e il Bianco e Nero, Palazzo dell'Arengo, Rimini, 15 luglio/July-30 agosto/August

Premio Repubblica di San Marino. Biennale di pittura, Palazzo del Turismo, San Marino, 20 agosto/August-30 settembre/September

Rassegna d'arte contemporanea, X Festival Provinciale dell' "Avanti!", Parco della Montagnola, Bologna, 11-14 settembre/September

1960
IV Premio di Pittura Sant'Ilario D'Enza. Mostra interregionale, Scuole Elementari, Sant'Ilario D'Enza, Reggio Emilia, 3-17 luglio/July

Mostra d'Autunno 1960. Rassegna regionale d'arte, Salone del Trecento, Bologna, 11-31 dicembre/December

1961
Premio Morgan's Paint. III Biennale internazionale per la Pittura e la Scultura Italia-Jugoslavia, Palazzo dell'Arengo, Rimini, 1 luglio/July-30 agosto/August

2° Premio Biennale Città di Parma, Teatro Regio, Parma, 22 ottobre/October-5 novembre/November

1962
Nuove prospettive della pittura italiana, Palazzo Re Enzo, Bologna, giugno/June

Exposition"Italia Produce", Palais de Beaulieu, Lausanne, 13-28 giugno/June

Giovani pittori italiani nel bianco e nero, Galleria De' Foscherari, Bologna, 5-31 maggio/May

1963
Mostra delle nuove acquisizioni alla galleria d'arte moderna, Museo Civico, Bologna, 2-15 marzo/March

36 disegni, Galleria Il Collezionista, Bologna, 8-22 giugno/June

3 Progressioni Cuniberti De Vita Pozzati, Galleria De' Foscherari, Bologna, 27 giugno/June-20 luglio/July

VII Premio Biennale di pittura e scultura "Amedeo Modigliani-Città di Livorno", Casa della Cultura e Palazzo del Museo, Livorno, marzo/March

1964
III Premio Scipione Nazionale di Pittura, Comune, Macerata, 18 ottobre/October-15 novembre/November

Primo premio nazionale disegno politico satirico "Scalarini", Federazione Provinciale P.C.I., Reggio Emilia, 11-19 luglio/July

Opere grafiche di artisti italiani, Galleria della Sala di Cultura, Palazzo dei Musei, Modena, 13-22 dicembre/December

1964-1965
Arte Contemporanea in Emilia e Romagna, Federazione Nazionale Artisti Pittori e Scultori, Museo Civico, Bologna, 31 dicembre/December-15 gennaio/January

1965
Avvio per una galleria d'arte moderna, Soprintendenza alle Gallerie, Parma, aprile/April

Oggi a Bologna. Accrochage, Galleria Il Cerchio, Roma, 3-18 maggio/May; Galleria Carlo, Napoli, 2-15 giugno/June

XIX Premio nazionale di pittura F. P. Michetti, Francavilla al Mare, Chieti, luglio/July

Giovane grafica italiana, Galleria Il Ponte, S. Giovanni Valdarno, Firenze, 23 ottobre/October-5 novembre/November

Il presente contestato. Interventi delle terza generazione, Museo Civico, Bologna

1966
XI Concorso Nazionale di Pittura Premio Ramazzotti, Salone delle Cariatidi, Palazzo Reale, Milano, 15-30 gennaio/January

Immagini degli anni '60: poesia e verità, Galleria Due Mondi, Roma, 26 febbraio/February-marzo/March; Galleria d'Arte Moderna, Palazzo dei Diamanti, Ferrara, 27 marzo/March-17 aprile/April

Aspetti dell'Arte Bolognese, Comune di Bologna, Bologna, giugno/June

4 Pittori Bolognesi, Galleria De'Foscherari, Consiglio del quartiere Bolognina, Bologna, 30 maggio/May-15 giugno/June

Con la moglie Lalla e le figlie Emanuela, Barbara e Monica/With his wife Lalla and their daugthers Emanuela, Barbara and Monica, Bologna, 1970
Photo Paolo Monti

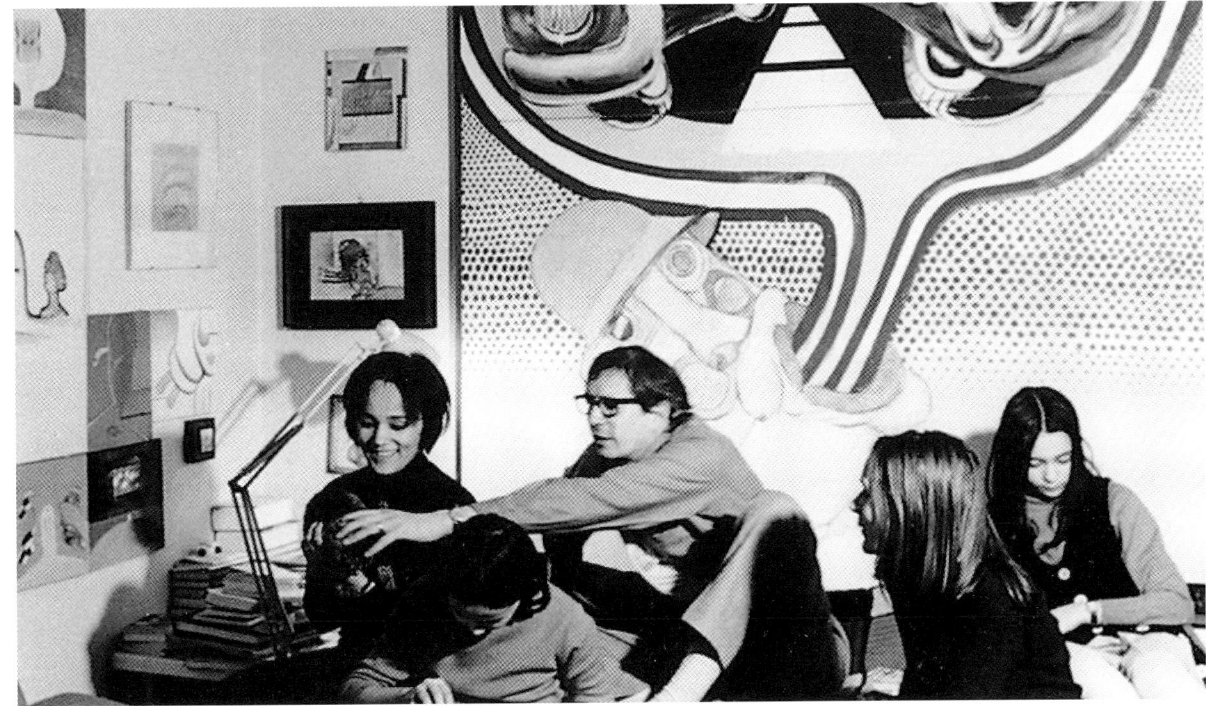

XII Premio Spoleto. Mostra nazionale di arti figurative, Palazzo Collicola, Spoleto, 25 settembre/September-24 ottobre/October

Mostra regionale d'arte Città del Tricolore, Sala Comunale delle Esposizioni, Reggio Emilia, 11-31 dicembre/December

Cuniberti De Vita Pozzati, Forum Stadtpark, Graz, 12 novembre/November-3 dicembre/December

Prima mostra d'arte grafica dell'atelier "San Leonardo", Galleria 2000, Bologna, 10-31 dicembre/December

1967
18° Salon de la Jeune Peinture, Salle Wilson, Musée d'Art Moderne de la Ville de Paris, Paris, 3-25 gennaio/January

I Premio Internazionale di Pittura, Acireale, Catania, 6-31 agosto/August

2 Biennale d'Arte Grafica Italiana Contemporanea, Palazzo delle Esposizioni, Faenza, Ravenna, 4 novembre/November-3 dicembre/December

1968
Boschi Cuniberti De Vita Pozzati, Galleria Vinciana, Milano, 12-25 ottobre/October

1969
I Rassegna Biennale delle Gallerie di tendenza italiane, Galleria della Sala Comunale, Modena, 4 ottobre/October-27 novembre/November

Wspolczesne Malarstwo Wloskie z Regionu Emilia-Romania, Muzeum Im. Leona Wyczolkowskiego w Bydgoszczy, Luty

1970
3° Biennale di arte grafica italiana contemporanea, Palazzo delle Esposizioni, Faenza, Ravenna, 19 aprile/April-10 maggio/May

1972
Quale chiarezza?, Galleria De' Foscherari, Bologna, febbraio/February-marzo/March (poi: Galleria Vinciana, Milano; Galleria S. Michele, Brescia; Galleria la Chiocciola, Padova; Galleria Nuovo Trocoliere, Roma

Mostra di opere grafiche inedite, Circolo Artistico, Bologna, 1-13 aprile/April

1972-1973
X Quadriennale Nazionale d'Arte, Palazzo delle Esposizioni, Roma, novembre/November-maggio/May

1973
Post Fumettum Natum. Omaggio a Dino Buzzati, Galleria la Margherita, Roma, 9 marzo/March-7 aprile/April

Bologna: grafica oggi, Museo di arti figurative, Kharkov, 23-30 settembre/September

1974
Collettiva delle personali e proposte per una iniziativa a Teramo, G4 Centro d'Arte e di Cultura, Teramo, 8-30 giugno/June

1975
Arte Fano '75, Rocca Malatestiana, Loggia San Michele, Fano, Pesaro-Urbino, 2-31 agosto/August

1976
Estate Lizzanese. Arte 76, Sala Esposizioni, Vidiciatico, Bologna, 3 luglio/July-30 agosto/August

Tipologia topologia del figurativo degli anni '70 in Italia, Montauro, Catanzaro, 15 luglio/July-15 agosto/August

1977
Quattro linee a confronto, Centro d'Arte Studio 5, Bologna, 14-27 aprile/April

Premio Campigna. Ventunesima edizione, Santa Sofia di Romagna, Forlì, 7-21 agosto/August; Forlì, 25 settembe/September-16 ottobre/October

1979
Stanze del gioco, Loggetta Lombardesca, Ravenna, 17 febbraio/February-31 marzo/March

XXIV Mostra premio Villa San Giovanni di pittura, Piccolo Hotel, Villa San Giovanni, Reggio Calabria, luglio/July-agosto/August

1981
Pirro Cuniberti Luciano De Vita Sergio Romiti, Centro d'Arte studio 5, Bologna, 28 aprile/April-13 maggio/May

Arte e critica 1981, Galleria Nazionale d'Arte Moderna, Roma, 29 luglio/July-4 ottobre/October

Generazione anni Venti, 1 Biennale Nazionale d'Arte Contemporanea, Rieti

1982
Livres d'Art et d'Artistes/Libri d'Arte e d'Artista, Centre Georges Pompidou, Paris, 4 febbraio/February-3 aprile/April; Villa Imperiale, San Fruttuoso, Genova, 14-29 maggio/May

La scuola bolognese dell'acquaforte, Galleria Comunale d'Arte Moderna, Bologna, 20 febbraio/February-marzo/March

Microcronache dell'immenso (cuore di tenebra). Pier Achille (Pirro) Cuniberti Mario Nanni Concetto Pozzati, Galleria Due Torri, Bologna, 8 marzo/March-aprile/ April

Privacy (virtù private e vizi pubblici), Chiostro di Voltorre, Gavirate, Varese, 23 maggio/May-20 giugno/June

Registrazioni di frequenze, Galleria d'Arte Moderna, Bologna, 20 marzo/March-aprile/April

Faenza '82. Il Primato dell'Artista, Salone del Podestà, Faenza, Ravenna, 20 giugno/June-18 luglio/July

1983
Pop art o "altro" in Italia?, Centro Comunale di Cultura, Valenza Po, Alessandria, 5-24 febbraio/February

Hic sunt leones. Geografia fantastica e viaggi straordinari, Centro Palatino, Roma, gennaio/January-marzo/March

La nuova ceramica. Antecedenti, attualità, prospettive, Galleria Comunale S. Croce, Cattolica, Rimini, 21 maggio/May-27 settembre/September

L'immagine diversa. Trentaseiesima mostra di pittura F. P. Michetti, Francavilla al Mare, Chieti, luglio/July

L'informale in Italia, Galleria Comunale d'Arte Moderna, Bologna, giugno/June-settembre/September

Feticci Provvisori, Centro Sala, Modena, 5 ottobre/October- 3 novembre/November

1984
Livres d'Artistes. Livres Objets, Centre Sigma Lainé, Bordeaux, 7 febbraio/February-3 marzo/March

Premio Internazionale Biella per l'Incisione 1983, Città degli Studi, Biella, aprile/April-maggio/May

De via Aemilia. Percorsi critici per tre generazioni di artisti negli anni '80, Ca' Vendramin Calergi, Venezia, 2 giugno/June-1 luglio/July; Padiglione Arte Contemporanea, Ferrara, 20 settembre/September-21 ottobre/October

Eros/Desiderio, Galleria Vigato, Alessandria, dicembre/December

1985
Paesaggio & paesaggio. Il paesaggio visto dagli anni '80, Appartamento la Rustica Estivale, Palazzo Ducale, Mantova, 19 maggio/May-28 luglio/July

Storie da guardare. Figure, illustrazioni, fumetti, Biblioteca, Sasso Marconi, Bologna, 24-31 maggio/May

Ritornano. Postsurrealismo/pittura veloce/ grafiti. Sebastian Matta Pirro Cuniberti Peter Saul, Galleria De' Foscherari, Bologna, 1 giugno/June-luglio/July

Premio Campigna-XXIX edizione. Tempo di identità, Palazzo Giorgi e altre sedi, Santa Sofia di Romagna, Forlì, 25 agosto/August-8 settembre/September; Palazzo Albertini, Forlì, 6-20 ottobre/October

1986
Fabula, Galleria Tommaseo, Trieste, 18 gennaio/January-7 febbraio/February; Galleria Nazzari, Parma, 8 febbraio/February -13 marzo/March; Galleria Cinquetti, Verona, 15 marzo/March-10 aprile/April

Operazione libretti, Galleria Martano, Torino, marzo/March

Arte santa, Loggetta Lombardesca, Ravenna, 11 maggio/May-31 agosto/August

Acquarello gigante, Galleria De' Foscherari, Bologna, 19 aprile/April-maggio/May

Oltre il paesaggio, Sala mostre municipale, Grizzana Morandi, Bologna, 27 luglio/July-14 settembre/September

XI Quadriennale d'Arte, Roma

1987
Goethe a Cento. Un omaggio di pittori e scultori contemporanei, Auditorium di San Lorenzo, Cento, Ferrara, 10-18 gennaio/ January

Geografie oltre l'informale, Palazzo della Permanente, Milano, gennaio/January-febbraio/February

5° rassegna di grafica "Il Disegno", Palazzo Municipale, Langhirano, Parma, 30 maggio/ May-15 giugno/June

Disegnata. Percorsi del disegno italiano dal 1945 ad oggi, Loggetta Lombardesca, Ravenna, 21 marzo/March-31 maggio/May

Disegno italiano del dopoguerra, Galleria Civica, Modena, 26 settembre/September-20 dicembre/December; Kunstverein, Frankfurt

1988
L'autoritratto non ritratto nell'arte contemporanea italiana, Arte Fiera, Bologna, 19-22 febbraio/February; Pinacoteca Comunale, Loggetta Lombardesca, Ravenna, 27 febbraio/ February-3 aprile/April

1988. L'art à Bologne, Musée des Augustins, Toulouse, 24 aprile/April-26 giugno/June

Premio Internazionale di pittura scultura e arte elettronica Guglielmo Marconi, Sedi diverse, Bologna

"Amici pittori", Galleria d'Arte Moderna, Pavullo nel Frignano, Modena, giugno/June-agosto/August

Le collezioni difficili. Ritratti di un nome, A.B.O., Fortezza Da Basso, Firenze, 13 ottobre/ October

Acquisizioni e depositi 1987, Galleria Comunale d'Arte Moderna, Bologna, 19 novembre/November-dicembre/December

1988-1989
Intorno al Sessanta. Aspetti dell'arte italiana dopo l'informale, 1958-1964, Chiostri di San Domenico, Imola, Bologna, 17 dicembre/December-26 febbraio/ February

XXXII Premio Campigna. I Premi Campigna: storia e attualità, Palazzo Giorgi, Santa Sofia di Romagna, Forlì, 18 dicembre/ December-8 gennaio/January

1989
Figure del fiume, Palazzo Buzzolla, Adria, Roma, 1 aprile/April-7 maggio/May

Pinacoteca di Pieve di Cento, Saletta Comunale d'Esposizione, Castel S. Pietro Terme, Bologna, 28 maggio/May-18 giugno/ June

XXXI Biennale Nazionale d'Arte Città di Milano, Palazzo della Permanente, Milano, 14 giugno/June-16 luglio/July

Bologne-Gironde. Présence de douze artistes italiens, Hôtel Saige, Bordeaux, 4-20 ottobre/October

Collages, Galleria De' Foscherari, Bologna, 13 maggio/May-giugno/June

A.B.O. Ritratti di un nome, Gallerie Polcina e Sporvieri, Roma

Artisti Italiani oggi, Museo de Arte Italiano, Lima, novembre/November

Artisti Bolognesi, Saletta Comunale d'Esposizione, Castel San Pietro, Terme, Bologna, 14 settembre/September-8 ottobre/ October

1990
Segno, affetto, colore: 21 artisti e una nuova Galleria, Galleria Steffanoni, Milano, 18 marzo/March-10 aprile/April

Via col vento. Artisti Italiani contro l'Aids, Palazzo Re Enzo, Bologna, 7-16 giugno/ June

Artefax. Ricerche contemporanee in telefacsimile, Galleria Comunale d'Arte Moderna, Bologna, novembre/November-dicembre/December

Fiera, mercato, mercanti, collezionisti e cultura a Bologna ieri e oggi. Tiziano Forni, Galleria Forni, Bologna, febbraio/ February-marzo/March

Artistas italianos hoy, Museo Nacional de Bellas Artes, La Epoca, 14 aprile/April

1991
Disegni di "Fuoco", Galleria San Luca, Bologna, 19 gennaio/January-febbraio/ February

Civica Raccolta del Disegno. Acquisizioni 1990-91, Palazzo Comunale, Salò, Brescia, 24 marzo/March-14 aprile/April

L'Arte del paesaggio. Pittura in Italia dal divisionismo all'informale, Pinacoteca Comunale, Loggetta Lombardesca,

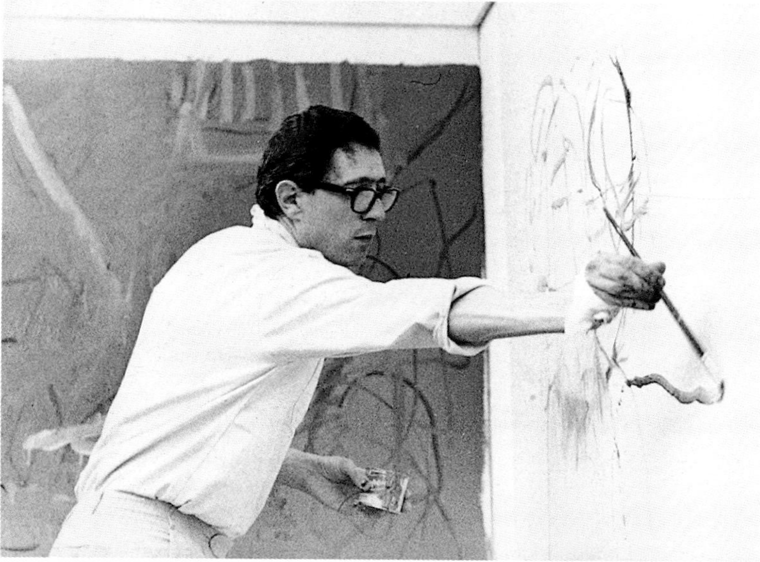

3 Progressioni, Galleria De' Foscherari, Bologna, 1963
Photo Antonio Masotti

p. 209
Nel suo studio/In his studio, Bologna, 1996

Ravenna, 25 maggio/May-25 settembre/September

Mare dipinto. Artisti italiani per l'Adriatico, Scuola Elementare, Cesenatico, Forlì, 20 luglio/July-25 agosto/August

1974-1991\Emilia.Doc. Un "file" per l'arte negli anni della mutazione elettronica, Associazione Culturale Italo-Francese, Bologna, 27 settembre/September-ottobre/October

Premio di pittura S. Ilario D'Enza 1953-1966, Biblioteca Comunale, S. Ilario D'Enza, Reggio Emilia, 12-27 ottobre/October

1992
Felsina Electa, Ex Convento di San Giovanni in Monte, Bologna, 4 aprile/April

Ma è calda l'erba sui miei prati. Trent'anni di libere scelte, Galleria Forni Tendenze e Scultura, Bologna, 9 maggio/May-10 luglio/July

Panorama. Arte a Bologna: la generazione di mezzo, Scuola Media Statale, Monzuno, Bologna, 18 luglio/July-30 agosto/August; Rocca Bentivoglio, Bazzano, Bologna, 5 settembre/September-11 ottobre/October; Galleria Comunale d'Arte Moderna, Baricella, Bologna, 17 ottobre/October-29 novembre/November

1992-1993
Mostra collettiva di artisti contemporanei, Galleria d'Arte Bambaia, Busto Arsizio, Varese, dicembre/December-gennaio/January

1993
L'arte contemporanea a Bologna. Prima Biennale, Palazzo Re Enzo, Bologna, giugno/June

Joan Mirò. Dalla figurazione al gesto. Opera grafica, Teatro Valli, Reggio Emilia, 18 settembre/September- 4 novembre/November

Omaggio a Mirò, Galleria Saletta Galaverni, Reggio Emilia, 18 settembre/September-3 ottobre/October

1994
Anni '70, Galleria Graziano Vigato, Alessandria, giugno/June-settembre/September

Sette anni di Triangolo. La produzione grafica del Triangolo Nero 1987-1994, Galleria il Triangolo Nero, Alessandria, 7-21 maggio/May

Storie di pittura. 46° Premio Michetti 1994, Francavilla al Mare, Chieti, 30 luglio/July-31 agosto/August

Il paesaggio agrario nell'arte contemporanea, Ex convento di S. Maria, Gonzaga, Mantova, 3-11 settembre/September

Il piacere del paesaggio. Immagini della recente pittura italiana, Torre Colombera, Gorla Maggiore, Varese, 25 settembre/September- 6 novembre/November

Biennale Aldo Roncaglia. XXIV edizione 1994, Rocca Estense, San Felice sul Panaro, Modena, 9 ottobre/October-6 novembre/November

Bologna NewYork. Sessantartisti, Spazio Italia, New York, ottobre/October

Oltre Babele. Scienza e arte a confronto, Circolo Artistico, Bologna, 17 dicembre/December

1995
Libri d'artista a Bologna 1980-1995, Sala Silentium, Quartiere San Vitale, Bologna, 22 settembre/September- 4 ottobre/October

Continuità del talento, Galleria Forni Tendenze, Bologna, 4 marzo/March-26 aprile/April

Del caos e dell'ordine dell'anima, Istituto d'Arte F. Depero, Rovereto, marzo/March-aprile/April; Istituto Italiano di Cultura, Istambul-Ankara, maggio/May-giugno/June; Pinacoteca Civica, Iesi, luglio/July-agosto/August; Fondazione Cassa di Risparmio, Bra, Cuneo, novembre/November

Elogio della carta, Galleria La Gibigianna, Bra, Cuneo, 28 settembre/September-28 ottobre/October

1995-1996
L'invenzione del paesaggio. Pittura italiana da Morandi a Schifano, Galleria Civica, Palazzina dei Giardini, Modena, 1 ottobre/October-7 gennaio/January

Mostra collettiva di artisti contemporanei, Galleria d'Arte Bambaia, Busto Arsizio, Varese, 3 dicembre/December-gennaio/January

Figure della pittura. Arte in Italia 1956-1968, Casa dei Carraresi, Treviso, 15 dicembre/December-14 gennaio/January

1996
Il Premio Marconi tra passato e futuro 1988-1995, Galleria del Circolo Artistico, Bologna, 25 aprile/April-2 maggio/May

Premio di pittura Stefano Ferrario, Palazzo Cicogna, Busto Arsizio, Varese, 11 maggio/May-9 giugno/June

Kefalè 1950-1996, Galleria Paolo Nanni, Bologna, 11 maggio/May-giugno/June

I grandi mercanti. Tiziano Forni, Galleria Marieschi, Monza, Milano, settembre/September

1996-1997
L'Osessione del Segno, Studio la Città, Verona, 7 dicembre/December- 30 gennaio/January

1997
Dentro ed oltre. L'Ultimo naturalismo. Omaggio a Francesco Arcangeli, Palazzo Bentivoglio, Gualtieri, Reggio Emilia, 23 marzo/March-22 giugno/June

La pittura fra il tempio e i mercanti 1944-1997, Chiesa di S. Apollinare, San Giovanni in Persiceto, Bologna, 22 giugno/June-28 settembre/September

Rewind. Arte a Bologna 1997-1950, Il Campo delle Fragole, Bologna, 14 ottobre/October-17 novembre/November

1997-1998
L'Informale Italiano, Visual Art Centre, Hong Kong, ottobre/October-novembre/November; Galleria d'Arte Niccoli, Parma, dicembre/December- gennaio/January

Linee della ricerca artistica 1965-1995 Bologna, La Triennale di Bologna, Palazzo Re Enzo, Villa delle Rose, Bologna, 29 novembre/November-11 gennaio/January

Continuità dell'immagine. Aspetti della pittura e della scultura contemporanea, Mole Vanvitelliana, Ancona, 14 dicembre/December-15 febbraio/February

1998
3 Progressioni 1963, Galleria De' Foscherari, Bologna, 21marzo/March-12 maggio/May

Maestri del disegno contemporaneo nella collezione della Galleria Civica di Modena, Gallerie comunali d'arte contemporanea, Montecchio Emilia, Reggio Emilia, 2 luglio/July-31 agosto/August

Paesaggio oltre il paesaggio, Sale Cassero e Fienile, Castel S. Pietro Terme, Bologna, 4-16 aprile/April

Quadri in Regione. Le collezioni d'arte moderna del Consiglio e della Giunta dell'Emilia Romagna, Galleria d'Arte Moderna, Villa delle Rose, Bologna, 16 luglio/July-27 settembre/September

Anteprima. Pittura Italiana contemporanea, Palazzo Magnani, Reggio Emilia, 25 luglio/July-13 settembre/September

Onde parallele, Creftow Art & Craft, Heltston, 4-14 maggio/May; Sala Mostre del Comune, Sasso Marconi, Bologna, 26 settembre/September-11 ottobre/October

Sei pale d'altare, Università degli Studi, Aula Magna Santa Lucia, Bologna, 17 ottobre/October

1998-1999
Premio Campigna XLII edizione. Francesco Arcangeli a Santa Sofia (1967-1973), Galleria d'Arte Contemporanea "Vero Stoppioni", Santa Sofia di Romagna, Forlì, 8 dicembre/December-7 febbraio/February

Arte Italiana. Ultimi quarant'anni. Pittura aniconica, Galleria d'Arte Moderna, Bologna, 7 novembre/November-14 febbraio/February

1999
La pittura scorre (L'invenzione della solitudine) Pier Achille Cuniberti Mario Nanni Concetto Pozzati, Galleria Studio Cristofori, Bologna, febbraio/February

39° Premio Suzzara. Luoghi del corpo Luoghi della mente, Galleria Civica d'Arte Contemporanea, Suzzara, Mantova, 19 settembre/September-24 ottobre/October

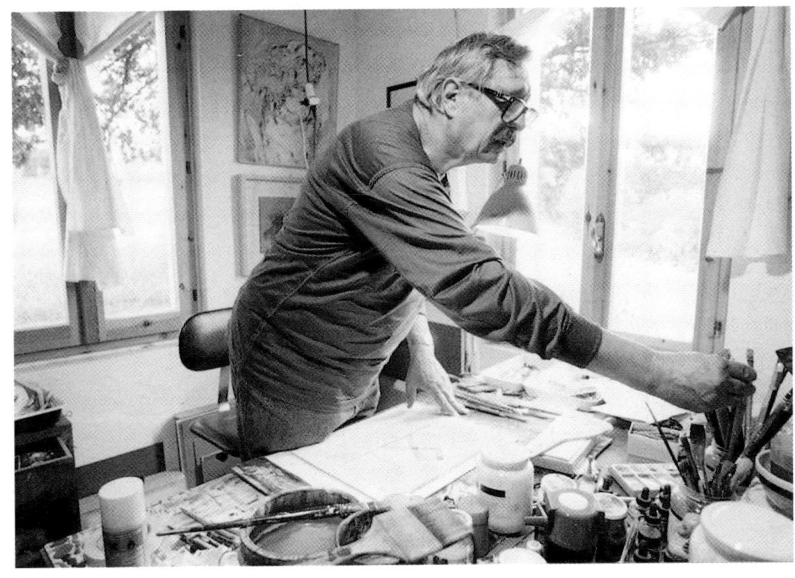

1999-2000
Onirica. La pittura dei sogni, Galleria d'Arte Contemporanea, Pavullo nel Frignano, Modena, 5 dicembre/December-9 gennaio/January

2000
Artisti Contemporanei, Galleria d'Arte Bambaia, Busto Arsizio, Varese, marzo/March-aprile/April

Arte come comunicazione di vita. Immagini alla soglia del nuovo millennio, 6A Montenapoleone, Milano, 17-19 novembre/November

Il disegno del Novecento, Ca' la Ghironda, Zola Predosa, Bologna, novembre/November

Neo Avanguardie: dagli anni '50 ai '70 a Ca' la Ghironda, Ca' la Ghironda, Zola Predosa, Bologna, maggio/May

Le mani pensano, Palazzo Magnani, Reggio Emilia, 15 ottobre/October-26 novembre/November

2000-2001
Nel Disegno, Galleria d'Arte "Il Vicolo", Bondeno, Ferrara, ottobre/October-maggio/May

Questione di segni. Pittura scultura architettura. Triennale di Bologna 2000, Quartiere del Baraccano, Sale Museali, Bologna, 16 dicembre/December-30 gennaio/January

2001
Figure del Novecento 2. Oltre l'Accademia, Accademia di Belle Arti e Pinacoteca Nazionale, Bologna, 1 giugno/June-24 ottobre/October

Nel Disegno, Galleria G7, Bologna 27 settembre/september-3 novembre/November

Angeli. Dodici artisti a confronto per dare un volto all'invisibile, Centro culturale Le Capuccine, Bagnacavallo, Ravenna, 22 settembre/September-18 novembre/November

2001-2002
Nel Disegno, Galleria Maria Cilena, Milano, 5 dicembre/December -2 gennaio/January

2002
Nel Disegno. La mano veggente, Galleria Corraini, Mantova, 15 febbraio/February-marzo/March

En plein air. Dopo Duchamp, Museo G. Bargellini, Pieve di Cento, Bologna, 16 febbraio/February-24 marzo/March

100 teste per Giovanni Macchia. La ragione agli artisti emiliani, Chiesa di San Michele Arcangelo, Gambola, Modena, 24 agosto/August-29 settembre/September

Dedicato a Silvio D'Arzo, Palazzo Magnani, Reggio Emilia, 3-8 settembre/September; Istituto Scolastico Silvio D'Arzo, Montecchio Emilia, Reggio Emilia, 29 ottobre/October-9 novembre/November

Europa e il suo mito, Sala Borsa, Bologna, novembre/November-dicembre/December

Tiziano Forni. Ottant'anni. 40 di mostre, Galleria Forni, Bologna, 9 novembre/November-11 dicembre/December

2003
Omaggio a Tazio Nuvolari. L'arte del movimento dal futurismo alla video-arte, Casa del Mantegna, Mantova, 11 maggio/May-28 settembre/September

Bibliografia / Bibliography

Libri e cataloghi/Books and Catalogues

1947

I Mostra Bolognese Gogliardica d'Arte, catalogo della mostra/exhibition catalogue, Sala degli Svizzeri, Palazzo D'Accursio, Bologna

1948

3° Mostra. Bianco e Nero, catalogo della mostra/exhibition catalogue, Palazzo Re Enzo, Bologna

1949

2° Mostra Regionale Emiliana del Sindacato Nazionale Artisti, catalogo della mostra/exhibition catalogue, Palazzo Re Enzo, Bologna

1954

Premio O.R.U.B. 1954. Pittura Bianco e nero, catalogo della mostra/exhibition catalogue, Università, Bologna

1957

F. Arcangeli, *Pirro Cuniberti*, catalogo della mostra/exhibition catalogue, Circolo di Cultura, Bologna (poi in/then published in Arcangeli, 1994)

F. Lodoli, *14+2*, catalogo della mostra/exhibition catalogue, Circolo di Cultura, Bologna

Premio Morgan's Paint. Biennale per la Pittura la Scultura e il Bianco e Nero, catalogo della mostra/exhibition catalogue, Palazzo dell'Arengo, Rimini

Terza Mostra d'Arte Contemporanea, catalogo della mostra/exhibition catalogue, Salone del Podestà, Bologna

1958

Il Giorno. Giovani Artisti Italiani, catalogo della mostra/exhibition catalogue, La Permanente, Milano

1959

Barilli, Ciangottini, Cuniberti, De Vita, Ghermandi, Nanni, catalogo della mostra/exhibition catalogue, Galleria Numero, Firenze

Premio Morgan's Paint, 2 Biennale per la Pittura, a cura di/curated F. Arcageli e A. Emiliani, catalogo della mostra/exhibition catalogue, Palazzo dell'Arengo, Rimini

Premio Repubblica di San Marino Biennale di Pittura, catalogo della mostra/exhibition catalogue, Palazzo del Turismo, San Marino

1960

R. Barilli, *Opere di Piero A. Cuniberti*, catalogo della mostra/exhibition catalogue, Salone dell'Annunciata, Milano

R. Barilli, *Cuniberti*, catalogo della mostra/exhibition catalogue, Galleria Il Cancello, Bologna

Mostra d'Autunno 1960. Rassegna regionale d'arte, catalogo della mostra/exhibition catalogue, Salone del Trecento, Bologna

IIV Premio di pittura Sant'Ilario d'Enza, catalogo della mostra/exhibition catalogue, Scuole Elementari, Sant'Ilario d'Enza

Mostra d'Autunno 1960. Rassegna Regionale d'Arte, catalogo della mostra/exhibition catalogue, Salone del Trecento, Bologna

1961

F. Arcangeli, *Galleria d'arte moderna*, Comune di Bologna, Villa Armandi Avogli, Bologna

R. Barilli, *Cuniberti*, catalogo della mostra/exhibition catalogue, Galleria del Libraio, Bologna

R. Tassi, *Pirro Cuniberti*, catalogo della mostra/exhibition catalogue, Galleria del Teatro, Parma

Premio Morgan's Paint. III Biennale internazionale per la Pittura e la Scultura Italia-Jugoslavia, catalogo della mostra/exhibition catalogue, Palazzo dell'Arengo, Rimini

2° Premio Biennale Città di Parma, catalogo della mostra/exhibition catalogue, Teatro Regio, Parma

1962

M. De Micheli, *Giovani pittori italiani nel bianco e nero*, catalogo della mostra/exhibition catalogue, Galleria De' Foscherari, Bologna

Exposition "Italia produce", catalogo della mostra/exhibition catalogue, Palais de Beaulieu, Lausanne

Nuove prospettive della Pittura Italiana, catalogo della mostra/exhibition catalogue, Palazzo Re Enzo, Bologna

1963

M. Calvesi, *L'Informale in Italia*, in *VII Premio Biennale di pittura e scultura "Amedeo Modigliani-Città di Livorno"*, catalogo della mostra/exhibition catalogue, Casa della Cultura e Palazzo del Museo, Livorno, Roma (ripubblicato in Calvesi, 1966)

A. Emiliani, *Pirro Cuniberti*, catalogo della mostra/exhibition catalogue, Galleria De' Foscherari, Bologna

E. Riccomini, *3 Progressioni Cuniberti De Vita Pozzati*, catalogo della mostra/exhibition catalogue, Galleria De' Foscherari, Bologna

G. Ruggeri, *La città e i suoi grafici*, Bologna

36 Disegni, catalogo della mostra/exhibition catalogue, Galleria Il Collezionista, Bologna

1964

G. Ballo, *La linea dell'arte Italiana dal simbolismo alle opere moltiplicate*, Roma

D. Pavesi, *Pirro Cuniberti*, catalogo della mostra/exhibition catalogue, Galleria d'Arte La Colomba, Bologna

F. Solmi, *Cuniberti*, catalogo della mostra/exhibition catalogue, Studio d'Arte I Balestrari, Roma

G. Zunica, *Arte Contemporanea in Emilia Romagna*, catalogo della mostra/exhibition catalogue, Museo Civico, Bologna

Opere grafiche di artisti Italiani, catalogo della mostra/exhibition catalogue, Sala di Cultura, Palazzo dei Musei, Modena

Primo premio nazionale disegno politico satirico "Scalarini", catalogo della mostra/exhibition catalogue, Federazione Provinciale P.C.I., Reggio Emilia

III° Premio Scipione Nazionale di Pittura, catalogo della mostra/exhibition catalogue, Comune, Macerata

1965

R. Barilli, *Cuniberti*, catalogo della mostra/exhibition catalogue, Galleria La Carabaga, Genova

L. Budigna, *Arte italiana contemporanea*, Firenze

G. D'Agata, *Giovane grafica Italiana*, catalogo della mostra/exhibition catalogue, Galleria Il Ponte, S. Giovanni Valdarno

A. Ghidiglia Quintavalle, *Avvio per una galleria d'arte moderna, scultura, disegno, incisione, progetti di architettura*, catalogo della mostra/exhibition catalogue,

Soprintendenza alle Gallerie, Parma

L. Lambertini, *Oggi a Bologna. Accrochage*, catalogo della mostra/exhibition catalogue, Galleria Il Cerchio, Roma; Galleria San Carlo, Napoli

F. Solmi, *Il presente contestato. Interventi della terza generazione*, catalogo della mostra/exhibition catalogue, Museo Civico, Bologna

M. Venturoli, *XIX Premio Nazionale di pittura F. P. Michetti*, catalogo della mostra/exhibition catalogue, Francavilla al Mare, estate/summer

1966
R. Barilli, A. Emiliani, F. Soleni, *Cuniberti*, catalogo della mostra/exhibition catalogue, Galleria della Sala di Cuktura, Modena (cfr. Barilli, 1965, Emiliani, 1963, Soleni, 1964)

M. Calvesi, *XII Premio Spoleto. Mostra nazionale di arti figurative*, catalogo della mostra/exhibition catalogue, Palazzo Collicola, Spoleto

E. Crispolti, *Cuniberti*, catalogo della mostra/exhibition catalogue, Galleria Due Mondi, Roma (poi in/then published in Crispolti, 1967 e/and Crispolti, 1969)

E. Crispolti, L. Lambertini, *Cuniberti, De Vita, Pozzati*, catalogo della mostra/exhibition catalogue, Forum Stadtpark, Graz

D. Morosini, *Immagini degli anni '60: poesia e verità*, catalogo della mostra/exhibition catalogue, Galleria Due Mondi, Roma

S. Pinto in M. Fagiolo Dell'Arco, *Rapporto 60. Le Arti oggi in Italia*, Roma

F. Solmi, *Aspetti dell'Arte Bolognese*, catalogo della mostra/exhibition catalogue, Comune di Bologna, Bologna
Prima mostra d'arte grafica dell'atelier "San Leonardo", catalogo della mostra/exhibition catalogue, Galleria 2000, Bologna

F. Solmi, *Mostra regionale d'arte Città del Tricolore*, catalogo della mostra/exhibition catalogue, Sala Comunale delle Esposizioni, Reggio Emilia

M. Venturoli, *Il viaggiatore in Arte*, Milano
XI Concorso Nazionale di Pittura Premio Ramazzotti, catalogo della mostra/exhibition catalogue, Salone delle Cariatidi, Palazzo Reale, Milano

1967
E. Crispolti, *Cuniberti*, catalogo della mostra/exhibition catalogue, Galleria Mantellini, Forlì (cfr. Crispolti 1966)

M. Venturoli, *1° Premio Internazionale di Pittura*, catalogo della mostra/exhibition catalogue, Acireale

2 Biennale di Arte Grafica Italiana contemporanea, catalogo della mostra/exhibition catalogue, Palazzo delle Esposizioni, Faenza

18° Salon de la Jeune Peinture, catalogo della mostra/exhibition catalogue, Salle Wilson, Musée d'Art Moderne de la Ville de Paris, Paris

1968
P. Bonfiglioli, *Per i disegni di Pirro Cuniberti*, catalogo della mostra/exhibition catalogue, Galleria S. Luca, Bologna (cfr. Bonfiglioli, 1965)

E. Crispolti, *Ricerche dopo l'Informale*, Roma (cfr. Crispolti, 1965)

F. Solmi, *Boschi Cuniberti De Vita Pozzati*, catalogo della mostra/exhibition catalogue, Galleria Vinciana, Milano

M. Venturoli, *Tutti gli uomini dell'arte*, Milano

XX Premio Nazionale di pittura F. P. Michetti, catalogo della mostra/exhibition catalogue, Francavilla al Mare, estate/summer

3° Mostra mercato d'Arte contemporanea, catalogo della mostra/exhibition catalogue, Palazzo Strozzi, Firenze

1969
E. Crispolti, in *1° Rassegna Biennale delle Gallerie di Tendenza Italiane*, catalogo della mostra/exhibition catalogue, Sala Comunale, Modena (cfr. Crispolti, 1966)

Wspolczesne Malarstwo Wloskiez Regionu Emilia Romania, catalogo della mostra/exhibition catalogue, Muzeum Bydgoszcz, Luty

1970
V. Boarini, *Pirro Cuniberti*, in *Arte e Critica*, catalogo della mostra/exhibition catalogue, Sala Comunale, Modena

L. V. Masini, voce *Cuniberti, Pierachille*, in *Dizionario Enciclopedico Bolaffi dei pittori e degli incisori Italiani*, Torino, volume IV
M. Pirro, T. Toniato, *Disegni e Parole*, Milano

Cuniberti, catalogo della mostra/exhibition catalogue, fotografie di Paolo Monti, Galleria De' Foscherari, Bologna

3° Biennale di arte grafica italiana contemporanea, catalogo della mostra/exhibition catalogue, Palazzo delle Esposizioni, Faenza

1972
M. Azzolini, *Mostra di opere grafiche inedite*, catalogo della mostra/exhibition catalogue, Circolo Artistico, Bologna

E. Crispolti, R. Sanesi, *Quale chiarezza?*, catalogo della mostra/exhibition catalogue, Galleria De' Foscherari, Bologna

X Quadriennale Nazionale d'Arte, catalogo della mostra/exhibition catalogue, Palazzo delle Esposizioni, Roma

1973
G. Di Genova, *Post Fumettum natum. Omaggio a Dino Buzzati*, catalogo della mostra/exhibition catalogue, Galleria La Margherita, Roma (cfr. G. Di Genova, *Indagine critica 1973. Quadrilatero di temi d'arte n.1*, Roma 1973)

T. Ersoni, *Pirro Cuniberti*, catalogo della mostra/exhibition catalogue, Galleria G4, Teramo

F. Orlando, *Post fumettum natum: omaggio a Dino Buzzati*, catalogo della mostra/exhibition catalogue, Galleria Euritalia, Roma

F. Solmi, *Bologna: grafica oggi*, catalogo della mostra/exhibition catalogue, Museo di Arti Figurative, Kharkov

Pirro Cuniberti, catalogo della mostra/exhibition catalogue, Galleria De' Foscherari, Bologna

Pirro Cuniberti, catalogo della mostra/exhibition catalogue, Galleria G4, Teramo

1974
Collettiva delle personali e proposte per una iniziativa a Teramo, catalogo della mostra/exhibition catalogue, G4 Centro d'Arte e di Cultura, Teramo

Tante tempere e tanti disegni di Pirro Cuniberti, catalogo della mostra/exhibition catalogue, Studio d'Arte Rolandino, Bologna

1975
P. G. Castagnoli, *Aspetti della pittura bolognese moderna*, sez. III, catalogo della mostra/exhibition catalogue, Galleria Il Quadrifoglio, Bologna

G. Di Genova, *La Realtà del fantastico. L'Arte fantastica in Italia dal dopoguerra ad oggi*, Roma

M. Penelope, *Arte Fano '75*, catalogo della mostra/exhibition catalogue, Rocca Malatestiana, Fano

F. Solmi, *Opere del ventesimo secolo nelle raccolte Comunali d'Arte*, Galleria Comunale d'Arte Moderna, Bologna

A. Scarati, *La favola dell'inquinatore*, Tesi di licenza, Accademia di BB. AA., Bologna, a. a. 1975-76

1976
P. G. Castagnoli, *I disegni di Cuniberti: 1948-1975*, catalogo della mostra/exhibition catalogue, Galleria San Luca, Bologna (poi in/then published in Castagnoli, 2001)

G. Di Genova, *Tipologia topologia del figurativo degli anni '70 in Italia*, catalogo della mostra/exhibition catalogue, Montauro

R. Forni, *Quattro Linee a confronto*, in *Estate Lizzanese. Arte 76*, catalogo della mostra/exhibition catalogue, Vidiciatico (poi in/then published in Forni, 1977)

1977

P. G. Castagnoli, *Cuniberti-De Vita*, catalogo della mostra/exhibition catalogue, Galleria L'Incontro, Imola

P. G. Castagnoli, C. Spadoni, *Premio Campigna. Ventunesima edizione*, catalogo della mostra/exhibition catalogue, Santa Sofia di Romagna

R. Forni, *Quattro linee a confronto*, catalogo della mostra/exhibition catalogue, Centro d'Arte Studio 5, Bologna (cfr. Forni, 1976)

1978

M. Vescovo, *Pirro Cuniberti*, catalogo della mostra/exhibition catalogue, Galleria Nuova 13, Alessandria

1979

P. G. Castagnoli, P. Fossati, *Le stanze del gioco*, catalogo della mostra/exhibition catalogue, Loggetta Lombardesca, Ravenna, in "La Tradizione del nuovo", Ravenna, n. 5, marzo/March

G. Di Genova, M. Vescovo, in M. Penelope, *Pittura fantastica oggi*, catalogo della mostra/exhibition catalogue, Molfetta, Bari
XXIV Mostra premio Villa San Giovanni di pittura, catalogo della mostra/exhibition catalogue, Piccolo Hotel, Villa San Giovanni

1980

P. G. Castagnoli, in *Pirro Cuniberti. "Paesaggi di invenzione"*, catalogo della mostra/exhibition catalogue, Galleria Trimarchi, Bologna

P. G. Castagnoli, *Pirro Cuniberti*, catalogo della mostra/exhibition catalogue, Galleria Il Sole, Bolzano (cfr. Castagnoli, 1980)

C. Cerritelli, *Paesaggi di invenzione (1975-1980)*, in *Pirro Cuniberti, "Paesaggi di invenzione"*, catalogo della mostra/exhibition catalogue, Galleria Trimarchi, Bologna (poi in/then published in Cerritelli, 1980)

1981

P. G. Castagnoli, in *Arte e critica 1981*, catalogo della mostra/exhibition catalogue, Galleria Nazionale d'Arte Moderna, Roma

P. G. Castagnoli, *Rapporti con la superficie*, in *Pirro Cuniberti*, catalogo della mostra/exhibition catalogue, Sala d'Arte "Benvenuto Tisi", Palazzo dei Diamanti, Ferrara (poi in/then published in Castagnoli, 1990)

L. Cavallari, *Vent'Anni...una bella età!*, in *I 20 anni della Galleria d'Arte 2000*, catalogo della mostra/exhibition catalogue, Galleria 2000, Bologna

G. Di Genova, *Generazione Anni Venti. I° Biennale Nazionale d'Arte Contemporanea*, catalogo della mostra/exhibition catalogue, Rieti, Bologna

P. Fossati, *Esorcismi per la casa del pittore*, in *Pirro Cuniberti*, catalogo della mostra/exhibition catalogue, Sala d'Arte "Benvenuto Tisi", Palazzo dei Diamanti, Ferrara

A. Mammi, *Pier Achille Cuniberti*, in *Arte e Critica 1981*, catalogo della mostra/exhibition catalogue, Galleria d'Arte Moderna, Roma

Regesto '70. Percorsi della ricerca artistica in Emilia Romagna 1970-1980, Bologna
Pirro Cuniberti Luciano De Vita Sergio Romiti, catalogo della mostra/exhibition catalogue, Centro d'Arte Studio 5, Bologna

1982

F. Caroli, *Microcronache dell'immenso (cuore di tenebra), Pier Achille (Pirro) Cuniberti-Mario Nanni-Concetto Pozzati*, catalogo della mostra/exhibition catalogue, Galleria Due Torri, Bologna

C. Cerritelli, *Immagini del cuore*, in *Registrazioni di frequenze*, catalogo della mostra/exhibition catalogue, Galleria Comunale d'Arte Moderna, Bologna

D. Trento, *Pirro Cuniberti. Dipinti e disegni attorno al paesaggio*, catalogo della mostra/exhibition catalogue, Pinacoteca Civica, Pieve di Cento

M. Vescovo, *Libri d'Arte e d'Artista*, catalogo della mostra/exhibition catalogue, Villa Imperiale, San Fruttuoso, Genova

M. N. Varga, *Privacy (Virtù private e vizi pubblici)*, catalogo della mostra/exhibition catalogue, Chiostro di Voltorre, Gavirate

M. Pasquali, *Faenza '82. Il primato dell'artista*, catalogo della mostra/exhibition catalogue, Salone del Podestà, Faenza

La scuola Bolognese dell'acquaforte. Opere del 20° secolo nelle raccolte della Galleria d'Arte Moderna. Materiali per una mostra itinerante, catalogo della mostra/exhibition catalogue, Galleria d'Arte moderna, Bologna

1983

R. Barilli, F. Solmi, a cura di/edited by, *L'Informale in Italia*, catalogo della mostra/exhibition catalogue, Galleria Comunale d'Arte Moderna, Bologna

O. Calabrese, a cura di/edited by, *Hic sunt leones. Geografia fantastica e viaggi straordinari*, Milano

M. Calvesi, M. Vescovo, *Pop Art o "altro" In Italia?*, catalogo della mostra/exhibition catalogue, Centro Comunale di Cultura, Valenza Po

M. Pasquali, F. Solmi, *La nuova ceramica. Antecedenti, attualità, prospettive*, catalogo della mostra/exhibition catalogue, Galleria Comunale S. Croce, Cattolica

M. Pasquali, *Pirro Cuniberti*, in *Quaderno di Spazia 1982/83*, Bologna

M. Venturoli, *Pier Achille (Pirro) Cuniberti*, in *L'immagine diversa. Tredicesima mostra di Pittura Francesco Paolo Michetti*, catalogo della mostra/exhibition catalogue, Francavilla al Mare, estate/summer

1984

P. Bonfiglioli, A. Zuccari, *Eros/Desiderio*, catalogo della mostra/exhibition catalogue, Galleria Vigato, Alessandria

G. Bonini, C. Cerritelli, C. Gozzi, C. Spadoni, *De Via Aemilia. Percorsi critici per tre generazioni di artisti negli anni '80*, catalogo della mostra/exhibition catalogue, Ca' Vendramin Calergi, Venezia; Padiglione Arte Contemporanea, Ferrara

P. Dall'Occa, M. Maracci, D. Trento, *Nella cucina del pittore*, catalogo della mostra/exhibition catalogue, Istituto di Cultura Germanica, Bologna

F. D'Amico, *Pirro Cuniberti*, catalogo della mostra/exhibition catalogue, Libreria Giulia, Roma

P. Fossati, *Del buon soldato Pirro*, in *Vita d'Artista. Pirro Cuniberti*, catalogo della mostra/exhibition catalogue, *Presentazione* di A. Emiliani, Palazzo Pepoli Campogrande, Bologna

M. Manara, *Pier Achille Cuniberti*, catalogo della mostra/exhibition catalogue, Saletta Comunale di Esposizione, Castel S. Pietro Terme

D. Trento, in *Vita d'Artista. Pirro Cuniberti*, catalogo della mostra/exhibition catalogue, *Presentazione* di A. Emiliani, Palazzo Pepoli Campogrande, Bologna

Premio Internazionale Biella per l'incisione 1983, catalogo della mostra/exhibition catalogue, Città degli Studi, Biella

1985

U. Artioli, F. Bartoli, A. Boatto, P. Bonfiglioli, C. Pozzati, *Paesaggio & paesaggio. Il paesaggio visto dagli anni '80*, catalogo della mostra/exhibition catalogue, Appartamento la Rustica, Palazzo Ducale, Mantova

A. Baccilieri, E. Crispolti, C. Spadoni, *Premio Campigna. XXIX edizione*, catalogo della mostra/exhibition catalogue, Palazzo Albertini, Santa Sofia

1986

A. Bonito Oliva, *Arte Santa*, catalogo della mostra/exhibition catalogue, Loggetta Lombardesca, Ravenna

C. Cerritelli, P. Fossati, *Pirro Cuniberti. Disegni a corpo libero*, catalogo della mostra/exhibition catalogue, Galleria N2/Nuova 2000, Bologna (poi in/then published in Cerritelli, 1987)

V. Faggi, *Pirro Cuniberti. Disegni e pitture*, catalogo della mostra/exhibition catalogue, Galleria Comunale d'Arte, Pavullo nel Frignano

L. Meneghelli, *Fabula*, catalogo della mostra/exhibition catalogue, Galleria Tommaseo, Trieste; Studio d'Arte Nazzari, Parma; Galleria Cinquetti, Verona

M. Pasquali, *Oltre il paesaggio*, catalogo della mostra/exhibition catalogue, Sala Mostre Municipali, Grizzana Morandi

Arti e Professioni. Istituto Statale d'Arte di Bologna 1885-1985, Modena
XI Quadriennale, catalogo della mostra/exhibition catalogue, Roma

Operazione libretti, catalogo della mostra/exhibition catalogue, Galleria Martano, Torino

1987

G. Bonini, *Pier Achille Cuniberti. Una simbolica dei segni*, in *Pier Achille Cuniberti*, catalogo della mostra/exhibition catalogue, Pinacoteca Comunale, Santa Maria delle Croci, Ravenna

A. Boatto, S. Evangelisti, C. Pozzati, E. Sanguineti, *Disegnata. Percorsi del disegno italiano dal 1945 ad oggi*, catalogo della mostra/exhibition catalogue, Loggetta Lombardesca, Ravenna

P. G. Castagnoli, *[Presentazione]* in *Cuniberti. Carte segnate 1953/1986*, catalogo della mostra/exhibition catalogue, Gallerie Dell'Oca, Il Segno, L'Arco, Roma

P. G. Castagnoli, F. Gualdoni, *Disegno Italiano del dopoguerra*, catalogo della mostra/exhibition catalogue, Frankfurter Kunstverein, Frankfurt; Galleria Civica, Modena

C. Cerritelli, *Maestri d'avventura*, Ravenna (cfr. Cerritelli, 1986)

C. Cerritelli in M. De Stasio, C. Cerritelli, E. Pontiggia, *Geografie oltre l'informale*, catalogo della mostra/exhibition catalogue, Palazzo della Permanente, Milano

F. D'Amico, *Del punto interrogativo di Pirro, ovvero dei suoi miti improbabili*, in *Cuniberti. Carte segnate 1953/1986*, catalogo della mostra/exhibition catalogue, Gallerie Dell'Oca, Il Segno, L'Arco, Roma

F. Gozzi, *Goethe a Cento. Un omaggio di pittori e scultori contemporanei*, catalogo della mostra/exhibition catalogue,

Auditorium di San Lorenzo, Cento

F. Gualdoni, *Pagina per Cuniberti*, in *Cuniberti. Carte segnate 1953/1986* catalogo della mostra/exhibition catalogue, Gallerie Dell'Oca, Il Segno, L'Arco, Roma

E. Pontiggia, *Pirro Cuniberti. L'orto degli sguardi*, catalogo della mostra/exhibition catalogue, Galleria Rossanaferri, Modena

1988
A. Bonito Oliva, *Le collezioni difficili. Ritratti di un nome A. B. O.*, catalogo della mostra/exhibition catalogue, Fortezza da Basso, Firenze, Torino

A. Baccilieri, E. Crispolti, C. Spadoni, *XXXII Premio Campigna. I Premi Campigna: storia e attualità*, catalogo della mostra/ exhibition catalogue, Palazzo Giorgi, Santa Sofia di Romagna

O. Calabrese, L. Corrain, *L'Autoritratto non ritratto nell'arte contemporanea Italiana*, catalogo della mostra/exhibition catalogue, Arte Fiera, Bologna; Pinacoteca Comunale, Loggetta Lombardesca, Ravenna

C. Cerritelli, *Memorie d'Avanguardia*, Pescara

C. Cerritelli, W. Guadagnini, M. Maracci, *Il paesaggio della pianura di Pirro Cuniberti*, catalogo della mostra/exhibition catalogue, Galleria d'Arte Il Portichetto, Barricella

C. Cerritelli, *Tra espressione e comunicazione, Premio Internazionale di Pittura Scultura e Arte elettronica Guglielmo Marconi*, catalogo della mostra/ exhibition catalogue, Bologna, sedi diverse/ various spaces

M. De Micheli, V. Faggi, "*Amici Pittori*", catalogo della mostra/exhibition catalogue, Galleria d'Arte Moderna, Pavullo nel Frignano

M. Pasquali, *1988. L'Art à Bologne*, catalogo della mostra/exhibition catalogue, Musèe des Augustins, Tolosa

C. Spadoni, *Pirro Cuniberti. Opere (1957-1988)*, catalogo della mostra/exhibition catalogue, Centro della Pesa, Riccione

C. Spadoni, *Intorno al Sessanta. Aspetti dell'arte italiana dopo l'informale, 1958-1964*, catalogo della mostra/exhibition catalogue, Chiostri di San Domenico, Imola

Pinacoteca Comunale di Ravenna. Nuove acquisizioni 1975-1988, Ravenna

1989
F. Bartoli, *Pirro Cuniberti. Tavole e disegni*, catalogo della mostra/exhibition catalogue, Centro di Cultura Einaudi, Mantova

P. G. Castagnoli, R. Lipari, *Artisti Italiani oggi*, catalogo della mostra/exhibition catalogue, Museo de Arte Italiano, Lima, Bologna

C. Cerritelli *[Presentazione]*, in *Pirro Cuniberti. L'Invenzione del nudo*, catalogo della mostra/exhibition catalogue, Musei Civici, Reggio Emilia, Bologna

F. D'Amico, *Cuniberti*, catalogo della mostra/ exhibition catalogue, Galleria Forni Tendenze, Bologna

S. Evangelisti, *Pinacoteca Civica di Pieve di Cento. Collezioni Comunali del Novecento*, Bologna

P. Fossati, *In presenza di nudi*, in *Pirro Cuniberti. L'Invezione del nudo*, catalogo della mostra/exhibition catalogue, Musei Civici, Reggio Emilia, Bologna

W. Guadagnini, *Civica raccolta del disegno Salò. Catalogo 1983-1989*, Riva del Garda

G. Perulli, *L'Opera di Pier Achille Cuniberti 1947-1966*, Tesi di Laurea, Università di Bologna, Facoltà di Lettere e Filosofia, a. a. 1989-1990

C. Spadoni, *Figure del fiume*, catalogo della mostra/exhibition catalogue, Palazzo Buzzolla, Adria

D. Trento, *Bologne Gironde, prèsence de douze artistes Italiens*, catalogo della mostra/exhibition catalogue, Hotel Saige, Bordeaux, ottobre/October

XXXI Biennale Nazionale d'Arte Città di Milano, catalogo della mostra/exhibition catalogue, Palazzo della Permanente, Milano

1990
P. G. Castagnoli, F. D'Amico, *Pirro Cuniberti*, catalogo della mostra/exhibition catalogue, Galleria Giulia, Roma (cfr. Castagnoli, 1981)

C. Cerritelli, *Artefax. Ricerche contemporanee in telefacsimile*, catalogo della mostra/exhibition catalogue, Galleria Comunale d'Arte Moderna, Bologna

1991
C. Cerritelli, *Pirro Cuniberti*, catalogo della mostra/exhibition catalogue, Palazzo dei Diamanti, Ferrara

C. Cerritelli, P. Fossati, *L'Arte del paesaggio. Pittura in Italia dal divisionismo all'informale*, catalogo della mostra/ exhibition catalogue, Galleria comunale, Loggetta Lombardesca, Ravenna

O. Piraccini, *Mare dipinto. Artisti italiani per l'Adriatico*, catalogo della mostra/ exhibition catalogue, Scuola Elementare, Cesenatico

S. Tassinari, *I libri di Cuniberti 1962-1992*, tesi di Diploma, Accademia di Belle Arti, Bologna, a. a. 1991-1992

D. Trento, *1974-1991/Emilia.Doc. Un "file" per l'arte negli anni della mutazione elettronica*, catalogo della mostra/exhibition catalogue, Associazione Culturale Italo-Francese, Bologna

Premio di pittura S. Ilario D'Enza 1953-1966, catalogo della mostra/exhibition catalogue, Biblioteca Comunale, S. Ilario d'Enza

1992
C. Cerritelli, *Pirro Cuniberti. Dipinti e opere su carta 1981-1991*, catalogo della mostra/exhibition catalogue, Galleria d'Arte Bambaia, Busto Arsizio

G. D'Agata, *Artisti & gallerie a Bologna 91/92*, Bologna

F. D'Amico, *La farfalla, il nero, i tralicci*, in *Pirro Cuniberti*, catalogo della mostra/ exhibition catalogue, Bottega dell'Arte Excelsior, Marina di Massa

G. Di Genova, *Storia dell'Arte Italiana del 900. Generazione anni Venti*, Bologna

P. Fossati, *Pirro Cuniberti*, in P. Fossati, D. Trento, *Piero Ruggeri, Pirro Cuniberti. Carte recenti*, catalogo della mostra/ exhibition catalogue, Chiesa della Confraternita dei Battuti Bianchi, Carignano

T. Forni, *Ma è calda l'erba sui miei prati. Trent'anni di libere scelte*, catalogo della mostra/exhibition catalogue, Galleria Forni Tendenze, Bologna

M. Pasquali, *Panorama. Arte a Bologna: la generazione di mezzo*, catalogo della mostra/exhibition catalogue, Monzuno, Bazzano, Barricella

M. Scolaro, *Carimonte. La raccolta d'arte*, Bologna

1993
P. Bonfiglioli, *L'arte contemporanea a Bologna. Prima Biennale*, catalogo della mostra/exhibition catalogue, Palazzo Re Enzo, Bologna

M. L. Borràs, a cura di/edited by, *Joan Mirò. Dalla figurazione al gesto. Opera grafica*, catalogo della mostra/exhibition catalogue, Teatro Valli, Reggio Emilia, Milano

M. Cadalora, C. F. Teodoro, *Pinacoteca d'Arte Contemporanea di Pavullo e del Frignano. Raccolta permanente*, Galleria Comunale di Arte Contemporanea, Palazzo Ducale, Pavullo nel Frignano

F. D'Amico, *Pirro Cuniberti*, in *Découvertes 93*, catalogo della mostra/exhibition catalogue, Galleria Forni, Grand Palais, Paris

W. Guadagnini, *Pirro Cuniberti. Disegni*, catalogo della mostra/exhibition catalogue, Galleria Il Triangolo Nero, Alessandria

D. Trento. *Pirro Cuniberti. Sette stazioni dell'avventuroso viaggio*, catalogo della mostra/exhibition catalogue, Casa

Comunale, Sala Bolognese; Rocca dei Bentivoglio, Bazzano; Galleria Civica, Palazzo S. Salvatore, S. Giovanni in Persiceto

Pirro Cuniberti. Opere dal 1960 al 1993, catalogo della mostra/exhibition catalogue, Biblioteca Comunale, Sant'Ilario D'Enza

1994

F. Arcangeli, *Arte e Vita. Pagine di galleria 1941-1973*, a cura di/edited by D. Trento con la collaborazione di/in collaboration with G. Salvatori, voll. II, Bologna (cfr. Arcangeli, 1957)

A. Baccilieri, *La materia del paesaggio*, catalogo della mostra/exhibition catalogue, Ex Convento di S. Maria, Gonzaga, Bologna

A. Baccilieri, *Bologna New York. Sessantaartisti*, catalogo della mostra/ exhibition catalogue, Spazio Italia, New York, Bologna

G. Battistini, P. Degiovanni, *Galleria Civica Modena. Raccolta del disegno contemporaneo. Catalogo generale*, introduzione di F. Gualdoni, Bologna

C. Cerritelli, *Il piacere del paesaggio. Immagini della recente pittura italiana*, catalogo della mostra/exhibition catalogue, Torre Colombera, Gorla Maggiore

F. D'Amico, *Storie di Pittura. 46° Premio Michetti*, catalogo della mostra/exhibition catalogue, Francavilla al Mare

C. Spadoni, *Biennale Aldo Roncaglia. XXIV edizione 1994*, catalogo della mostra/ exhibition catalogue, Rocca Estense, San Felice sul Panaro

1995

B. Bandini, *Del caos e dell'ordine dell'anima*, catalogo della mostra/ exhibition catalogue, Istituto d'Arte F. Depero, Rovereto; traveling exhibition

F. D'amico, *Cuniberti e Lacasella: il rischio del paesaggio*, in *Cuniberti Lacasella*, catalogo della mostra/exhibition catalogue, Galleria Forni Nuove Tendenze, Bologna

F. D'Amico, W. Guadagnini, *L'Invenzione del paesaggio. Pittura italiana da Morandi a Schifano*, catalogo della mostra/exhibition catalogue, Galleria Civica, Palazzina dei Giardini, Modena, Milano

T. Forni, *Continuità del talento*, catalogo della mostra/exhibition catalogue, Galleria Forni Tendenze, Bologna

M. Goldin, *Figure della Pittura. Arte in Italia 1956-1968*, catalogo della mostra/ exhibition catalogue, Casa dei Carraresi, Treviso, Milano

C. Parmeggiani, *La raccolta d'arte della Camera del Lavoro di Reggio Emilia*, Milano

R. Pasini, *L'Informale. Stati Uniti Europa Italia*, Bologna

M. Pierre, *Pirro Cuniberti. La traccia di uno sguardo*, catalogo della mostra/ exhibition catalogue, Associazione Culturale Italo-Francese, Bologna

R. Tassi, *I grandi mercanti. Tiziano Forni*, catalogo della mostra/exhibition catalogue, Galleria Marieschi, Monza, settembre/ September

G. Tucci, *Libri d'Artista a Bologna 1980-1995*, catalogo della mostra/exhibition catalogue, Sala Silentium, Quartiere San Vitale, Bologna

1996

C. Cerritelli, *Pier Achille (Pirro) Cuniberti*, in *4. Velika Nagrada Risbe Alpe-Jadran/ 4.th Grand Prix of Drawing Aps-Adria*, catalogo della mostra/exhibition catalogue, Galleria Tivoli, Ljubljana

F. Dalmaschio, *Undiciperundici*, catalogo della mostra/exhibition catalogue, Atelier arti visive "Ducale", Mantova

F. Farina, *Pirro Cuniberti*, catalogo della mostra/exhibition catalogue, Galleria Estense, Ferrara (cfr. Farina 1997)

R. Forni, *Viaggio con la pittura bolognese del XX secolo*, con una testimonianza di R. Zangheri, Bologna

P. Fossati, *Pirro, o del narrare*, in *Cuniberti per Verne. Disegni di Pier Achille (Pirro) Cuniberti per la Trilogia del Capitano Nemo*, catalogo della mostra/exhibition catalogue, Casa Rossini, Lugo; Galleria Mazzocchi e Libreria Einaudi, Parma, Fusignano

R. Pasini, *Kefalé*, catalogo della mostra/ exhibition catalogue, Galleria Paolo Nanni, Bologna

M. Pozzati, *L'Ossessione del segno*, catalogo della mostra/exhibition catalogue, Studio la Città, Verona

N. Raimondi, *Pier Achille Cuniberti, Figure e luoghi della pittura*, catalogo della mostra/ exhibition catalogue, Sala delle Colonne, Nonantola

G. L. Rebesco, *Premio di Pittura Stefano Ferrario*, catalogo della mostra/exhibition catalogue, Palazzo Cicogna, Busto Arsizio

F. Tedeschi, *Pirro Cuniberti. Dipinti 1992-1996 e opere su carta*, catalogo della mostra/exhibition catalogue, Galleria d'Arte Bambaia, Busto Arsizio

1997

V. Dehò, *Rewind. Arte a Bologna 1997-1950*, catalogo della mostra/exhibition catalogue, Il Campo delle Fragole, Bologna

M. Di Capua, *Continuità dell'immagine. Aspetti della pittura e della scultura contemporanea*, catalogo della mostra/ exhibition catalogue, Mole Vanvitelliana, Ancona

G. Gordon, G. Celli, T. Toniato, *La pittura fra il tempio e i mercanti 1944-1997*, catalogo della mostra/exhibition catalogue, Chiesa di S. Apollinare, San Giovanni in Persiceto

W. Guadagnini, *Delle somiglianze e delle differenze tra due pittori*, in *Maurizio Bottarelli, Variazioni sul nudo. Pirro Cuniberti. Paesi figure favole*, catalogo della mostra/exhibition catalogue, Galleria Forni, Bologna

F. Gualdoni, a cura di/edited by, *La Civica Raccolta del Disegno di Salò. Catalogo generale 1983-1997*, con la collaborazione di A. Forgioli e A. Morandi, Brescia

H. C. Jacobs, *I meravigliosi animali di Stranalandia-ein modernes Bestiarium mit Texten von Stefano Benni und illustrationen von Pirro Cuniberti*, in G. Febel, G. Maag, a cura di/edited by, *Bestiarien im Spannungsfeld zwischen Mittelalter und Moderne*, Tubingen

R. Pasini, *L'Informale Italiano*, catalogo della mostra/exhibition catalogue, Visual Art Centre, Hong Kong; Galleria d'Arte Niccoli, Parma

R. Pasini, *Linee della ricerca artistica 1965-1995. La Triennale di Bologna*, catalogo della mostra/exhibition catalogue, Bologna

F. F. C. Teodoro, *Dentro ed oltre. L'Ultimo naturalismo. Omaggio a Francesco Arcangeli*, catalogo della mostra/ exhibition catalogue, Gualtieri

1998

V. Coen *Sei pale d'Altare*, catalogo della mostra/exhibition catalogue, Università degli Studi, Aula Magna Santa Lucia, Bologna

D. Eccher e D. Auregli, *Arte Italiana. Ultimi quarant'anni. Pittura aniconica*, catalogo della mostra/exhibition catalogue, Galleria d'Arte Moderna, Bologna, Milano

G. Guberti, *Cronistoria di una parentesi*, in *Pirro Cuniberti: Voli, Vibrazioni, Fiabe 1948-1998*, catalogo della mostra/ exhibition catalogue, Loggetta Lombardesca, Ravenna, Milano

R. Pasini, *Lo strano caso del signor K. (Testo n. 1)*; *Un altro tentativo (inutile) di interpretare il Codice di Kuniberti (Testo n. 2)*, in *Pirro Cuniberti: Voli, Vibrazioni, Fiabe 1948-1998*, catalogo della mostra/ exhibition catalogue, Loggetta Lombardesca, Ravenna, Milano

S. Parmeggiani, *Anteprima. Pittura Italiana contemporanea*, catalogo della mostra/exhibition catalogue, Palazzo Magnani, Reggio Emilia

S. Pegoraro, *Paesaggio oltre il paesaggio*, catalogo della mostra/exhibition catalogue, Sale Cassero e Fienile, Castel San Pietro Terme

S. Pegoraro, *Variazioni di pure possibilità: i voli e le fiabe di Pirro Cuniberti*, in *Pirro Cuniberti: Voli, Vibrazioni, Fiabe 1948-1998*, catalogo della mostra/exhibition catalogue, a cura di/edited by S. Pegoraro, Loggetta Lombardesca, Ravenna, Milano

S. Pegoraro, *La scrittura come icona: l'alfabeto fiabesco di Pirro Cuniberti*, in *Sei pale d'altare*, catalogo della mostra/ exhibition catalogue, Università degli Studi, Aula Magna di Santa Lucia, Bologna

O. Piraccini, D. Auregli, a cura di/edited by, *Quadri in Regione. Le collezioni d'arte moderna del Consiglio e della Giunta dell'Emilia Romagna*, prefazione di/ foreword by D. Eccher, catalogo della mostra/exhibition catalogue, Galleria d'Arte Moderna, Villa delle Rose, Bologna

E. Riccomini, *3 Progressioni 1963. Cuniberti, De Vita, Pozzati. Sono passati 35 anni*, catalogo della mostra/exhibition catalogue, Galleria De' Foscherari, Bologna

D. Trento, *Premio Campigna XLII Edizione. Francesco Arcangeli a Santa Sofia (1967-1973)*, catalogo della mostra/exhibition catalogue, Galleria d'arte contemporanea "Vero Stoppioni", Santa Sofia di Romagna

D. Trento, *Valore pittorico delle masoniti di Cuniberti*, in *Pirro Cuniberti: Voli, Vibrazioni, Fiabe 1948-1998*, catalogo della mostra/exhibition catalogue, Loggetta Lombardesca, Ravenna, Milano

1999

G. Di Genova, *Museo d'arte delle generazioni italiane del '900 "G. Bargellini", Pieve di Cento. Catalogo delle collezioni permanenti*, vol. I, Bologna

E. Giannini, *Onirica. La pittura dei sogni*, catalogo della mostra/exhibition catalogue, Museo d'Arte contemporanea, Pavullo nel Frignano

C. Olivieri, W. Guadagnini, D. Benati, *39° Premio Suzzara. Luoghi del corpo Luoghi della mente*, catalogo della mostra/ exhibition catalogue, Galleria Civica d'Arte Contemporanea, Suzzara

R. Pasini, *Cento segni di solitudine. Dal romanticismo al postmoderno*, Bologna

2000

G. Cordoni, *Il disegno del Novecento*, catalogo della mostra/exhibition catalogue, Ca' la Ghironda, Zola Predosa

F. Licht, T. Toniato, S. Evangelisti, *Neo Avanguardie dagli anni '50 ai '70 a Ca' la Ghironda*, catalogo della mostra/exhibition catalogue, Ca' la Ghironda, Zola Predosa

M. Miretti, *Questione di segni. Pittura scultura architettura. Triennale di Bologna 2000*, catalogo della mostra/exhibition catalogue, Quartiere del Baraccano, Sale Museali, Bologna

S. Parmeggiani, S. Cavalchi, a cura di/edited by, *Le mani pensano*, catalogo della mostra/exhibition catalogue, Palazzo Magnani, Reggio Emilia

M. Pellizzola, V. Tassinari, *"Nel disegno"*, catalogo della mostra/exhibition catalogue, Galleria d'arte "Il Vicolo", Bondeno (cfr. Pellizzola, Tassinari, 2002)

D. Trento, *Pirro Cuniberti-Piero Manai*, catalogo della mostra/exhibition catalogue, Galleria De' Foscherari, Bologna

Arte come comunicazione di vita, catalogo della mostra/exhibition catalogue, Ovali Rotariani, Rotary Club Milano Scala, Teatro Auditorium, Milano, 21 novembre/November

2001
A. Baccilieri, a cura di/edited by, *Figure del Novecento 2. Oltre l'Accademia*, catalogo della mostra/exhibition catalogue, (saggi di/essays by R. Pasini, L. Canella, E. M. Davoli, W. Guadagnini), Accademia di Belle Arti e Pinacoteca Nazionale, Bologna

P. G. Castagnoli, *I disegni di Cuniberti*, in *Pirro Cuniberti, l'artista al lavoro*, catalogo della mostra/exhibition catalogue, Castel San Pietro Terme (cfr. Castagnoli, 1976)

Angeli. Dodici artisti a confronto per dare un volto all'invisibile, catalogo della mostra/exhibition catalogue, Centro Culturale Le Capuccine, Bagnacavallo

2002
B. Bandini, in A. Quattrini, *Europa e il suo mito*, catalogo della mostra/exhibition catalogue, Sala Borsa, Bologna

G. Campanini, *La donazione Pier Achille (Pirro) Cuniberti nelle collezioni della Pinacoteca Civica di Pieve di Cento*, in *La donazione Cuniberti alla Pinacoteca Civica di Pieve di Cento*, catalogo della mostra/exhibition catalogue, a cura di/edited by G. Campanini e E. Pozzetti, Casa Cini, Ferrara; Pinacoteca Civica, Pieve di Cento, Bologna

C. Cerritelli, *Il mondo di Pirro*, in *Cuniberti. Disegni pastelli acrilici*, catalogo della mostra/exhibition catalogue, Cavenaghi Arte, Milano

C. Cerritelli, *La favola continua*, in *La donazione Cuniberti alla Pinacoteca Civica di Pieve di Cento*, catalogo della mostra/exhibition catalogue, Casa Cini, Ferrara; Pinacoteca Civica, Pieve di Cento, Bologna

V. Dehò, *En plein air. Dopo Duchamp*, catalogo della mostra/exhibition catalogue, Museo G. Bargellini, Pieve di Cento

D. Guzzi, *L'anello mancante. Figurazione in Italia negli anni '60 e '70*, Roma

P. Mandelli, *Via delle Belle Arti*, Bologna

M. Mango, a cura di/edited by, *100 teste per Giovanni Macchia. La ragione agli artisti emiliani*, catalogo della mostra/exhibition catalogue, Chiesa di San Michele Arcangelo, Gambola

S. Parmeggiani, L. Iotti, *Dedicato a Silvio D'Arzo*, catalogo della mostra/exhibition catalogue, Palazzo Magnani, Reggio Emilia

M. Pelizzola, V. Tassinari, *Nel disegno*, catalogo della mostra/exhibition catalogue, Galleria Maria Cilena, Milano, Mantova (cfr. Pelizzola, Tassinari, 2000)

E. Pozzetti, *L'innocenza del segno: una giornata con Pirro*, in *La donazione Cuniberti alla Pinacoteca Civica di Pieve di Cento*, catalogo della mostra/exhibition catalogue, Casa Cini, Ferrara; Pinacoteca Civica, Pieve di Cento, Bologna

A. C. Quintavalle, *Giochi di pittura*, in M. P. Branchi, a cura di/edited by, *Concetto Pozzati*, catalogo della mostra/exhibition catalogue, CSAC, Palazzo della Pilotta, Parma, Milano

Tiziano Forni. Ottant'anni. 40 di mostre, catalogo della mostra/exhibition catalogue, Galleria Forni, Bologna

2003
C. Cerritelli, a cura di/edited by, *Omaggio a Tazio Nuvolari. Il mito della velocità. L'arte del movimento dal futurismo alla video arte*, catalogo della mostra/exhibition catalogue, Casa del Mantegna, Mantova

F. Niccoli, O. Piraccini, *Immagini e segni. I. B. C. La rivista illustrata. Fotografi per i Beni Culturali. Omaggio a Pirro Cuniberti. Un mago nel paese dei segni*, catalogo della mostra/exhibition catalogue, Castello degli Agolanti, Riccione

M. Scolaro, P. Di Teodoro, a cura di/edited by, *L'intelligenza della passione. Scritti per Andrea Emiliani*, Bologna

C. Cerritelli, D. Trento, a cura di/edited by, *Cuniberti*, catalogo della mostra/exhibition catalogue, Museo Archeologico, Bologna

Periodici/Periodicals

1957
F. Bianchi, *200 Artisti Italiani al "Morgan's Paint" di Rimini*, in "Il Resto del Carlino", Bologna, 22 luglio/July

E. C. (Contini), *Pirro Cuniberti*, in "La Squilla", Bologna, 18 luglio/July

E. Contini, *I Bolognesi al "Morgan's Paint"*, in "Avanti!", Bologna, 21 settembre/September

E. Contini, *Arte contemporanea a Bologna*, in "Avanti!", novembre/November

E. Contini, *La collettiva 14 più 2 al Circolo di Cultura*, in "Avanti!", Bologna, 1 dicembre/ December

D. Courir, *Predominio dell'"ultimo naturalismo" al premio di pittura Morgan's Paint di Rimini*, in "Il Resto del Carlino", Bologna, 21 agosto/August

D. Courir, *La Rassegna d'arte contemporanea nello storico Salone del Podestà*, in "Il Resto del Carlino", Bologna, 7 novembre/November

L. Priori, *Un'interessante rassegna al Salone del Podestà*, in "L'Avvenire d'Italia", Bologna, 12 novembre/November

Concluso il IV Festival Avanti! alla Montagnola, in "Avanti!", Bologna, 10 settembre/September

Artisti Emiliani alla 3° Mostra d'Arte Contemporanea, in "Il Resto del Carlino", Bologna, 12 novembre/November

Al Salone del Podestà. La mostra di Arte Contemporanea, in "Avanti!", Bologna, 16 novembre/November

1958
M. Azzolini, *Cuniberti espone al circolo di Cultura*, in "L'Unità", Bologna, 2 gennaio/January

M. Azzolini, *La personale di Pirro Cuniberti*, Bologna

E. Contini, *Cuniberti al Circolo di Cultura*, in "Avanti!", Bologna, 3 gennaio/January

E. Contini, *Panorama sintetico della XXIX Biennale d'Arte di Venezia. Troppe concessioni al gusto corrente*, in "Avanti!", Bologna, 24 settembre/September

1959
D. C. (Courir), *Mostre d'arte. Il microquadro al Cancello*, in "Il Resto del Carlino", Bologna, 31 dicembre/December

T. Vietri, *Rassegna d'Arte Contemporanea*, catalogo della mostra/exhibition catalogue, X festival dell'"Avanti!", Parco della Montagnola, Bologna

1960
D. C. (Courir), *Pirro Cuniberti al Cancello*, in "Il Resto del Carlino", Bologna, 20 maggio/May

D. C. (Courir), *Il microquadro al Cancello*, in "Il Resto del Carlino", Bologna, 31 dicembre/December

R. Tassi, *L'Arte in Emilia dal 1945*, in "Letteratura", n. 43-45

1961
D. Courir, *Pirro Cuniberti alla galleria del Libraio*, in "Il Resto del Carlino", Bologna, marzo/March

A. C. Quintavalle, *P. A. Cuniberti*, in "Il Resto del Carlino", Bologna, aprile/April

1962
F. Arcangeli, *Una Discussione*, in "Palatina", Parma, VI, 21-22

G. Ruggeri, *Le Nuove Prospettive della pittura italiana*, in "Il Resto del Carlino", Bologna, 11 giugno/June

G. Urbani, *Il Microcosmo dei giovani*, in "Il Punto", 7 luglio/July

1963
L. Bonetti, *Trenta artisti e ottanta opere al Premio "Amedeo Modigliani"*, in "Il Telegrafo", Livorno, 10 aprile/April

C. Corazza, *Sculture al sole e pareti di colore*, in "Il Resto del Carlino", Bologna, 11 luglio/July

G. Ruggeri, *La follia di Arcibaldo*, in "Il Resto del Carlino", Bologna, 1 luglio/July
Pirro Cuniberti alla De' Foscherari, in "Il Resto del Carlino", Bologna, 16 marzo/March

Pirro Cuniberti alla Galleria "De' Foscherari", in "Pensiero ed arte", Bari, marzo/March-aprile/April

Tre in clausura per dipingere, in "Il Resto del Carlino", Bologna, 26 giugno/June
Pittura sulle pareti alla "De' Foscherari", in "L'Unità", Bologna, 3 luglio/July

1964
M. De Micheli, *Nuova forza critica nell'Arte dei giovani*, in "L'Unità", Roma, 15 agosto/August

G. Di Genova, *Mostre romane: bilancio di fine stagione*, in "Il Contemporaneo", VII, n. 73, giugno/June

L. Lambertini, *Mostre a Bologna: Cuniberti*, in "L'Avvenire d'Italia", Bologna, 8 novembre/November

F. S. (Solmi), *Cuniberti*, in "L'Unità", Bologna, 28 ottobre/October

G. Ruggeri, *Il terzo Premio Scipione*, in "Il Resto del Carlino", Bologna, 3 novembre/November

M. Venturoli, *Artisti di punta al premio Scipione*, in "Le ore", 5 novembre/November

1965
G. M. Accame, *Cuniberti: Adamo e i Persuasori*, in "Il Tarocco", III, n. 6

P. Bonfiglioli, *Per nove disegni di Pier Achille Cuniberti*, in "Il Portico", Mantova, n. 6, dicembre/December (poi in/then published in Bonfiglioli, 1968)

E. Crispolti, *La giovane pittura Italiana esplora le dimensioni del mondo*, in "Aujourd'hui", n. 48 (poi in/then published in Crispolti, 1968)

A. Del Guercio, *I fertili terreni della giovane pittura*, in "Rinascita", Roma, 27 novembre/November

A. Del Guercio, *Settecento artisti alla Quadriennale*, in "Rinascita", Roma, 11 dicembre/December

M. De Micheli, *Trentaquattro artisti di fronte al "Presente"*, in "L'Unità", Roma, 20 novembre/November

S. Maldini, *La grande parata della Pittura Italiana*, in "Il Resto del Carlino", Bologna, 29 novembre/November

R. Margonari, *Il Presente contestato*, in "La Gazzetta di Mantova", novembre/November

M. Venturoli, *Il premio Michetti di Francavilla al mare*, in "Le Ore", 19 agosto/August

M. Venturoli, *A Bologna e a Torino "Il Presente contestato" e Barbara Hepworth*, in "Le Ore", 16 dicembre/December

1966
A. D. G. (Del Guercio), *Ironia di Cuniberti*, in "Rinascita", Roma, 4 giugno/June
G. Drei, *Drei Italiener im Forum*, in "SO-Tagespost", 20 novembre/November

V. Faggi, *Gli apologhi di Cuniberti*, in "Diogene", ottobre/October

K. H. Haysen, *Im Forum Stadpark: Neue Kunst aus Italien. Fragen stellen und in Frage stellen*, in "Kleine Zeitung", 20 novembre/November

R. Rubing, *Provozierende Kunst aus Italien. Drei junge Maler stellen im Forum Stadtpark Graz aus*, in "Neue Zeit", 20 novembre/November

Cuniberti a Roma, in "Il Resto del Carlino", Bologna, 9 maggio/May

Pirro Cuniberti, in "La Fiera letteraria", Roma, 16 giugno/June

1968
T. Paloscia, *La terza mostra mercato di arte contemporanea*, in "La Nazione", Firenze, 16 novembre/November

G. Ruggeri, *Arte contemporanea in Emilia Romagna e Veneto. Una mostra scremata*, in "Il Resto del Carlino", Bologna, 12 febbraio/February

1970
G. Ruggeri, *Note d'arte. Cuniberti*, in "Il Resto del Carlino", Bologna, 10 marzo/March

1971
I. Tomassoni, *Arte dopo il 1945. Italia*, Bologna

1973
V. Apuleo, *Nel fumetto la favola del nostro tempo*, in "La Voce Repubblicana", Roma, 29 marzo/March

J. Hart, *Italian artists as they see themselves in the funny papers*, in "Daily American", Roma, 22 marzo/March

E. Isgrò, *La rivincita dei fumetti*, in "Il Tempo", 8 aprile/April

D. Micacchi, *Pitture e sculture che guardano ai fumetti*, in "L'Unità", 14 marzo/March

A. Migliori, *Pirro Cuniberti*, in "Bologna Incontri", Bologna, febbraio/February

D. Morosini, *La Pittura e il fumetto*, in "Paese Sera", Roma, 31 marzo/March

S. Orienti, *Pittura e mass-media*, in "Il Popolo", Roma, 24 marzo/March

Pan, *Art News*, in "Cronache d'Arte", n. 14, 8 aprile/April

G. Ruggeri, *La grottesca ironia di Pirro Cuniberti*, in "Il Resto del Carlino", Bologna, 7 aprile/April

E. Shloss, *Around the European Galleries*, in "International Herald Tribune", Roma, 31 marzo/March

S. Solmi, *Bologna, Forlì, Ravenna: Artisti '73. Per gli artisti romagnoli tutte le strade portano a Bologna*, in "Bolaffi Arte", Torino, gennaio/January

Se l'angelo custode si rompe Cuniberti ci svela che è un gioco, in "Il Giornale d'Italia", 4 aprile/April

1974
G. Ruggeri, *Le vittorie di Pirro*, in "Il Resto del Carlino", Bologna, novembre/November

1976
P. Chiappatti, *Cuniberti*, in *Catalogo Nazionale Bolaffi d'arte moderna n. 12*, vol. III, *Segnalati Bolaffi 1977*, Torino

G. Ruggeri, *Diario di un libertino*, in "Il Resto del Carlino", Bologna, 14 gennaio/January

1977
G. Stori, *Germano Sartelli a Bologna. Ah...che godimento*, in "Vogue", Milano, maggio/May

1978
M. Venturoli, *Le Carte Cunibertiane*, in "Il Giornale nuovo", Milano, 28 luglio/July

1979
C. Cerritelli, *"Le Stanze del gioco"*, in "Brescia oggi", Brescia, 24 marzo/March

1980
C. Cerritelli, *Paesaggi d'invenzione*, in "Brescia oggi", Brescia, 2 febbraio/February

C. Cerritelli, *Scheggie di critica*, in "Meta. Parole e immagini", Firenze

A. De Paz, *Paesaggi d'invenzione*, in "Bologna Incontri", Bologna, 2 febbraio/February

G. Di Genova, *L'Expo Arte di Bari. Sulla buona strada*, "L'Umanità", Roma, 11 aprile/April

G. Di Genova, *Fumettura*, in "Terzoocchio", Bologna, maggio/May

S. Zangheri, *Pirro Cuniberti*, in "Flash Art", Milano, n. 98-99, estate/summer

G. Ruggeri, *Come ti invento un paesaggio fra i parallelepipedi A e B*, in "Il Resto del Carlino", Bologna, 5 febbraio/February

1981
C. Cerritelli, *Ferrara. Le metafore di Cuniberti*, in "Quest'Arte", n. 22, marzo/March-aprile/April

C. Cerritelli, *I luoghi della pittura, le opere degli artisti i saperi della critica. Taccuino del giovane critico*, in "Iterarte", Bologna, giugno/June

F. D'Amico, *Pirro tra le nuvole*, in "La Repubblica", Roma, 3 aprile/April

A. De Paz, *La ricerca di Cuniberti*, in "Bologna Incontri", Bologna

G. Pascoli Piccinini, *Il microcosmo di Pirro Cuniberti*, in "Prospettive d'Arte", VII, n. 45, maggio/May

A. C. Quintavalle, *Pirro Cuniberti*, in "Panorama", Milano, 13 aprile/April

L. Serravalli, *Paesaggi astratti di Pirro Cuniberti*, in "Adige", Trento, 29 settembre/September

C. Spadoni, *Le Favole lillipuziane di Cuniberti*, in "Il Resto del Carlino", Bologna, 18 marzo/March

C. Spadoni, *Due pittori per un critico*, in "Il Resto del Carlino", Bologna, 31 luglio/July

M. Venturoli, *Un vecchio "trans"?*, in "Playmen"

L'anno di Pirro. Al pittore Cuniberti il "Nettuno d'oro", in "Il Resto del Carlino", Bologna, 17 giugno/June

1982
D. Auregli, *Galleria Spazia: frizzante ironia della pittura di Cuniberti*, in "L'Unità", Bologna, 24 novembre/November

F. Basile, *Rassegna alla Galleria d'Arte moderna. Da Giorgio Morandi all'inglese Phillips*, in "Il Resto del Carlino", Bologna, 28 febbraio/February

F. Basile, *Cuniberti, Nanni e Pozzati alla "Due Torri". Tre storie sui muri*, in "Il Resto del Carlino", Bologna, 9 aprile/April

F. Basile, *Pirro, il sognatore delle sette leghe*, in "Il Resto del Carlino", Bologna, 7 giugno/June

F. Basile, *Il Primato dell'Artista*, in "Il Resto del Carlino", Bologna, 22 giugno/June

P. G. Castagnoli, *Pirro Cuniberti*, in "Il Mercato di Sale. Lettera di notizie", n. 3, maggio/May

L. Cavallari, *Dai "paradossi" di Cuniberti all'Oriente magico di Benati*, in "Il Resto del Carlino", Bologna, 22 ottobre/October

D. D'A., *Da Carrà a Cuniberti*, in "La Repubblica", Bologna, 14 ottobre/October

R. Pasini, *Cento segni di solitudine*, in "Terzoocchio", Bologna, dicembre/December

R. Pasini, *Bologna/Registrazioni di frequenze*, in "Questarte", VI, n. 2, marzo/March-aprile/April

F. Vincitorio, *La parte dell'occhio*, in "L'Espresso", Roma, 27 giugno/June

F. Vincitorio, *La parte dell'occhio*, in "L'Espresso", Roma, 31 ottobre/October

A. Zevi, *Quando l'ironia corre sul filo dell'aquilone*, in "La Repubblica", Bologna, 16 giugno/June

Da Carrà a Cuniberti, in "La Repubblica", Bologna, 14 ottobre/October

1983

C. Cerritelli, *Acrobazie sulla critica*, in "Meta. Parole e immagini", marzo/March

P. Chiappatti, *Cuniberti artista strordinario espone le sue opere alla Martano*, in "L'Unità", Torino, 27 gennaio/ January

F. D'Amico, *L'opera di Pozzati ovvero sconfessione di un autarchico*, in "La Repubblica", Bologna, 14 dicembre/December

An. Dra. (Dragone), *Lorenzo Tornabuoni e i colori luminosi*, in "La Stampa", Torino, 13 febbraio/February

Janus, *Il calendario*, in "La Gazzetta del Popolo", Torino, 9 febbraio/February

C. Pozzati, *Ristoria e rimemoria del '60*, in "Flash Art", n. 116, novembre/November

C. Pozzati,*Come è arduo dipingere i provinciali*, in "La Repubblica", Bologna, 31 dicembre/December

F. Vincitorio, *Dalla parte dell'occhio*, in "L'Espresso", Roma, 6 febbraio/February

1984

D. Aureli, *Espone Cuniberti*, in "L'Unità", Bologna, 10 aprile/April

D. Auregli, *Una vita d'artista tutta giocata sulla carta*, in "L'Unità", Bologna, 19 dicembre/December

F. Basile, *Qui Arte*, in "Il Resto del Carlino", Bologna, 28 dicembre/December

E. Bilardello, *Le storie minime create da Cuniberti*, in "Corriere della sera", Roma, 8 ottobre/October

V. Boarini, *Licenze geometriche per paesaggi minimi*, in "La Repubblica", Bologna, 16 marzo/March

C. Cerritelli, *"Così Bologna teorizzò la Pop-art."*, in "La Repubblica", Bologna, 14 gennaio/January

C. Cerritelli, *Cacciatore di segni tra frane di colori*, in "La Repubblica", Bologna, 29 giugno/June

A. De Flora, *Nella cucina del pittore Pirro Cuniberti*, in "Terzoocchio", Bologna, n. 3, settembre/September

M. Garbesi, *La nave Long nel mondo di Stranalandia*, in "La Repubblica", Bologna, 5 novembre/November

W. Guadagnini, *Pensando a Klee*, in "Alto Adige", Bolzano, 22 settembre/September

A. Guermandi, *Un libro per due uomini in viaggio su una pazza isola immaginaria*, in "L'Unità", Bologna, 18 dicembre/December

S. Malossini, *Domenica con Cuniberti si apre un ciclo di 5 mostre a Castello*, in "Sabato sera", Bologna, 3 marzo/March

N. Orengo, *Le sirene di Benni: cucinatele così*, in "La Stampa-Tuttolibri", Torino, 1 dicembre/December

E. Schloss, *Pirro Cuniberti*, in "International Herald Tribune", Roma, 27 ottobre/October

L. Serravalli, *Paesaggi astratti di Pirro Cuniberti*, in "L'Adige", Trento, 29 settembre/September

F. Vincitorio, *Mostre d'arte*, in "La Stampa-Tuttolibri", 19 gennaio/January

È bagarre per l'eredità di Morandi, in "La Repubblica", Bologna, 13 gennaio/January

Effetto Morandi? Un pretesto per fuggire, in "La Repubblica", Bologna, 28 gennaio/January

Cinque mostre in programma a Castel San Pietro Terme, in "Bologna Incontri", Bologna, marzo/March

Cinque personali di Pittori Bolognesi a Castel S. Pietro, in "Provincia", Bologna, marzo/March

È arte sulle rive del Sillaro, in "Il Resto del Carlino", Bologna, 4 marzo/March

La cucina di Pirro Cuniberti in una mostra alla Sala dei Giganti, in "Il Resto del Carlino", Bologna, 15 giugno/June

Ironia e rimpianto dalla cucina di Pirro, in "Il Resto del Carlino", Bologna, 22 giugno/June

Pirro Cuniberti, in "Alto Adige", Bolzano, 15 settembre/September

Pirro Cuniberti, in "La Repubblica, Roma, 5 ottobre/October

Strana ma vera, in "Panorama", Milano, 26 novembre/November

Vita d'Artista: Pirro Cuniberti, in "Bologna Incontri", Bologna, dicembre/December

Un'isola una favola: Stranalandia *Stefano Benni-Pirro Cuniberti*, in "Linus", Milano, 12 dicembre/December

I disegni di Cuniberti e il libro di Benni, in "L'Unità", Roma, 15 dicembre/December

1985

V. Boarini, *Apocalisse e integrazione come raccontare un artista*, in "La Repubblica", Bologna, 29 marzo/March

A. Caggiano, *Quella vita di artista raccontata da Cuniberti*, in "Il Resto del Carlino", Ferrara, 7 aprile/April

S. Camerini, *Pirro Cuniberti. Palazzo Pepoli Campogrande*, in "Flash gallerie", III, n. 19, gennaio/January

S. Camerini, *Cuniberti a Bologna*, in "Vogue Italia", Milano, febbraio/February

L. Cavallari, *Ritornano*, in "Il Resto del Carlino", Bologna, 7 giugno/June

C. Cerritelli, *Ritornano gli anni '60. Attualità di Cuniberti, Matta e Saul*, in "La Repubblica", Bologna, 14 giugno/June

I. F., *In "Stranalandia" con Benni e Cuniberti*, in "Emilia Romagna", Bologna, n. 3, marzo/March

V. Faggi, *Cuniberti: Vita d'Artista*, in "Resine", n. s., n. 23, gennaio/January-marzo/March

W. Guadagnini, *I lirici disegni di Cuniberti*, in "Alto Adige", Bolzano, 2 gennaio/January

R. Pasini, *A Campigna l'arte indaga sul passato*, in "Il Resto del Carlino", Bologna, 21 ottobre/October

M. Serra, *Uno strano zoo chiamato fantasia*, in "L'Unità", Roma, 14 febbraio/February

C. Spadoni, *Il segno e il pennello. Bologna, l'invenzione artistica di Pirro Cuniberti*, in "Il Resto del Carlino", Bologna, 5 gennaio/January

D. Trento, *Breve introduzione a Pirro*

Cuniberti, in *Unione Musicale. Stagione di concerti 1985-86*, Torino

F. Vincitorio, *Bologna. Pirro Cuniberti*, in "La Stampa-Tutto Libri", Torino, 19 gennaio/January

F. Vincitorio, *La parte dell'occhio*, in "L'Espresso", Roma, 27 gennaio/January
Disegni di Cuniberti, in "La Repubblica", Bologna, 5 aprile/April

1986
D. Auregli, *Il tallone di Pier Achille*, in "L'Unità", marzo/March

L. Cavallari, *Le due facce della femminilità. "Leggerezza dell'essere" nei disegni a corpo libero di Pirro*, in "Il Resto del Carlino", Bologna, 7 febbraio/February

C. Cerritelli, *La favola da Cuniberti a Pericoli*, in "La Repubblica", Bologna, 14 febbraio/February

Pirro, in "Il Resto del Carlino" Bologna, 7 febbraio/February

F. D'Amico, *E Pirro entra nel mito*, in "La Repubblica", Roma, 4 febbraio/February

P. D. M, *Due Artisti in mostra all'Incontro. Cuniberti e Manai*, in "Sabato sera", 22 febbraio/February

F. Gualdoni, *Ricordatevi di Pirro Cuniberti: è bravo*, in "La Domenica del Corriere", Milano, 15 febbraio/February

C. Spadoni, *Artisti & peccatori. Arte moderna e santità. Mostra a Ravenna*, in "Il Resto del Carlino", 2 agosto/August

D. Trento, *Dodici artisti riscoprono il fascino dell'acquarello*, in "La Repubblica", Bologna, 4 giugno/June

A. Vettese, *Arte Santa*, in "Flash Art", Milano, n. 134, estate/summer

Disegni a corpo libero. In mostra le fantasie grafiche di Pirro, in "Il Resto del Carlino", Bologna, 24 gennaio/January

Pirro Cuniberti alla Nuova 2000, in "Juliet", Trieste, n. 25, maggio/May

1987
M. Bertoni, *I paesaggi visionari di Cuniberti*, in "L'Unità", Modena, ottobre/October

E. Bilardello, *Carte segnate di Cuniberti*, in "Corriere della sera", Roma, 29 giugno/June

L. Caramel, *La Permanente rimescola le carte*, in "Il Giornale nuovo", Milano, 1 febbraio/February

C. Cerritelli, *Pirro Cuniberti, quando l'arte si fa metafora. Presenta le sue opere a Ravenna*, in "La Repubblica", 13 maggio/May

F. D'Amico, *Pirro in allarme*, in "La Repubblica", Roma, 19 giugno/June

R. Daolio, *Percorsi del disegno Italiano*, in "Arte e cronaca", maggio/May

A. D'Elia, *Cuniberti e Giorgi a Bari. Carte segnate e sognate*, in "La Gazzetta del Mezzogiorno", Bari, 21 ottobre/October

B. Drudi, *Pirro Cuniberti carte segnate*, in "Terzoocchio", Bologna, luglio/July

M. Fuoco, *Tra i segni dei Pittori*, "La Gazzetta di Modena", Modena, 24 ottobre/October

L. Lambertini, *Quell'invenzione di Pirro*, in "Il Giornale", 28 giugno/June

P. Jori, *Galleria Rossanaferri/Modena. Pirro Cuniberti*, in "Il Segno" n. 70, dicembre/December

A. C. Quintavalle, *Ma l'informale è superato?*, in "Panorama", Milano, 15 febbraio/February

C. Spadoni, *Disegni d'autore. A Ravenna quarant'anni di grafica italiana*, in "Il Resto del Carlino", Bologna, 13 maggio/May

L. Tallarico, *Il disegno arte autonoma. Rassegna a Modena*, in "Il Secolo d'Italia", Roma, 2 ottobre/October

F. Veronesi, *Personali di Cuniberti*, in "Il Resto del Carlino", Modena, 16 ottobre/October

Gli arazzi di Burri e Cuniberti, in "L'Unità", Bologna, 14 aprile/April

Le grandi dimensioni di Burri e Cuniberti, in "La Repubblica", 15 aprile/April

Le mostre d'Arte, in "La Stampa", Torino, 4 giugno/June

Sono carte segnate queste di Cuniberti, in "La Repubblica-Trovaroma", Roma, 19 giugno/June

Pier Achille Cuniberti. Carte Segnate, in "Il Messaggero", Roma, 23 giugno/June

1988
S. Evangelisti, *La leggerezza dell'essere pittore*, in "Il Resto del Carlino", Bologna, 31 luglio/July

E. Fava, *Questa città è Stranalandia dice Cuniberti*, in "Bologna in anteprima", Bologna, 26 marzo/March

M. Garbesi, *Sessanta anni'60. Tutti i nuovi acquisti della Galleria*, in "La Repubblica", Bologna, 18 novembre/November

P. Mauri, *I contemporanei vedono se stessi*, in "Almanacco della Cometa", Roma

M. Novi, *Il "divertissement" del pittore poeta*, in "La Repubblica. Mercurio", Roma, 29 aprile/April

G. Pelizzola, *Disegno Italiano del dopoguerra*, in "Terzoocchio", Bologna, febbraio/February

V. Savini, *La continua ricerca di Pirro Cuniberti. Segni al di là delle parrocchie*, in "Il Resto del Carlino", Bologna, 23 gennaio/January

D. Trento *Disegno Italiano*, in "Zeta", Udine, n. 10, febbraio/February

1989
F. Basile, *L'Alfabeto della poesia scritto sulla masonite*, in "Il Resto del Carlino", Bologna, 15 aprile/April

P. L. Capucci, *Pirro Cuniberti. L'Invenzione del nudo*, in "Terzoocchio", Bologna, n. 53, dicembre/December

V. Coen, *Pirro Cuniberti. Forni*, in "Flash Art", n. 150, giugno/June

S. Ferrari, *Che messaggi da quei nudi dove conta la testa!*, in "Il Resto de Carlino", Bologna, 28 maggio/May

P. Ferri, *Achille Bonito Oliva. Ritratti di un nome*, in "Flash Art News", Milano, 150, giugno/June

G. L. Gualandi, *Pirro Cuniberti. Galleria Forni Tendenze*, in "Terzoocchio", Bologna, marzo/March

M. Novi, *Il "divertissement" del pittore poeta*, in "La Repubblica-Mercurio", Roma, 29 aprile/April

L. Somaini, *Una Biennale di occasioni perdute*, in "La Repubblica", Milano, 1 luglio/July

D. Trento, *Schede per il disegno Italiano del dopoguerra (II)*, in "Zeta", Udine, n. 11-13, febbraio/February

F. Vincitorio, *Mantova. Pirro Cuniberti*, in "La Stampa", Torino, 30 settembre/September

Pirro Cuniberti espone i suoi nudi, in "La Repubblica", Bologna, 6 maggio/May

I nudi di Cuniberti, in "La Repubblica", Bologna, 13 maggio/May

Ritratti di un nome A.B.O. Galleria Polcina e Sporvieri, Roma, in "Flash Art News", giugno/June

A Pieve di Cento aperte quattro nuove sezioni. Pinacoteca Rinnovata, in "La Repubblica", Bologna, 31 agosto/August
Pittura e grafica: la continua ricerca di "Pirro", in "La Gazzetta di Mantova", Mantova, 23 settembre/September

Douze artistes et un regard, in "Sud ouest", Bordeaux, 5 ottobre/October

Une ambassade incertaine, in "Sud ouest", Bordeaux, 8 ottobre/October

1990
E. Bilardello, *Pirro Cuniberti, cacciatore di segni*, in "Corriere della sera", Roma, 12 febbraio/February

S. Casi, *All'Asta quadri d'autore per comprare case ai malati di Aids*, in "L'Unità", Bologna, 9 giugno/June

S. Casi, *Via ... col vento*, in "L'Unità", Bologna, 8 giugno/June

V. Coen, *Bologna Anni Settanta*, in "Flash Art", Milano, n. 154, febbraio/February-marzo/March

M. Di Capua, *La vittoria di Pirro*, in "Il Giornale", Milano, 18 febbraio/February

C. M., *I nudi di Pirro. Circolo artistico*, in "Il Resto del Carlino", Bologna, 7 aprile/April

G. Mattei, *Pirro Cuniberti. Dieci anni di espressionismo astratto*, in "Roma", Roma, 14 febbraio/February

M. Novi, *Le cicatrici della malinconia*, in "La Repubblica", Roma, 13 febbraio/February

M. Novi, *Roma. Cuniberti*, in "La Repubblica. Mercurio", Roma, 24 febbraio/February

S. Sinisi, *Nove artisti per la trasparenza*, in "La Repubblica-Trovaroma", 3 febbraio/February

D. Trento, *Materiali grammatiche, soggettività 1975-1990*, in "Slam", Milano, n. 1

F. Zoccoli, *I sigilli di Pirro sulla fantasia*, in "Il Resto del Carlino", Bologna, 1 marzo/March

1991
D. Ariotti, *Pirro Cuniberti*, in "Terzoocchio", Bologna, n. 4, dicembre/December

G. Cane, *Nel segno dell'ascolto*, in "Il Manifesto", Roma, 21 dicembre/December

S. Casi. *È Doc. È Arte. È un"file"emiliano dal 1974*, in "L'Unità", Bologna, 27 settembre/September

A. Dragone, *Metafisica si ma con ironia*, in "La Stampa", Torino, 9 dicembre/December

A. Gaggiano, *Le opere di Pirro Cuniberti. Come una favola*, in "Il Resto del Carlino", Ferrara, 30 novembre/November

A. Maioli, *Delitti da spiaggia*, in "Il Resto del Carlino", Bologna, 1 agosto/August

O. Pieri, *Alla vetrina dell'arte per fortuna c'è Morandi*, in "L'Unità", Bologna, 12 dicembre/December

O. Piraccini, *La magia di Pirro*, in "L'Unità", Bologna, 23 novembre/November

F. Silvestri, *Cuniberti il mago dei segni*, in "La Repubblica", Bologna, 24 novembre/November

C. Spadoni, *Il segno di Pirro*, in "Il Resto del Carlino", Bologna, 22 dicembre/December

D. Trento, *Un "file" digitato sul cavalletto*, in "Bologna in anteprima", Bologna, 27 settembre/September

L. Vallini, *Cacciatore di segni*, in "La Nuova cronaca di Ferrara", Ferrara, 23 novembre/November

R. Vitali, *Sotto il segno di Cuniberti*, in "La Mongolfiera", Bologna, 6 dicembre/December

1992

B. Bagnasacco, *Ricerca cromatica in una minuziosità descrittiva*, in "Corriere di Torino e della Provincia", Torino, 28 novembre/November

D. Bellellotti, *L'arte negli spazi diruti di San Giovanni in Monte*, il "Il Resto del Carlino", Bologna, 14 aprile/April

S. Casali, *I segni del passato di Cuniberti*, in "Il Ponte", 10 dicembre/December

V. Coen, *Pirro Cuniberti*, in "Flash Art", Milano, n. 166, febbraio/February-marzo/March

F. D'Amico, *Collezione di segni balordi*, in "La Repubblica", Roma, 3 gennaio/January

S. Evangelisti, *Gli archivi dei Poirier e riflessioni morandiane*, in "Il Giornale dell'Arte", Torino, n. 96, gennaio/January

P. Levi, *Pirro Cuniberti*, in "La Repubblica", Torino, 9 dicembre/December

A. Mastrangelo, *Toccanti fiabe pittoriche tra farfalloni notturni e pesciolini stilizzati*, in "La Stampa", Torino, 8 dicembre/December

A. Ottieri, *Pirro Cuniberti. La farfalla, il nero, i tralicci*, in "Il Venerdì di Repubblica", Roma, 26 giugno/June

M. L. Re Fiorentin, *Studia le farfalle e narra fiabe ambientali*, in "Arte Mondadori ", Milano, dicembre/December

B. Torresin, *Com'è bella l'arte in crisi*, in "La Repubblica", Bologna, 24 gennaio/January

D. Trento, *Nudi e soggetti (in Pirro Cuniberti, per esempio)*, in "Con/Tatto", Bologna, IV, n. 9, gennaio/January

M. Vescovo, *Pirro Cuniberti*, in "La Stampa", Torino, 30 novembre/November

1993

D. Ariotti, *Pirro Cuniberti*, in "Terzoocchio", Bologna, settembre/September

B. Cucci, *Il tesoro del Galvani*, in "La Repubblica", Bologna, 28 maggio/May

S. Evangelisti, *Le vittorie di Pirro e un Milione di Reggiani*, in "Il Giornale dell'Arte", Torino, n. 115, ottobre/October

A. Guermandi, *Pirro un ragazzo di 70 anni*, in "L'Unità", Bologna, 10 settembre/September

M. Marozzi, *I 70 anni di Pirro in mostra*, in "La Repubblica", Bologna, 10 settembre/September

M. Miretti, *Pirro, le sette stazioni di un avventuroso viaggio*, in "Il Resto del Carlino", Bologna, 29 settembre/September

P. Naldi, *Due mele, il pittore e una tela*, in "La Repubblica", Bologna, 27 marzo/March

G. Pesci, *La costanza di Pirro*, in "I Martedì di San Domenico", Bologna, dicembre/December

A. Q. (Quattrini), *Pirro 70*, in "Carte d'Arte", Bologna, settembre/September

F. S., *De Chirico e un Savinio*, in "La Repubblica", Bologna, 24 gennaio/January

E. Silvi, *Doppio Omaggio a Mirò*, in "Gazzetta di Reggio", Reggio Emilia, 24 settembre/September

C. Spadoni, *Da Pirro con arte*, in "Il Resto del Carlino", Bologna, 10 settembre/September

D. Trento, *Del cittadino Cuniberti*, in "Anteprima", Bologna, 10 settembre/September

D. Trento, *I vassoi del Signor P.*, in "Terzoocchio", n. 69, dicembre/December

Club amici dell'Arte. Acquisite 60 tele d'Autore, in "Il Resto del Carlino", Bologna, 24 gennaio/January

Parigi. Découvertes, Grand Palais des Champs Elysées, in "Arte", Milano, n. 237, febbraio/February

Découvertes al ribasso: per i collezionisti opere sotto i 10 milioni, in "Arte", Milano, febbraio/February

"Sicurezza e Territorio", Bologna, supplemento al n. 2, marzo/March-aprile/April

Fate il mostro come vi pare, in "La Repubblica", Bologna, 29 maggio/May

Così vince l'arte di Pirro, in "Il Resto del Carlino", Bologna, 8 settembre/September

Tre mostre per un compleanno, in "Il Resto del Carlino", Bologna, 8 settembre/September

1994

M. Amaduzzi, *Uno show fino all'alba brucerà l'omino buffo*, in "La Repubblica", Bologna, 14 dicembre/December

F. B., *La regola? Esercizi e pratica*, in "Il Resto del Carlino", Bologna, 31 dicembre/December

R. Barbieri, *La campagna ispiratrice*, in "Agricoltura", gennaio/January

C. Cerritelli, *Elementi di scrittura nella pittura di Pirro Cuniberti*, in "Titolo", IV, n. 14, inverno 1993-1994

P. Naldi, *A Persiceto mostre di Pirro*, in "La Repubblica", Bologna, 10 aprile/April

M. Rosci, *"Artissima", la sfida del '900*, in "La Stampa", Torino, 30 settembre/April

C. Spadoni, *Raccontare storie di pittura col gioco delle coppie*, in "Il Resto del Carlino", Bologna, 21 agosto/August

Bologna a New York, in "Magazine", 2 ottobre/October

Biennale in Mashera, in "Il Resto del Carlino", Bologna 21 ottobre/October

Arte al Castello degli Estensi, in "Il Giornale", 22 ottobre/October

"Archivio", VI, n. 9, novembre/November

"La Repubblica", Bologna, 3 novembre/November

Alla città interessa?, in "Il Resto del Carlino", Bologna, 15 novembre/November

1995

F. F., *Cent'anni sull'onda*, in "Il Resto del Carlino", Bologna, 27 aprile/April

L. Lambertini, *Cuniberti/Lacasella*, in "Terzoocchio", marzo/March

P. N. (Naldi), *I disegni allo Studio Ercolani. Il Jules Verne di Cuniberti*, in "La Repubblica", Bologna, 24 dicembre/ December

Cuniberti Lacasella, in "Iterarte", Bologna, n. 40, gennaio/January

C. Pagetti, *Le profezie di Capitan Nemo*, in "La Stampa-Tuttolibri", Torino, 30 dicembre/December

D. Trento, *Pirro e Lacasella. Paesaggi paralleli*, in "La Repubblica", Bologna, 16 febbraio/February

È la Marconi-week, in "La Repubblica", Bologna, 20 aprile/April

Cuniberti mette le carte in tavola, in "Il Resto del Carlino", Bologna, 6 giugno/June

Da Kounellis a Cuniberti, in "Il Resto del Carlino", Bologna, 22 giugno/June

Jules Verne, a caccia di eroi, in "Panorama", Milano, 14 dicembre/December

1996

E. Cerini, *L'incanto di Cuniberti*, in "Lombardia oggi", 20 ottobre/October

C. Cerritelli, *Pirro Cuniberti. Il poeta della comunicazione-Premio Marconi 1995*, in "Iterarte", Bologna, n. 41, gennaio/January

Gi. Chi., *Pirro Cuniberti, viaggio tra sogni e favole*, in "La Nuova Ferrara", Ferrara, 16 novembre/November

Gi. Chi., *Il Pirro indefinibile*, in "La Nuova Ferrara", Ferrara, 30 novembre/November

F. Lonati, *Generazioni a confronto*, in "Lombardia oggi", 12 maggio/May

G. Magini, *Pirro Cuniberti*, in "La Scelta", 25 ottobre/October

1997
P. Bonfiglioli, *La mostra "Bottarelli/ Cuniberti" alla Forni*, in "Terzoocchio", dicembre/December

P. N. (Naldi), *Bottarelli, Gagliardi o Pirro sarà un'odissea nelle opere*, in "La Repubblica", Bologna, 13 novembre/ November

R. Pasini, *È una triennale lunga trent'anni*, in "La Repubblica", Bologna, 27 novembre/ November

D. Trento, *Ruggeri e la critica*, in E. Crispolti, F. Fanelli, D. Trento, *Piero Ruggeri*, Torino

D. Trento, *Mappa dell'arte in città svelata da cinque pittori*, in "La Repubblica", Bologna, 6 novembre/November

F. Villari, *Bottarelli* e *Cuniberti*, in "Critica Radicale", luglio/July-dicembre/December
Arte e città. San Giovanni in Persiceto, in "La Repubblica", Bologna, 20 giugno/June
Vince l'arte sotto il segno di Pirro, in "Il Resto del Carlino", Bologna, 6 novembre/ November

È una Triennale lunga trent'anni, in "La Repubblica", Bologna, 27 novembre/ November

Bologna 2000 idee e progetti con l'illustrazione del logotipo ideato da P. A. Cuniberti, in "La Repubblica", Bologna, 30 novembre/November

1998
C. Cerritelli, *Aspetti della cultura artistica a Bologna*, in "Iterarte", Bologna, n. 44, gennaio/January

C. Cerritelli, *Sculture sognate, sculture disegnate*, in "Parol", Bologna, n.14, marzo/ March

C. Corelli, *Tracce di una ricerca fallita*, in "Il sole-24 ore", Milano, 8 novembre/ November

S. d. D, *Ravenna*, in "Il Sole-24 ore", Milano, 8 novembre/November

E. M. Davoli, *Pirro Cuniberti. Voli Vibrazioni Fiabe (1948-1998), Ravenna Loggetta Lombardesca*, in "Terzoocchio", Bologna, dicembre/December

P. Fossati, *Dentro un paese lontano*, in "Parol", Bologna, n. 14, marzo/March

G. Molinari, *Pirro Cuniberti. Loggetta Lombardesca, Ravenna*, in "Flash Art ", Milano, n. 213, dicembre/December 1998-gennaio/January 1999

S. Pegoraro, *La scrittura come icona: l'alfabeto fiabesco di Pirro Cuniberti*, in "Il Giornale dell'Arte", Torino, gennaio/January

S. Pegoraro, *Il segno e il suo doppio: parole e immagini nell'opera di Pirro*, in "Parol", Bologna, n. 14, marzo/March

G. Ravasi, *L'Alfabeto delle fiabe e dei sogni*, in "Corriere della sera", Milano, 2 novembre/ November

G. Sandri, *Una nuova datazione per uno pseudo jacopino*, in "Parol", Bologna, n. 14, marzo/March

C. Spadoni, *Magie per arte da camera*, in "Il Resto del Carlino", Bologna, 16 novembre/ November

C. Spadoni, *Pirro dagli insostituibili "segni inutili"*, in "Parol", Bologna, n. 14, marzo/ March

B. Torresin, *Astratti isolati arrabbiati. Quarant'anni da capire*, in "La Repubblica, Bologna, 7 novembre/November

D. Trento, *De Vita Pirro Pozzati una gara accademica*, in "la Repubblica", Bologna, 2 aprile/April

D. Trento, *Le teste di Pirro Cuniberti (e la questione del narrare)*, in "Parol", Bologna, n. 14, marzo/March

Favoloso Pirro. Vernice di voli vibrazioni fiabe antologica alla Loggetta Lombardesca di Ravenna, in "Il Resto del Carlino", Bologna, 18 ottobre/October

Pirro Cuniberti. Voli Vibrazioni Fiabe, in "Il giornale dell'Arte", Torino, novembre/ November

Favoloso Pirro, in "Il Resto del Carlino", 18 ottobre/October

Astratti isolati arrabbiati quarant'anni da capire, in "Il Resto del Carlino", Bologna, 7 novembre/November

1999
A. Borsari, P. Campanini, *Borderline*, in "Percorsi di vita", Bologna

M. Miretti, *Lungo dialogo con se stessi*, in "Il Resto del Carlino", Bologna, 4 febbraio/ February

G. Molinari, *Pittura Aniconica. Galleria d'Arte Moderna, Bologna*, in "Flash Art", n. 214 febbraio/February-marzo/March

D. Trento, *Robotizzazione umana nelle pitture di Moreni*, in "La Repubblica", Bologna, 22 aprile/April

2000
G. Mignardi, *Quattrocento colpi da disegnatore*, in "Il Resto del Carlino", Bologna, 4 novembre/November

M. Miretti, *Le invenzioni di Manai e Cuniberti*, in "Il Resto del Carlino", Bologna, 4 maggio/May

P. Naldi, *La Triennale scopre il segno di 33 artisti*, in "La Repubblica", Bologna, 16 dicembre/December

L. Orsi, *Trent'anni di Pittura*, in "Il Resto del Carlino", Bologna, 25 maggio/May

M. G. Palmieri, *Una meridiana per tutte le età*, in "Il Resto del Carlino", Bologna, 31 ottobre/October

C. Spadoni, *Che impresa il '900*, in "Il Resto del Carlino", Bologna, 29 febbraio/ February

Il. Ve., *Un polo artistico per Bologna firmato Cuniberti, Boarini*, in "La Repubblica", 9 dicembre/December

2001
A. Artioli, *Un racconto dalle opere di Cuniberti*, in "Arteletta", Bologna, n. 10, gennaio/January-febbraio/February

W. Guadagnini, *Le tavolette di Cuniberti*, in "La Repubblica", Bologna, 1 novembre/ November

L. Mirabile, *Segni d'arte*, in "Arteletta", Bologna n. 10, gennaio/January-febbraio/ February

A. Muroni, *Pirro Cuniberti, Castel San Pietro Terme*, in "Arte e critica", n. 26-27, aprile/April-settembre/September

C. Spadoni, *Candido fra i colori*, in "Il Resto del Carlino", Bologna, 14 luglio/July

B. Spagnoli, *Alla Galleria Trimarchi. Le tavolette di Cuniberti*, in "Il Resto del Carlino", Bologna, 9 novembre/November

C. Sughi, *Ecco* L'Orto *per coltivare nuovi Saba, Betocchi, De Pisis*, in "Il Resto del Carlino", Bologna, 21 febbraio/February
"L'Orto", Bologna, n. 1, gennaio/January-marzo/March

Mostra a Castello. Pirro Cuniberti, in "Arteletta", Bologna, n. 11, marzo/March-aprile/April

Gli angeli di dodici artisti, in "Il Resto del Carlino", Bologna, 21 settembre/September
Fra Musica e Pittura nel segno dell'angelo, in "Ravenna & Ravenna", 27 settembre/September

2002
P. Artoni, *Il segno fantastico di Pirro Cuniberti a Casa Cini di Ferrara*, in "La voce di Mantova", Mantova, 9 marzo/March

A. Besio, *Nasce la super Feltrinelli*, in "La Repubblica", Milano, 7 febbraio/February

T. Draghetti, *È un sogno la realtà vista da Pirro*, in "Il Resto del Carlino", Ferrara, 30 gennaio/January

W. Guadagnini, *L'Informale a Bologna formidabili quegli anni*, in "La Repubblica", Bologna, 21 novembre/November

N. Mele, *Grandi Pittori in riva al fiume*, in "Il Resto del Carlino", Bologna, 16 febbraio/ February

E. Pozzetti, *Cuniberti, il segno come orgogliosa e istintiva presenza*, in "La voce di Ferrara", Ferrara, 22 gennaio/ January

G. L. Z.(Zucchini), *En plein, dopo Duchamp*, in "Arteletta", Bologna, marzo/March

Pirro svela il suo virus segreto: la fantasia, in "Il Resto del Carlino", Ferrara, 25 gennaio/January

La "Cuniberti" a casa Cini, in "La Nuova Ferrara", Ferrara, 25 gennaio/January

Casa Cini "Disegni e racconti", in "La nuova Ferrara", Ferrara, 28 marzo/March

"C F R", illustrazioni di Pirro Cuniberti Torino, V, n. I, giugno/June

2003
F. Basile, *Nel paese della fantasia*, in "Il Resto del Carlino" Bologna, 14 febbraio/ February

L. Cavina, *Oggi il compleanno di un artista poliedrico. Pirro, i suoi primi 80*, in "Il Resto del Carlino", Bologna, 10 settembre/ September

C. Donati, *Gli 80 anni di Cuniberti. Le vittorie di Pirro prestigiatore dei colori*, in "Il Resto del Carlino", 10 settembre/ September

F. Parisini, *Gli ottant'anni di Pirro. La mostra, un film, i ricordi*, in "La Repubblica", Bologna, 9 settembre/September

I luoghi di Cuniberti, in "La Repubblica", Bologna, 3 gennaio/January

Nel paese della fantasia, in "Il Resto del Carlino", Bologna, 14 febbraio/February

Scritti e interviste/Texts and Interviews

1979
[Disegnare è facile e divertente come cucinare], in *Stanze del gioco*, catalogo della mostra/exhibition catalogue, Loggetta Lombardesca, Ravenna, in "La tradizione e il nuovo", III, n. 5, marzo/March

1981
R. Pasini, *Tre Pittori bolognesi, intervista a M. Nanni, P. A. Cuniberti, C. Pozzati*, in "G7 Studio", giugno/June

1982
[Dichiarazione], in *Privacy (virtù private e vizi pubblici)*, catalogo della mostra/exhibition catalogue, Chiostro di Voltorre, Gavirate

1984
C. Cerritelli, *Pirro Cuniberti interviene nel dibattito sugli anni '60 dell'arte a Bologna. "Chi è schiavo di Morandi"*, in "La Repubblica", Bologna, 10 gennaio/January

1985
S. Camerini, *Intervista*, in *Pirro Cuniberti ... e paesaggi*, Sala Mostre Municipale, Grizzana Morandi

1991
C. Spadoni, *Sedotto dall'arte alle elementari. A colloquio col maestro: gli esordi e il rifiuto delle mode*, in "Il Resto del Carlino", Bologna, 22 dicembre

1993
M. Marozzi, *Ho dipinto all'infinito come Albatros poeta. I 70 anni di Pirro cercando Bologna da Morandi al pop*, in "La Repubblica", Bologna, 5 settembre/September

1995
C. Donati, *"Per strada leggevo Kafka"*, in "Il Resto del Carlino", Bologna, 12 novembre/November

1997-1998
S. Stefani, *Incontro con Pirro Cuniberti*, in "Percorso di vita", Bologna, n. 1, dicembre/December-marzo/March

1998
Sensazioni, emozioni, in S. Parmeggiani, *Anteprima. Pittura italiana contemporanea*, catalogo della mostra/exhibition catalogue, Palazzo Magnani, Reggio Emilia

2000
[Dichiarazione], in M. Pellizzola, V. Tassinari, *Nel Disegno*, catalogo della mostra/exhibition catalogue, Galleria d'arte "Il Vicolo"; traveling exhibition: Bondeno 2000, Mantova 2002

P. Naldi, *"I miei giorni in collina a dipingere la quiete"*, in "La Repubblica", Bologna, 26 luglio/July

2001
[Sono nato dalle parti di Padulle], in *Pirro Cuniberti, l'artista al lavoro*, catalogo della mostra/exhibition catalogue, Castel San Pietro Terme

F. Niccoli, *Un mago nel paese dei segni. A colloquio con Pirro Cuniberti*, in "I.B.C.", Bologna, IX, n. 4, ottobre/October-dicembre/December

2002
W. Guadagnini, *Sotto il segno di Pirro. "Un giorno, a Venezia, rimasi folgorato da Klee"*, in "La Repubblica", Bologna, 27 gennaio/January

F. Patruno, *"La pittura è come una favola: una storia lieve, fantastica, umana"*, in "L'Osservatore Romano", Roma, 1 agosto/August

Libri illustrati/Illustrated Books

1964
Lunario Bolognese 1965, a cura di/edited by Andrea Emiliani, con quattro disegni di/with four drawings by Pier Achille Cuniberti, Alfa, Bologna

1978
R. Renzi, *La sala buia. Diario di un disamore*, illustrazioni di/illustrations by Pirro Cuniberti, Cappelli, Bologna

1984
S. Benni, P. A. Cuniberti, *I meravigliosi animali di Stranalandia*, Feltrinelli, Milano

D. Molinari, *Cronache infedeli di Barzackh*, disegni di Pirro Cuniberti, Edizioni del piombino, Alessandria

1985
J. L. Borges, *L'Aleph*, copertina di/cover by Pirro Cuniberti, Universale Economica, Feltrinelli, Milano

P. Iotti, T. Masoni, *Sono dov'è il mio corpo. Memoria di un ex deportato a Mathausen*, con due disegni di/with two drawings by Pirro Cuniberti, Giuntina, Firenze

1986
N. Spadoni, *Al voi*, con una lettera di/with a letter by Giorgio Barberi Squarotti, disegni di, drawings by Pirro Cuniberti, Longo, Ravenna

G. P. Roffi, *Madrigali*, nota critica di/critical essay by A. Spatola, disegni di/drawings by Pirro Cuniberti, Tam Tam, Montecchio Emilia

1988
V. Rizzardi, *Il colore dell'amore*, copertina di/cover by Pier Achille Cuniberti, Ponte Nuovo, Bologna

1989
B. Bettelheim, K. Zelan, *Impariamo a leggere*, copertina di/cover by Pirro Cuniberti, Universale Economica, Feltrinelli, Milano

1990
S. Benni, *Baol. Una tranquilla notte di regime*, copertina di/cover by Pirro Cuniberti, Feltrinelli, Milano

1991
G. Celli, *Foresteria di Babele*, presentazione di/foreword by Alfredo Giuliani, disegni di/drawings by Pier Achille Cuniberti, Svolta, Bologna

P. Cuniberti, G. Fioroni, *Mano doble*, a cura di/edited by Alvaro Beccatini, presentazione di/foreword by Mario Quesada, Exit, Lugo

1995
J. Verne, *I figli del capitano Grant*, illustrazioni di/illustrations by Pirro Cuniberti, I Millenni, Einaudi, Torino

J. Verne, *L'isola misteriosa*, illustrazioni di/illustrations by Pirro Cuniberti, I Millenni, Einaudi, Torino

J. Verne, *Ventimila leghe sotto i mari*, illustrazioni di/illustrations by Pirro Cuniberti, I Millenni, Einaudi, Torino

1996
La giustizia in prosa e in versi, antologia ragionata a cura di/critical anthology edited by A. Bevere, con cinque illustrazioni originali di/with five original illustrations by Pierachille Cuniberti, Nuove Ricerche, Ancona

1999
R. Renzi, G. Manzoli, *La dolce vita del cinema d'autore (1942-1975)*, copertina di/cover by Pirro Cuniberti, Cappelli, Bologna

2000
S. Benni, *Spiriti*, copertina di/cover by Pirro Cuniberti, I Narratori, Feltrinelli, Milano

G. Campanini, *Dalle storie di P. aeronauta mancato*, con illustrazioni di/illustrations by Pirro Cuniberti, Minerva, Bologna

2002
N. Muschitiello, *Il posto delle fragole*, disegni di/drawings by Pirro Cuniberti, I libri di "Portici", Bologna

2003
G. Campanini, *Piccoli viaggi*, prefazione di/foreword by Roberto Roversi, copertina di/cover by Pier Achille (Pirro) Cuniberti, Minerva, Bologna

Per saperne di più su Charta ed essere
sempre aggiornato sulle novità entra in

To find out more about Charta, and to learn
about our most recent publications, visit

www.chartaartbooks.it

Finito di stampare nel novembre 2003
da Lasergrafica Polver, Milano
per conto di Edizioni Charta